君幸食

INVITATION TO A BANQUET

THE STORY OF CHINESE FOOD

扶霞・鄧洛普 Fuchsia Dunlop ——著
何雨珈 ——譯

獻給默林（Merlin）

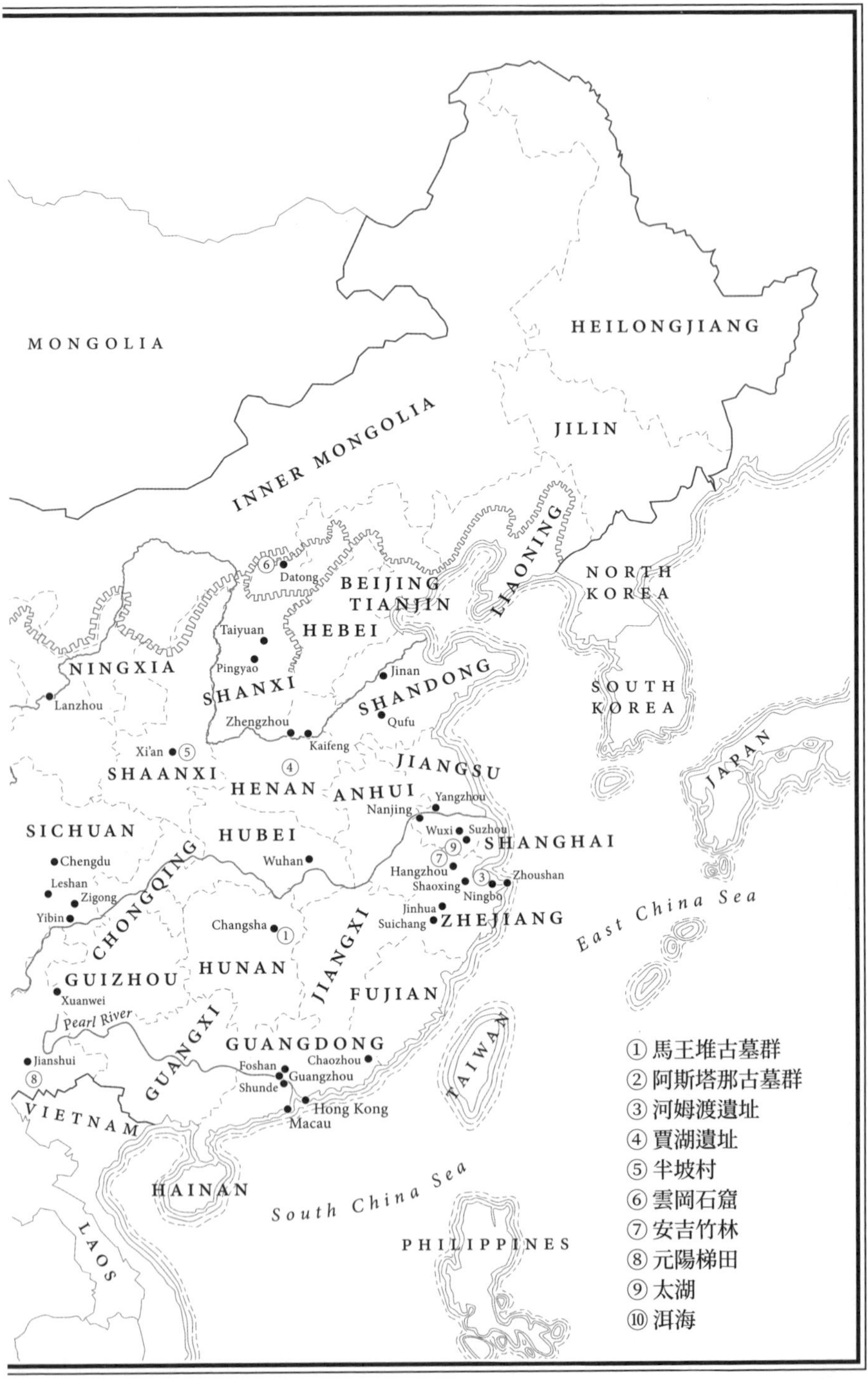
MONGOLIA
INNER MONGOLIA
HEILONGJIANG
JILIN
LIAONING
NORTH KOREA
SOUTH KOREA
JAPAN
BEIJING
TIANJIN
HEBEI
SHANXI
SHANDONG
NINGXIA
SHAANXI
HENAN
ANHUI
JIANGSU
SHANGHAI
SICHUAN
HUBEI
CHONGQING
ZHEJIANG
JIANGXI
HUNAN
GUIZHOU
FUJIAN
GUANGXI
GUANGDONG
TAIWAN
VIETNAM
HAINAN
LAOS
PHILIPPINES
East China Sea
South China Sea
Pearl River
Datong
Taiyuan
Pingyao
Lanzhou
Jinan
Qufu
Zhengzhou
Kaifeng
Xi'an
Yangzhou
Nanjing
Wuxi
Suzhou
Wuhan
Hangzhou
Shaoxing
Ningbo
Zhoushan
Jinhua
Suichang
Chengdu
Leshan
Zigong
Yibin
Changsha
Xuanwei
Jianshui
Foshan
Guangzhou
Shunde
Chaozhou
Hong Kong
Macau
① 馬王堆古墓群
② 阿斯塔那古墓群
③ 河姆渡遺址
④ 賈湖遺址
⑤ 半坡村
⑥ 雲岡石窟
⑦ 安吉竹林
⑧ 元陽梯田
⑨ 太湖
⑩ 洱海

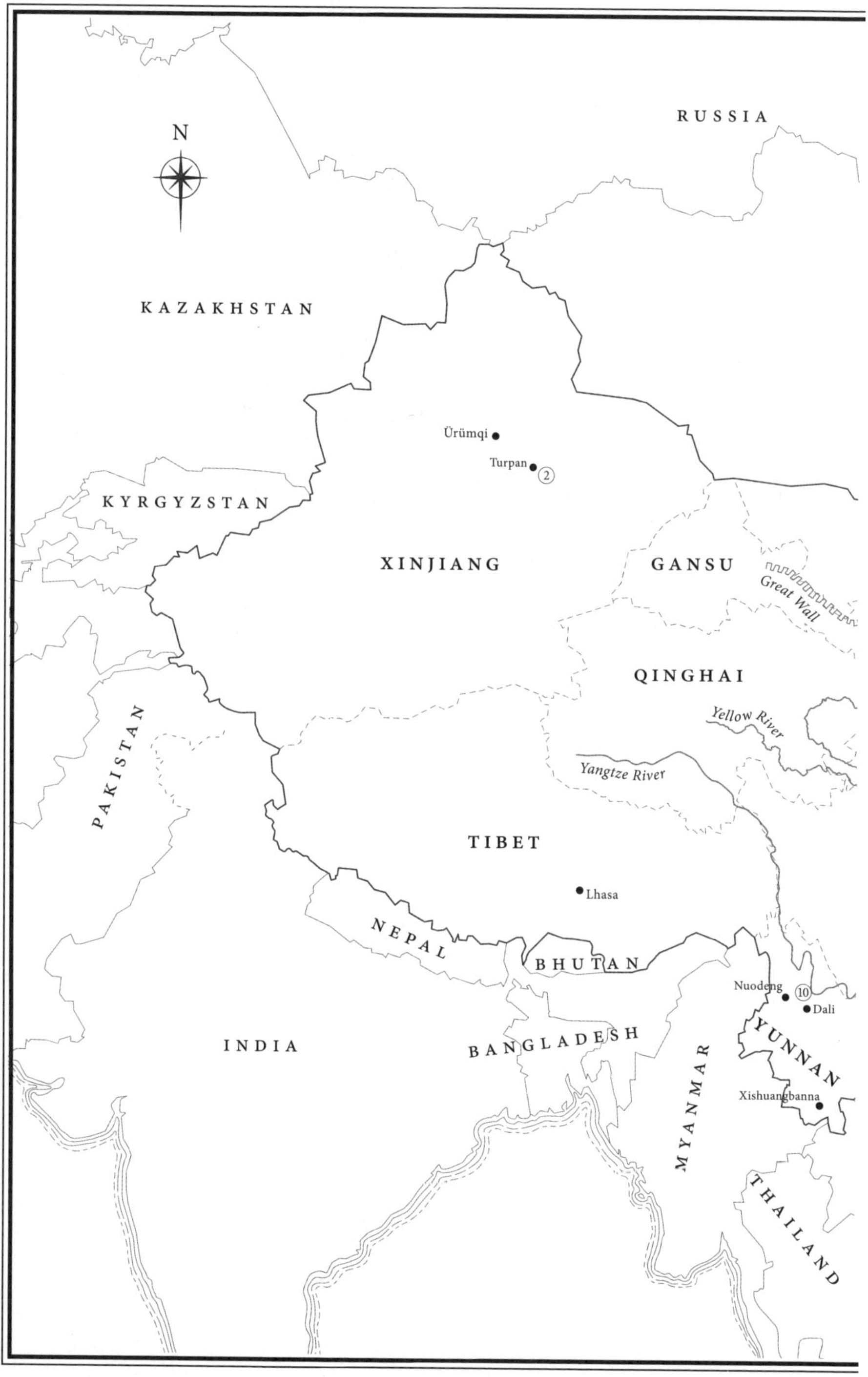
N
RUSSIA
KAZAKHSTAN
Ürümqi
Turpan
2
KYRGYZSTAN
XINJIANG
GANSU
Great Wall
QINGHAI
Yellow River
PAKISTAN
Yangtze River
TIBET
Lhasa
NEPAL
BHUTAN
Nuodeng
10
Dali
YUNNAN
INDIA
BANGLADESH
MYANMAR
Xishuangbanna
THAILAND

目次

庖廚
烹飪的技藝

餐桌
食物與思想

宴後記

開宴序

PROLOGUE

似是而非的中國菜：糖醋肉丸子

一九九四年，我拿到四川大學的留學生獎學金，赴中國旅居。表面上看，我是去成都追求學術深造的，但從很小的時候開始，我就對美食和烹飪產生了比其他一切都要濃厚的興趣。到川大之後，我很快「放棄」了學業，全身心地投入到對當地美食輕鬆閑適的探索中。完成大學學習的一年後，我留在了成都，當地著名的四川高等烹飪專科學校（四川「烹專」）邀我入學——我欣然接受。

人生著實有趣，衝動之下看似微小的決定竟能最終塑造生活與命運。我接受中餐廚師培訓的最初動機單純是對烹飪的熱愛，同時也想在這座城市多盤桓一段時日，畢竟它對我的吸引力彷彿香餌釣魚。然而，對於川菜，乃至更廣闊範圍的中餐的探索，讓我深深著迷陷落。如果站在起點處看，的確不太可能，但這項探索最終變成了長久的事業。

從早年在成都開始，我走遍了中國的大江南北，流連於各種廚房、農場、博物館，閱讀了大量書籍，並與上至行業專家、下到業餘愛好者的很多中國人聊了美食與烹飪。同樣重要的是，我品嘗了大量異乎尋常的食材與菜餚，數量之多，超乎我的想像。這才是我真正的教育經歷——品嘗、品嘗、再品嘗；品嘗不同地區的風味，體驗中餐千變萬化的排列組合；親眼見證各種理論、描寫、傳說和食譜在實踐中的應用，用嘴和舌頭去獲得切實的感受。武術大師和音樂家都是靠真拳實腳的演練學習成就的，專業「食者」亦然。

都說「三代才能出一個中餐美食家」。做為一個在二十出頭時新入中國的外邦人，我目前還在過自己的第一遍人生；但鄙人何其有幸，在過去的二三十年裡接受了很多人幾輩子做夢也不敢想的豐富美食教育。這樣的榮幸完全要歸功於我那些深情厚誼的中國朋友和老師們，更不用說華夏大地上許許多多的陌生人和偶遇的點頭之交；他們不厭其煩地帶我品嘗美食，與我促膝長談，最終「改造」了我不開化的粗鄙味覺。

當然，初到中國長居時，我對「中國菜」這個概念也不算完全陌生。童年時期，我偶爾能吃上一頓中餐，雖然數量不多，但也令人難忘。和過去兩三代的許多西方人一樣，我算是吃著中國菜長大的——嗯，那勉強算得上中國菜吧。

• • •

牛皮紙袋窸窣作響，我們將其打開，倒出裡面的金黃色小球，都還冒著熱氣，散發著誘人的香味。炸得酥脆的麵糊包裹著軟嫩的豬肉塊，還配了個白色的一次性塑膠杯，裡面裝滿鮮紅色的透明醬汁：糖醋醬。我和妹妹都興奮得不行了。中餐外賣可是難得的享受，能在平時常吃的媽媽做的家常菜之外換換口味，還有機會玩玩筷子。擺在一起的鋁箔碗盤，散發著醬油與薑的香氣：這一套菜餚包括了蝦仁雜碎、罐頭筍炒雞丁、粗砂礫狀的豆芽炒麵、麵皮鬆軟的捲餅（裡面包的仍然是豆芽）、蛋炒飯。味道都很不錯呢，但我們最喜歡的莫過於糖醋肉丸子，這是我們永遠的最愛，怎麼都吃不夠。

不止我和妹妹，在一九七〇年代的英國長大的孩子們，很多人與中餐的初相識，就是透過糖醋肉丸子這道當時在中餐菜單上無處不在的菜。幾乎每個城鎮都有一家中式外賣店。二戰後，新的中國移民潮從香港湧來，他們接管了英國的炸魚薯條店，先是在利物浦，然後擴展到曼徹斯特等地，利用原有的店面，逐漸在原有菜單上添加中式菜餚，中餐外賣店數量由此激增。[1]一九五一年，整個英國只有三十六名中餐館經營者和管理者[2]；到一九七〇年代初，全國估計有一萬兩千家中式外賣店和三千家內用中餐館。[3]

沒人說得清外賣熱潮從何發端：有人說最初是因為倫敦貝斯沃特（Bayswater）那家蓮花樓（Lotus House）生意太好，有顧客訂不到位子，於是要求把菜帶回家吃；有人說這種方式創始於倫敦最初的唐人街萊姆豪斯區（Limehouse），具體地點是張查理（Charlie Cheung）的「友記」（Local Friends）。[4]不過，早期的香港移民大部分是男性；隨著《一九六二英聯邦移民法令》（Commonwealth Immigrants Act 1962）頒布新規，他們的妻子兒女也來到英國，家人團聚，於是中餐館大多變成了家庭運作，全英國的中式外賣店呈雨後春筍之勢。[5] 這些外賣店的出品是借鑑和改良的粵菜大雜燴，其中包括豆芽炒麵和雜碎，後者的英文名字也來自粵語，意思是「各種切碎的食材混雜在一起」。

配料也很刻板：常見的去骨肉類（豬、雞、蝦和牛）輪番入菜，和罐頭裝的中餐常用蔬菜（竹筍、草菇、荸薺等等）以及新鮮的豆芽、洋蔥和甜椒一起烹製，加上幾種標準化的醬料（雜碎、糖醋醬、番茄醬或咖哩醬），要麼就是炒麵或炒飯。這些都已經是非常清淡低調的菜餚了，要是有尊貴的顧客對這些菜顯得憂懼警覺，他們就可以選擇煎蛋卷、咖哩醬薯條，甚或是烤雞等英式菜餚。要讓中國人自己來說，這些外賣根本算不上中餐。英國華裔作家毛翔青（Timothy Mo）的小說《酸甜》（*Sour Sweet*），背景就是一九六〇年代倫敦的外賣業，其中寫到陳姓一家人，他們認為，為那些非華人的客人做的菜，就是「垃圾，徹頭徹尾的『攋摍』[i]，只能給『洋鬼子』吃」。

別說，「洋鬼子」倒是特別喜歡這些東西。戰爭年代，食物都是定量配給，菜餚清淡無味。有了這些經歷，中餐如同來自遠方的異國清風，「吹」到了英國。那精采多樣的風味不僅完全不同於馬鈴薯泥和裹麵糊烤香腸，價格還很實惠。我母親回憶，一九六〇年代

i 譯注：讀作「la sa」，即粵語的「垃圾」。

中期，她偶爾會在倫敦款待自己一頓中式午餐，笨手笨腳地試用筷子。她總是吃一份套餐，包括用澱粉勾芡的濃湯，湯裡裹著碎肉和豆芽；主菜是雜碎炒飯之類的；接著是一道永恆不變的甜點：罐頭糖水荔枝。套餐的價格便宜得叫人不敢相信，五先令[ii]就能吃上一頓，一個三明治都比這貴。

隨後的幾十年裡，中餐成為英國日常生活中頗受重視的元素。一九四九年，國共內戰結束，毛澤東領導的共產黨打敗了國民黨政權，滯留倫敦的國民黨外交官開始推廣中國美食：其中有個名叫羅孝建（Kenneth Lo），於一九五五年出版了第一本食譜，之後又寫了三十本；他還在倫敦開了備受推崇的「憶華樓」餐廳（Memories of China）。一九八〇年代初，英國廣播公司（BBC）邀請美籍華裔廚師譚榮輝（Ken Hom）主持一檔開創性的烹飪節目，向英國大眾介紹中國菜的口味和烹飪技藝；與他的電視系列節目配套的烹飪書銷量超過一百五十萬冊。[6]《市場情報》（*Market Intelligence*）的一份報告顯示，到二〇〇一年，中餐已經成為英國人最喜愛的外國菜，百分之六十五的英國家庭擁有中式炒鍋。[7]

在北美，中餐經歷了類似的發展軌跡，從默默無聞到無處不在，不過時間還要更早。一八四八年沙加緬度谷發現金礦後，成千上萬的華南移民投身於淘金熱，來到加州，播下舊金山唐人街的種子。中餐館一家家地冒出來，很多都提供「一美元吃到飽」的自助餐，中西菜餚混搭，其中包括可能是美國最早的中式雜碎，利用肉和蔬菜的邊角料做成，讓白人礦工和其他勞工吃得狼吞虎嚥。這只是一場美食熱潮的開始，它還將從西海岸到東海岸，席捲全美。

二十世紀以來，隨著中餐在美國愈來愈深入人心，雜碎、炒麵和芙蓉蛋等早期菜單上的主角逐漸被其他菜餚取代。對於全球食客來說，這些菜具有更普遍的吸引力：青花菜炒牛肉、左宗棠雞、宮保雞丁……還有包了乳酪的油炸小餛飩，名為「炸蟹角」，在美國就相當於英國的糖醋肉丸子。折疊式中餐外賣紙盒和幸運餅乾成為不可或缺的美國食物，恰如肉丸義大利麵和燻牛肉三明治。到二十一世紀初，美國有大約四萬家中餐館，超過了麥當勞、漢堡王和肯德基的門市總和。正如美國華裔女作家李競（Jennifer 8. Lee）在著作《幸運籤餅紀事》（*The Fortune Cookie Chronicles*）中所寫，其實，如今的美式中餐已經「比蘋果派還要美國」了。[8]

從特定視角看，中國菜在全球的崛起是個了不起的勵志故事。這是主要由小企業家而非跨國公司推動的美食，沒有其他任何同類的美食能產生如此非凡的影響或受到如此眾多的喜愛，還能在如此數量的國家被接受並經歷本地化過程。從紐約到巴格達，從斯德哥爾摩到奈洛比，從伯斯到利馬，中餐在世界各地都形成了無法被忽視的文化。幾乎每個國家

ii 編注：「先令」曾經是英國的貨幣單位，相當於二十分之一英鎊，於一九六〇、七〇年代逐漸淘汰。

都有自己的「經典」中餐，從我鍾愛的糖醋肉丸子到印度的「滿洲雞」（chicken Manchurian）、斯里蘭卡的「牛油魷魚」（hot butter cuttlefish）和瑞典的「四小盤」（four little dishes）。「中國菜」做為一個品牌，已經得到了全球性的認可。

不過，換個角度看，中餐這種成功也反過來侵害到自身。經過簡化、改良，甚至在某種程度上有所退化的粵菜，先是在北美發展起來，然後像五彩紙屑般在全世界遍地開花，菜式稚嫩單一，涵蓋的飲食範圍十分有限，追求鮮豔的顏色、酸甜鹹的重口味，油炸小吃和炒麵當道。這樣所謂的「中餐」大受歡迎，使得人們一葉障目，無法全面體會和欣賞中國美食文化的多樣與精妙。大家對中餐倒是喜聞樂見，但大多還是覺得這是一種廉價、低級的「垃圾食品」。西方消費者願意為壽司或歐洲高檔餐廳的精選品鑑菜單一擲千金，而中餐館老闆們卻還在苦苦說服顧客精緻高級的中餐是物有所值的。

根本不必如此。最早引起英國公眾注意的中餐是一八八四年倫敦世界衛生博覽會（London International Health Exhibition）上的部分中國展品。那是一家在展會現場臨時搭建的中餐館，裝潢典雅，菜單上有三十種左右的菜餚，背後的團隊受到了一位優秀香港大廚的指導。這樣的中餐絕非廉價雜碎之流，一八八四年七月十七日《標準報》（*The Standard*）上的一篇報導說：「這是一家一流的經典美食餐廳；美食家們在此享用中式美食，既能欣賞到極致追求完美的備菜展示，又能感受到同樣完美的科學『配藥』的實際應用——美味可口的菜餚，這應該是最令人愉悅和讚賞的形式了。」[9]菜單上有一些歐洲菜，比如「法蘭克福香腸」，但更多的是叫人眼花繚亂的中式佳餚，包括「比聞名遐邇的甲魚湯還要美味且富有營養的」燕窩羹、北京魚翅、荔枝肉丸、豆腐乾、皮蛋、紹興熱黃酒、各種中國糕點，最後還會獻上「一小杯皇家貢茶」。[10]

倫敦藉此一窺高級中餐料理，一時對此津津樂道；當時有位作家文森．霍爾特（Vincent Holt）寫道：「眾多時尚人士品嘗了這些精巧雅緻的美味佳餚，並表示高度讚賞。」[11]該臨時餐廳的菜單大大激發了公眾的好奇心，客座廚師們甚至被邀請到溫莎城堡為維多利亞女王準備午餐；據說女王陛下特別中意燕窩羹。[12]然而，中餐在英國上流社會如此華麗迷人地登場，讓大家領略了一番中式飲食之雅趣，結果卻只是曇花一現。當時，在博覽會上那座「中國宮廷」之外，英國僅有的幾家小餐館提供的中餐根本不是面向本地客人，而是服務於定居在利物浦、格拉斯哥（Glasgow）、卡地夫（Cardiff）和東倫敦萊姆豪斯地區（Limehouse）碼頭周圍為數不多的中國水手群體。隨著時間的推移，就是這些不那麼精緻的中國菜，逐漸侵蝕了公眾對中餐其他一切的看法和想像。

二十世紀初，新移民涓滴成流，英國本來稀少的華人數量逐漸增加，在倫敦中心地帶開張的中餐館多了起來，慢慢贏得非華人顧客的喜愛。倫敦西區的第一家中餐館應該是一九〇八年開業的「華夏餐館」（Cathay）；一九三〇年代和一九四〇年代，更多的中餐館湧現，包括華都街（Wardour Street）上那家頗受歡迎的「來昂中餐館」（Ley-On）。[13] iii 接下來的三十年裡，大量中國移民從香港新界湧入英國，其中大多數都從事中式餐飲業。[14]

有些餐館，尤其是位於倫敦蘇活區（Soho）新興唐人街的那些，倒是擁有訓練有素的專業廚師；但大部分中式外賣店的員工從業前都是種地的農民，對中餐烹飪的細微精妙可謂一無所知，做這行不過勉力糊口罷了。正如一位餐飲老闆對英國漢學家裴達禮（Hugh Baker）所說，新來一個廚子，「半小時的訓練便足夠了。告訴他們多放薑、豆芽和陳皮，給他們一口炒鍋，一瓶醬油，這就算是掌握『中餐烹飪』的全部知識了。」[15] 那些新入行的中餐館老闆，通常都散落在英國各個城鎮，孤身打拚，遠離同胞，服務的是習慣於吃炸魚薯條的當地人。他們的菜餚必得親切、家常、便宜，其中的異國風情可以有，但不能多；也許正因如此，他們當中的大多數人最終採用了一個世紀前在加州經過品嘗和考驗的中餐配方，與其祖國的家鄉菜幾乎無甚相似之處。

美國的情況和英國類似，幾乎所有早期的中餐廚師都來自一個地區：南粵。此外，正如英國大多數的中餐廚師都是幾乎沒接受過烹飪技藝訓練的農民，美國華人移民的主力軍大多也都不是粵府廣州（以美食著稱的城市）珠江沿岸餐館中技藝高超的廚師或口味挑剔的饕客，而是來自零星幾個村鎮縣城，因為人口過剩、窮途末路，被迫流亡海外。他們對粵菜知之甚少，對其他地區的菜系更是幾乎聞所未聞。在英美兩國，新中餐主要是做為養家糊口的工具在發展，截然不同於一八八四年世界衛生博覽會上那家旨在展示中國烹飪文化輝煌精妙的餐廳。

二十世紀的歷史車輪滾滾向前，英美兩國的華人人口不斷增長，並呈現多樣化的趨勢。然而，儘管在華人聚居的唐人街能夠覓得正宗的中國菜，在其他地方卻還是只能吃到根據西方人口味定製的、千篇一律的簡化中餐。即使是在唐人街，非華人顧客也不一定能吃到正宗中國菜，只能乾瞪眼。比較正宗的菜餚往往被餐館隱藏在中文菜單裡，生怕西方人會對帶骨禽類、沒剝殼的大蝦和苦瓜之類的食材望而生畏——其實，大部分西方人的實際行動的確如此。在一九九〇年代的倫敦，我做為一個剛從中國返回的年輕的餐廳品鑑者，說著流利的中文，無比渴望吃到真正的中餐。我想點的菜不管是什麼，只要比炒去骨雞肉或糖醋咕咾肉更具挑戰性就行。但服務生往往會提出反對，勸我看看那些萬年不變的套餐——根本沒有哪個中國人會吃這些東西。

服務生的擔心並非毫無道理。幾乎從第一次接觸中餐開始，西方人對它的感情就很複雜，既充滿熱情，又全是猶疑。一些早期踏足中國的西方遊客對中餐的品質與多樣性讚不絕口。馬可·波羅（Marco Polo）在一三〇〇年左右成書的《遊記》（*The Travels*）中，對「行在」[iv]

iii 譯注：又稱「新中國樓」，Ley-on是店主的名字，在好萊塢做過電影演員。

iv 譯注：南宋一直將杭州稱為「行在」，即「皇帝所在之地」。

（今杭州）的集市盛讚有加，稱集市上「供應豐富，日常生活所需之食物，這裡應有盡有」。他還說，「習慣滿足口腹之欲，每餐必吃魚和肉」的居民，數量眾多。[16]

很多在十七和十八世紀跋涉到中國的耶穌會傳教士都會在寫回家的信中提到美食烹飪的相關事宜。耶穌會傳教士杜赫德（Jean-Baptiste du Halde）用法語寫過著名的中國研究資料，主要由耶穌會的各種資料彙編而成，後來翻譯成英文，名為《中華帝國全志》（*A Description of the Empire of China and Chinese-Tartary*），其中明確提到了不合歐洲人口味的中國珍饈，比如鹿鞭、狗肉等；但也讚美了魚肉和火腿的美味，頌揚中餐烹飪技藝：「只要事關味覺，法國廚師都會精益求精，但他們一定會大驚失色地發現，中國人在這一領域的本領遠在他們之上，而且花費還要少得多。」[17]

不過，到了十八、十九世紀，英國人和其他的西方冒險家需要想方設法地打開中國緊閉的大門，和頑固不化的帝國進行貿易通商；他們對中國食物的評論變得愈來愈敵意深重。英國歷史學家羅伯茲（J. A. G. Roberts）曾寫道，很多人透過觀察認為，中國人在飲食方面奸詐、邋遢、不會鑑別好壞。「中國人什麼肉都吃，」十八世紀末，英國作家約翰·洛克曼（John Lockman）寫道，「死在陰溝裡的野獸，和那些經由屠夫宰殺的肉類，他們一視同仁，吃得開開心心……據說他們對老鼠肉也是來者不拒；在那裡，蛇羹是盛名在外的佳餚。」[18]英國首個派往中國的使團領隊馬戛爾尼勛爵（Lord Macartney）後來描述一七九三年的使團出訪記，其中寫道，中國人全都是「令人噁心的食物提供者與食客，餐桌上有大蒜和氣味濃烈的蔬菜，」他們「互相用同一個杯子喝水，這個杯子有時會稍微沖一下，但從不會好好清洗，也不擦拭乾淨。」為中國人塑造「污穢食客」的形象可謂恰合時宜，畢竟當時西方在下更大的一盤棋，企圖全面詆毀中國人，將他們的國家描繪成一個不斷衰敗的帝國，暗示時機成熟，先進的西方列強只需前去進犯剝削。曾經，歐洲人為華夏文明的種種神奇美妙而著迷；而現在吸引他們的，則是中國市場龐大的潛在利潤。

在中餐進入美國的早期，遊客蜂擁至舊金山唐人街品嘗異國風味。但「中國佬」本身對老鼠肉、蛇肉、貓肉和蜥蜴肉大快朵頤的事情，卻成為大眾文化的笑談。加州的鐵路工與採金人津津有味地吃著便宜的雜碎，反過來又把中國勞工視作構成經濟威脅的外來人。美國人對中餐的看法，被種族化的恐懼與憂慮蒙上了陰影。到一八七〇年代，美國爆發了一場排華運動，並分別在一八八二年和一八九二年促成立法，有效地阻止了中國到美國的移民。英國的小說與電影中，倫敦萊姆豪斯最早的唐人街就是惡鬼的巢穴，充斥著鴉片與犯罪。戲劇舞台上，處處可見華人反派角色。對中餐的無知與偏見更是普遍現象。

時至今日，全世界依然鍾愛著中餐，此情纏綿，由來已久，但上述粗暴的種族偏見也從未完全消失，可謂如影隨形。有數不清的人曾對我——一個專攻中餐的研究者——使用這樣的開場白：「你吃過最噁心的東西是什麼？」臉上還帶著打趣的笑。不管露骨還是委婉，一些特定先入為主的偏見已經根深柢固：「什麼都吃」說明一個民族邋遢、乖戾或沒有希望；比起牛排更愛吃豆腐就是缺乏男子氣概的娘娘腔；用油烹飪出的食物也必然油膩；用味精就是投機取巧的吝嗇鬼；把食物切得細碎，是為了讓其無法辨認，達到以次充好的目的；中餐是窮人的食物，價格不應該昂貴。西方對中餐的「偏光濾鏡」不勝枚舉，以上只是其中幾例。

就在不算遙遠的二〇〇二年，《每日郵報》（*Daily Mail*）還發表了一篇文章，將中餐斥為「全世界最具欺騙性的食物。做中國菜的中國人，會吃蝙蝠、蛇、猴子、熊掌、燕窩、魚翅、鴨舌和雞爪。」[19]中餐究竟是街頭巷尾人人喜聞樂見的民間美食，還是一鍋充滿寄生蟲與野生動物的可怕大亂燉？西方世界好像常常在這個問題上舉棋不定。也許還從來沒有哪個菜系同時承受著如此的喜愛與如此的辱罵。

長久以來，帶有詆毀性質的、有關中餐的傳說，一直是個擴大種族偏見的管道。有人利用這些傳說，將中國人描繪成異類、危險分子、狡詐的騙子和尚未文明開化的野蠻人。二〇二〇年，有人提出，造成全球疾病大流行的新冠病毒可能先存在於野生動物體內，這些動物在中國市場上被當作食材售賣，才把病毒傳給了人類。這一說法引發了一場針對中國人及其飲食習慣的謾罵風暴。中國的傳統市場，英文是「濕貨市場」（wet market），在西方媒體的報導中，這裡就是叫人作嘔的動物園，全是奇珍異獸。很少有記者指出，其實大多數市場不過就是社區鄰里購買水果、蔬菜等新鮮食材的地方，裡面有活魚，有時候也有家禽，但很少有野生動物。一名亞洲女性吃蝙蝠湯的影片在網絡上瘋傳，並成為指責中國人飲食習慣粗野與不衛生的證據，儘管蝙蝠湯並不屬於中餐的範疇，而且那支影片是在太平洋島國帛琉拍攝的。[20]這種錯誤與誇大的媒體報導像混亂的巨大漩渦，在現實世界中引發了可怕的後果，掀起西方各城市針對亞裔長相人群的言語和肢體攻擊浪潮。

即使是糖醋肉丸子這種歷史悠久、伴隨英美小孩童年的親切菜餚，也常常難免被批判。一九六八年，新英格蘭的一份不知名期刊上登載了一封臭名昭著的信件，指出中餐裡添加的味精可能導致心悸等症狀，作者將這些症狀都貼上了「中國餐館症候群」的標籤。[21]這封信似乎是個惡作劇[22]，科學家也已經完全推翻了那些反對味精的論點，但其「餘毒」深遠，深深扎根於西方世界認為「味精有毒」的普遍而毫無根據的恐懼中。（大部分西方人似乎並不知道，MSG，也就是味精，天然存在於帕馬森起司等多種常用於西方烹飪的食材中。）

近年來，英國媒體大肆報導各種相關研究，指出根據研究結果，中餐脂肪含量高得驚人，含鹽量甚至有損健康；而媒體顯然忽略了一個問題，每項研究中用於調查的所謂「中餐」，都是針對西方消費者的外賣食品和超市的預製即食食品。[23]二〇一九年，紐約一名白人餐館老闆想要宣傳她的新餐廳「好運李家」（Lucky Lee's），手段是向消費者保證，餐館提供的是精緻、「健康」版的中餐，絕不會讓他們第二天「感覺想吐或胃脹」。[24]此舉引得美國華裔大怒，因為他們顯然話裡有話，暗諷平日裡大家吃的中餐是不乾淨的。

二十世紀初以來，不少作家、廚師和實業家都努力想要打破這些極具誤導性的刻板印象，讓西方人認識真正的中餐。英國有學者賴恬昌、餐館老闆羅孝建、食物史學者及烹飪專家蘇恩潔（Yan-kit So）、中餐大廚譚榮輝和烹飪專家熊德達，美國有醫生兼食譜作者楊步偉、學者林相如、林翠鳳[v]、美食作家芭芭拉・特羅普（Barbara Tropp）、林太太（Florence Lin）[vi]、廚師兼美食作家甄文達（Martin Yan）、美食作家楊玉華（Grace Young）和費凱玲（〔Carolyn Phillips〕人稱「黃媽媽」）；他們以及其他很多人，不僅致力於展示中國地方烹飪傳統的多樣性，還要表現中餐飲食文化的豐厚深遠。具體到西方的各個城市，紐約的彭長貴、湯英揆（Michael Tong）和艾德・舍恩菲爾德（Ed Schoenfeld），舊金山的江孫芸（Cecilia Chiang）和周英卓（Brandon Jew）以及倫敦的彭永雙（Michael Peng）、丘德威（Alan Yau）和黃震球（Andrew Wong）等大廚和餐館老闆們也都在努力提高中餐的地位，讓「中餐」這個概念不止步於青花菜炒牛肉與糖醋咕咾肉。

時間繼續往前推進，中國以令人矚目的形象登上了國際舞台，也促使海外的人們進一步了解傳統中餐烹飪文化。中國脫胎換骨，不再以二十世紀初的「東亞病夫」形象示人，這裡的人們絕沒有走投無路到什麼都能往嘴裡送。愈來愈多的西方人得到機會，前往中國生活、工作和旅行，新一代的華人創業者正在國外掀起一場中餐風格與表現形式的革新。川菜與湘菜刺激味蕾的辛香滋味，再加上東北、陝北和包括上海在內的華東江南地區的種種風味，撼動了國外老派中餐的粵菜根基。過去的外賣店與英式粵菜館尚在，但多了快閃餐館、晚餐俱樂部等更具吸引力的現代餐廳形式，其中許多店主都是在中國長大、又到國外接受教育、會講兩國語言的年輕中國人。此外，數不清的部落客與社交媒體網紅活躍在網路上，展示著貨真價實的中國美食。終於，這扇大門微微地打開了，人們得以一窺中餐豐富內涵的邊角。

• • •

很多被普遍認為是在西方誕生的飲食現象，其實都是「華裔」，在中國的歷史可以追溯到數百年（有時甚至是幾千年）以前。早在十二世紀，開封就有了餐館，比巴黎出現餐廳要早大約六個世紀。而且開封的餐館可不簡單，會有專業特色菜系和烹飪風格。[25]被現

v 譯注：值得一提的是，林翠鳳是學者林語堂的妻子，本名廖翠鳳；而林相如是林翠鳳和林語堂的三女兒。母女倆合著過中餐食譜。

vi 譯注：Florence Lin（1920-2017）是湖北漢口出生、寧波成長的美籍華人，著有中餐食譜，在美國中餐界很有名氣，被華人尊稱為「林太太」。

代西方美食家奉為圭臬的對食材產地與風土條件的講究，根本不是法國人或加州人的發明。兩千多年來，中國人對此一直孜孜以求；同樣的，還有所有食材必須應季的美食理想，中國人講究這個，不僅出於實用，也因為追求應季風味。當下流行「不可能漢堡」（Impossible Burger）這類用豆類和馬鈴薯等植物蛋白做成的仿葷食品，也有歷史悠久的華夏祖先，至少在一千多年前的唐朝，中國廚師就已經在製作各類素食「葷菜」了。

要尋找充滿創造性的麵食製作記憶，為何只問道義大利？中國北方早就發展出了高度發達的麵食製作文化，只是在國外仍然鮮為人知。令人眼花繚亂的蘭州拉麵，透過扯麵製作出來的西安Biángbiáng麵，兩者都在西方漸受追捧。然而這還遠不能涵蓋中餐豐富多彩的麵食種類，比如手擀麵、刀削麵、剔尖麵、竹昇麵、揪麵、抻麵、捽麵等，製作麵食的原材料也不僅限於小麥，還有燕麥、高粱等其他穀物。要是你對發酵感興趣，中國有數不勝數的醋、醬、鹹菜和醃漬物，其中大多數還完全不為國外所知。

早在西方掀起「分子料理」的熱潮之前，中國廚師就已經妙手生花，用魚肉做麵條、把雞胸肉變成「豆花」、用鴨子身上的各個部位譜寫美妙的烹調賦格曲。日本料理如今在國外備受推崇，其中很多核心技藝和備菜方法都源於中國：壽司、豆腐、茶道、醬油和拉麵，不外如是。中國美食精妙無比，對食材的切割、烹煮、風味和口感都有著細緻入微的講究，世界之大，無地能出其右。另外，中國幅員遼闊，地理條件與飲食風土文化差異很大，豐富多彩。話說，中國人喜歡對「西餐」進行非常粗略的概括，將整個西方世界的餐飲文化歸結為想當然的單一菜系；而西方對「中餐」的概而論之，怕是不遑相讓。

中國美食文化為有關健康和環境的當代熱門議題提供了很多相當有幫助的視角。數個世紀以來，中國人一直熱中於宣揚適宜飲食以及天人合一。傳統中餐飲食以穀物和蔬菜為主，輔以適量肉類和魚類，以增添風味、均衡營養。中餐烹飪中蘊含著豐富的思想，當代西方社會全然能以之為參照和靈感，重新去思考自己不可持續的大量肉類消耗。中國廚師智慧非凡，足以做為充分利用食材、盡量減少浪費的「敬天惜物」典範。而最讓人擊節嘆賞的，也許是中餐烹飪能獨闢蹊徑，將健康、可持續和慎重飲食與非凡樂趣完美結合。

這本書想要探索的問題是，何為中餐，我們應該如何理解中餐，以及一個同樣重要的問題——我們如何吃中餐？這些問題都非同小可，不但涉及我們在倫理與環境方面的一些重大困惑，也是一把鑰匙，促使中國國門外的人從此開始欣賞燦爛的中國文化——在國際局勢日益緊張的今時今日，這一點至關重要。同時，找到了這些問題的答案，也能幫助我們健康生活並縱情肆意地去享受人生中最為深遠的一種感官與智識樂趣。也許我在中國學到的最重要的一課，就是如何同時吃得健康又快樂。

我兒時的那些糖醋肉丸子，無疑應該歸屬於中餐。它們講述的故事，是中國移民想盡辦法適應西方的新生活，創造出一種簡單而經濟的烹飪，既能養活自己和家人，又能迎合心存疑慮的西方人的胃口。這個故事裡也有經濟焦慮、地緣政治大事件與種族偏見的陣陣餘波，這些元素的合謀，讓西方人一葉障目，無法欣賞到真正的中餐。糖醋肉丸子同時還是一個鮮明辛辣的諷刺：一個多世紀以來，西方人對佐以酸甜鹹醬料的廉價油炸中餐表現出無與倫比的偏愛，轉頭又將自己「不健康」的飲食習慣歸咎於中國人。

好了，咱們不聊糖醋肉丸子了。

讓真正的盛宴開始吧。

灶火

中餐的起源

HEARTH

The origins of Chinese Food

火與食之歌：蜜汁叉燒

篤、篤、篤，菜刀在砧板上翻飛，鴨子先被對半分開，接著連骨帶肉被切成整齊的肉塊。嚓、嚓、嚓，菜刀片過叉燒肉和烤五花。在專心於菜刀與砧板的廚師背後，眾多燒味氣勢宏偉地懸在櫥窗裡，被長長的鉤子掛在幾根亮光閃閃的鋼條上。一條五花肉，肉皮烤得金黃酥脆，鼓起可愛的泡泡；一條條被綑紮著的深紅色叉燒，表面的糖漿泛著光澤，邊緣微焦，參差起伏；表面烤出銅光的全雞在頂燈的照射下熠熠生輝；燒鴨喜氣洋洋地斜掛著，表皮微微褶皺，光亮如漆。廚師砍、剁、切、片，讓處理好的各種肉躺在熱氣騰騰的白米飯上，再舀起一勺勺蜜汁淋上去，遞給服務生。經由服務生之手，美食被端到客人面前，而像我這樣的客人，早就舉著筷子翹首以盼、垂涎三尺了。

我的中餐探險之旅雖然是從「糖醋肉丸子」這種不正宗的菜餚開始的，但真正的「起飛」，是在我十幾歲的尾巴上，地點是倫敦的唐人街。一位新加坡朋友帶著我和表親走過大門口翻卷騰躍的金龍，走進「點心大世界」泉章居（Chuen Cheng Ku）享用週日午餐。我們吃的是各種包子、水晶蝦餃、金黃軟糯的臘肉末蘿蔔糕。幾年後，工作激發了我對中國的興趣，我開始學習中文。後來，研究生時期，我去中國留學旅居，也潛心投身於中餐的研究。只要回到倫敦，我都經常去唐人街和朋友們聚餐。正是在唐人街，我童年那些「英國化」的中式套餐遇見了正宗的中餐。在這裡，還站在門檻上猶疑的西方人能嘗嘗無骨豉汁牛肉與荷葉餅配香酥鴨子，先在陌生的世界站穩腳跟；而任何更具冒險精神的人就可以跟廣東人家庭相聚一堂，享受一場盛宴，品嘗味道有些刺激的蝦醬炒魷魚、五香滷鴨心和鋪在翡翠色豆苗上閃著光澤的蟹肉（蟹肉扒豆苗）。

華麗的大紅門讓唐人街的入口無比醒目，一串串紅燈籠在微風中搖曳。除了這些繁複精美的裝飾，掛在餐館櫥窗裡的燒味也是非常引人注目的標誌：不僅在倫敦的中國城有，在全世界的唐人街都不可或缺。無論華人還是非華人，燒味是大家都能接受的中國美食。吃慣了烤肉類和禽類的西方人覺得燒味不那麼陌生；然而，燒味又和一九七〇年代中國飲食文化與英國人口味碰撞後產生的糖醋肉丸子不同，這可是地地道道的中餐。蜜汁叉燒是直接從華南的香港和廣東「舶來」的美食，屬於「燒味」（烤製或燒製的肉類和禽類）這個大家庭。

不過，隨著對中餐的了解日益加深，我逐漸意識到，雖然蜜汁叉燒等燒味如此富含象徵意義，它們其實遠非中餐的典型代表。

• • •

我在中國吃了三十年，從沒見過有誰會自己在家烤肉。二十一世紀初，都市裡的年輕人逐漸迷上了西式烘焙，並在廚房裡配上各種相應的設備，但在那之前，中國的家庭是幾乎沒有烤箱的。一九九〇年代，我在中國學廚期間，大部分的餐館也沒有烤箱；即使到了今天，仍有大量餐館並不配備烤箱。我在四川高等烹飪專科學校接受專業廚藝培訓時，課程也不包括燒烤或烘焙。長久以來，在中國的大部分地區，這兩種烹飪方法都有專人專精，比如配備了圓頂大烤爐的烤鴨攤販、廣東的燒味大師和專做烘焙生意的人。想在家裡吃烤肉，就去熟食店或專做這種食物的餐廳購買，再和家常菜一塊兒端上桌。

數千年來，中亞人一直用傳統的「饢坑」烘烤麵包饢餅，這是一種甕形的大容器，底部生火，頂部開口。今天，在長久以來都深受中亞影響的中國西北部，維吾爾族人也還在用饢坑烤饢餅、肉串，有時還烤全羊。與此同時，在遙遠的雲南，一些少數民族則喜歡用明火做燒烤。不過，在中國的大部分地區，饅頭包子是蒸或煎的，麵條是煮的，日常的葷素菜餚都是在爐灶上烹製的。中國朋友第一次來歐洲，我邀請他們到我家做客，品嘗英式的週日烤肉[i]，他們都覺得是個新鮮事，特別富有異域情調。

在中國，叉燒等烤製肉類其實有著源遠流長的歷史。「叉燒」，顧名思義，就是「叉著燒製」，「叉」指的是曾經用來烤大塊肉類的那種大叉子。叉從來不是中餐桌上常見的餐具，但考古學家在新石器時代及之後時代的遺址中出土了骨叉與金屬叉[1]，漢代墓葬中的壁畫也描繪了廚師用叉子烤肉塊的畫面。[2]兩千多年前編纂的《禮記》當中列舉了「八珍」，其中之一就是「炮豚」ii，詳細描述了將乳豬洗淨去內臟，體內塞滿棗子，裹上草簾，抹上濕黏土，上火燒烤，之後再下鍋油炸，切片後放入鼎中，加上香料，隔水燉上三天三夜。[3]中國美食史學家將炮豚視作廣東烤乳豬的前身；直到今天，宗族祭祀等場合也還會出現烤乳豬的身影，每每都是整隻端上，一碰就碎的酥鬆豬皮溫柔地貼在柔嫩多汁的豬肉上，（現今）有時還會在兩邊的眼窩處各放一盞閃爍的紅燈。在不久的過去，這些豬崽會被挑在被重量壓彎的長叉子上，利用閃著微弱紅光的餘燼的熱氣，慢慢翻轉烤熟。如今，雖然「蜜汁叉燒」保留了原來的名字，真正用叉子挑著燒的作法卻已極為罕見了。不過在一九八〇年代末出版的一些專業中餐烹飪書中收錄了相關的作法：用叉子挑起一整塊豬五花，

i 譯注：週日烤肉（Sunday Roast），傳統英國家庭的週末大餐，一般是烤肉配上馬鈴薯和約克夏布丁，點綴各種蔬菜。

ii 譯注：《禮記》原文：「炮，取豚若將，刲之刳之，實棗於其腹中，編萑以苴之，塗之以謹塗。炮之，塗皆乾，擘之，濯手以摩之，去其皽，為稻粉糔溲之以為酏，以付豚煎諸膏，膏必滅之，鉅鑊湯以小鼎薌脯於其中，使其湯毋滅鼎，三日三夜毋絕火，而後調之以醯醢。」

懸在滿是餘燼的火坑上方慢慢烤，廚師蹲在一旁手動翻轉叉子。

火烤是最早、最原始的烹飪，先於鍋碗瓢盆的誕生。在四川「烹專」學習期間，我驚訝地發現，課本的第一頁就在介紹史前火的發現和烹飪的起源。課本引用了《禮記》中著名的成語，說人類懂得控制火、利用火，藉此擺脫了「茹毛飲血」的生食紀元。[4]很難想像歐洲的烹飪教科書會用任何篇幅去追溯遠古時期的烹飪起源，來說明烹飪將我們與野蠻人區別開來。但這本將馬克思主義與典故軼事奇妙結合在一起的課本，絕非四川地方特色，因為自古以來，這樣的思想就貫穿於中國文化之中，即烹飪幫助人們擺脫了野生蠻荒的過去，標誌著人類文明的誕生。

根據中國古往今來的記載，早期的人類寄居在岩洞與巢穴中，艱難覓食、疾病纏身。只有在極少數情況下，雷電交加時正好野獸被天火擊中，他們才會嗅到燒烤過的肉類那無可比擬的香味，用牙齒咬一口熟肉，窺見烹飪改革的可能性。後來，神話傳說中的部落首領燧人氏教會大家用兩塊木頭摩擦生火，這樣便能將火控制於股掌之間。燧人氏是引導人類走向文明之光的傳奇聖人之一，另外還包括了馴服洪水的灌溉之父大禹、農耕與利用草藥治病的先驅炎帝神農氏。但要從頭追溯起來，還要數火的發現，讓人們得以開啟烹飪的大門，避免一些疾病，真正成為人類。

從上古時期，中國人就認為，烹飪是文明人類與野蠻人和動物的分水嶺。看看後來西方思想家的相關研究成果，這種古老的觀念竟是驚人的預想。法國人類學家克勞德・李維史陀（Claude Levi-Strauss）在他研究的南美原住民神話中發現，烹飪象徵著從自然到文化的過渡，是定義人之所以為人的關鍵因素。再把時間推近，美國靈長類動物學家理查・蘭翰姆（Richard Wrangham）認為，烹飪使我們真正成為人類，因為加熱食材能充分釋放其中的營養成分，讓我們免去碾壓和咀嚼的繁重勞動而輕鬆攝取營養，促使大腦從與猿猴相似的器官進化到能進行科學與哲學思考的「計算機」。[5]沒有烹飪，我們不僅會繼續「茹毛飲血」，還會一直智力低下。

不過，雖說烹飪是全人類進化的關鍵，但只有中國人將其置於自身認同的核心。對中國古人來說，透過烹飪對生食進行加工轉化，不僅標誌著人類與野蠻人之間的分野，更劃分開文明世界（即中國及其統一前的諸國）的人們與遊蕩在這個世界邊緣的蠻夷。《禮記》中指出：「東方曰夷，被髮文身，有不火食者矣；南方曰蠻，雕題交趾，有不火食者矣。」另一部古籍描述蠻夷如同獸類，到中原進貢時，面對（熟）食物誘人的香氣與風味，竟然無動於衷。[6]

也有些異邦人沒有上述這麼粗野。那些行為不可容忍的人，是「生」人；有些禮節上還算可以接受的蠻夷，就姑且稱之為「熟」人吧。吃熟食是通往文明的橋梁：有一個美食外交，甚至可以說是「軟實力」的早期範例，即西元前二世紀有位文人提出，中國人可以在帝國邊境的食肆中用烤肉誘惑粗暴的北方蠻敵，從而征服他們。他寫道：「以匈奴之飢，飯羹啖膹炙，嗶多飲酒，此則亡竭可立待也。」[7]iii（與此一脈相承，我一本書的中文版讀者最近也建議，中國應該將備受爭議的海外孔子學院改成一流的中餐館，透過這種途徑來盡可能發揮軟實力的影響。）真要有蠻夷愛上了中餐，就會被視作已經漢化，完全規訓於中原的統治。[8]中國古人倒也不是完全不吃生食，有一道美味佳餚，名曰「膾」，就有生肉和生魚，有時候會稍微進行醃漬。這其實就是日本壽司的前身。但總體說來，做中國人，做文明與體面的人類，就意謂著要烹飪，要透過火與調味來改變世界。

這一切聽起來也許都是很古老的歷史，但在當代中國，歷史的迴響仍然不絕於耳。雖然近年來一些大都市的餐館菜單上出現了蔬菜沙拉和生魚片，但大部分的材料還是會透過加熱或至少是醃漬的方式，從完全未經加工的自然狀態轉化為食物。自古以來對生食的輕厭仍是主流：蔬菜通常都是煮熟的，生肉與生魚的菜餚是極其罕見的。我的很多中國朋友一看到西餐廳裡的生肉就臉色發白，也會批評日本料理「太生」。中國的疆域之內，只有生活在傳統漢族烹飪範圍之外的少數民族才會吃生肉。雲南大理附近的白族人喜聞樂見的一道佳餚叫「生皮」，切碎的生豬肉和火烤過的豬皮擺在一起，配各種香料調和的梅子醋醬汁上桌。而居住在同省南部熱帶地區的傣族人，有時候會吃生牛肉撒撇，是以牛消化器官裡的液體調製的一種冷湯菜。無論是生皮還是撒撇，都是不可能出現在北京餐桌上的。

二〇〇〇年代初，我陪同三位川菜大廚前往加州的美國烹飪學院（Culinary Institute of America）訪學。我們在學校的廚房裡忙碌，而學生們每天也會在那裡準備自助午餐，偶爾會有煮熟了的冷餐牛肉和鮭魚，可能再有個湯，但大部分時候都是沙拉：精美豪華的沙拉五顏六色、多種多樣。但幾天下來，我的四川同伴從內心深處產生了悲戚之感，因為對於吃慣了熟食的人來說，這兒沒有什麼能真正滿足他們的胃口。最終，其中一人半開玩笑半不客氣地爆發了：「再吃沙拉，我就要變成野人啦！」

• • •

一條條醃汁欲滴的蜜汁叉燒懸在烤爐中，梅納反應逐漸發揮魔力，讓肉的表面顏色逐漸變深，將其中的碳水化合物與胺基酸變幻為各種誘人的香氣和滋味。中文裡用來形容烤肉氣味的「香」，在英文裡通常翻譯成「fragrant」；但中文含義要豐富得多，因為「香」也可以指「香火」，指古代儀式中與祭祀供品的香味一起飄向神靈世界的繚繞香煙。人們希望，這些卷曲升騰的香氣，不僅能讓人類五感迷離，也能吸引主宰人類命運的神靈的注意。在中國人心中，烹飪的意義，不僅是把有危險的生食變為美味健康的食物、把野蠻人變成

iii 譯注：出自《賈誼新書》，是西漢初年政論家、文學家賈誼的文論彙編，在西漢後期由劉向整理編輯而成。

文明人，還是各種儀式的重中之重，因為儀式的開端就是獻供飲食之物。[9]

任何社會中，人們都會相互餵養，以此來培育感情。但在中國，古往今來，可食用的供品也充當著通往靈界的管道。在人類生存的凡界邊緣，徘徊著一群躁動不安的神靈、鬼魂和先祖，其中有些懷著惡意，有些只是內心矛盾不知去向何方；不過，人們認為，他們全都可以用飲食的方式來說服和安撫。人們希望祭品散發的誘人香氣，能夠產生一種感官「摩斯密碼」的作用，將人間的訊息傳遞到蒼天之上，不僅餵飽這些世外鬼神的饞蟲，還能贏得祂們的歡心與保佑，為人間帶來風調雨順、五穀豐登和萬事如意。從商朝末期開始，中國的整個國家社會與政治秩序都以用肉類、穀物和美酒祭品安撫神靈為中心，這種儀式的重要程度可以從《禮記》中的建議窺見一斑：為神靈鬼魂準備飲食祭品時，不管花費多少，都要毫無保留，比對在世凡人的吃食更為盡心竭力。[10]

食物也掌控著黎民百姓的生活與命運。老話說得好，「民以食為天」。食物不充足，人民就會暴動，推翻政權統治。帝王最重要的職責就是讓臣民填飽肚子，因此要嚴格按照精確的曆法進行祈求豐收的祭祀儀典。[11]宮廷中會派專人負責飼養祭祀用的牲畜、耕種和收割祭祀用的穀物，並準備祭祀用的食物，花費甚巨。根據後來的記載，在周朝，宮人中有超過一半，也就是兩千多人，都會參與到為鬼神和皇室中的凡人準備飲食的工作中。[12]他們歸膳夫（掌理帝王的膳食）統一管理，其中有營養師，有肉類、野味、魚類、龜鱉和貝類、醃漬菜和醬料、穀物、蔬菜水果方面的專人，還有幾十個宮人專門負責冰和鹽。[13]後來的西元前一世紀，有一萬兩千名專人負責為遍布周帝國的三百座宗廟準備祭祀用食品，每座宗廟都各自配備了祭司、樂師和庖廚。[14]這種規模在後世朝代中逐漸減小，但祭祀的規矩和習俗在整個帝制時代是一直延續的。今天，在曲阜孔廟或北京天壇附近走走，還會看到已經不再使用的「神廚」，過去祭祀用的膳食就是在那裡烹飪的。

祭祀儀典上，從供品飲食中縹緲上升的「氣」，會讓超脫凡世的魂靈得到飽足和滋養。人世間的達官顯貴下葬時，陪葬品會囊括他們來世可能需要的一切，包括食物、盛具、爐灶和糧倉的陶土模型，有時還會附上一尊廚師雕像。位於湖北的一座西元前四世紀墓葬中附帶了一個「食室」，算是個餐廳，可供死者先招待一下自己的祖先，再在他們的指引下升天。據墓誌記載，食室中不僅配備了盛具，還有一份非常豪華的菜單，上有風乾乳豬、蒸烤豬肉、炸烤雞肉、水果和果脯。[15]漢朝有諸侯王死去，其食官監不幸被拉去殉葬——王希望死後還能繼續吃到自己最愛吃的美味佳餚。[16]

一九一一年辛亥革命以後，國家層面的祭祀活動被徹底廢除，但用食物供奉鬼神的民間習俗從未止息過。二〇〇四年的春節，我在湖南朋友陶林的老家村子裡過年。她的父親在一個祭台上擺了半只臘豬頭、一整條臘鯉魚、一個巨大的柚子、一盤豆腐和幾杯茶與米酒，祭拜祖先，也供奉村子的土地神。他在祭品前叩頭，燒紙錢，點燃了巨響的鞭炮，劈里啪啦的聲音傳到街頭巷尾。之後，全家人沿路走到一位不久前去世的叔伯墳前，為他的亡靈獻上更接地氣的家常菜：糍粑、泡豇豆、豆腐、臘魚臘肉、雞爪、茶、米酒和可口可樂。香港上環的傳統華人區有專賣喪葬用品的店鋪，其中有紙做的烤鴨，還有裝滿紙製點心的硬紙板蒸籠。

透過食物與美酒的香氣向鬼神請願的習俗，在當代社會也存在實質的迴響。在很多人生活的邊緣，潛伏著一群影影綽綽的官員與各種所謂的「聯絡人」，他們能夠上下其手地操縱人們的命運；其中一些人心懷不軌，而有些人則總是模稜兩可、半推半就。在中國國家主席習近平於二〇一三年發起反腐運動、嚴禁公款吃喝之前，很多高檔餐廳嚴重依賴某些喜歡透過好吃好喝來討好大人物的客戶。

對於西方人來說，也許烤肉就是一座飲食高峰了。我們以週日烤肉為榮，餐桌上擺著大塊的肉，甚為隆重；我們以牛排和薯條為榮；我們以扔到燒烤架上的魚肉為榮；我們以在節日盛宴中居於核心地位的鵝與火雞為榮。但對中國人來說，烤，只是最基本的開始。

隨著陶器、青銅器以及後來鐵器的發展，煮、蒸、烤、炒等多種多樣的烹飪方法也應運而生。大約兩千年前，中國人已經在逐漸養成將食物切成小塊、用筷子夾著吃的習慣。叉子只會在烹飪中使用，刀也被「發配」到唯一的用武之地——廚房。「炙」是中國古代的佳餚之一，但由切成薄片的肉或魚做成的「膾」也可與之相媲美。富人有時也被稱為「肉食者」，他們能盡情吃肉；而平民老百姓在中國歷史長河中的大部分時候，幾乎完全以穀物、豆類和蔬菜為食。（考古學家認為，中國人有吃素的偏好，這也許有助於解釋他們為什麼從不把叉子做為進食工具，因為有證據證明叉子和吃肉密切相關。）[17]

在西方，用籤子叉肉在火堆前炙烤的古老習慣，逐漸演變成在封閉的烤箱中進行燒烤或烘焙。在中國，從漢朝開始，火堆就被廚房的灶台所替代，之後大約兩千年的時間裡，其設計上的變化微乎其微，直到二十世紀煤氣和電力的到來。在那時候以及現在的某些農村地區，灶台一直是用磚和黏土砌成的突出高台，外側開小口，以便添加柴煤等燃料；頂部開大口，放入湯罐、炒鍋或蒸屜。灶頭上方通常會擺放一尊或貼一張灶王爺像。灶王爺是中國最古老的「家神」，守護著華夏大地所有人的家庭生活，直到在「文革」期間被廢黜（一九八〇年代，某些地區復興了灶王爺，但祂再也沒能重回之前的巔峰地位）。某些廚房的地面上還會升一小堆火，火爐上方架一個三腳鐵支架，掛一口鍋，在天長日久的燻烤中變得焦黑；也可能在餘燼之中窩上一個砂鍋，火焰飛舞，炊煙繚繞，從屋頂的洞口飄散出去。不過，在傳統的家庭廚房中，唯一能進行的燒烤，是將茄子、新鮮辣椒或小螃蟹直接戳進爐膛中，烤熟後撣去灰燼再吃。

中國最後的王朝清朝，統治者是滿族人，曾經的東北游牧民族。征服全國之後，他們逐漸漢化，遵從很多漢族的風俗習慣，但從未丟掉對乳製品和大塊吃肉的偏愛。在傳統的滿族社會，聚在一起吃肉的畫風相當粗獷。客人們會自帶小刀，從簡單煮過的大塊肉上割下小塊來吃——這種風俗自然是源於他們漁獵與游牧的歷史。[18]而漢族人則恰恰相反，喜歡用豐富多彩的調味方法來處理精細切割過的各種食材，烹製出千變萬化的菜餚。正如十八世紀美食家袁枚所寫：「滿洲菜多燒煮，漢人菜多羹湯。」[19]清朝宮廷菜融合了兩種風格：精割細烹的漢族佳餚與大開大合的滿族烤肉和水爆牛羊肉。[20]

十八世紀末的作家李斗描寫過在富庶的南方城市揚州舉行的一場「滿漢全席」，據說這場盛宴融合了來自兩種文化最無上美味的佳餚。這是一場鋪張華麗的菜系融合，菜品一共「五分」（五個系列），算上小吃總共有九十道上下。其中一些菜品的漢族身分非常明顯，比如文思豆腐羹、糟蒸鰣魚和雞筍粥；而有一「分」則全是肉食，稱之為「毛血盤」，有鑊炙哈爾巴小豬子、油炸豬羊肉、掛爐走油雞鵝鴨、燎毛豬羊肉和其他水煮或蒸製的肉類，這些想必是滿族菜。[21]同時代的乾隆皇帝在北京皇宮中的御膳以江南菜餚為主，但仍放不下滿族的糕點和烤鴨。[22]（一七六一年，他在兩週內吃了八次烤鴨。）[23]與之一脈相承，一八八九年，光緒皇帝大婚的宴席上，有一些細巧精緻的小菜，但也有直接用籤叉炙烤的豬肉和羊肉。[24]晚清時期，已經半漢化的滿族人還會隨身攜帶個人餐具，一雙筷子、一把小刀；刀在鞘中，直接塞進靴子，也可以掛在腰帶上：筷刀齊備，漢菜和滿菜都能吃。

從很多方面來說，漢族人都對這些異邦統治者和他們強制實施的滿族習俗深惡痛絕

（比如剃額髮、留長辮）。[25]但因為御膳美名在外，他們便對一些滿族美食產生了喜愛，其中就包括烤肉。皇城宮苑之外，大型的烤肉成為某些漢族儀式和特殊場合的專門待遇，但家常廚房中絕不會做。一些曾經的御廚在北京城自立門戶開餐館，專做在紫禁城的廚房中完善過的烤鴨，也就是著名的「北京烤鴨」。滿族人習性不改，宴會上依然使用自帶的小刀割肉吃。這倒有點像歐洲人，他們會用較大的刀和叉子先把烤肉切割好，再邀請客人入席；後者再分別用自己的小刀叉來進一步切割。但對漢族人來說，即使是北京烤鴨和廣東烤乳豬這兩道很可能深受滿族影響的菜餚，都必須要在廚房裡切成適合入口的塊或片，才能端到食客面前（北京烤鴨的桌邊片鴨是現代的創新）。

中國的專業廚師在烤製肉類時，技法往往極盡細緻講究——與英式烤肉之流的簡單作法大相徑庭。北京烤鴨的製作過程十分複雜，目的是盡可能讓鴨皮光亮酥脆、鴨肉鮮嫩多汁。廚師需要往鴨子體內泵氣、風乾、往鴨身上澆淋飴糖水、往鴨腹內灌水，再掛入圓頂烤爐用果木進行高溫燻烤。廣東燒味的烹製也是精細繁瑣，注重每個部位的口感與味道。中國烤肉和英國烤肉實在千差萬別，無怪乎一七九三年英國首個訪華使團會覺得東道主提供的食物在看似努力迎合外國人口味的同時，吃起來卻不怎麼樣。「他們的烤肉，」使團成員之一的愛尼斯・安德森（Aeneas Anderson）寫道，「外觀非常奇特，因為他們用了某種特製的油，賦予了烤肉一種清漆般的光澤。它們的味道也不如歐洲廚房裡乾淨簡單的烹飪方法做出的菜餚合我們的胃口。」[26]

在西方人眼中，用明火烹製的大塊烤肉是珍饈佳餚，是餐桌與美食文化的核心。他們覺得烤肉豐盛、直接、實誠且陽剛，比如烤架上的牛排，或者由男性一家之主鄭重其事進行切割的週日烤肉。西方人可能覺得，通常將肉切成小塊小片、與蔬菜一起精心烹製的中餐，未免有點自找麻煩，甚至可能過於柔弱，有失血氣。清朝時期，一些滿族人顯然擔心過度漢化會導致他們喪失那種粗獷的男子氣概：乾隆皇帝雖然喜歡漢族佳餚，卻依然堅持用自己專屬的小刀來切割豬肉吃。據說清朝的開國皇帝曾說過：「若廢騎射，寬衣大袖，待他人割肉而後食，與尚左手之人（即無用之人）何以異耶。」[27]

但從漢族人的角度看，烤肉固然能稱得上美味，足以引人食欲，但也有點太原始，甚至顯得「返祖」，是烹飪起源留下的遺跡，反映不了文明考究的美食文化。「炙烤應該歸入自然，而烹煮則屬文化，」人類學家李維史陀如是寫道，因為烹煮需要容器，「這就是一種文化物品。」[28]中國最有名的火烤菜餚之一——叫花雞，是用樹葉和黏土糊在全雞上，形成外殼進行烘烤。據說，叫花雞的創始人是個小偷。他偷來一隻雞，手上卻沒有任何廚具來烹飪：用火來烤並非主動做出的烹飪選擇，而是因為別無他法。

如果說烤是最早的烹飪方法，那麼從某種意義上說，中國人已經將其當成了遙遠的絕響。從最初的簡單烹飪方法不斷發展而成的美食文化，強調的是將完整的生鮮食材轉變為不那麼原始、有更明顯人類行為改造痕跡的東西。中華文化的實踐者會對手上的食材進行切割、調味、轉化，賦予其文明屬性。無論是過去還是現在，烹飪都是在實踐文明。從這個意義上說，和一大塊烤豬肉相比，一盤蔬菜炒肉絲要更符合中華文化的精髓。

在倫敦唐人街的文興酒家（Four Seasons Restaurant），服務生將盤子擺在我面前。一片片邊緣烤成玫瑰色的蜜汁叉燒被擺成整齊的扇形，鋪在熱氣騰騰的白米飯上。肉片上肉汁橫流，邊上好整以暇地擺了幾條緞帶般的水煮白菜——原本古老的大塊烤肉，搖身一變就成了如此具有中國特色的佳餚。這是一道經典的粵菜——營養、實惠又美味。但歸根結柢，烤肉是「野人」和「蠻夷」的食物，屬於總對古代中華帝國的邊境虎視眈眈的游牧民族，也屬於現代的歐美人。隱藏在肉片下面那些珍珠般的米飯粒才是這餐飯的核心。真正的中國人不僅要吃熟食，還必須得吃糧食。

穀糧天賜：白米飯

浙南遂昌縣附近，戴建軍的「躬耕書院」農場，正是午飯時間。我們已經享用了好多菜餚，桌上盤碗四散，一片狼藉。一盤裡面剩下點香菜拌豆腐乾，另一盤裡剩下汆燙的時令鮮蔬；還有濃油赤醬的醬燒魚和文火慢煨的芋頭燉豬腳。豐富多彩的味道與口感讓我們從口腹到頭腦都歡欣滿足，此時就該用我們的「澱粉主食」——一碗米飯——來做個圓滿收尾了。吃的時候要淋上一點乾燒魚剩下的醬汁，或者就幾口鹹菜。

「吃飯。」戴建軍的私廚朱引鋒說著，盛了點米飯到碗裡，遞給了我。

午後微涼，清朗的光線捕捉到青花瓷碗上的熱氣，繚繞而起，悠然裊娜。米飯光澤如月，幾乎晶瑩剔透。碗中米飯粒粒分明，但又曖昧地黏在一起，結成溫柔的小團。我端起飯碗，深嗅了一下那帶點堅果味的撫慰人心的芳香，然後拿起木筷子，挑起一口鬆軟的米飯送進嘴裡。白味的米飯，沒有油氣，沒有調味。然而，看似平淡無奇的它，卻是這頓飯的文化、倫理與情感中心。

在浙江，以及整個中國南方，要是沒有吃白米飯，就不算吃過飯——畢竟，吃正餐就叫吃「飯」，就是吃「煮熟的穀物」。

我是英國人，吃馬鈴薯和麵包這樣的主食長大。起初，面對中國幾乎每頓都有的毫無鹽味的白米飯，我感覺不太滿意。它的樣子實在太平淡無奇了，勾不起食欲。我和很多外國人一樣，喜歡點炒飯；運氣好的話，有時還能在做遊客生意的旅行者驛站裡點到炸薯條或馬鈴薯泥。但在中國人眼裡，加雞蛋或一點點肉或蔬菜做的調味炒飯，只是偶爾為之，並非日常飲食。那是通常用隔夜剩飯做的快手餐，就這麼簡單一盤對付一頓。南方的大多數正餐都是以沒有調味的白米飯為中心展開的：有時是顆粒分明的蒸「乾」飯；有時是以粥的形式出現的「濕」飯，米粒與水融合成絲滑黏稠的質地。無論是固體還是液體，米飯都能形成一塊至關重要的空白畫布，一餐飯的色彩就以此為背景描畫而成。西方人經常詬病中餐太鹹或太油，這沒什麼好奇怪的：要是你只吃鹹、辣或油重的菜，或者用它們搭炒飯而非白米飯，那的確會覺得鹹和油。中國南方的大部分菜餚，都是一定要搭白米飯的，它們就是白米飯的調味料、鹽、油和風味，為米飯錦上添花，並非自成一體的菜餚。

一頓中餐，首先要有「飯」，在中國南方就是米飯；再加「菜」（粵語裡稱之為「餸」），也就是「除了飯之外的其他所有東西」。漢字「菜」可以指一盤盤的菜餚，也可以是蔬菜。看這個字的構造，上面一個草字頭，下面是采：「采」像是一隻手放在草木上，象徵採摘可食的植物。在源遠流長的中國歷史中，大部分時候的大部分中國人，「除了飯之外的其他所有東西」，主要就是蔬菜，只偶爾能稍微打打牙祭，吃點魚和肉，因此「菜」這個字眼就有了一定的邏輯。不過，「菜」其實能指除了「飯」以外的一切，包括肉、禽和魚。最簡單的菜，可能就是那麼一盤韭菜炒豆乾，甚至一碟好吃的鹹菜；最複雜的「菜」，能包含無數佳餚，只有你們想不到，沒有他們做不成。

然而，無論菜餚多麼美味奢華，終極目的都是為了搭配主食，也就是人們常說的「下飯」。在包括浙江在內的一些中國省分，人們通常不說菜，直接稱為「下飯」。用美國飲食人類學家西敏司（Sidney Mintz）的話說，飯是中國人飲食的「核心」，而菜（或稱「下飯」）則是「邊角」。而且，正如其他文化中的澱粉類主食一樣，「核心食物的口味有時一嘗之下顯得平淡單調或千篇一律，與當地人通常對它的虔誠崇敬形成鮮明對照。」[1]正如我父親要是幾頓沒吃親切而撫慰人心的馬鈴薯，就會悵然若失一樣。大部分的中國南方人，要是吃不到米飯，就會備感淒涼。沒有配飯吃的食物，只能說是小吃，不能算正餐。

日常的一餐，主要是大量的飯，佐以少量的菜；而到了宴席上，兩種角色就會完全反轉，享樂重於溫飽。菜品數量激增，可能會到令人應接不暇的程度；而澱粉含量高的米飯則成為小角色，小到幾乎沒有戲分，甚至也許會由幾個小小的餃子或一個袖珍小碗的麵條代為出場。但米飯絕不會完全消失：已經記不清有多少次，我在一場盛宴上吃完二十多道菜，解脫與勝利的感覺正慢慢充溢心間時，就會有好心的服務生來到身邊，問我要不要吃點米飯、包子或麵條來填個肚子。沒有「飯」，就不稱上是一頓正宗的中餐。所以，只要是中國人，即使在吃完一頓豐盛的英式烤牛肉配蔬菜，再品嘗了甜品布丁之後，僅僅過了半小時，就會嚷嚷自己還餓著。從某種程度上說，這舉動像一面鏡子，神奇地映照出西方人對中餐的態度。

「飯」，可以指任何做熟的穀物，但穀物也有傳統的等級之分。南方人最喜歡的是稻米，而北方人則更喜歡能做餃子、麵條、煎餅和包子饅頭的小麥。窮人和偏遠地區吃比較多所謂的「粗糧」或「雜糧」，比如玉米、高粱和燕麥，整體上則不那麼受歡迎。這個「穀物金字塔」的最底層，是馬鈴薯和番薯等澱粉含量高的根莖類食物，通常只在饑荒或極度貧困的情況下才做主食。一個紹興的三輪車夫曾對我講述過他貧窮的童年，說那時候就老吃馬鈴薯。我告訴他，英國人覺得馬鈴薯是美味可口、非常不錯的主食。「天啊！」他表示難以置信，一臉的關切與擔憂。

一個人對「飯」的態度，能多少說明其為人如何。家常便餐中，要是有人只顧大口吃菜，不怎麼吃飯，就會顯得貪嘴又粗俗。中國最著名的美食家、十八世紀的詩人袁枚曾曰：「飯者，百味之本……往往見富貴人家，講菜不講飯，逐末忘本，真為可笑。」[2]千古禮儀典範，聖人孔子，即使面前有很多肉，也絕不吃超過主食比例的量。[3]飯在中餐中這種至高無上的地位，讓以社交為目的之一的用餐活動變得非常靈活：只要鍋裡還有足夠的米飯，就算突然又來一位客人，也就是添雙筷子的事，這頓飯就再多吃一會兒。

中國的孩子從小就會被父母和祖父母諄諄告誡，碗裡的米飯要是沒吃乾淨，剩了多少粒，以後嫁的丈夫、娶的媳婦臉上就會長多少顆麻子，這是報應。數個世紀以來，孩子們都要背誦唐朝詩人李紳的一首詩，在詩意中學會珍惜米飯：

鋤禾日當午，汗滴禾下土。
誰知盤中飧，粒粒皆辛苦。

這種情感和精神在現代也有異曲同工的表述方式。幾年前，我在中國的一家餐館看到一幅海報，內容是政府反對浪費食物的宣導，上面有一個青花瓷碗，裡面裝滿了米飯，又疊加了重重梯田的剪影，畫面下方的標語用簡潔明瞭的中文寫道：「盤內一分鐘，田內一年功。」

舊時中國人見面，常互相打招呼「吃飯了沒？」這個盡人皆知。米飯等穀物在生活與生計的中心地位貫穿於中文的方方面面。餐館通常稱為「飯館」，得提供「飯」；烹飪在口語裡就是「做飯」；叫花子是「要飯的」；暴飲暴食的人被鄙為「飯桶」；有工作，就是捧著個「飯碗」；要是這工作掙得多，那就是「金飯碗」；掙得少，那就可能是「紙飯碗」或者「泥飯碗」；過去，國營事業裡的穩定工作叫「鐵飯碗」，而一九九〇年代中國的經濟改革則是「打破鐵飯碗」。在中國的某些地區，人們會在死者的葬禮上摔破一些真的飯碗，這是儀式的一部分。

• • •

在戴建軍的農場吃了那頓午飯之後，我和朱大廚到田野裡散步。時值十月下旬，農民還在收割最後一批晚稻。天空碧藍如洗，飄搖著幾朵白雲。谷地裡的這片田野被群山擁在懷中，一梯一梯往下緩降，一直延伸到村莊和最低處的湖邊。這樣的地形和風景，是人們用雙手塑造的，是一尊活生生的大型雕塑。一塊塊平坦的田地，接壤處是呈弧形的彎曲田埂，形成一個個小「盆子」，方便在播種插秧的季節直接灌水。樹間鳥兒啁啾，田裡昆蟲嘰喳，像某種平靜之下其實激越的合唱。

農人正在收割水稻，將長長的稻子紮成一捆捆擺在地上。朱引鋒向我展示了腳踏式打穀機的工作原理，沉甸甸的稻穗耷拉著腦袋，被送進大漏斗裡，腳踩踏板，呀噠呀噠，稻穀顆粒就從莖稈上分離了。大部分的稻田已經被收割乾淨，打完的稻草被堆成秸稈堆，立在只剩殘株的田中。一個頭戴草帽的農民正在打理一大片厚毯般的稻穀，一顆顆橢圓形的穀粒上自有丘壑，閃著碧瑩瑩的金光，鋪在長方形的竹席上，正曬著太陽。曬乾後的米粒將經歷脫殼、拋光，莖稈則會做為肥料和牲畜飼料。

水稻（學名：*Oryza sativa*），是中國最早被馴化栽培的穀物，而此地的人們種植水稻的時間更是全球最早。從河姆渡（距離戴建軍的農場不過兩三百哩）等浙江省內考古遺址中發現的水稻遺跡看來，在距今大約一萬年前的新石器時代，長江流域就開始種植水稻了。近期的研究表示，最初當地種植水稻，主要是做為打獵與採集之外的附加食物；又過了五千年甚至更久，水稻才成為當地主要的食物來源。[4]到了西元前一百年左右，太史公司馬遷筆下，就有了這片富庶豐饒、鬱鬱蔥蔥的土地上，人們「飯稻羹魚……無凍餓之人」的紀錄。這片區域也有了「魚米之鄉」的美名，相當於西方語境下的「流奶與蜜之地」。

中國是全世界最能吃稻米的國家。[5]中國南方的大部分地區都以長粒的秈稻（學名：*O. s. subsp. indica*）為主食；而在江南地區，人們通常偏愛穀粒更圓潤的短粒粳稻（學名：*O. s. subsp. Japonica*），日本壽司中使用的米就是一種粳米。前一個拉丁名來自一種早先的假設，認為是印度首先馴化了水稻；後者則來自短粒粳米在日本盛行的事實。這兩個亞種讓中國學者相當苦惱，他們更喜歡直接說秈米和粳米。還有一種米叫糯米，大部分是白色的，但也有黑色。中國人普遍認為糯米不太容易消化，基本不以其為主食，而是用於甜味糕點與點心當中。但雲南是個例外，生活在那裡的傣族人就以糯米為主食。糯米的英文名是sticky rice（直譯為「黏性米」）或glutinous rice（直譯為「含麩質的米」），但其本身是不含麩質的。

稻米分很多地方品種，因風土、香氣、口感、形狀和顏色的不同而各具特色。中國美食家會對此進行鑑賞，也可能會關注稻米收穫的特定年分。有本中國烹飪百科全書列出了將近四十種名貴稻米品種，很多都擁有詩意好聽的名字，比如北京的「白玉堂」、四川的「桃花米」和「黃龍香米」，還有產自江西的「麻姑米」，是以宋朝時期一位道姑命名的。[6]雲南也出產一種獨特的紅米，煮熟後透著淡淡的粉色。

白米最常見的作法非常簡單，要麼加一定量的水煮得半熟後蒸成「乾」飯，這是中國南方正餐中幾乎必然出場的角色；或者水多加一點，煨成「濕」的粥，通常做為早餐、搭配小菜或當消夜食用。電鍋如今已是隨處可見，但在這項發明問世之前，乾飯通常用炒鍋或砂鍋製作，因此底部會結一層金黃酥脆的鍋巴，有點類似伊朗的波斯黃金飯（tahdig）；或者先煮到半熟，然後裝進有孔的木質容器「甑子」中，放在一鍋微沸的水上蒸。如果用這種鄉村常用的古老方法做飯，把米煮到半熟後剩下的液體（米湯）也會單獨盛出來喝，或者在裡面加點蔬菜，變成絲滑柔軟的湯。

粥，是中國人的終極療癒食物，最適合食用它的人群包括嬰兒、老人和病號，以及任何需要用這清淡、細膩而柔滑的飯食來舒緩和安撫心靈與腸胃的人。千百年來，人們一直覺得粥是具有療癒和藥用效果的食物。宋朝詩人陸游甚至認為它有延年益壽的奇效：

世人個個學長年，不悟長年在眼前。我得宛丘平易法，只將食粥致神仙。[7]

煮粥得小火慢煨，需要很長時間，於是現代就有了「煲電話粥」的說法，意思就是拿著電話無休無止地聊天。

大部分時候，米飯都是無味的，但中國人還是忍不住借用米飯來發揮他們特有的烹飪創造力。除了乾飯和簡單的白粥，白米還可以做成更有流動性的稀飯，加了其他配料、依舊粒粒分明的潮汕海鮮粥，還有口感順滑的粵式魚片粥或內臟粥，以及鴨身內或點心裡的甜鹹餡料。最近，我在香港備受推崇的大班樓餐廳大快朵頤了一種與眾不同的海鮮粥，它被反覆過濾到順滑如綢緞的質地，實在是至高美味。前一天的剩飯可以做成炒飯，也可以加水或高湯煮一煮，再加上其他零零碎碎的配菜，做成泡飯。不同地區各有妙招，會利用自產的穀物做成爽滑的粉條、腸粉、輕盈的米糕、膨鬆的米花、晃嘟嘟的米凍、有嚼勁的年糕以及各種各樣的點心。

白米碾碎成米粉，可用於醃製或包裹食材進行蒸煮。在古代的中國，鹽和煮熟的米包著魚做出來的醃製品稱為「鮓」，這就是日本壽司的祖先。[8]這個「鮓」字如今還出現在很多中餐醃製品當中，彷彿古老廚藝傳來久遠的回聲。比如四川和湖南的「鮓辣椒」，將辣椒剁碎，混合鹽與米粉一起發酵而成。醃好以後就從罈子裡舀出來，炒成香辣而黏糯的美味小吃。四川人會將豬肉或牛肉放在辛辣的調味料中醃製，再裹上炒米做的米粉，上鍋蒸到軟。這樣烹製的「一鍋肉」美味柔嫩、撫慰人心，類似的作法被統一稱為「粉蒸」，在中國南方各地均有製作。

米也可以做為培養紅麴菌的基質，成品呈現深紫色，在水中浸泡後就變為洋紅色。變為紫色的米粒，既可做為傳統藥物，也可做為釀造某些玫瑰色酒的發酵劑，還是中國最古老的食用色素之一。正是因為使用了紅麴米，南方的豆腐乳（大部分的中國超市都有賣，一般是罐裝）才會呈現那種引人注目的深紅色，一些紅燒肉菜餚才會有深粉色調，中國各地的一些糕點上才會出現粉色的小點和圖案。

• • •

雖然無處不在，但稻米只是「飯」的一種。中國的兩種自然環境分野明顯，截然不同：潮濕的南方，是水稻生長的沃土；乾旱的北方，那裡的人們千百年來一直以小麥和其他適合旱地種植的穀物為主食。水稻是中國南方最早種植的穀物，但古代中華帝國是在北方的黃河流域一帶建立起來的，那裡是華夏文明的發源地，一切的古典文獻與禮儀也都從那裡開端。在中國北方，稷（粟米、小米）和黍（黃米）先於水稻種植[9]，從狩獵和採集到穩定農業的過渡可能比南方發生得更快也更早。水稻只是古時候被稱為「五穀」的糧食之一，另外還有黍、稷、麥、菽（豆類總稱，那時候被歸入穀物之列）。

稷米與黍米，顆粒小而圓潤，蒸製過後不會像稻米那樣結塊，所以無論是做乾飯還是煮粥，稷和黍最方便的吃法就是用勺子——在古代的中國北方，這也是常見的進食方式。[10]如今，稷在穀物中的地位已經很邊緣化了，甚至在北方也是如此，但在最初的最初，它們也是具有象徵意義的華夏神聖穀物。

美洲的原住民將玉米奉為神靈，認為是它賦予了生命。然而在中國，正如歷史學家白馥蘭（Francesca Bray）指出的，竟然出乎意料地從來沒有什麼「稻神」。中國古人敬拜的反而是后稷。[11]祭祀時敬獻給鬼神的，也不是稻米，而是稷黍類穀物。

《詩經》，西元前一千年的前半期搜集的民間詩歌與祭祀頌歌總集，其中有首詩題為〈生民〉，描述了后稷奇蹟般的降生。他從小天賦異稟，教會了人們如何種植稷，如何在祭祀中將稷和炙肉一起供奉給鬼神：

> ……誕降嘉種，維秬維秠，維穈維芑。恆之秬秠，是獲是畝。恆之穈芑，是任是負。以歸肇祀。[12][iv]

詩歌還描述了對豐收的糧食進行舂打、清洗和蒸製，在新歲來臨之時的祭祀儀典上與

烤製的公羊一起做為供品：「印盛于豆，于豆于登。其香始升，上帝居歆，胡臭亶時。」v

很久以前，漢朝開國皇帝將定期祭祀后稷定為國家禮制。[13]此後，風雲變遷，歷朝歷代，直至一九一一年，在每個王朝的都城以及華夏各地的社稷壇上，都會用稷供奉神靈。西元前三世紀，一位商人記錄下名相伊尹對君主成湯講述美食與政治之關係的著名言論，流傳至今。[14]伊尹本身也是一名優秀的廚師，他在這番話中列出了王土之內最上乘的出產，其中就有好幾種「稷」，卻完全沒提到稻。在《詩經》當中，出現頻率最高的穀物就是稷黍類。孔子也曾表示黍子是五穀之首。[15]稷黍穀物主要分為兩種，一種是粟（學名：*Setaria italica*），通常被廣大百姓直接烹煮食用；另一種是黏性的黍（學名：*Panicum miliaceum*），通常用來釀酒。西元六世紀，賈思勰寫了影響深遠的農學開山之作《齊民要術》，那時北方的百姓已經在種植將近一百種不同的稷黍穀物了。[16]

早在新石器時代，黃河流域就逐漸形成農業社會，穀物種植也因此成為中華文明恆久的顯著特徵之一。一開始，人們在燒熱的石塊上將穀物烹熟；陶器應運而生之後，他們開

iv 譯注：此處的白話文是：承蒙上天關懷，恩賜上乘的種子，其中有黑色的黍米，還有紅色與白色的高粱。把各色糧食種下去，就有遍地的收穫，又扛又背地運到糧倉裡裝滿，忙完農活就可以祭祀祖先了。

v 譯注：白話文是：舉著各種祭祀的盛器仰頭，香味剛剛開始向上飄升，天上的神靈就非常高興地問：「是什麼好東西有如此濃烈的香味？」

始煮製穀物，後來又有了蒸製的作法。傳說華夏民族始祖黃帝不僅發明了陶器，還教會人們如何將穀物蒸製為飯、煮製為粥，從而確立了中華飲食的核心原則之一，一直傳承至今。與其他民族不同的是，早期中國人對將穀物磨成粉興趣寥寥，他們更喜歡將穀物放入臼中脫殼後整粒烹熟——比如今天碗中的蒸白米飯。

穀物不僅是重要的食物，也是酒精飲料的原材料，而食物與酒都是宴席與祭典的焦點。現在，只要是含酒精的飲品都可以叫做「酒」，在英語中一般稱為「wine」（葡萄酒）。但嚴格說來，早期的中國酒飲其實應該是麥酒（ale）或啤酒（beer）。河南省賈湖遺址出土的新石器時代陶器顯示，大約九千年前，中國人就在用稻米、蜂蜜、葡萄和山楂的混合物釀酒了。[17]也是在新石器時代，他們發明了一種將黏稠的大黃米釀成麥酒的方法[18]，很可能是往大黃米粥中置入黴菌和酵母菌，使其中的澱粉分解成醣，然後發酵成酒精。[19]商朝時期，這樣的麥酒與煮熟的黍稷會被一起供奉給鬼神，然後在宴飲儀式上飲用。（後世說起商朝，總會提到那時的酗酒無度，特別是殘酷而墮落的商紂王，他用美酒填滿池子，用木棍掛滿各種炙肉，組成「酒池肉林」，讓年輕男女赤身裸體在旁荒淫嬉戲。）

從最早的王朝開始，農業就是中國的國家核心議題，大部分可耕地都會用來種植穀物。[20]農耕生產糧食，可以餵養人與鬼神，讓前者安心度日，後者保佑人間，同時還能活化國家稅收，因為其中大部分都來自對農產品的徵稅，最初也是以糧食的形式支付的。放任百姓忍飢挨餓，或者忽視神聖的社稷禮儀，都會導致暴亂與起義。[21]先哲墨子曰：「食者，國之寶也；兵者，國之爪也；城者，所以自守也。此三者，國之具也。」[22]做為職業之一的務農，曾被視作高於手工製造或貿易經商，地位僅次於讀書研學。皇帝本尊也會在象徵意義上做一個農人：每年春天，他都會到御用籍田用耒耜犁出一條溝，這塊田出產的穀物將用於國家祭典，而皇帝的這一舉動標誌著春耕的開始。盛大祭典上會用珍貴的青銅器來盛放蒸熟的穀物和穀物釀成的酒，而其他沒那麼重要的食物（包括肉類）則裝在陶器、木器或筐籃中供奉給神靈。[23]

真正的中國人不僅要吃熟食，還必須得吃糧食。《禮記》當中提到在中原腹地邊緣生活的野蠻人部落，除了說他們有著紋身和不吃熟食（「不火食」）的奇怪習性以外，還提到有些人居然不吃穀物（「北方曰狄，衣羽毛穴居，有不粒食者矣」）。[24]長城，安居樂業的中原人與北方敵對游牧民族之間的分界線，長度不斷在變，卻以不朽之姿挺立了千百年，這其實也是一條同時具有實際與抽象意義的分界線：一邊是農耕平原，另一邊是草場牧地；一邊是華夏中原人，一邊是游牧民族；一邊以穀物做主食，一邊以大肉為生。[25]這是一條很難逾越的文化鴻溝。

中國古代唯一不吃穀物的人群是追求超凡修仙、長生不老的道家。他們完全背離了中國的傳統文化習俗，屏棄穀物，主張以「氣」為食，那是萬物無形的本質。此外他們的食物還有露水和奇花異草，甚至於根本不被平常人當作食物的礦物質——這很像一些當代西方人提倡的「空氣飲食」。一個西元前三世紀的墓葬中出土了一些養生文獻，其中一份帛書的手稿，其標題就讓人聯想到當代西方的健康飲食書籍：「卻穀食氣。」[26]

華夏帝國始於北方，傳統延續下來，黍稷類穀物一直享有官方祭典供品的崇高地位。但早在約兩千年前的漢朝，它們在北方人日常飲食中的絕對占比就已經漸漸被小麥所取代。在遙遠的古代，人們覺得有著堅硬內核的小麥要煮成飯或者粥實在有些難度，而且容易結塊，又不好吃。[27]但就在漢代前後，中亞的麵粉加工技術傳入了中國，小麥的處理和可口程度都有了飛躍，北方人開始試著製作麵條和餃子，最終這些成了他們的日常主食。

第一個千年的末期，稻米在全中國的重要性與日俱增。[28]從唐朝開始，中國北方便飽受乾旱和北界外游牧民族的侵擾。與此同時，來自越南的長粒籼稻新品種讓南方農民實現了一年兩熟，農業技術的創新也提高了產量。南方人口激增，經濟繁榮，稻米帶來的財政收益充盈國庫。中國的經濟中心從飽受摧殘、積貧積弱的北方向南轉移，一去不復返。十二世紀，女真族的侵略者最終占領了北方都城汴梁（今開封），漢族人失去了大部分種植黍稷的土地。

稻米變成主食，麵條也日益為百姓喜聞樂見，這兩者也許在一定程度上促使中國人放下用勺子吃飯（筷子只用於夾配菜）的老習慣，而拿一雙筷子吃幾乎所有的東西，因為稻米和黍稷類不一樣，可以結塊，一團團地夾起來。[29]明朝時期，人們開始用「大米」一詞來稱稻米，指的是那種長長的米粒；而黍稷類就變成「小米」，因為圓圓的顆粒很微小。[30]此時，稻米早已占據絕對上風。在這場「穀物之爭」中，稻米戰勝了小米。

最終，在中國南方地區，只要能想辦法灌溉的土地，幾乎每一塊都種了水稻。[31]山坡上開墾了梯田，種植季節被灌滿水，等到稻穀長成，又將水抽乾。雲南元陽的梯田景觀如童話一般，堪稱最美稻田。我永遠不會忘記第一次看到元陽梯田的情景。連日濃霧之後，我正要離開這個小鎮，霧氣突然散了，彷彿歌劇院的帷幕緩緩拉開。公路下方大開大散的就是著名的「老虎嘴」，山脊向下流淌，往遠處延伸，被開墾成不規則的梯田，全都灌滿了水，像無邊無際的池塘，在夕陽下閃耀如鏡。整個山谷縱橫交錯，銀波粼粼，像大教堂的窗戶，通體瑩透光亮。遠處，煙青色的群山緩緩起伏。時不時有身著鮮豔服飾的農民在田間勞作。四下寂靜恬然，只有潺潺流水。不過突然有一群業餘攝影師出現，快門喀嚓作響，讓眼前的景象和他們一起重又墮入凡塵。

水稻是熱量最高的穀物，每英畝生產出的食物熱能和蛋白質高於小麥和玉米。[32]中國傳統飲食以素食為主，而其中的能量大部分來源於稻米。自古以來，中國就沒有太多牧場，牛羊等各類牲畜的數量遠遠少於歐洲。舊時，農民可能會養一頭水牛或黃牛，用來拉犁耕田；再養些山羊和綿羊，等長大就吃肉取毛；但除此之外，人們主要飼養的還是豬和家禽，前者以一家人的殘羹剩飯為食，後者就在土地上啄來啄去地覓食。[33]鱔魚和泥鰍會在灌滿水的田地和用於灌溉的水渠中盤旋游動，鴨子則在周圍划來划去，它們的排泄物讓土壤更為肥沃。田埂邊長著桑樹，寬大的桑葉會用來餵蠶，這是南方古老家庭手工業的一部分。田埂河岸邊偶爾也種些其他農作物。水稻是一個可持續循環農業系統的基石，在二戰後綠色革命用新技術和化肥進行農業改革之前，這個系統一直在滋養著大片的土地，每單位土地養活的人口比其他任何農業系統都要多。[34]

小米則繼續在偏遠地區少量種植，用於維持生計，是水稻和小麥的「窮親戚」，淪為燕麥、玉米、高粱等不受重視的「粗糧」之流。曾經備受尊敬的五穀之首，竟逐漸隱沒無聞。在毛澤東時代，人們會舉行晚宴紀念艱苦的革命鬥爭，吃小米來「憶苦思甜」。[35]我在一九九〇年代初到中國，那之後，就算在從古時候就開始種植小米的北方，我與小米的相遇也只在偶爾的早餐粥飯中。還有一次是在山西大同，我吃到一種用糯小米做成的黃米涼糕。

但也有跡象顯示，這種古老的穀物可能會在當代中國東山再起。小米是堅強耐旱的穀物，在中國北方的貧困地區仍然做為自給糧食種植，水稻和小麥兩個後來居上的「篡位者」，都比小米更需要水；而如今氣候變化又加劇了北方一直以來的乾旱威脅。[36]傳統水稻種植是勞動密集型農業，而最近數十年來，有些農民正在放任土地荒廢，不願維護梯田，不願低頭彎腰，不願浸在齊膝深的泥水裡去把那柔嫩的秧苗插進田中。在很多地方，時日久長的梯田已經明顯荒蕪塌陷，大自然正在拿回之前被人工開墾的土地。中國政府努力推廣傳統飯食的替代品，尤其是馬鈴薯[37]——在一個通常在走投無路時才將馬鈴薯當主食吃的國家，這東西推銷起來很難。

與此同時，中國人逐漸偏離數千年來的飲食習慣：飯吃得愈來愈少，和世界上其他國家的人一樣，吃大魚大肉，並沉迷於高度加工的食品，於是愈來愈多患上癌症、肥胖症和第二型糖尿病等與現代飲食相關的疾病。以上種種因素疊加，注重健康的人們逐漸改變對白米飯單一的依賴，在日常的飯食中多加入所謂的「粗糧」，恰如同樣注重健康的西方人漸漸屏棄了白麵包，偏愛起全麥酸麵包。我在成都的一些朋友早餐喜歡吃各種穀物和豆子混合熬成的粥。

這樣的背景之下，一些精明的農人開始利用網路向中產階級推廣小米，宣傳話術稱這是一種綠色手工農產品，正在取得愈來愈大的成功。白馥蘭指出，這是出乎意料的發展趨勢，「黍稷類糧食曾是他們窮困的標誌，種植黍稷的傳統也曾代表他們的落後，現在卻在為他們帶來財富和尊重。」[38]如今，小米已赫然出現在城市網紅餐館的菜單上，比如顧客爆滿的西貝莜麵村連鎖店，專營莜麵等西北乾旱地區的農產品所做的菜。這些曾經被視為粗鄙的農家菜，現在卻搖身一變，被打上「綠色」食品標籤，標榜它們來自污染較少的偏遠地區。

在面臨氣候變化和工業化食品危機挑戰的新時代，「后稷」（稷神）能否拯救世界？坐了大約兩千年「冷板凳」的「窮親戚」小米，能否東山再起，昂首挺胸與之前打敗過自己的稻米與小麥並肩而立？

至少在眼下，我面前這個碗中的白米飯仍然是中國南方典型餐食的核心。珍珠般的白色米粒熱氣飄散、芬芳襲人，講述著中華文明和這個農業國家的起源，講述著中國人的身分認同與價值觀，也帶著我們走過一條歷史的長路，從敬拜黍稷的古代北方王朝衰弱落敗，到南方的崛起，再到今天大家所共同面臨的飲食困境。

羹調魚順：宋嫂魚羹

宋嫂魚羹是中國東南部城市杭州的特色美食。碗中的熱氣飄然而上，深深地吸入一口，你會不由自主地沉迷在那隱約帶著清爽醋香的柔和鮮味之中。這碗羹，既非固體，也不是完全的液體，只能形容為一個旋轉的萬花筒，可食用的多彩威尼斯玻璃；一條流動的食材之河，只是因為加入澱粉增稠而凝固住了。這碗「風味調色板」上色調平衡均勻：白色的魚肉碎，金黃的蛋黃碎，深色的香菇絲和象牙白的竹筍，最後還點綴了幾絲粉紅的火腿和翠綠的蔥花。這道羹湯以十幾種不同的食材熬製而成，但沒有任何一種過於突出，喧賓奪主；大家都交匯在一起，其樂融融，一團和氣。

和很多杭州菜一樣，這一道也有個故事可講。它最初誕生於這座城市著名的西湖，那是一片如夢似幻的水域，兩岸垂柳依依，間或有茶館、小島與小橋點綴其間。如今，船夫們划著遊船，將客人帶到那波光粼粼、寬闊靜謐的湖面上欣賞美景。但這裡曾經是非常繁忙的水道，遊船與商船熙熙攘攘穿梭其間。大約九百年前，中國的北方都城被游牧民族侵占，宋朝的殘兵敗將南逃杭州（當時稱為「臨安」），建立了新的都城。流亡偏安期間的一天，皇帝乘御船遊覽西湖，並找一些流動貨郎詢索貨物樣品。其中有個賣自製吃食的女人毛遂自薦，自我介紹說因為嫁給了宋家老五，所以人稱「宋五嫂」，也和皇帝一樣，從北方逃亡來到杭州，以售賣魚羹為生。皇帝品嘗了她做的羹，自覺美味非常，融合了北方的烹調方法與南方的食材。一時間，國仇家恨、思鄉之情，百感交集，皇帝賜宋嫂金銀絹匹以表感謝（在某些傳說版本中，還邀請她去御膳房工作）。

中餐語境下，湯分為兩大類：湯和羹。湯，清爽澄澈，其中可能會漂浮著一些食材，但不能「吃」湯，只能「喝」湯。相反地，宋嫂魚羹這樣的「羹」，就更為濃郁，幾乎可以稱為一鍋燉菜了，裡面會放很多切好的配料，通常都會以澱粉勾芡增稠——就像過去西方唐人街餐館菜單上必有的雞肉或蟹肉粟米濃湯。羹，豐富扎實；湯，清淡微妙。西方人好像通常更偏愛前者，也許因為它與西餐中常見的奶油般稠膩絲滑的濃湯不謀而合。很多講究的粵菜館會將肉或禽類與當季蔬菜、補藥一起小火慢熬，煮成清澈而滋補的每日例湯，但西方人很少點這種湯，可能他們的舌頭覺得這種「清湯寡水」太淡了，沒什麼內容，因此性價比太低——那些好料看都看不見，不像雞肉粟米濃湯或熱騰騰的酸辣湯，豐富的配料和濃郁的風味在舌尖上就有直觀感受。

這邊，中國人幾乎每餐都得喝湯：要是一餐飯食沒有湯，就顯得乾巴巴的，叫人心有不甘，尤其主菜是炒飯或炒麵時，更亟需一碗湯來滋潤和清口。家常便飯時，餐桌上唯一的液體可能就是湯，既是食物，也是飲料。羹則沒那麼不可或缺，並非日常飲食，只是偶爾一品。然而，雖然現在大家可能覺得羹只是中餐桌上的一個龍套，它曾經可是所有中餐菜餚中最重要的主角。大概可以這麼說，在所有菜餚大類中，羹最能說明中餐烹飪的歷史與特色。

遠古時期，人們用原始的方式生火烤食；新石器時代，陶器應運而生，於是有了煮食。稻、黍、稷等穀物被放入鍋中，煮成粥；又有鼎上放打孔的坦盤，蒸作飯。至於其他食材，無論肉、魚還是菜，則大部分都是切割後放進水中煮，成品就稱為「羹」。窮人吃菜羹，偶爾能嘗嘗魚羹；富人則奢侈地享受肉羹、禽羹或野味羹。古籍《禮記》中說，人無論貴賤都會吃羹：「羹食，自諸侯以下至於庶人，無等。」[1]在大約兩千年前的漢朝，宴席上的第一道菜就是羹。[2]通常，羹與白米或小米形影不離，不僅搭配著一起吃，還可能一起煮：羹在下面的鼎中咕嘟咕嘟，穀物則在上面的蒸籠中吸收水氣，變得膨鬆綿軟。[3]「羹」，說不清是湯還是燉菜，它其實就是中餐最原始、最初的「菜」，是萬餚之源，其出現時間只略晚於「烤」，比其他菜餚都要早。在古代中國，人們幾乎每餐都要用羹配飯，也就是說，羹就是上文提到的「飯以外的一切」。

羹裡有各種食材，包羅萬象。《禮記》中提到了一些羹，每一種都有特定的佐餐搭配，看上去實在美味至極：雉羹搭配菰米飯和田螺醬，肉羹或雞羹搭配麥飯，犬羹或兔羹搭配糯米飯。[4]湖南馬王堆漢墓出土的西元前三世紀竹簡文物清單列出了墓主（一個貴族家庭的三位逝者）往生之旅需要的所有生活用品，其中就有二十四件青銅大鼎，裡面裝的是羹，入羹的食材包括乳豬、野鹿、鯉魚、鱘魚、野雁和雉雞，有時是獨料成羹，更多是與蔬菜混合。[5]有些羹裡加了米屑，變得濃稠絲滑，這就是現在用澱粉給湯羹勾芡的雛形。在馬王堆年代之前不久的詩人屈原，試圖在一首詩中用凡俗生活的樂趣招回逝者的靈魂，其中提到了令人垂涎欲滴的菜餚，有一道地方特色菜就是融合了酸苦之味的吳國之羹：「和酸若苦，陳吳羹些。」[6]也是在那時候，貧苦百姓的常見飲食就是用野菜製成的羹——「食藜藿之羹」，成了清貧困頓中守正節儉的象徵。[7]

北方有羊下水做成的羊雜羹（直到今天也是當地廣受歡迎的美食）；杭州所在的江南地區，正如《史記》中記載，早在宋嫂為皇帝奉上那碗魚羹之前的一千年左右，人們就開始以魚為羹、以稻為飯了。而華南粵人從古至今都一樣，以口味千奇百怪而著稱，他們對蛇羹情有獨鍾，頗為外人議論。[8]（如今的廣東人仍然熱愛好味的蛇羹：我永遠也不會忘記，幾年前和朋友們在廣州品嘗到一碗豐富的羹，用五種不同的蛇做成，上面撒滿了細細的檸檬葉和白菊花瓣。）有個著名的歷史故事[vi]：一位君主請群臣吃誘人的黿羹，卻故意不讓某大臣品嘗，使其顏面無光，雙方發生齟齬，最終導致這位君主被刺殺。[9]

歷史向前推進，廚房中愈來愈常見鐵器和木炭，於是人們可以用高溫更迅速地烹飪食物了。宋朝時期，一種新的烹飪方法開始在中國的廚房中流行起來，就是用專門的工具「追趕」熱鍋中細細切好的食材，即我們現在所熟知的「炒」。然而，在一段時間內，在鼎中烹煮的羹這種歷史悠久的菜品，仍然是百姓餐桌上的常客。十三世紀的南宋時期，錢塘人吳自牧對杭州的市井生活進行了生動的描述，其中列出了臨安城中餐館和麵館提供的不同羹湯，真是五花八門的一長串，包括「五軟羹」、「三脆羹」、「蝦魚肚兒羹」、「雜辣羹」和「雜彩羹」。[10]

做炒菜，最好是在熱炒鍋中小份小份地出菜，而羹不同，可以用巨大的鍋進行大量製作。也許正因如此，宴會的菜單上，羹總是扮演著濃墨重彩的角色。比如十八世紀末期在揚州舉行的一場宴會，在九十多道菜餚中，就有數道羹的身影，有的用不同食材切絲混合熬煮而成——鮮蟶蘿蔔絲羹、海帶豬肚絲羹、魚翅螃蟹羹、鯊魚皮雞汁羹、鵝肫掌羹；有的只用一種主要食材的羹——鴨舌羹、豬腦羹、文思豆腐羹。[11]一八一六年，英國第二次派使團訪華，北京城的一場宴席上，第四道是「十二大碗浸潤在濃郁羹湯中的燉菜」。[12]類似地，一八三八年，法國海軍上校拉普拉斯（Laplace）在廣東參加了一場晚宴，提到「大量

vi 譯注：這個故事中的君主是春秋時期的鄭靈公，大臣是公子宋。結果公子宋大怒，把指頭伸進鼎裡蘸食而後離去，這也是成語「染指於鼎」的由來。

盛在碗中的燉菜，接連不斷地端上桌來。所有的菜餚，無一例外都浸泡在湯裡。」[13]

後來，隨著中餐的技法愈來愈多樣和精妙，「羹」的光彩逐漸被其他多種菜餚奪去。然而，在華夏大地的各個地方菜系中，羹依然占據著重要的地位，不僅有粟米蟹肉羹這樣的家常菜，還有地方特色菜，如杭州的宋嫂魚羹、「絲綢之路」重鎮西安的駝蹄羹和南粵的至高佳餚蛇羹——每一道都能讓人驀然回想起遙遠王朝中那些最輝煌耀眼的美食。

在古代中國，羹也是被賦予了神聖意義的菜餚。在盛大的祭典上，安撫神靈的供品不止黍稷和美酒，還有裝滿羹的大鼎。不過，給人吃的羹湯調味可能豐富大膽、美味非常，比如那導致君主覆滅的黿羹；而祭典供奉的神聖羹湯，也就是「大羹」，是不加調味料的，因為人們認為鬼神已然超脫了這些凡塵瑣碎，不再因味覺上的感官刺激而興奮。[14]畢竟，祂們吃的也並非供品的實體，而是祭典過程中往天空升騰的「氣」。人們篤定，最能取悅神靈的羹，一定要代表純粹清明、返璞歸真、空靈脫俗。無味之羹，恰恰象徵著塵世間一切味道的融合，恰如光譜中一切喧嚷鮮豔之色，最終卻匯成純白之光。

至少在約兩千多年前的漢朝，甚至很可能在漢朝之前，放入羹中的食材就被切成小塊了——這就形成了獨屬中餐的一個主題，並且歷經歲月變遷和所有新食材與新技術帶來的飲食革命，可謂恆古不變、迴響不絕、永不消逝。今天你在中國餐桌上看到的炒肉與炒菜，也還是遵循著這個主題。外國人會用刀、叉或手來輔助對大塊肉類的進食；而中國人吃的食物，則會事先用切割的方法變成適合筷子夾取的小塊、小片、細絲。古代曾將烹飪稱為「割烹」——先切割，再烹飪。將食物切片、切絲或切丁的習慣，當然與用筷子進餐的習慣密不可分，而且兩者相輔相成，共同發展。中國古人對湯羹情有獨鍾，這可能是中國人最初採用筷子做為主要進食工具的原因之一，因為非常適合從一鍋滾燙的液體中尋找和撈取小塊食物。[15]

只用一種主材，也能做出一鍋羹；但通常來說，就像宋嫂魚羹，裡面都會加好幾種不同的食材。兩千多年來，這種混合搭配、互補與對比，一直是中餐烹飪的核心理念。這和其他一些國家的烹飪形成鮮明對比，比如英國傳統的烹飪方法，成品中的肉或魚仍然清晰可辨，與它們擺在同一盤裡一同上桌的幾種配菜都是分開烹飪的，互相之間界限分明。大部分的中國菜都要融合兩種及以上的食材，切成相似的形狀，然後一同烹飪。像北京烤鴨這種獨材成菜的可謂少之又少，例外而非常規。我們常說中餐館的菜單長得嚇人，原因之一就是有限的食材切成各種各樣的小塊後，可以像彩票號碼一樣，進行幾乎無限可能的搭配組合。用很多作品向西方讀者解釋中華文化的二十世紀偉大學者林語堂曾經寫道：「整個中國烹飪法，就是仰仗著各種品味的調和藝術。」[16]

喜歡將各種食材搭配在一起導致的結果之一，就是同樣多的肉可以用來做更多的菜；所以，如果我們沒法做到全人類都吃素，向中國人學習飲食習慣也許能成為世界環境問題的解決方法之一。在中餐廚房中，只夠一個西方人吃的一塊豬排，通常會被切成肉絲，與某種配菜同炒，端上桌供一家人吃。即使是極少量的肉、豬油或高湯，都可以用來給一大鍋蔬菜增加風味。就在不太遙遠的過去，大多數中國人都只在節慶期間才會吃大量的肉。同樣分量的肉放在中餐烹飪的背景下，能供給更多人食用，但因為和多種多樣的美味蔬菜搭配烹飪，又不讓人覺得吝嗇寒磣。在沒有化肥的時代，中國人能用有限的耕地養活如此眾多的人口，原因之一便是肉類在傳統中餐飲食中扮演的這種次要角色。

中餐注重食材的切割與搭配，與西方烹飪傳統大相徑庭，從中也能略微理解雙方之間根深柢固的偏見。一八五一年，淘金者威廉・蕭（William Shaw）對中餐的評頭品足與很多早期的西方評論者別無二致。他說，舊金山唐人街中餐館的很多菜餚都是用切成小塊的食材混合烹煮而成，他的原話是「各種咖哩、剁碎的食物和原汁肉塊」。他覺得這些菜都很美味，卻明顯不知道自己在吃什麼：「我可不願意詢問究竟用了什麼食材，以免壞了胃口。」[17]很多早期來華的歐洲遊客也同樣提到了此一令他們驚訝的事實，即中國的食物總是切得非常細緻均勻。一七九三年隨英國第一個訪華使團出行的愛尼斯・安德森，描述了他在北京的一頓晚餐：「和往常一樣，有各種各樣的燉菜和雜燴。除了節慶時期，肉類是很少或從不在餐桌上出現的。」[18]很多早期的英國來華遊客都提到參加了盛大的宴席，卻很少描述餐食的細節，真叫人失望。這究竟是因為他們面對餐桌上的種種異域美食根本無動於衷，還是他們基本上不知道面前的菜餚到底是什麼？

面對經過精細切割、融合而無法辨認的食材，西方人往往緊張不安。法國海軍上校拉普拉斯提到那頓十九世紀早期的廣州晚宴時，寫道：「第一輪上的菜……是各種各樣的冷盤開胃小菜，比如鹽漬蚯蚓，經過事先處理和風乾，但因為切得太細，我在吞其下肚之前，很幸運地並不知道那究竟是什麼；還有鹽漬或燻製過的魚和火腿，全都被切成極薄的片狀……鴨和雞也切得極小……」[19]時間往前推進，二〇〇二年，《每日郵報》那篇將中餐斥為「全世界最具欺騙性的食物」的可鄙文章宣稱，你永遠無法分辨「那挑在筷子上、黏糊糊的幻彩瑩光鬼東西，究竟是什麼食物。」[20]英國人曾經懷疑法國人用曖昧不明的醬料「粉飾」他們的食材，也擔心唐人街的廚師會想辦法用廉價的低等食材來假充正宗上等餐食。烤雞是一眼就能認出來的，但那盤炒「雞絲」中切成細絲的肉究竟是什麼呢？真的是雞肉，還是貓肉或者蛇肉呢？面對未知，再佐以無知與種族偏見，西方人的想像力可謂肆意馳騁。

正如人類學家瑪格麗特．維瑟（Margaret Visser）所寫，盎格魯烹飪文化的主題之一，就是渴望「知道我究竟吃的什麼」，而且「英國烹飪一直鄙視和拒絕輕浮、不實或僅僅是混亂的歐洲大陸混合風；其理想一直是『不加掩飾地表現最好的食材』。」[21]而中餐烹飪，正如一八五七年英國外交官德庇時（John Francis Davis）所說的那樣：「與法國烹飪的相似之處遠勝於英國烹飪，會普遍使用燉燴和拼配的形式，而不是光把食材進行簡單羅列；並且在每道肉類菜餚中都會使用大量的蔬菜。」[22]英國人懷著一種根深柢固的觀念，認為像中餐這樣以「變形」而非直白呈現為主旨的菜餚，是在進行理直氣壯的招搖撞騙。把食物切成小塊的習慣，進一步加深了人們對於中國人神祕莫測，飲食也深奧難懂的整體刻板印象。

如果換成中國人的視角，中餐不過就是更文明優雅而已。任何野蠻人或動物可能拿起來就吃的原材料到了中國人手裡，都能變身精美細緻的佳餚。刀這麼暴力和野蠻的東西必須趕出餐桌，只配待在廚房裡。食客們就安靜文雅地用餐吧，讓筷子輕柔地將食物「抱」起，聽不到金屬和瓷器碰撞的聲音，耳根也清淨。（聖賢孟子有句名言：「君子遠庖廚。」）[23]如果都像英國人那樣，簡單地烤好一大塊肉，再粗暴地配上馬鈴薯與胡蘿蔔坨坨上桌，創意何在，樂趣何在？切好肉片，和蔬菜一起烹飪，再搭配其他多種菜餚，效果顯然好很多。好比點著燭光，不慌不忙地跳上一支脫衣舞，總比直接赤身裸體地在泥漿裡摔跤來得更性感、更有情趣。把魚肉與竹筍切碎熬成的濃湯，挑逗舌尖，顯然是更迷人的。

還有，家裡來了客人，你就用寒磣的「烤肉雙素」（馬鈴薯和胡蘿蔔）招待，人家還怎麼感覺賓至如歸啊？在中國，即使是一頓簡單的家常便飯，品種花樣也要更多些：食材細細切好，混合搭配，形成豐富多彩的一桌菜餚。如果是上餐廳和吃酒席，十幾二十道菜也不是什麼稀罕事，食材與烹飪方法多得叫人眼花繚亂。我曾經和一個中國朋友在義大利杜林一家相當時髦的餐廳享用了四道精美的菜餚，之後對方說：「要是在中國，這些才只是開胃菜而已。」中國人也許會覺得西餐粗糙、笨拙且過於簡單，所以時至今日，還有很多人習慣性地將整個西方世界的烹飪傳統大而化之地斥為「很簡單、很單調」。

中餐廚師的職責之一，就是要用對比鮮明的食材創造出一種近乎魔法的和諧。烹飪是一門精湛的技藝，甚至算得上一種「煉金術」，這樣的理念在古代文獻中被反覆表達和提及。聖賢老子有云：「治大國，若烹小鮮。」[24]這話在英國人聽來大概是在輕視治國理政，畢竟他們覺得烹飪很容易，就是烤隻雞，再烤幾塊馬鈴薯；但放在中國的語境下，則恰恰相反——這句話寓意深刻，意思是無論治國還是將小魚烹製成講究的菜餚，都需要敏銳細緻的洞察。

說得再具體一點，在中國古代文獻中，治國理政之道常常被比作給羹調味。西元前六世紀，齊景公的輔政卿相晏子就曾發表過一番著名的政論，用烹飪作喻，來解釋政治上的和諧是來自不同意見的融合，這與盲目和諂媚的一致附和是不同的：

> 和如羹焉，水火醯醢鹽梅，以烹魚肉，燀之以薪，宰夫和之，齊之以味；濟其不及，以泄其過。君子食之，以平其心。君臣亦然。君所謂可而有否焉，臣獻其否以成其可。君所謂否而有可焉，臣獻其可以去其否。是以政平而不干，民無爭心。[25] vii

廚師與統治者有個相同的使命，就是創造和諧。統治者調配其下服務的人才，來創造和諧的國家和社會；廚師則透過刀工、融合與調味來創造和諧的味道。令人驚奇的是，這套哲學在二十一世紀的中餐廚房中依然鏗鏘有力地繞梁不絕。當代中國廚師和古代治國的君臣一樣，仍然在努力用對比鮮明、喧喧嚷嚷的食材與調味料創造和諧與平衡，利用它們在顏色、口感與風味之間微妙的相互作用，譜寫美味的菜餚與合理的菜單。「你只需要加一點點糖，」我的朋友戴雙在向我解釋一個菜單時說道，「不是要突出甜味，而是要『和味』，讓菜餚的風味更加和諧。」在中文裡，「和」這個字，既可以讀「he」，「和諧」的「和」；也可以讀「huo」，「拌和」的「和」。在中國的某些地方，尤其是南方，至今還把湯勺叫做「調羹」，調和羹湯之意。

「和諧」這個理念在當代政治中也有應用。[26]中國前國家主席胡錦濤曾說希望建立一個「和諧」社會，這樣的聲音其實已經在中國迴響了數千年，既響在庖廚之遠，也響在廟堂之高。當然，和諧，不是一團和氣，人人附和，而是不同意見的互補與融合，恰似良藥苦口，逆耳忠言才更利於做出明智的決定。正如晏子在那番「和羹」的言論後面所說：「若以水濟水。誰能食之？」如果只是寡淡的水與水調和，誰能吃得下去？[27]中國古代的哲學家人人皆知，舉凡高效的治理，都需要刺耳辛辣的批評之聲，正如羹當中那比較容易取悅味蕾的甜味，需要用酸味和苦味來平衡。沒有尖銳的批評，人們很可能只能做出一罐寡淡的番茄湯，叫人備感乏味，而無法成就一鍋精心調味的好羹湯。

如今，要說代表性的中餐，大家似乎都會說炒菜，也許事實的確如此。但炒菜的大部分基因都承襲於古老的羹：將食物切成筷子可以夾著吃的小塊，葷素的搭配，將不同的食材融成和諧的整體。炒菜算是（相對）近代崛起的形式，而羹則是起源。杭州餐桌上的一碗魚羹，講述的故事不僅是一位宋朝廚師巧遇思念故土的皇帝，其外沿要大上很多，涵蓋了中餐烹飪的起源與演變。

曾有宋嫂羹湯的杭州西湖，如畫的風景歷久彌新。只要住在附近，我每天晨起都會去湖邊走走看看，覺得平靜而愉悅。早春時節，初生的柳芽嫩綠欲滴，綻放的玉蘭粉白可喜。之後便有桃紅夭夭，到秋天空氣中便會瀰漫桂花的甜香。晴好的天氣裡水光瀲灩；雨天則山色空濛，全部的美景都像隱沒在神祕的中國傳統水墨畫中。夜幕降臨時，我站在西邊的湖岸遠眺漸隱在暮色中的群山與湖水，感覺即使歷經了種種王朝興衰、叛亂、戰爭與革命，

vii 譯注：此處將原書中的英文儘量直譯，做為古文的參考譯文（全書均做相似處理，不再特別說明）：和諧，正如一碗羹。你有水、火、醋、肉餡、鹽和梅子，用來煮魚和肉。先用木柴點火將鍋燒開，然後廚師就把各種食材融合在一起，適當調味，少則加之，多則減之，然後，主人吃了就會身心舒暢。君臣之間的關係也是如此。要是君主認可不太恰當的事情，臣子就會提請注意這件事的不恰當，從而讓君主的施政往好的方向發展；要是君主否定了好的事情，臣子就會提請注意這件事的好，從而讓君主的施政屏棄不好的地方。因此政局穩定，民心平和。

這裡的景色也沒什麼變化，還是九百年前宋嫂划船烹羹的那個西湖。西湖美景，叫我身心恬靜，正如這裡催生的溫柔羹湯將各種食材和諧統一，安撫品羹人的口腹與靈魂。在中國，廚師其實一直也是某種程度上的醫生。「藥食同源」，古人誠不我欺。

生命在於滋養：苦瓜排骨湯

宋嫂魚羹是羹，而苦瓜排骨湯是湯：清淡澄澈的湯汁中，大塊大塊翠綠的苦瓜與入口大小的排骨交融在一起。長時間小火燉煮之後，苦瓜舒展了些，苦味被排骨的清鮮中和，變得柔軟。但這仍然是一道「大人才愛吃」的菜餚，有那麼點質樸、肅穆和直接，不會摧眉折腰逢迎味蕾。中文裡的「苦」，可以指苦味，也可以指受苦。「吃苦」，就是忍受悲痛與艱辛。然而，苦也是一種必要的矯正：以治國理政來說，忠臣的苦口婆心比佞臣的甜言蜜語更有益於統治，是把政府熬成一鍋和諧之羹的重要食材，不可或缺；以傳統中醫來說，苦味的食物有助於恢復人體的平衡。具體說來，苦瓜是「涼」性食物，有助於緩解因不健康的飲食過度引起的上火症狀。

這鍋湯在爐灶上咕嘟咕嘟，我稍微攪了攪。我剛從倫敦一家眼科醫院的急診室回來。前一天晚上，我左眼痛了起來，到了早上已經疼痛難忍。我找了熟悉的醫生，對方只瞧了瞧，就叫我去那家醫院。我做了各種各樣有必要沒必要的檢查，幾個小時後，醫生下了診斷，說沒有感染，只是眼球發炎，說明可能有全身性炎症。她開了處方，兩週份的類固醇眼藥水和非類固醇抗發炎藥。她說，要是用了這些藥還沒好，就讓我試試口服類固醇治療。

就在那個診室裡，我所受過的「中式營養學」教育浮現在心中，讓我靈光一閃。我想起連續熬夜之後疲憊不堪的自己，而且原因多種多樣，複雜得沒法解釋：吃了大量的乳酪等比較重口味的食物，按中國人的老說法，一定會引起身體上火，引發各種「熱症」，比如發紅、腫脹、發燒和疼痛。我突然想到，中國人說的「上火」，其實應該就是這位醫生說的發炎吧？如果真是這樣，我能否透過中醫的食療法來降火，從而緩解目前嚴重的情況？不妨試一試吧。

我不想讓眼睛有任何受害的風險，於是請求醫生允許暫緩用藥，讓我先試試好好休息和特定飲食來自癒。鑑於炎症很嚴重，她堅持要我滴眼藥水，但那些口服的非類固醇抗發炎藥可以先不吃；又嚴肅告誡說，要是我的眼睛在四十八小時內沒有好轉，或者出現任何惡化症狀，就要立即開始口服這些藥物。以防萬一，我從藥房拿了一大袋藥，忍著依舊嚴重的疼痛離開了醫院，路上去了一家中國超市，然後回家。

我不是什麼中醫或營養飲食學專家。但歷經多年中國飲食文化的薰陶與教化，我也略懂這其中的玄妙。幾乎所有中國人，或者至少是老一輩中的所有人，都懂得要對付「上火」，就別吃「熱性」的食物，要多吃點「涼性」的東西，所以那天我大概知道自己需要採取什麼措施。我暫時不吃乳酪、巧克力、洋芋片和其他油炸的或口味重的東西，甜食也不吃了，包括被明確定性為「熱性」的水果。取而代之的是簡單清淡的中式飲食，即用黃瓜、綠豆、梨和苦瓜等食材熬煮出來的湯、做的蒸菜或水煮菜，搭配白米飯或粥。我取消了外出計畫，窩在沙發裡休息。

• • •

從有文字記載的歷史開始，中國人就認為食物和醫藥密不可分。已知最早的中國食譜其實也是醫藥方書：馬王堆漢墓出土的帛書《五十二病方》。[1]編纂這些病方時，人們一方面認為疾病是人的身體運行不暢引起的，同時也秉持著更古老的觀念，即惡靈侵擾也會引起惡症，所以這些病方中廣泛地混雜了烹飪、醫藥和驅邪等多種內容。不過，即使這些手稿可能浸染了古老的信仰沉渣，它們也同時是對未來的預兆，是結合食譜與醫療文獻的開山之作，這歷史悠久的傳統延續至今、經久不衰。早在遙遠的古代，這些食譜就表達了如今仍然流行的「養生」理念——透過恰當攝取食物來滋養人體之「氣」，從而達到健康長壽的目的。

這些食譜被編寫的同時，中醫理論奠基作之一《黃帝內經》也在編纂中。相傳此書為黃帝所作，他是傳說中整個華夏民族的祖先，也是療癒術法之父。這本著作以「集大成」

之態，融匯了之前千百年的相關知識，概述了一些重要的醫學理念。《黃帝內經》將人體比作宇宙的縮影，而宇宙又是陰陽的動態交互所塑造的。陰陽本指山坡的背陰和向陽面；但在書中，「陰」主要代表陰涼、涼性與陰柔的女性，「陽」則是光亮、熱性與陽剛的男性。兩者截然對立、界限分明，卻又相生相成、密不可分，不斷地相互消解又相互激發，就像我們所熟悉的由漩渦和兩點組成的陰陽八卦圖。陰陽又可進一步分為五行：金、水、木、火、土，也同樣處於相生相剋的無盡循環之中。五行對應著其他各種「五」字輩的系統，包括「五味」（酸、甘、苦、辛、鹹）、「五色」、「五穀」和人體的「五臟」。

《黃帝內經》實際上有多位編纂者，他們認為，疾病是人體內部或人體與周遭自然環境之間失衡引起的。五味都不過量的均衡飲食，是保持身體康健的基礎之一。「是故謹和五味，骨正筋柔，氣血以流，腠理以密，如是則骨氣以精。」[2][viii]

那時，中國人已然認識到，某些食物可以對症治療疾病：比如，甜味食物可以安撫躁動的肝臟，辛味食物可以滋潤因乾燥而虛弱的肺臟。[3][ix]至西元六世紀，中國人已經逐漸按照「熱性」和「涼性」來為食物分類。[4]讓身體發熱的食物被歸為「熱性」，而起相反作用的就是「涼性」（此一分類系統不無道理，好比一些被歸入「熱性」的高熱量食物確實會讓營養失調者體溫上升）。這種看法與西方前現代的體液學說有著驚人的不謀而合之處；後者源自希臘醫生蓋倫（Claudius Galen）的研究，他也強調要注意飲食，將其做為一種手段來治療身體失衡引起的種種疾病（歐洲的模式是基於四種體液、味道及其他原理的相互聯繫，而非中國「五」字輩的系統）。[5]不過，到了十九世紀中葉，歐洲人就已徹底屏棄這些古老的醫學理論，而中醫的傳統理念卻一直傳承至今。

很久很久以前，中國人就認定，食療優於激進的藥物治療。西元七世紀的唐朝，長於著述的名醫孫思邈就在堅持「凡欲治療，先以食療；既食療不愈，後乃用藥爾」的著名理論：

> 夫為醫者，當須先洞曉病源，知其所犯，以食治之；食療不愈，然後命藥。藥性剛烈，猶若御兵；兵之猛暴，豈容妄發。發用乖宜，損傷處眾；藥之投疾，殃濫亦然。[6] x

viii 譯注：英文直譯：如果人們注意五味調和，骨骼就會保持挺拔，肌肉就會柔軟年輕，呼吸和血液就會自由循環……如此一來，他們的呼吸和骨骼就會充滿生命的精華。

ix 譯注：這個說法與《黃帝內經》的記載有所出入。《黃帝內經》原文是：「五味所入，酸入肝，辛入肺，苦入心，鹹入腎，甘入脾。」

x 譯注：此處引的英文與中文原文在語序上有出入，仍然儘量直譯：藥的本質都很剛烈，就像軍隊的士兵，野蠻、急躁，又有誰敢肆意調動呢。倘若用兵不當，所到之處，無不滿目瘡痍，造成極大傷害和破壞。同樣地，如果對病症貿然用藥，就會導致對身體的過度傷害。好的醫生首先要仔細診斷，找出病因，先嘗試用食物來治療。食療無效再開藥治療。

古往今來，這種態度始終堅定如一。即使到了現代，中國人遇到小病小災的，也是先試著進行食療，不行再求助藥物。他們總說：「藥補不如食補。」

時間向前推進，中國的醫生更加詳細地觀察了特定食物對人體健康的影響，對早期的醫學理論進行了補充。十六世紀末，明朝醫生李時珍歷時約三十載，寫下了醫藥全書《本草綱目》，系統性地解說了將近兩千種食材、植物、動物和礦物的藥用滋補功效，從野生草藥到廚用蔬菜、從水生貝類到珍奇野味，包羅萬藥。[7]（比如，書中提到「苦瓜」，稱其「苦、寒、無毒……除邪熱，解勞乏，清心明目。」）[8]今天，在中華大地的書架上，每一本食療食譜與相關書籍中，都能感受到對《本草綱目》的傳承。這些書常常會按照熱性與涼性將食材歸類列表，附上各自的特性與療效。

在《黃帝內經》問世兩千多年後的今天，世界各地仍有很多華人的生活與飲食在遵循著其中的一個重要原則：疾病始源於身體的失衡，適當的飲食有助於恢復健康的平衡，甚至都不用考慮吃藥。食療不僅用於初期症狀，以防發展成嚴重疾病，還可以在一開始就預防疾病起源。人們要是發現了「火熱內生」的早期症狀，比如乾咳或臉上長斑，就會用涼性食物來幫助祛火。就算沒什麼症狀，他們依舊會在冬天吃熱性的羊肉驅寒，在夏天喝涼性的綠茶祛暑。四川人解釋自己嗜吃辣椒和花椒的原因，會說當地氣候潮濕，不利於健康，需要用「溫性」的辛辣食材來進行中和調理。

藥食同源，並無清晰的界限。我的中醫開的藥，用各種根莖與草藥熬製而成，黑乎乎、苦兮兮的，這可以明確稱之為「藥」，特別不好喝；我晚上吃的烤鴨，可以確切歸類為「美食」；然而在這兩者之間，還有一個巨大的交集。普通餐館的菜單上會有藥用的人參和枸杞熬的雞湯，具有滋補功效；家常便飯中的白蘿蔔絲也能入藥。中國書店的食譜專區有大量關於食療的書籍，普通食譜書中有很多食譜也會介紹不同食材的滋補功效。

一九九〇年代，我初到中國，自那以後，每每對中國人，尤其是老一輩中國人為自己健康負責、調整飲食來預防和治療疾病的生活方式深感敬佩。他們如數家珍，很清楚孕婦和剛生完孩子的產婦應該吃什麼東西，也能為平時促進身體健康及提高生育能力提供飲食參謀。輕微的發炎或「上火」症狀，是身體亮起的紅燈，最好將其視為調整飲食或生活習慣的警告，而不要急著去用藥來壓制。提供飲食建議，是中國人對他人表達關愛和牽掛的方式之一，但真的有用嗎？

當然了，中國的食療法中肯定有迷信和異想天開的成分（正如西醫普遍認可的安慰劑效應）。比如，「以形補形」理論，認為腳痛就應該吃動物的腳來治療，或者吃與大腦形狀相似的核桃來提高智力，這些都根源於古代的「交感巫術」。「熱性」與「涼性」食物的系統比較模糊和主觀，具體的分類在不同的地區也不盡相同。中國人和西方人一樣容易被昂貴而時髦的所謂「超級食物」（superfood）所誘惑——在中國，擔任過「超級食物」的包括珍珠粉、乾蟲草和燕窩（十八世紀的偉大小說《紅樓夢》裡，女主角林黛玉就總是輕啟丹唇，服下燕窩，希望能恢復日漸衰弱的生命力）。而且中國歷來也不乏江湖郎中和痴迷於奇特玄妙飲食之人，比如那些辟穀的道士，或者十九世紀初的揚州大鹽商黃至筠：據說他花了大錢在早餐上，不僅有燉燕窩和參湯，連雞蛋都是由吃珍稀草藥的母雞下的。

二十世紀初，在國外接受教育的一代知識分子對中國傳統文化的態度和立場變了，而且往往偏見頗深。鴉片戰爭期間，中國飽受西方列強淩辱，之後很多人便覺得傳統文化是「落後」的，是中國發展的絆腳石。第一批革命者身穿西裝，廢除了舊的國家祭祀儀典，推翻了君主專制。中國現代文學奠基人之一魯迅在短篇小說《藥》當中描述了一對老夫婦為了給兒子治療當時是絕症的結核病，用全部的血汗錢買來了非法的迷信藥物：一塊沾滿死刑犯鮮血的饅頭。二十世紀很多早期的思想家都提出，中國的未來要靠西方的「德先生（民主）與賽先生（科學）」。

中國共產黨在國共內戰勝利後，發起了數次打倒舊文化的運動，但由於缺乏受過西方培訓的醫生，加上傳統療法相對價格親民，傳統中醫方才得以存活下來。近年，在新冠疫情大流行期間，由於中國國產疫苗的效果相對較差以及基於民族主義立場抵制外國疫苗，政府轉而推薦一些傳統療法。不過，也有些人擔心中醫比較「落後」。年輕一代基本上已經不像父母輩那麼了解如何透過食物與傳統療法來預防和治療疾病。一個中國朋友曾對我說：「比起傳統醫學，我們更傾向於吃藥。」

事實上，中國的食療法，大部分內容的主題都是理智與節制。從根本上說，這不僅僅是個療癒系統，而是一種思維方式，鼓勵人們注意症狀的徵兆，並用均衡飲食來解決，從而保持健康、避免疾病，這就是「養生」。西醫通常針對的是全面爆發的疾病，而非病症的端倪，所以方式可能會像孫思邈用來作喻的「兵」一樣，剛烈、粗暴和被動；而中醫的食療則是有意識地保持溫和、循序漸進和防患於未然。雖然只有庸醫才會建議用苦瓜湯來治療晚期癌症，但食療有沒有可能降低罹患癌症的機率呢？

你想對中醫食療進行具體評估？一定是困難的，因為它太全面、太主觀、太「印象派」，所以很難以科學調查的標準去要求。總體而言，它跟單一的「超級食物」無關，而是一個複雜的「關係網」；它與維生素和礦物質等膳食補充劑無關，而是一整套生活方式。它關係到你吃的一切，關係到整個人體系統，算是一門科學，更是一門藝術。

科學家可以用特定疾病或醫療結論為背景，研究特定成分的具體特性，甚至一次研究幾種成分。但是，根據周圍環境的各種變化和每一種輕微的症狀來調整入口的食物，究竟有沒有效果？這是任何人都無法證明，也無法反駁的事情。中醫食療通常會用在疾病剛出現徵候的時候，即重病前的「淺水區」。誰又能說得清，改變飲食習慣就能治好的輕微不適，有沒有發展成癌症或關節炎的可能呢？

一八八四年，倫敦世界衛生博覽會讓倫敦人首次品嘗到了中國菜。有趣的是，在博覽會的官方文獻中，在中國生活了將近四十年的蘇格蘭醫生德貞（John Dudgeon）對中國的飲食和養生法大加讚賞。他說，雖然存在一些不可否認的缺陷，「儘管中國人對我們的科學一無所知，卻非常出色地適應了周圍的環境，享受到我們難以想像的最大程度的舒適、健康和對疾病的免疫。」他又補充說，自己幾十年的經歷顯示，與西方民族相比，中國人「患的病更少，得的病也更容易治療。如果說真的存在炎症這回事的話，那麼他們也更容易擺脫各種急性炎症的困擾。」[9]

無論人們如何看待中醫食療的功效，有一點毋庸置疑：很少有哪個民族比中國人更堅持飲食對維護身體健康的重要性，或者比他們更痴迷於「養生」這個概念。西方對中餐有很多錯誤的成見，而其中最荒謬的，當屬一個相當普遍的觀點，即中餐「不健康」。

大多數中餐不健康的所謂「證據」都是基於誤會產生的，比如大家覺得英美的那些外賣中餐就是大部分中國人實際上的飲食。西方人偏愛炒飯甚於白米飯，偏愛炒麵甚於湯麵，偏愛油炸食品甚於蒸煮食物——然後想當然地覺得，中餐真油膩啊。他們用勺子把油乎乎的食物舀進飯碗裡，而不是用筷子夾起食物，把油留在菜盤裡，所以他們吃下的油當然要比本應攝入的多。（我認識的一個中國廚師看到美國廚師往馬鈴薯泥裡放奶油再充分攪拌時，表示大為震驚：「他們說我們的東西油膩，可他們自己食物裡的脂肪，雖然不那麼明顯，卻是會全部被吃掉的啊！」）西方人往往大快朵頤那些調味豐富的菜餚，卻看也不看淡然健康的米飯，然後給中餐貼上「鹹」的標籤。很多時候，西方人覺得中餐不健康，往往是因為他們吃的方式不對：「不健康」其實是他們自己的鏡像反映，而根本不是中餐的真實面貌。

中國人眼中的很多飲食常識，外國人卻一無所知，這往往讓前者大惑不解。我在杭州為一些餐館工作人員舉辦中西餐的講座，說西方人不太了解自己所吃食物的藥用價值，結果全場譁然。有位家鄉是江南的中國朋友，在義大利皮埃蒙特和我一起吃飯時，看到鄰桌正用奶油狀的醬料搭配義大利餃，之後又吃了燴牛肉佐奶油馬鈴薯泥，再來是一道風味濃郁的蘋果塔，竟然沒有任何清淡的蔬菜，他簡直目瞪口呆。「這樣吃會上火的！」他說，「光看我就頭疼了。」我們那頓午飯他倒是吃得很開心，但也表示：「吃一頓還行，但中國人肯定沒法這麼吃第二頓了。」

還有一次，我和一位馬來西亞華裔朋友在英國國寶級大廚赫斯頓・布魯門索（Heston Blumenthal）坐鎮的著名肥鴨餐廳（Fat Duck）吃飯。具有驚人獨創性的美味菜餚連續不斷地上桌，那頓飯吃得愉悅又激動。但我們在連吃了幾道美妙甜品後因為攝入糖分過量而昏昏沉沉，這位華裔朋友說，最後這幾道菜都是濃郁、甜蜜而沉重的。「如果是中餐宴席，」她說，「就算有四十道菜，收尾也是喝一道清淡的湯，或者吃點新鮮水果，這樣你才能舒服地回家去，睡個好覺。」

她說的有道理。大快朵頤「西餐」，你可能會很開心、很過癮，但最後會飽脹無比、昏昏欲睡。要是每晚都這麼吃，你搞不好就要罹患痛風、胃腸道癌症或第二型糖尿病了。而且確實有很多人就是這樣的下場。許多西方人最終都會在「要麼饕餮，要麼齋戒」兩個極端之間反覆橫跳：今天來個夾滿培根、起司溢出的牛肉漢堡，第二天又只吃幾根胡蘿蔔或芹菜；今天肆無忌憚地放縱自己，第二天又清心寡欲如苦行僧。我們常常就只能做出兩種截然不同的選擇：把自己吃得總發炎症、全身肥胖，不然就是透過不斷警戒、焦慮和自我約束來踐行養生之道，努力實行「清潔」飲食，達成健康目的。

中餐的飲食之道則與此形成鮮明對比。一餐之中，你既可放肆享受美食，又能及時「解毒」，饕餮齋戒兩不誤。比如，東坡肉，一道用五花肉（愈肥愈好）與料酒、醬油和糖文火慢燉而成、風味濃郁的美味佳餚。在中國，沒人會一個人吃下一整碗東坡肉，而是夾起一塊，配上白米飯、青菜和湯，這比連吃三大塊肉要滿足和舒服得多。而像上述那樣吃肥豬肉，可能比只配馬鈴薯泥和番茄醬的烤雞胸肉更健康。在我籌劃的中國美食之旅中，客人們通常會驚喜地發現，雖然總是一頓接一頓地享用美味，身體感覺卻很舒服，甚至體重也在減輕。正如我朋友所說，在中國，你真的可以享受一場四十道菜的盛宴，然後回家美美地睡上一覺。（當然啦，要是席間喝起白酒，你和大家爭相敬酒，那就另當別論了。）

餐館一詞的英文源於法語的「restaurer」，意即「恢復（體力）」。餐館最初也出現在十八世紀的法國，那時的巴黎逐漸有了些小餐館，專門為體弱多病的客人提供健康養生湯（法語：restaurant），後來這些地方就被直接稱為「restaurant」[10]。在如今的歐美，餐館做為療癒之地的功能已經完全消失了，要養生和健體，請去水療中心和健身俱樂部，在那些地方，健康往往離不開嚴格的自律與對感官樂趣的約束。而在中國，要是你願意，不僅有專門經營藥膳的餐廳可去，還可以在掌握了正確點菜技巧的基礎上，在任何地方吃到一頓養生餐。即使是在機場的小餐館，也會有內容全面的套餐，有葷素搭配的主菜、白米飯、湯和鹹菜；甚至（在緊要關頭別無選擇的時候）連肯德基的中國分店，菜單上讓人「上火」的炸雞都會配上味道還不錯的芙蓉鮮蔬湯（菠菜雞蛋湯）。從這個意義上來說，遵循原意的「restaurant」在歐洲早已消亡，卻在中國煥發著盎然生機。

• • •

我是不知不覺中開始了解中國食療體系的，主要源於長時間以來中國朋友們不經意的交談。他們會建議我，炎熱的天氣吃苦瓜，應對濕氣就得吃辣椒和花椒。他們會叮囑我吃「涼性」的河蟹時，配上「溫性」的黃酒與薑；炒飯比較乾，就要配湯來潤一潤。要是我住在某個中國朋友家裡時生病了，他們會給我吃一些「對症」的滋補食物。終於，我發現自己腦子裡也響起同樣的聲音，並變成中醫食療的親身實踐者。「西餐」在我眼裡愈來愈失衡得驚人，缺乏對身體健康的關切。只要生病或疲累時，我就下意識地在中餐飲食智慧中尋求解決之道。

遇到一些因慢性病而長期感到不適的人，我常推測他們可以透過養成中式飲食習慣來緩解，但問題是太難解釋了。沒有什麼靈丹妙藥，沒有任何一種「超級食物」，也沒有所謂的「飲食計畫」。那就像一種本能、一種態度、一種多年來我對別人的行為耳濡目染才習得的技藝。現在，我在一定程度上也能對別人潛移默化了。我可以嘗試為某人進行中式烹飪，看能否助其擺脫病痛，但沒辦法三言兩語就解釋清楚其中的玄妙。

話說到此，你可能在想，我那嚴重發炎的眼球怎麼樣了。嗯，我不是去了醫院嗎？到第二天快結束時，情況已經有所好轉——兩天後（而不是醫生叮囑的兩個星期）我就停了眼藥水。隔週我去醫院複診，整體健康狀況已經恢復如初。我告訴醫生自己什麼藥也沒吃，她震驚不已。那場病就如此告終了。那之後的幾個月，只要我過度疲勞或放縱自己大吃了一頓之後，就能感覺眼球周圍的炎症又在蠢蠢欲動著要捲土重來。於是我又恢復了好好休息和「涼性」飲食的生活，便萬事大吉。最終，相關症狀完全消失了。

「眼球事件」並非個例，我多次透過中醫食療的知識成功避免疾病惡化和藥物治療。同樣的情況，還有我臉部出現蜂窩性組織炎（可能會導致腦膜炎）；一隻腳痛得不行且肉眼可見地腫起來，走路一瘸一拐（導致我被轉到一家診所治療潛在的早發性關節炎）；被初診為哮喘，以及一次可怕的慢性疲勞症候群發作。雖然很難確定，但我仍然覺得，是因為自己的日常保健方法受到了中國的影響，才得以多次在嚴重疾病的邊緣懸崖勒馬，僥倖躲過。

從更廣泛的意義上來說，多年來在所謂的「西方」與中國之間遊走，我已經修煉成了一名經驗豐富的「外交官」、一個文化相對論者、一根「牆頭草」和一個小心謹慎、絕不輕易下判斷的人。沉浸和完全投入於體驗非母國的另一種文化，就會變成這樣。也許正因如此，像我這樣的人會像打碎一整面鏡子一樣打破單一的觀點，透過昆蟲一般的複眼，從多個角度來看世界。數十年來，我的主要工作就是為西方人撰寫介紹中國美食的文章；但同時也盡力在那些詬病懷疑「西餐」的中國人面前，為西餐辯護，列出其種種優點，堅稱儘管不是所有外國菜系都如中國美食那樣豐富多彩，但我們都有美味的食物和精采迷人的飲食傳統。

不過，儘管在意識形態上堅決維護相互尊重和相互認可，也和很多英國人一樣愛吃牧羊人派、炸魚薯條和烤乳酪三明治，我還是不得不承認，數十年來在中國享受的「飲食特權」，將自己變成了一個可怕的「勢利小人」，對中餐無限地偏心。我愈來愈不相信有任何其他美食能與中餐相比了。首要原因倒不是中餐的多樣性、精湛的技藝、冒險大膽的創新或純粹的美味，儘管這些都是很有力的論據。從根本上說，是我想不出還有哪個國家的美食，能將敏銳洞察、精妙技術、複雜多樣與對人生之趣純粹的追求，同健康和平衡的自律原則如此密不可分地結合在一起。在中國，好的食物帶來的絕不僅僅是當下身體與精神上的愉悅，更會充分考慮到你在用餐時、用餐後、用餐翌日乃至餘生的感受。

中餐烹飪學中，健康飲食與感官享受不存在任何矛盾。美國漢學家夏德安（Donald Harper）曾解釋道，早在西元前三世紀，廚師鼻祖伊尹那番關於美食與政治的著名見解便已被提及：「美食烹飪藝術從根本上關注的就是食物對人們身體健康的影響，而不僅僅是為了追求美食享受本身。食物被歸屬於藥物……廚之道與醫藥之術相似相通。」[11]表面上看，李時珍在十六世紀寫成的巨著《本草綱目》是在講營養醫學，然而正如中醫研究專家羅維前（Vivienne Lo）所說，裡面有大量烹飪相關的細節，包括對味道和口感的評論，也提到很多與感官愉悅有關的內容，所有這些都與相關物質的醫藥功效無甚關聯。[12]西方文化中，「健康飲食」往往與享樂和放縱背道而馳；但在中國文化的背景下，即使明確以滋補和療癒為目的的食物，也可以透過精湛的廚藝烹調出誘人風味。

我開始學習烹飪中餐時，也在逐漸入門如何真正地品嘗它，從那以後，我就體驗到了無窮無盡的美食樂趣。同時，我也覺得自己變得更健康，更有能力照顧自己和他人的日常生活。我可以用烹飪來實現賓主盡歡，也讓客人們覺得舒服健康。我驚喜地發現，透過多年學習和經驗積累，自己不僅成了一名廚師，還勉強算是位「食醫」了。

天地
食材的選擇

FARM
Choosing ingredients

在田間，在箸間：火燜鞭筍

木樹櫃裡高高摞著一捆捆的紙，每張紙上都是購買紀錄，詳細寫著日期、時間、地點、農民的手機號碼和簽名、食材的種類和數量；還有一張農民的數位照片，是在農田上照的，手裡拿著他／她供應的出產：一網活蝦、一籃青豆或一盆小黃瓜。翻開二〇〇八年五月二十四日那天的紀錄，我認出了許多剛剛在午餐中下肚的食材。那是我第一次去戴建軍位於杭州的餐廳——龍井草堂。

當時我正帶著一個美食團巡禮中國美食，原本壓根兒沒打算去杭州，但四川不幸發生了地震，我們被迫臨時調整行程。我認識的一個杭州廚師推薦說，有頓飯應該去這家，「算是一家有機餐廳吧。」於是我們穿越龍井村壟壟茶田的綠波，過了一道月門，走進一座園林。那裡有片小小的湖泊，荷葉嬌弱無力地斜著身子，桂花樹與翠竹掩映著幾座木頭餐亭。一名服務生，頸戴珍珠項鍊、身穿蝴蝶刺繡的紫色旗袍，帶我們走過一座小橋，進入餐廳。餐桌上，琳琅滿目的涼菜整暇以待。

我們頓時明白，這將是一頓非同尋常的大餐。我們先飲下新鮮的石磨豆漿——按照當地的口味，加了醬油、脆韌的榨菜碎和其他鹹鮮的小碎塊，調成鹹豆漿，美得我彷彿進入了幸福的夢境。開胃菜中有當天早上採摘的小黃瓜配甜麵醬、汆燙野菜配烤松子。一隻養了三年的老鴨子，原油原汁蒸了四個多小時，我此前從未嘗過味道如此深邃鮮美的鴨湯。有些是簡單的農家菜，比如青蔥炒蛋；也有宴席佳餚，比如豪華湯汁中軟而不黏還有嚼勁的甲魚裙邊。小小的河蝦在滾油中炸過，再跳進炒鍋，和薑片一同裹上焦糖；我們整隻整隻地入口，琢磨那脆脆的外殼和蝦肉中的甜鮮。這裡的餐食不僅美味可口，更灌注了一種難能可貴的靜謐祥和。

吃完那頓午飯，我問能不能和老闆聊聊。那天下午，我和他開始了一場即將持續逾十五年的對話。原來，被大家親切地稱為「阿戴」的戴建軍，致力於為自家餐廳尋找優質的時令食材，幾乎已痴迷其中（大家叫他「阿戴」，展現的是熟悉和親昵）。八年前，他租下土地，按照傳統江南風格設計了一個園林，聘請了一位大廚，一心要為客人提供按照農時曆法和節氣出產的無污染「安心菜」。他直接向杭州郊區的農民和手工匠人採購新鮮食材，其中很多供貨商都年事已高，堅定地守護著日益衰落的地方技藝與傳統。

中國傳統曆法根據月相和日相的運行變化來劃分時間。一年按月相分為十二個陰曆月（有閏月的年分是十三個月）和按日相分為二十四節氣。一個節氣大概持續兩個星期，以自然現象命名，如「驚蟄」、「清明」和「霜降」。曆法是農民的勞作指南，告訴他們何時播種與收割、何時飼養與休憩。曆法也涉及文化和社會的層面：搬家、婚嫁、醃漬等行為的吉日和忌日都有標明。二十世紀初，中華民國百廢待興，懷著對現代化的昂揚熱情，宣布採用西曆為官方曆法；但在飲食和節慶方面，人們仍然沿用舊曆。阿戴嚴格按照陰曆月和陽曆節氣來制定自己的菜單，並要求農產品供貨商也以此為旨。

我們初見後的多年裡，阿戴最初的很多供應商相繼去世或退休，城市的擴張也在逐漸蠶食他們的土地。時代的大潮下，他被迫讓採購團隊更加深入到農村地區，尋找隱沒在浙江「窮鄉僻壤」間那些遵循古法耕種和飼養的農園、沒受破壞的風景和傳統的手工作坊。最終，他在浙南的偏遠地區租下了一些土地，建立了一座農場和鄉野中的世外桃源。曾經，他只覺得應該採購自己心目中的「原生態」食品（西方人可能會稱之為「有機農產品」）；現在他的個人使命格局更大了，變成一個更廣泛的文化和環保項目，旨在重振鄉村社會和農業傳統。

在西方世界歧視中國的排華風潮最黑暗時期，中國人的形象往往是邋裡邋遢的「鐵公雞」，開的餐館都是用最差勁的食材以次充好，但求把客人糊弄過去。即使在今天，中餐在國外已廣受歡迎，菜系種類也愈來愈多，中餐館仍很少和高檔食材扯上邊。西方消費者通常願意花大錢在歐洲餐廳品嘗乾式熟成的牛肉，在義大利某地享用有白松露加持的手工義大利麵，或是體驗高規格的日本壽司；但只要說中餐也可以很奢侈，他們就會嗤之以鼻。說到底，你見過幾盤宮保雞丁是用有機散養的土雞做的呢？

在西方，幾乎沒有一家中餐館會特別重視和強調食材的原產地和時令性——反正也沒有客人願意為此買單，又何必多此一舉？倒是有一些中國富人經常光顧的粵菜館會看眼色，提供貨真價實的鮮活龍蝦和象拔蚌，但這些都是極少數個例。另外，除了偶爾會在節慶時推出月餅這一類特色食品，中餐館的菜單一年四季都是不變的。如今，高檔西餐廳都在大張旗鼓地宣傳自己千辛萬苦覓得的野生菌菇、新鮮蘆筍和稀有品種豬肉。國際美食體系常常將中餐拒之門外，以上也許就是原因之一。

一提起中餐，人們就想起廉價或以次充好的食材，這其實是中餐近代史上一個很不幸的「副產品」，中國國門內外都是如此。早期移民到西方國家的中國人大多是沒有專業烹飪技能的農民，種族歧視迫使他們只能從事餐飲業。與故鄉遠隔重洋的他們創造出來的中餐，經濟實惠、就地取材、迎合當時西方人的口味。雖然早期的舊金山唐人街和二十世紀初的倫敦也有一些相對精緻的中餐館，但英美的大多數中餐廳在烹飪方面的追求都不高。人們對中餐館的期待，也就是點外賣或吃一頓實惠的家庭餐，不可能安排豪華大宴。

與此同時，中國經歷了數十年的革命、內戰和日本入侵，以及隨後以文化大革命告終的政治運動引發的混亂，對中餐的發展產生了不可逆轉的消極影響。一九八〇年代開始的經濟改革成功地大幅度提高了全國人民的生活水準，卻也帶來新的問題，比如嚴重的環境污染、大量的偽劣食品以及因為開發導致的農業用地流失。如今，全國各地的廚師和餐館老闆都面臨同樣的煩惱，尋找優質食材成為他們最緊迫的難題之一。米其林星級川菜名廚蘭桂均曾對我說，中國的食品安全和真偽問題特別嚴重，想要買到正宗的好東西，需要多年經驗加持：「你要像個古董收藏家一樣，在一堆贗品中聞出真品的味道。」

綜合所有現象，最具諷刺意味的是，「風土」這個概念實際上是中國人發明的，他們也最痴迷於在最佳時節使用時令食材。兩千多年來，中國的富貴人家一直對農產品的品質有著狂熱的追求。龍井草堂被譽為中國版的「潘尼斯之家」(Chez Panisse)，一間位於加州柏克萊的餐廳，也是美國「從產地到餐桌」運動的先驅。也許更準確的說法是，潘尼斯之家所表達的關注點，一直是中國自古以來歷朝歷代美食烹飪所關注的核心。

廚界祖師爺伊尹對自己的君主成湯發表過一番見解，成湯不久就成了商朝開國君王，史稱商湯。伊尹這番話以廚喻政，其中如數家珍地列舉了成湯未來王國的種種美食珍饈：

> 魚之美者：洞庭之鱄……菜之美者：崑崙之蘋，壽木之華……雲夢之芹。具區之菁。浸淵之草，名曰土英。和之美者：陽樸之薑，招搖之桂，越駱之菌……[1]

在引文的前後，他還列舉了很多。伊尹認為，這些來自專門地方的美妙食物，只有內心已經有了完備仁義之道，並因此成了天子的人才能得到：「道者止彼在己，己成而天子成，天子成則至味具。」[2]

伊尹的話中包含一種理念，就是天子幾乎可以在字面意義上「品嘗」他的國度，能吃到各種偏僻之地出產的美食，這也為後來的官方朝貢制度提供了依據。在這種制度下，來自不同地區風土的應季食材經過精挑細選，送入御膳房。至晚不過西元前五世紀，就有橘子和柚子從溫暖的南方運往北方的宮廷。美國漢學家薛愛華（Edward Schafer）寫道，唐朝時期，每當「一種地方美味在宮廷與首都收獲好評，就會被列入地方貢品名單，之後御膳房就會定期接收到相應的貢品：山西南部夏天的大蒜、甘肅北部的鹿舌、山東沿海的花蛤、長江流域的『糖蟹』、廣東潮州的海馬、安徽北部的糟白魚、湖北南部的百步蛇乾、山西南部和湖北東部用酒釀醃製的貢瓜（即哈密瓜）、浙江的乾薑、山西南部的枇杷和櫻桃、河南中部的柿子、長江河谷的臍橙……」[3]這些不過是那個時代官方貢品清單中的少數例子。

在大約兩千年前的漢朝，就已經有了專門為宮廷培育珍稀蔬菜的溫室[4]；一位著名的中國研究學者甚至發現了一些證據，顯示那時候講究飲食的行家特別要求吃「雞窩露天」的雞，相當於中國古代的「散養土雞」。這種雞「棲息在完全自然的環境中，其美味為行家公認」。[5]

十八世紀，朝貢制度仍在全國上下有條不紊地執行著。當時東北的獵人和漁民向朝廷進貢了大量的野生鹿肉及野雞、鱘魚和鯉魚，還有鹿尾和鹿筋這兩種罕見的珍饈。其他各種上等食材也從帝國各地紛至沓來，包括鰣魚——長江魚類中最鮮美的極品，在其肉質最佳的時節會透過快馬加鞭運送到北京城。[6]（至少從明朝開始，人們就經常用有冷藏功能的駁船，將江南地區的珍品新鮮食材放在隆冬時節收集保存的冰塊上，運往京城。）[7]

中國人一直堅持食物要吃應季的，這其中不僅有現實情況的需要，也有養生的考量。養生，一方面是靠人體內部的和諧，另一方面就是人體與自然的和諧統一。古代文獻裡會詳細說明每個季節應該食用什麼、不應該食用什麼：烹飪和醫學著作也會推薦在適當時候應該收穫的植物與動物，以求最大程度發揮功效和欣賞風味。一向對飲食講究挑剔的孔子拒絕食用不合時令的食物（所謂「不時不食」）。[8]

《禮記》中有一節詳細描述了每個季節的自然變化，概述了耕種田間與準備祭祀的人們各自的應季任務，以及天子在飲食上應盡的義務。在孟春之月（春季的第一個月），應當吃小麥與羊肉（「食麥與羊」）；孟夏之月，吃豆類和家禽（「食菽與雞」）；孟秋之月，吃火麻仁與狗肉（「食麻與犬」）；孟冬之月，吃小米和乳豬（「食黍與彘」）。[9]要是天子不遵守季節規律行事，不僅會招致疾病，還會導致作物歉收和各種災害。按季節時令飲食，也有環境保護方面的原因，正如哲學先賢孟子指出：「不違農時，穀不可勝食也；數罟不入洿池，魚鱉不可勝食也；斧斤以時入山林，材木不可勝用也。」[10]古語亦有云：「天人合一。」

當然了，按時令飲食還有個原因，就是美食烹飪上的考量。人們吃應季食物，目的不僅是「天人合一」和保持最佳健康狀態，也是為了那份迫切渴望品嘗時令饋贈的愉悅心情。西元前二世紀，哲學家董仲舒主張選擇任何食物的最主要原則，就是要在最合適的時機，擇其最美味的時候進行品嘗，絕不能偏離這個適當的時機：「凡擇味之大體，各因其時之所美，而違天不遠矣。」[11]西元七世紀時，每年春筍應季上市，唐太宗總要設「筍宴」來款待群臣。[12]小說《紅樓夢》中的主角們在美麗的園林中舉行宴會慶祝秋天的到來，那正是河蟹最肥美的時候，他們也便大快朵頤。

也許，無論是在中國，還是在其他任何地方，都很少有人比江南的美食家更熱情地倡導吃就要吃優質食材。從十二世紀起，隨著新的稻米經濟和鹽業貿易的發展，江南地區愈來愈富有，重要性也不斷提高，一座座光鮮亮麗的繁華城市惹得世人豔羨。和當代的加州一樣，這裡以優質的物產、繁榮的餐飲業和悠閒的生活方式而聞名天下，同時也成為美食烹飪寫作的沃土，文人雅士紛紛搜集食譜，對美食進行了全面而深刻的著述。

十七世紀的劇作家李漁，土生土長的江南人，不僅寫了詼諧幽默的情色小說《肉蒲團》，在描寫自己對大閘蟹的迷戀時，也不惜剖白內心的深情。「予嗜此（蟹）一生。」他寫道，「每歲於蟹之未出時，即儲錢以待……自初出之日始，至告竣之日止，未嘗虛負一夕，缺陷一時……蟹乎！蟹乎！汝於吾之一生，殆相終始者乎！」[13]

李漁對竹筍的品質也極盡講究，堅持認為只有在偏僻山林中採下，立即從田間到箸間的鮮筍才值得吃：

> 鮮即甘之所從出也。此種供奉，惟山僧野老躬治園圃者，得以有之，城市之人向賣菜傭求活者，不得與焉。然他種蔬食，不論城市山林，凡宅旁有圃者，旋摘旋烹，亦能時有其樂。至於筍之一物，則斷斷宜在山林，城市所產者，任爾芳鮮，終是筍之剩義。[14]

李漁還斷言，要做出完美的米飯，必須派丫鬟去搜集野薔薇、香櫞或桂花上的露水，在飯初熟時加入煮飯的水中。不能用園中玫瑰的露水，因為玫瑰香太濃烈了：「食者易辨，知非穀性所有。」

還有其他的美食家，也以令人驚嘆的精確細緻描寫食材的細微玄妙。十六世紀末，高濂（他恰好是已知第一位寫到辣椒的中國人，那時辣椒剛從美洲傳入中國不久）仔細考究吳郡魚膾的細微之處，進行了詳細說明：「八九月霜下時，收鱸三尺以下，劈作膾。」對鯉魚和鯽魚的要求則是「鯉一尺，鯽八寸。」[15]i

十八世紀文學家曹庭棟對如何熬粥進行了細緻入微的論述，不僅推薦了最佳煮粥之米（「米用粳，以香稻為最，晚稻性軟，亦可取，早稻次之，陳廩米則欠膩滑矣」），還推薦了最好的煮粥之水：他認為長流之水比來自池塘沼澤的水更好，初春時節的雨比濕熱的梅雨和夏秋季的霏霏淫雨要好上太多。他覺得雪水應該在臘月取用，如果是春雪融化成的水，則「不堪用」；如果把水貯於陶缸之中，應該「以朱砂塊沉缸底，能解百毒，並令人壽。」[16]費以上這一番大工夫，只為了煮出一碗像樣的米粥。

西方的葡萄酒品鑑家萬分在意和挑剔葡萄生長的地形地貌、土壤和氣候，中國的茶葉愛好者對茶的產地也是特別用心。正宗的龍井綠茶，散發著類似於開心果的芬芳，只生長於杭州附近龍井村周圍平緩的丘陵上，用春季清明前採摘的那一點點小小的嫩芽製成；理想狀況下，也應用汩汩流淌的龍井水沖泡。岩茶類的烏龍茶味道濃郁，有煙燻香氣，必須產自福建武夷山——過去，只有皇帝才能品嘗到最上等的岩茶品種「大紅袍」，來自生長了三百多年的古茶樹欉。有「茶聖」美譽的陸羽生活在西元八世紀，撰寫了世界上第一部關於茶的專著，對沖泡茶葉的水質進行了等級劃分：「山水上，江水中，井水下。」而「山

i 譯者注：此處作者把前後兩段引語誤作出自一人（是間接引用，見「注釋」和「參考文獻」），有必要做出說明：「八九月霜下時……」一段，出自高濂《遵生八箋》；而「鯉一尺……」一句出自唐朝博物學家段成式的《酉陽雜俎》。

水」中最上等者，又要取自乳泉和石池漫流處，不能是湍急的瀑布之下。[17]

對於上等食材的重要性，最著名也是最積極的倡導者，莫過於十八世紀的詩人、文學家和美食家袁枚。他在聞名古今的食譜《隨園食單》中堅稱：「大抵一席佳餚，司廚之功居其六，買辦之功居其四。」因為食材的品質可以決定一道菜的成敗。比如好的火腿與差的火腿，可能「好醜判若天淵」；還有，「鰻魚以湖溪游泳為貴，江生者，必搓訝其骨節。」[18]白蘿蔔過了最佳的時節，裡面就空心了；刀鱭過了最好的時節，魚骨就變硬了。他寫道，「所謂四時之序，成功者退，精華已竭，褰裳去之也。」[19]

袁枚還指出，調味用的佐料，其品質也一樣重要：「廚者之作料，如婦人之衣服首飾也。雖有大姿，雖善塗抹，而敝衣襤褸，西子亦難以為容。」[20]即使是最優秀的廚師，遇到粗製濫造的劣等食材，也沒法化腐朽為神奇。他還寫道：「人性下愚，雖孔、孟教之，無益也；物性不良，雖易牙烹之，亦無味也。」[21]（文中提到的「易牙」，與前文的「伊尹」並非同一人。易牙是西元前七世紀齊桓公寵信的近臣，據說有著完美的味覺，十分擅長調和各種味道。但不幸的是，也有一些資料顯示，他為了討好主公，將自己的兒子做成了湯進獻給齊桓公。）[22]

二十世紀的歷史如暴風驟雨，然而中國人自古以來對原產地應季上等食材的眷戀始終如一。當代的旅遊業和古代人遊歷山川一樣，通常都有個核心內容，就是品嘗當地美食：

無論是蘇州附近陽澄湖名貴的大閘蟹，還是價格更便宜的川南西壩豆腐；那裡的豆腐必須用當地的水製作，而這水又出自著名而獨特的石灰岩地貌。途經南京的火車上，廣播裡會傳來對當地著名美食鹽水鴨的滿口讚譽。無論從任何地方出差歸來的商務人士，都會大包小包地帶回當地有名的特產水果等美味。

李漁最愛的螃蟹，如今依然是江南地區最令饕客趨之若鶩的美食之一。每年大閘蟹在上海上市都會掀起一陣狂潮，實在蔚為奇觀。中秋過後，這些炮筒綠的小小湖蟹就長到了最為膏滿肉肥的黃金狀態，蒸熟以後會變得鮮紅。母蟹的橘紅色卵巢（蟹黃）和公蟹中白色的副性腺及其分泌物（蟹膏）是最有滋味的（大閘蟹腿上長著尖硬的黃色毛刺，爪子上也毛乎乎的，所以英文名才叫 hairy crab，毛蟹）。上海的多家餐館會推出全蟹宴；街上突然湧現出一家家快閃店，裡面都是一桶桶被稻草捆綁了腳爪、汩汩作聲的螃蟹；整個江南地區的機場都有活蟹出售。

四川人則很少質疑正宗郫縣豆瓣的權威。這種醬料是麻婆豆腐和回鍋肉等菜餚的靈魂，只能產自郫縣特有的風土，根據傳統的說法，只有在那裡，豆瓣才能「採天地之精華，吸川蜀之靈氣」（或者，用科學家的話說，與當地的氣候和環境微生物發生奇妙的化學反應）。如果去蜀南竹海旅遊，就能像伊尹的主君一樣全方位地品嘗這片土地的各種產出，比如當地的菌子（野生菇菌）、竹筍、野菜和放在竹葉上燻烤的山豬肉。在中國，幾乎每一個人，無論貧富貴賤，都知道冬天經過霜打後的蔬菜是最甜最好吃的。

無論在一年中什麼時候去蘇州或上海，都可以看到一些點心鋪或熟食店外面排著長隊，大家在購買特色時令小吃：也許是早春時節用艾草染綠的青糰（即草仔粿），飽滿香糯；或是秋天的月餅，新鮮出爐。在蘇州的春天，運氣好的話，你能巧遇用烏飯樹（野生藍莓樹）葉染成烏紫色的糯米飯（烏米飯）。上海的集市也是如此，總有琳琅滿目的時令農產品，叫人興奮不已：柔嫩的草頭（即南苜蓿）、多種多樣的竹筍、讓人流連的魚類和海鮮。秋天，在西安的老回民街區漫步，就能吃到金燦燦的「黃桂柿子餅」，用柿果肉和糖桂花餡做成。若到成都趕上春末，你最好是抓緊時機，體驗一下四川獨有的苦筍，新綠初成、清爽脆嫩。

至於精英階層追求的中國美食，江南的美食家們正滿懷熱情地復興祖先的飲食習慣。不久之前一個三月的傍晚，我和上海一家私人餐飲俱樂部的成員一同參加了當地時令佳餚盛宴。我們品嘗了經典的本幫菜「醃篤鮮」，湯汁美味得令人叫絕；我又吃了淡水田螺，還了解到清明節前不久，就是田螺肉質最好的時候；還有以蘇菜作法烹製的甲魚：主料甲魚的最佳賞味期限稍縱即逝，而在三月油菜花期恰正當時，所以這道菜用了菜籽油來做。全宴一共十八道菜，其中最引人注目的明星，也是將人們聚在一起的理由，就是銀閃閃的「刀魚」，每年只有幾個星期最應季。廚師將刀魚做成了餛飩，再用鍋生煎，在宴席的尾聲上桌。飯後，一位客人坐在三角鋼琴前，即興為另一位客人彈唱了一首詩歌，而接受這份禮物的是一名九十八歲高齡的女士，也是中國公認在世的最高成就女性藝術家。[23]那真是一個愉快的夜晚，以藝術、音樂與交談為背景，向當地的風土與節令致敬。恍然間，袁枚、李漁等古時「生活家」的精魂彷彿就熠熠生輝於其中。

一九九〇年代，我初到中國旅居，這個國家在經歷長期的經濟停滯後開始甦醒。許多著名的餐館雖然還苦撐經營，但已經失去了光彩，裝潢簡陋，實用至上，服務乏善可陳，仍有數十年計畫經濟的痕跡。地方著名加工食品也是盛名難副，那時候要找優質食材，比今天更難。我遇見很多技藝超群的廚師，但當時的食材和環境卻配不上他們的才華。我遇到的最美味的食物往往都在農村，那裡的人們吃自種的蔬菜，肉和蛋都來自散養的動物，但那絕不是精緻的烹飪。那時的中國像是患了某種失憶症，忘了自古以來對食材熱情而精細的追求。

二〇〇八年五月，我第一次探訪龍井草堂，人生就此改變，部分即出於上述原因。我終於來到了中國美食曾經的中心地帶，這裡讓馬可．波羅讚不絕口，讓乾隆皇帝魂牽夢縈，孕育了袁枚的食譜和李漁的痴狂。也是在這裡，我第一次品嘗到江南地區的經典菜餚，不僅融匯了精湛的烹飪技藝，還有這片土地上最優質的食材。這才是袁枚和李漁筆下的美食；他們在千百年前品嘗的，就是這種美食。那優美的竹筍，那古法醬油與米酒，那濃郁的金華火腿、鮮嫩的時令蔬菜，用土雞、豬肉和火腿熬製的高湯。我幾乎經歷了一次靈魂出竅。我終於從智識和生理的兩個層面明白了最好的中國菜到底是什麼、曾經是什麼、能恢復到什麼樣的程度——不僅只在中國，還要走向全世界。

我記得當時產生了一個想法，此後也一直縈繞於心：大多數外國人，只是因為從未有幸體驗這種技藝與食材的完美結合，才會認為中餐是低等的。任何人只要堅稱中餐只能廉價、只能是垃圾食品，都不過是暴露了他缺乏經驗，恰如為小報寫星座運勢的人在天體物理學家面前喋喋不休地談論星星。

在龍井草堂吃了那頓初遇的午餐之後，十多年的時間裡，我又在每個季節回到那家餐廳，還去了阿戴的農場，見了很多他的農業與手工業供貨人。我像遠古的天子一樣，嘗遍了江南的風土和一年四季最好的風味。我應該再也沒吃過比那更好的食物了。給我留下最溫暖美好回憶的一些菜餚都是最簡單的，比如二〇〇九年六月五日晚上在龍井草堂與大家分享的一道員工餐，就是安吉竹筍配金華火腿。自宋代以來，浙中的金華就開始製作有著美麗石榴紅的上等火腿，味道和著名的西班牙火腿一樣濃郁鮮美；而竹筍則是中國南方餐桌上最美味的時鮮之一。你可能想不到竹筍是一種時令鮮蔬，如果你一直吃的是罐頭竹筍的話，那是西方人心目中代表性的中國菜之一，而它與新鮮竹筍的關係，就像一張明信片之於威尼斯教堂牆上那氣勢恢宏的丁托列托[ii]畫作。筍有許多不同的品種，會在不同的時節成長到最佳狀態。最好的竹筍質地脆嫩、細膩，如象牙一般碧玉瑩白，鮮美的味道無與倫比，如果放在湯裡燉煮，會讓整個廚房都瀰漫溫柔、撲鼻而來的筍香。

那個杭州的傍晚，我們吃的是新鮮的鞭筍。這種筍在地下以「人」字形水平生長，成熟於春末夏初，採自鄰市湖州安吉的竹林（這裡的美景在電影《臥虎藏龍》中有非常精采的呈現）。那是一道很家常的菜——只不過是象牙一般的筍片點綴了粉紅色的金華火腿——但它堪稱完美。鞭筍嫩脆多汁，帶著那叫人渾身為之一振的鮮美之味，實在難以言喻。少許土雞高湯和一點點手工製作的火腿碎溫柔地襯托和提升了這自然饋贈的風味。這道菜彷彿在對人低語，「只應此處有，只應此時有」，無論在倫敦、紐約還是北京，你都不可能吃到它。它在發光，它在歌唱。

ii 譯注：丁托列托（Tintoretto, 1518-1594），義大利威尼斯畫派著名畫家。

喜蔬樂菜：薑汁芥藍

隆冬時節，阿戴和我正前往木公山（原為穆公山），探訪一群與他的餐廳合作種植農產品的農民。汽車蜿蜒上山，深入丘陵地帶，我們眺望覆蓋著白雪薄毯的竹林與田野。天空灰暗陰沉。最後，我們把車停在一戶農舍的門外，搓手頓足來抵禦寒冷。在一些田野中，散布著一塊塊白雪的土地上已經冒出了幾棵綠芽，但大部分仍然是荒涼一片。一塊田地裡，農民徐華龍正站在一排排綠色蔬菜當中。這些菜表面看上去髒兮兮的，一副飽受風雪摧殘的慘狀，葉子發黑，凌亂不堪，說是一堆肥料也有人信。但接下來就是見證奇蹟的時刻。徐華龍伸手撥開其中一顆髒亂破敗的外衣，露出淨白脆嫩的完美大白菜（英文叫「Chinese cabbage」，中國捲心菜），在一片陰鬱的冬日景象下，如同好萊塢女明星一樣昂首挺立，白得發光、黃得耀眼，可謂星光熠熠。

徐華龍把潔淨嶄新的大白菜從髒兮兮的根部切下，帶回了家。他太太把菜切好，和自家醃製的鹹肉一起熬燉。我們共進這頓午餐，配了米飯和幾道其他的菜餚。在熱氣騰騰的肉湯裡，白菜柔軟如絲帶，充滿了醃豬肉的鹹香風味。

我小時候，「把菜吃了」是一句不由分說的命令，意謂著得履行這個令人不快的義務。只要讀過喬治・歐威爾的《一九八四》，就一定不會忘記溫斯頓・史密斯租住的那個破舊大廈，走廊永遠瀰漫著一股煮捲心菜的難聞味道。在我的童年時光，「捲心菜」意謂著學校的大鍋飯、受懲罰、慘淡的日子、「把飯菜吃完不然別想吃布丁」。其實我一直還挺喜歡球芽甘藍和春綠芥藍（spring green），但不得不承認，英國冬天的蔬菜實在是太不講究了：皮革一樣又硬又厚的葉子、粗笨的根莖和泥土氣的味道。如果再加上烹飪技術不佳，就會相當難吃，又顯得十分淒涼，猶如在泥濘的田野中舉步維艱地跋涉。但在中國，冬天的蔬菜卻是黑暗中的一盞盞明燈，吃起來如同在草地上雀躍嬉戲。

在中國，各種捲心菜都被當成寶貝，尤其是大白菜，更是傳統藝術和工藝品中經常被描摹的物件。台灣故宮博物院的鎮院之寶就是翠玉白菜，曾在一位妃嬪的嫁奩之中，又在第二次國共內戰結束前夕被行將戰敗的國民黨政府悄悄運出紫禁城。不知名的藝術家以玉石多變的色調順勢而為，將深綠色的部分雕琢成大白菜外部卷曲的葉子，白色則變換成光滑脆嫩的菜莖；葉片上趴著蝗蟲和螽斯；綠菜白柄象徵純潔，昆蟲則代表多子多孫。

在中國畫中，白菜是個很受歡迎的主題，多以氤氳的水墨勾勒，寓意藝術家謙和樸實的品位和對清簡生活的嚮往。同時，「白菜」諧音「百財」，好聽又吉利。明信片、鑰匙圈的掛飾上，也多有它的身影。我倫敦住處的沙發上有個現代版的白菜擺飾：白菜形狀的毛絨靠墊，舒適可愛，上面用數位噴繪技術印了栩栩如生的菜葉，可以從中心處往下掰。歷代文人墨客都對白菜讚不絕口，比如宋朝詩人蘇東坡就曾稱「白菘類羔豚，冒土出熊蹯」[1]，將大白菜比作羔羊肉、乳豬甚至熊掌這樣的人間至味。

大白菜又分成許多地方品種，有的粗短敦實，有的碩大修長；而這個大類別，不過只是白菜大家族中的一員，所有的白菜都屬十字花科蕓薹屬：有葉子像湯匙一樣的青江菜，有的翠綠欲滴，有的菜柄純白，葉緣深綠；還有線條優美流暢的菜心；看上去稍微有些蓬亂的芥菜；尖尖的「雞心白」（一種尖頭的包心菜）；圓圓的「包心菜」；翡翠色的芥藍。青江菜的袖珍幼苗在上海很受歡迎，被暱稱為「雞毛菜」；還有小小葉子的薺菜，一種十字花科薺菜屬的野菜，像蓮花座一樣，在地上一長一大片，中國人食用薺菜的歷史已經持續數千年。在各個地區，很多蕓薹屬植物都會在柔嫩的幼年從地裡被採摘下來，統稱為「青菜」。在我心中，最美味的青菜莫過於四川和湖南地區的人們在短暫冬季享用的菜薹，有的紫色、有的綠色，鮮嫩多汁。打霜後採摘的菜薹有種奶油般濃郁的甜香味，令人垂涎。它本身那縷似有若無又讓人難以抗拒的苦味，又中和了這股甜香，和諧美妙。

每年的特定時候，中國的部分地區可謂是白菜遍地，到了張燈結「菜」的地步。幾十年前，住在胡同裡的北京人會在老房子前用白菜堆起一面面的牆，囤積這些結實的蔬菜好過冬。每到收穫季節，成都的小巷裡到處都掛著白菜葉，像洗過的衣服一樣晾在繩子上，或是趴在椅子、桌子甚至停在路邊的摩托車上，在陽光下曬得枯萎脫水，再抹上鹽和香料，放進罈子裡醃製。它們和家家戶戶掛在陽台上與屋簷下的自製香腸和臘肉一樣，都是冬季的一道風景線。

龐大的蕓薹屬家族，不僅菜葉為人們所喜愛，菜柄和粗壯的莖稈也是很好的食材，都可以新鮮入菜、風乾或醃製。肥大多節的芥菜塊莖經過風乾、調味和醃製後，就成為美味的榨菜，是重慶涪陵的著名特產。大片大片的青芥菜葉則用鹽水醃製後煮成清爽的酸菜湯和燉菜。還有一種蕓薹屬蔬菜的莖稈，會與紅糖及香料混合，經過兩次發酵，製成深色的宜賓芽菜，能為川菜系的乾煸四季豆和擔擔麵帶來獨特的鮮味。在紹興，芥菜經過醃製後曬乾，製成「梅乾菜」，一種風味深厚得近乎馬麥醬（〔Marmite〕酵母抹醬）的醃菜，放進最簡單的清湯或炒菜中，能立即提味，深受當地人的喜愛。醃製的雪裡紅（雪菜）是屬冬日的鹹菜，上海人和寧波人無論是吃麵還是炒菜，都喜歡加一點，畫龍點睛。

川版的抱子芥菜叫做「兒菜」（又稱人蔘菜），爽脆的綠色「母」莖簇擁著小小的「兒」，白生生的「肉」多汁脆嫩，加上翠綠的「額髮（長在頂上的葉子）」，是冬日的佳餚。幾年前在成都一個難忘的夜晚，名廚喻波為我端來一套四道小菜，都盛放在精緻的瓷器中，用盡了另一種十字花科植物——粗莖「棒菜」——的各個部分：菜的白色主體切成綢緞一般半透明的薄片，淋上糖醋調味汁；皮切成絲，韌性有嚼勁，配麻辣蘸料；綠色的部分切成小丁，在濃郁高湯中燉煮；還有最柔嫩的菜尖，則最後放下，浸潤在清澈的湯汁中。這套菜廚藝精湛，美味無比，是對這種蔬菜最虔誠的致敬。

除了用作新鮮蔬菜和醃菜之外，蕓薹屬植物還能製成辣芥末，還有四川特產，用蒸炒後的油菜籽製成的、帶有堅果香氣的菜籽油。這些還僅僅是蕓薹屬的蔬菜。除此之外，中國人吃的綠色蔬菜和其他種類的蔬菜，深度廣度都甚為驚人。有些萵苣生著吃，有些炒著吃；有一種菜莖粗壯，英語叫「celtuce」（芹菜和萵苣的組合詞）的萵筍（俗稱A菜心），綠色的「肉」有堅果香，可以做成無數種菜。還有名字不太好聽、曾一度被認為是貧苦農民才吃的「牛皮菜」（即莙薘菜）；綠色和紫色的莧菜；常吃的菠菜；葉肉肥嫩的皇宮菜（即落葵，又名木耳菜）和管狀的空心菜；柔嫩的豌豆苗、南瓜葉、番薯葉、枸杞芽、龍鬚菜和其他種種植物的嫩葉初芽；茼蒿和馬蘭頭；馬齒莧；灰灰菜、巢菜（野豌豆）、芝麻菜等野菜。

古時候的中國，最受歡迎的綠葉菜是葵菜（又名冬寒菜），經常出現在《詩經》等古典文學作品中。唐朝詩人白居易就曾作過一首〈烹葵〉，詩曰：

貧廚何所有，炊稻烹秋葵。[2] iii

後來，各種白菜逐漸成為主要的蔬菜，葵菜在當今中國幾乎已經銷聲匿跡，只有在四川，人們還在用葵菜烹煮鄉土風味的湯和粥：那寬大如扇的葉子謙遜地沉入湯汁中，入口絲滑，像是從遙遠的過去傳來的一聲嘆息，又是出自四川風土的一縷甜美之氣。新冠疫情期間，我被迫與四川長期分離，發現能在倫敦東部家附近的運河邊採到葵菜，當時高興得快哭了。

如果說白菜是無處不在、不可或缺的中國蔬菜，那麼風味強勁的蔥蒜家族，其重要性也不遑多讓。和十字花科一樣，這也是個大家族，栽培品種眾多。最重要的青蔥和英國的蔥很相似，但莖不會膨脹成球莖。細長柔嫩的青蔥會被切碎，做為菜餚的點綴；比較粗硬的青蔥通常會做為烹飪香料。藠蕎有著膨大的鱗莖，常被做成醃製菜。山東和整個中國北方的大蔥，粗壯如英國的韭蔥，不過更清脆，味道更細膩，可經過爆香，再燴入甜鹹的湯汁，為山東名菜「蔥燒海參」增添獨特的風味；或者切成絲，與北京烤鴨搭配生吃。韭菜有著細長扁平的綠葉，像義大利寬麵，可以清炒、切碎和餡或汆燙後用作麵湯的點綴。韭菜花和蒜薹，連花帶莖，都可以做成美味的炒菜。

iii 譯注：全詩簡單易懂，收錄在此：「昨臥不夕食，今起乃朝飢。貧廚何所有，炊稻烹秋葵。紅粒香復軟，綠英滑且肥。飢來止於飽，飽後復何思。憶昔榮遇日，迨今窮退時。今亦不凍餒，昔亦無餘資。口既不減食，身又不減衣。撫心私自問，何者是榮衰。勿學常人意，其間分是非。」

五花八門的蔬菜和蔥蒜只不過是冰山一角。還有多種多樣的竹筍；馬鈴薯、芋頭、蘿蔔、番薯、山藥、魔芋（即蒟蒻）和牛蒡等根莖類蔬菜；數不勝數的瓜類，比如南瓜和櫛瓜；從木耳到松茸的各種菌類；海藻；具有固氮作用、能增進土壤肥力的苜蓿，其嫩芽深受上海人喜愛；還有百合的花朵和球莖、銀杏果、香椿芽、地皮菜和如提琴頭一般的紫蕨菜。縱觀中國歷史，烹飪傳統不斷受到舶來品的影響，如胡蘿蔔，「胡」字就是外來的意思；番茄（又名西紅柿），來自西方的紅色柿子；辣椒，曾經被稱為「番椒」，四川人到現在也稱其為「海椒」；圓蔥，在中國更普遍的名字是「洋」蔥。近年來，中國人外出吃飯時，也愈來愈喜歡點秋葵、冰菜（水晶冰花）和佛手瓜。在中國培育和食用的蔬菜種類遠遠超過了西方已知的蔬菜與水果之總和。[3]

中國人為什麼這麼喜歡綠葉菜和其他蔬菜呢？原因之一是他們深諳烹菜之道。要是像《一九八四》裡那樣煮捲心菜，那應該是特別倒人胃口的——不但顏色會變得暗淡，還會煮出一股難聞的硫磺味，大大影響其風味。西方的蔬菜不是煮得太過，就是簡單粗暴地生吃，彷彿在展示某種奇怪的「德性」。（說實話，生甘藍或者青花菜到底有什麼好吃的啊？）它們要麼被直接煮一煮，要麼淋上點鮮奶油或奶油。但在中國，蔬菜的烹飪方法和調味料各式各樣，可以根據每種植蔬的特性量身定制。牛皮菜這類與泥土密不可分的綠葉菜，調味時就比較大膽一些，會用到發酵的豆豉或辣豆瓣；而味道較淡的大白菜之類，則會用鹹鮮的高湯、濃郁的芝麻醬或香醋來提味。新鮮而柔嫩的綠葉菜通常會迅速汆燙，或者快炒一下，接受鑊氣短暫的熱吻，但還保持翠綠的活力，帶上一絲清脆爽口，而調味料則會為其錦上添花，又不會喧賓奪主，搶了蔬菜本身的風頭。

我有個中國朋友發現自己總是需要向英國人解釋，為什麼中國餐館菜單上的青菜會這麼貴。「它們不是配菜，本身就是一道菜。」她說。在優質的中餐館點炒青菜，分量通常會比歐洲餐館配菜中那令人抱歉的水煮白菜或菠菜多很多，廚師傾注於其中的心血也絲毫不亞於其他菜餚。味道清淡的綠色蔬菜能夠很好地與味道更濃郁、誇張的菜餚形成互補，食客自然也喜聞樂見。它們不是用來陪襯主角肉類的無名「雙蔬」，而是營養學和美學構造上的重要組成部分，幾乎頓頓飯都不可或缺。

在我自己的國家，有很多人，甚至是富人和受過高等教育的人，都很難做到像政府推薦的每天攝取至少五份蔬菜和水果。但在中國，人們吃蔬菜不僅僅是出於義務，主要還是因為它們美味可口。誰能抗拒用大蒜和腐乳炒的空心菜；伴著薑蓉香氣的廣式芥藍；用乾辣椒爆香，帶著點焦香的醋溜白菜？我在中國目睹過建築工地的農民工吃得比英國富裕中產階級更健康，他們的午飯是路邊小推車上的外賣，上面有十幾種菜餚，各種新鮮蔬菜讓人眼花繚亂；高速公路服務站和學校食堂的飯菜也是如此。十九世紀蘇格蘭植物學家和植物獵人羅伯特·福鈞（Robert Fortune）在探索中國時說過一句話，今日看來也恰如其分：他說，雖然他們的食物很簡單，但「中國最貧窮的階層似乎比我們國家同樣階層的人更懂得烹飪食物的藝術。」[4]

中國人也在很早的時候就學會了如何選擇和種植蔬菜，從中將美食樂趣最大化。美國漢學家牟復禮（Frederick Mote）曾闡釋，在冷藏技術出現之前，歐洲人毫無辦法，冬天時只能滿懷煩悶地吃醃製的捲心菜，少量的蘋果、梨和塊莖植物，以及羽衣甘藍、韭蔥和球芽甘藍等耐寒蔬菜。而在很久很久以前，中國人便掌握與完善了讓多種蔬菜越冬的種植方法，這樣就能經常吃到新鮮的蔬菜：「他們找到了耐寒的品種，並想出辦法來保護密集種植的蔬菜農場不受霜凍的影響，比如在菜圃上蓋上稻草墊，溫暖清朗的日子裡就捲起來；還有先鋪上一層糞肥再進行種植，或者其他類似的方法。」[5]十九世紀中葉，比利時人發現，將菊苣種植在黑暗環境中，就可以使其顏色變白。而早在幾個世紀前，中國人已經用類似的方法種植韭黃和大白菜，培育出色澤淡雅、味道無比可口的蔬菜。時至今日，比起英國超市貨架上那些通常用塑膠袋包裝好、莖稈末端疑似發黃變乾的蔬菜，中國市面上的綠色蔬菜，無論是在傳統市場還是超市，總是要新鮮的多，也更好吃。

中國的富人一直痴迷於尋找完美的水果和蔬菜。早在漢代就有專門為宮廷種植蔬菜的溫室，棚架中晝夜生火保暖，裡面的農產品養尊處優，受到細心呵護，一如從熱帶地區空運到當代英國的成熟芒果。西元前三十三年，一位漢朝官員認為如此奢靡是在浪費百姓血汗錢，於是關閉了一個用於種植青蔥和韭菜等反季節蔬菜的御用溫室，從而每年為朝廷節省了數千萬緡錢。[6]（當代中國也有一些低調的有機農場，專為富裕精英種植特供農產品。）[7]這方面的奢靡有個最著名的故事：據說唐玄宗曾令人騎上快馬，將愛妃楊玉環鍾愛的荔枝從溫暖的南方接力送到北方都城長安。

某年一月，我和幾位香港朋友在廣州聚餐，宴席快結束時，突然響起一陣興奮的低語。我得知，有個客人剛從中國北方飛回來，帶了些此地難尋的珍饈美味給我們品嘗。我也想像不出究竟是什麼寶貝能讓大家如此垂涎期待，畢竟我們已經享用了五蛇羹和另外兩道蛇肉料理，還有鹽焗雞、糖醋東海烏魚和我吃過的最美味的花膠。遠道而來的珍饈，原來竟是一顆大白菜。當然，不是什麼隨隨便便的大白菜，而是產自膠東半島獨特風土的著名大白菜，此時此刻正是其最完美的時節。揭開面紗後，它彷彿一位大駕光臨的名人，被傳看、柔聲讚美和愛撫，之後送進廚房烹飪——過了一會兒回到餐桌上，裝在一個大砂鍋裡，與炸過之後成焦糖色的蒜瓣一起燉得軟嫩香甜。

在西方的中國餐館，通常不太能體會到吃中餐蔬菜的樂趣。其實也有多種蔬菜供應，但菜單上不會具體列出，只會籠統地寫上「時蔬」這樣的模糊稱謂（有時候甚至不是時令，還是進口蔬菜）。原因之一也許是有太多西方人覺得白菜之流都是「配菜」，所以對價格頗多微詞。一個中餐館老闆告訴我，他試過在菜單上列出芥藍和各種中餐綠葉菜，結果網上出現大量評論，批評他的餐館供應「苦澀、枯萎的蔬菜」。這些負面影響對人打擊不小，於是餐館把多姿多采的綠色蔬菜從菜單上刪除了，只提供白菜。

他們刪除的一道菜——薑汁芥藍，是我一直以來的最愛之一。翠綠的莖稈一般要迅速氽燙，稍微鬆弛而不失爽脆，然後進炒鍋快炒，再撒點畫龍點睛的薑末，淋上點料酒。最後，所有東西被好整以暇地堆放在橢圓形的盤子裡，深綠色的葉子光滑而柔軟，彷彿美人魚的秀髮。還有那味道！細膩清脆的風味中游走著一縷似有若無的苦，在大快朵頤過其他菜餚之後，非常清新。

這些日子，只要不在中國，我最想念的食物就是蔬菜，勝過任何珍稀的魚類或海鮮。我垂涎於四川和湖南冬天的嫩油菜，上海那點綴在本幫菜中綠油油的薺菜，美味到無可挑剔的冬筍，春日紫莧菜那鮮豔的洋紅色菜汁——當我在英國本地超市中看到那些單調乏味到令人傷感的農產品，如四季更替都一成不變的花椰菜、捲心菜和嫩葉菠菜……思念之情就格外強烈。我在四川一個住宅區的菜市場漫步，看到一排排整齊漂亮、柔嫩多樣、新鮮採摘且隨著季節變換花樣的綠色蔬菜，真是內心雀躍，忍不住想要歡呼高歌。

躬耕碧波：蓴鱸之思

潔白的魚片與灰綠色的小小葉片在湯汁中交融。用筷子夾起一片葉子，你會發現外面像是裹了一層完全透明的膠質。放進嘴裡，會感覺滑溜無比，唇舌為之一爽，與魚肉的綿密柔軟相得益彰。蓴菜（蒓菜）是一種古老的美味，原產於江南的水生植物，有著橢圓形的小小葉片，散布在湖泊與池塘的表面。只有特別新鮮的時候，其表面才會穿上那麼一層非常特殊的膠質黏液。這道菜的名字「蓴鱸之思」源於一個古老的故事：西元四世紀，故鄉在江南的官員張翰被派往華北任職。他看著北方大片田野中的麥、黍，和家鄉蘇州的地貌與飲食實在大相徑庭。他萬分想念和嚮往家鄉的鱸魚片與蓴羹，於是不惜棄官而去。從那以後，「蓴鱸之思」就不再只是一個詩意的湯羹名，更成了思鄉之情的代名詞。

今時同於往日，被冠以詩意名字的這道蓴菜鱸魚羹，用來代稱魚米之鄉可謂恰如其分。江南風光，有江河、運河、溪流、濕地、湖泊和水田，當地特色菜餚中充滿各種水產食材、動物和植物。江南的人們不僅躬耕於隴畝之間，也躬耕於碧波之上。

一天，阿戴帶我去拜訪他在江蘇的一個供應者。我們把車停在路邊，走到一片四面環丘的廣闊平原上。這裡整個被分割成一塊巨大的長方形池塘，每塊小池塘之間種了草做護欄，波光粼粼的平靜水面上布滿了巨大的圓葉子，有些幾乎像衛星天線那麼大，有的有桌子那麼大。每片葉子上都起伏著大量放射狀的紋路，彷彿溝壑縱橫、山巒起伏的三維地圖。我瞥見葉子之間的水下，有著植物蔓生的「臂膀」，每一根的頂端都長了一個奇怪的圓形果實，尖部彷彿鳥喙。眼前這片風景無比離奇，幾乎讓人懷疑進入了異世界。

一個頭戴草帽、穿著涉水褲的農民跋涉過沒至大腿的泥濘之水，胳膊上掛著個籃子，笑咪咪地走過來迎接我們。他在水中摸索一番，確認果實的狀態，用削尖的竹片割下一個。泥糊糊的圓球跟柳橙一般大小，呈棕色，閃著光澤，只有「鳥喙」（花萼）是淡綠色的。他裝滿了籃子，就帶著我們走到一棟建築前，婦女們正一群群地坐在那裡加工這種果實。她們把果實握在手裡，破開，露出白色內核中一簇簇櫻桃大小的棕色種子。還有些婦女坐在一張長桌前，拇指上套著帶小凸刺的金屬頂針，輕輕地破開每一顆種子，取出象牙色的種仁，小小一顆顆如同珍珠。桌上放著很多盛水的碗，裡面裝滿了「小珍珠」。

這些收穫和處理起來煞費苦心的種子叫「芡實」，英文為「fox nut」（狐狸堅果）或「gorgon fruit」（蛇女果），來自帶刺的睡蓮科植物芡（學名：*Euryale ferox*，俗稱雞頭蓮），數百年來一直是備受中國人推崇的滋補食品，有「水中人參」的美譽。由於果實帶有「鳥喙」，它們也被稱為「雞頭米」，有時候會被翻譯成相當具誤導性的名字「Suzhou chickpea」（蘇州鷹嘴豆）。過去，只有在饑荒年代，人們才會用這種澱粉含量高的種子代替普通穀物食用；如今，芡實已然成為奢侈的滋補食品，且有嚼勁的口感深受人們喜愛。通常，芡實會用來煮湯或粥。我們去參觀的那個種植場主人張福娣說：「把花生和乾棗浸泡在水裡，小火煮至乾棗膨脹，加入芡實和少許白糖。這樣你就能吃到地裡的花生、樹上的棗子和水裡的芡實了。」

在英國，我們通常只吃一種淡水性水生植物：西洋菜（別名豆瓣菜、水田芥）。然而在江南，芡實只是無數水生蔬菜中的一員，其中一些在這片區域已有上千年的食用歷史。很多水生蔬菜口感脆爽，也有滑溜順口或富有嚼勁的，為你的唇舌打開一個完全的美麗新世界。荸薺，西方人常見的形態是裝在罐頭裡，吃起來嘎吱嘎吱的，沒什麼味道；但新鮮時簡直爽脆天賜，還有一股清甜。有些人會簡單地削去荸薺光亮的棕黑外皮，串在竹籤上當水果吃。還有菱角，沒有荸薺那麼脆，口感近似栗子，粉粉的；它們的外形奇特，閃閃發光，整體曲線像是被誰刻意雕琢過，兩側有翹起的「角」，看著有點像吸血蝙蝠。（雲南有一種特別的菱角，要小一些，是綠色的，兩端角上的刺非常尖銳，剝殼的時候不注意就會劃傷手。）中國新石器時代聚落的遺址就發現了菱角的殘留物。[1]

蓮，可謂「渾身都是寶」的水生植物，潔白的花朵出淤泥而不染，所以一直都是佛家智慧與頓悟的象徵。這種植物幾乎每個部分都可以食用：從淤泥中挖出那一節節的根莖蓮藕，去皮後脆嫩多汁，還能切成帶小孔的漂亮圓片；澱粉質地的種子「蓮子」與「連子」諧音，做為食物有多子多福之美好寓意；細長的蓮莖可以炒或醃製；清香的蓮葉可以包裹米飯或肉，進行蒸製；甚至蓮花本身，也是可以食用的。

整個江南的人們都會把水域當成田野，收獲漂浮於碧波之上和隱匿於清水之下的作物。除了蓴菜，當然還有西洋菜，但也有水芹（土生土長的中華水芹）、蘆蒿和空心菜。飽滿多汁的蒲菜是香蒲科植物香蒲嫩的假莖，可以做湯，是歷史悠久的美食。最讓人不可思議的可能是茭白筍。[2]在遙遠的過去，這種與稻米毫無關係的水草的黑色種子有時會被當作穀物（菰米）食用。但在大約兩千多年前的漢朝，人們發現，這種植物感染了一種黑粉菌之後，莖部會不斷膨大，肉質又嫩又脆，還呈現漂亮的象牙色，怎麼料理都好吃。歲月流逝，中國人基本上已經忘記了菰米，但膨大的肉質莖卻成為南方人最愛的食物之一。茭白筍別名「高筍」，它就像竹筍更軟和一點的表親。（若沒趁嫩採收，肉質莖就會被黑粉菌毀掉：剝掉外殼，會整個消失在一蓬煙粉狀的黑色菌孢之中。）江南之外的地方還有其他水生作物，比如雲南洱海周圍的人們會吃的「海菜」：慵懶地漂在水上的綠藻類植物，開著白色的小花，莖特別長，我總覺得應該叫它「長髮公主菜」。

除了水生蔬菜，江南人還吃多種多樣的水生動物。寧波和舟山群島附近的海域是中國最富饒的漁場之一，盛產數百種魚類、貝類和甲殼類，包括黃魚、銀白的帶魚和鯧魚、青花魚、舌鰨、狗母魚、鰳魚、鰻魚和彈塗魚（又名跳跳魚）；有著尖利牙齒、長相兇狠的龍頭魚，雖然英文俗稱「孟買鴨」（Bombay duck），魚肉卻軟嫩如豆腐，所以在當地叫做「豆腐魚」（台灣俗稱「那個魚」）；還有墨魚、章魚和玉筋魚；蛤蜊、烏蛤、蟶子和淡菜；螃蟹和蝦蛄；甚至各種奇食異物，比如海腸（英文俗名「陰莖魚」（penis fish））和鵝頸藤壺，當地俗名「佛手螺」；更不用說各種各樣的海洋蔬菜，比如紫菜和莖葉蔓漂的苔菜與海帶。（一八四〇年代，英國曾企圖將舟山據為殖民地，最終卻選擇了香港。）

內河則有種類繁多的鯉魚、鱖魚、鯰魚、銀魚、龜鱉、黃鱔（鱔魚）和泥鰍、大河蚌、河蝦與河蟹。曾經，刀魚、鰣魚、河魨、長江鱘與白鱀豚都在長江流域暢游，但因為大壩以及水域污染，已是盛景不再。中國人對這些淡水生物有個專門的分類叫「河鮮」，英語裡找不到對應的專有名詞，就相當於淡水版的海鮮。說起最受歡迎的河鮮，也許要數劇作家李漁極盡讚美謳歌的大閘蟹了。江南地區也會將魚類和海鮮曬乾、鹽醃等，某些地方還會製成發酵調味料。浙江把乾鹹魚稱為「鮝」（音同響），加入燉菜和蒸菜中，能發揮獨特的辛辣香氣和濃郁的鮮味。除此之外的鮮味調味料，還有蝦籽乾和用發酵魚蝦製成的味道強烈厚重的醬汁等等。

淡水魚，尤其是鯉魚，自古以來就被中國人視為珍寶。黃河流域的新石器時代聚落遺址中發現了捕魚工具，以及魚形圖案裝飾的罐子。[3]古代民間詩歌總集《詩經》中一共提到了十三種不同的魚類。根據後世撰寫者的設想，周朝宮廷中龐大的餐飲官僚機構設有管理漁業的「漁人」一職，按職位從高到低超過三百人；還有所謂的「鱉人」，負責捕捉和供獻甲魚、龜、蛤蜊等物。[4]魚在中國也是吉祥之物，因為諧音「餘」，年夜飯的餐桌上必不可少的一道菜就是整條的魚（年年有魚，年年有餘）。我去過中國的農家，料理魚之後會將魚尾像戰利品一樣釘在牆上，討個好兆頭。

全中國都吃魚，不過在南方，魚一直是餐桌上的主角。農民會在村裡的公共池塘養鯉魚，每年把水抽乾一次，將魚分到每家每戶，並把魚糞撒到田裡做肥料。鱔魚、螃蟹和泥鰍則潛伏在豐沛的水田之中。淡水動物有野生捕獲的，但也做為集約農業系統的一部分進行人工養殖，讓湖泊與池塘星羅棋布，河流、小溪與運河網絡交織的每一寸寶地都物盡其用。中國有句老話說得好：「靠山吃山，靠水吃水。」

十三世紀末，馬可．波羅行至杭州，描述這「無疑是全世界最美麗華貴之天城」。杭城安坐於清澈澄明的西湖和一條入海的大河之間。到達城市各處的陸上交通和水上通道數量大致相當。城中有大約一萬兩千座大小橋梁，無數船隻穿梭往來，集市熙熙攘攘，各種新鮮食材琳琅滿目：「城市距海二十五哩，每天都有大批海魚從河道運到城中。湖中也產大量的淡水魚，有專門的漁人終年從事捕魚工作，魚的種類隨季節的不同而有所差異。當你看到運來的魚，數量如此多，可能會不信它們都能賣出去，但在幾個小時之內，就已銷售一空。」[5]

有一次，我和阿戴還有他的同事們一起去為餐館收魚，遇見了一位年邁的漁民，長舢舨停泊在湖邊，周圍有好幾個湖泊相連。他坐在船頭，身著褪色的藍布棉衣，耐心地往長長的魚線上掛蚯蚓，古銅色的臉龐上溝壑縱橫，顯得溫和而安詳。他面前擺著一個斑駁的搪瓷茶杯，船篷頂上垂掛著幾卷被褥和已經拱起的竹板，可以遮陽避雨。架子上擺了一個老式電子時鐘、一把竹製的不求人，還有一碗剝殼的黃豆；釘子上則掛了本日曆。他說自己已經當了五十多年的漁民，和他的父親、祖父一樣，一輩子都是在船上度過的，以前還有父母以及「水生水長」的孩子們，現在只剩下他和老伴了。

這位老漁民不僅在自己的漁民家族中算是「碩果僅存」，也在對一種正在消逝的生活方式進行最後的守護。在杭州西湖、上海蘇州河河口，蘇州、紹興等多個城鎮的運河上，船民和漂在船上做生意的水客都已消失殆盡，僅偏僻的農村還有少數留存。城鎮之中的大部分運河早已被填平，只留下幾段風景給遊人，以供追憶。江蘇有個漁民告訴我，他的兒子也和許多同輩人一樣，「整日上網，絕不撒網」。不過，嘗嘗江南地區的食物，依舊能感受到水鄉生活的遺風。

人們總是玩笑說，中國人「天上飛的，地上跑的，水裡游的，無所不吃」。我們可以對這句話進行一點合理的調整，就是天上、地上和水裡生長的東西，他們幾乎什麼都吃。在中國的每個地方，人們會充分挖掘周圍環境的「食用潛力」，無論湖泊池塘、草地原野、黃土平原還是沙漠與森林。美食烹飪上的無限好奇心配合極度豐富的生物多樣性，恰似金風玉露相逢，南方的水產只是一個例子而已。有些英國人的故鄉水產大多僅限於鱒魚、西洋菜、鮭魚、鱈魚、黑線鱈和牡蠣。對於這樣的人來說，江南的美味水產不僅能滿足口腹，也是能引發深思的「精神食糧」。

點豆成金：麻婆豆腐

我在中國進行中餐研究時，同行往往都是男性。一九九〇年代，我在四川高等烹飪專科學校進修，班上的五十名準廚師中，除了我之外只有兩名女生。那之後我大部分時間都在和廚師們打交道，絕大多數也都是男性。女性可能被分配到做涼菜、包餃子等更安靜和需要耐心的崗位；而炒鍋前掌勺的，幾乎總是男性，在熊熊升騰的火光中迅速大量地撒進調味料，手腳俐落、動作誇張。中國歷史上情況亦然，大部分著名的廚師和美食家都是男性。因此，想起鳳毛麟角的女性廚師，我心中總懷著一種特別的溫情與喜愛。她們歷盡艱辛，勇往直前，問鼎廚藝巔峰，或在文學作品與民間傳說中永垂不朽。而這其中之一就是陳麻婆，著名川菜麻婆豆腐的創始人。

陳麻婆，是鄉里鄉親對這位女性的暱稱。十九世紀末，她在成都北郊萬福橋附近經營一家小餐館。那裡常有向城裡的集市運送菜籽油的工人往來，他們都會停下來吃一頓飯。陳麻婆會為他們做一道快手而暖心的燒豆腐，紅亮亮的油光和香噴噴的花椒叫人食指大動。這道菜愈來愈受歡迎，當地無人不知無人不曉。如今的成都還有連鎖餐館叫「陳麻婆」。在向全世界宣傳豆腐之美味這一方面，這位女士即便已經身故，也可能無心插柳做出了最大貢獻。

就在不久前，西方的大多數人還認為豆腐是很無趣的食物，只能非常勉強地替代一下肉類，只有素食者才能忍受。但人們逐漸意識到，出於各種環保需求，我們需要減少動物蛋白的攝入，這無疑讓豆腐變得更容易被接受。然而，只有麻婆豆腐這道菜，讓那些沒能吃東亞菜餚長大的人們心悅誠服地相信，豆腐不僅有其環保價值，而且是真的非常美味。說實話，有誰能抗拒陳麻婆的天才創意呢？滑嫩柔軟的豆腐塊微微顫動，在濃郁香辣的豆瓣醬、豆豉、大蒜和生薑中燒煮，加上一些牛肉末，最後再撒點花椒粉，讓你的唇舌間彷佛演奏起爵士樂……只要是心智正常的人都不可能說這道豆腐平淡無奇。即便我父親這種絕對的肉食動物，也對它讚不絕口。

麻婆豆腐還生動地體現了大豆在中國烹飪飲食文化中的重要地位。做這道菜要用到三種不同的豆類配料：豆腐本身，由豆漿凝固製成；香辣四川豆瓣醬，用蠶豆發酵而成；還有發酵的黑豆做成的豆豉。有些人可能還會加一些醬油——那就是第四種豆類配料，也是第三種源於大豆[iv]的配料。願意的話，還可以在麻婆豆腐之外端上一盤炒綠豆芽和一道鹹鮮風味的黃豆芽湯，這樣就是一餐完整的飯菜，主角中只有米飯不是來源於豆類家族。

中國人食用的豆類品種繁多，但最重要的莫過於大豆。大豆能提供與乳製品相同類型的營養，但更為經濟。它的蛋白質含量是其他任何豆類的兩倍，還含有維持人體健康必需的所有胺基酸，且比例適宜，便於人體吸收。其種植和生長對自然環境的要求遠低於畜牧業：例如，生產一升牛奶所需的水是等量豆漿的二十倍，所需的土地是等量豆漿的十二倍，所造成的碳排放則大約是三倍。[1]近年來，大豆在西方聲譽受損，因為亞馬遜雨林遭到砍伐，用來種植大量的單一作物：基因改造大豆。但這樣的破壞性耕作是全世界對肉類日益渴求的後果，而不應歸咎於東亞傳統豆類食品的生產。全球種植的大豆有四分之三以上都用於餵養供人類食用的牛、豬和雞，這種生產蛋白質的方式效率極低。[2]剩下的大部分豆子則成為生物燃料和工業用油。中國的情況恰恰相反，在那裡，黃豆在傳統飲食中占有重要地位。從前人們幾乎不怎麼食用乳製品，肉類也比較少，卻能做到營養均衡——這也有助於解釋為什麼在化肥出現之前，中國的耕作制度能做到每單位土地養活全世界最多的人口。如今，全世界都面臨著氣候變遷帶來的可怕動蕩，大豆也許會成為我們所有人生存的關鍵之一。

豆類還代表了東亞和西方飲食文化之間的一個決定性差異：豌豆屬和扁豆屬的食材在

iv 編注：大豆（英文統稱 soybean）因品系不同，而有不同的種皮顏色，包括黃豆（黃大豆）、青豆（指青大豆，非豌豆）、黑豆（黑大豆），其中又以黃豆最為常見，因此成為大豆的代名詞。

西方很普遍，卻似乎沒人想過將它們進行發酵。[3]在古代歐洲，人們把牛奶發酵製成乳酪，將肉類醃製成各種熟食，蔬菜也能變成醃菜，葡萄釀成了葡萄酒，穀物則變成啤酒；但沒人管豌豆和扁豆，任由它們保持自然狀態，只進行簡單的新鮮烹飪，要是乾了，就浸泡後處理。他們從未對發酵豆類所存在的風味潛力進行探索，一直到十七世紀，才算對大豆有所了解。

最初，大豆以醬油的形式進入西方人的視野。十七世紀，荷蘭商人從日本將醬油帶到印度（日本人從中國學到了醬油製作工藝，但所有歐洲語言中的「大豆」一詞，都源於日語中的醬油〔shoyu〕）。十九世紀初，大豆屬植物也傳到了歐洲，但只是少數植物園中的園藝珍品。後來，從二十世紀初開始，西方就將其當成作物種植了——主要用作榨油和動物飼料，至今仍然如此。正如黃興宗（H. T. Huang）博士指出的，大豆屬作物被西方廣泛種植，與東亞數千年來使用大豆的傳統方式並無多大關係。

首先馴化大豆屬植物進行種植的是中國人，在西元前一千年左右。但真正改變中國乃至日本和韓國人飲食習慣的，還是相關的大膽創新：一是把大豆進行發酵；二是很久以後，將其做成豆腐。

一粒豆子，感覺沒什麼潛力，是一種沒多大吸引力的食材。雖然嫩青豆可以簡單煮熟後食用，但等完全成熟後，這種豆子就會充滿防禦性的化學物質，基本上無法消化。乾黃豆必須浸泡和煮沸數小時，才能勉強入口。要是烹飪不當，豆子中的化合物會抑制營養，導致脹氣，還會散發出混合「青草、油漆、硬紙板和腐敗變質的脂肪」的味道。[4]古代中國人起初認為這是一種可以熬粥喝的糧食，但那只是窮人的果腹之物，萬不得已的選擇。然而，這種受盡冷眼的豆子最終成了奇妙的匣子，一旦解鎖，就能變身地球上最豐富的植物蛋白之源，更不用說還打開了一系列令人興奮的味道與口感。在中國人手中，大豆最終的用途不僅是一種穀物，還是蛋白質、蔬菜、小菜、調味料、飲品……甚至布丁。

到了現代，醬油已經成為最具代表性的中餐調味品，世界各地的廚房都能見到它的蹤影。製作方法是將浸泡後的黃豆或黑豆蒸熟，與小麥粉混合，然後置於陰暗、溫暖潮濕的環境中，讓米麴菌生長繁殖。覆蓋了麴菌的豆子再與鹽和水混合，放入陶甕中進行發酵和熟成。米麴菌會進一步產生酵素，將大豆蛋白質分解為美味的胺基酸，脂質分解成脂肪酸，澱粉分解成葡萄糖。[5]醬油熟成的過程中，會發生一連串環環相扣的化學反應，產生各種美妙的味道。醬油最終的成色如何，部分取決於製作時大豆與小麥的比例：中國傳統醬油以大豆為主，顏色較深，風味濃郁；而日本醬油使用的大豆和小麥比例大致相當，味道更清爽、更甘甜，也更強烈。

發酵到位後，會將液體醬油過濾出來，與固體豆子等殘渣分離。古法醬油是把一個竹編的筒狀過濾器放入甕缸中央，將豆子擠到周圍，再往下壓緊壓實，不漂浮在上面。醬油會從竹編器具的孔隙中滲入，彙集在底部，這時就可以用勺子舀出來了。廣東人把第一批形成的較為稀薄的液體稱為「生抽」（即新鮮抽取的醬油，味道比較淡爽）；之後比較濃稠的就叫「老抽」（熟成抽取的醬油，顏色比較深黑）。出售前，醬油通常都要經過巴氏殺菌，阻止其繼續發酵。

醬油的確切起源並不清楚，但它是由兩千多年前（孔子時代之前）濃稠發酵醬汁（統稱為「醬」）的傳統文化演化而來。有個古老的傳說，最早的醬油是由中國女性神祇西王母製作的，她教會漢武帝製作「連珠雲醬」等奇特的「神醬」。[6]醬是古中國最重要的調味品：《周禮》一書中就記載了上百種不同的醬料。除此之外，古代中國人還喜歡吃豆豉，黑色、整顆的發酵豆子，在任何一家現代中國超市都能買到，可以用來製作麻婆豆腐和豆豉醬，以及如今人們喜歡到近乎膜拜的「老乾媽」調味醬。到了約兩千年前的漢代，豆豉已經和「醬」一樣，成為一種重要商品。[7]驚人的是，從那個時代的墓葬中出土的豆豉，和今天店裡販售的豆豉看起來一模一樣。

最初，濃稠的醬（醢）是將切碎的肉末或魚末與酒、鹽混合，還通常要加上穀物做發酵劑，然後一起密封在罐子裡。發酵完成後的醬做為配菜或開胃小菜，搭配黍稷等主食。在被醬油取代之前，濃稠的醬一直在中餐廚房中占據著至高無上的地位。七世紀學者顏師古認為：「食之有醬，如軍之須將，取其率領進導之也。」後來，又有「開門七件事，柴米油鹽醬醋茶」之說。做為生活的必需品，「醬」赫然在列。在當今中國，人們仍然在使用各種形式的醬，主要是用大豆屬或小麥做成的濃稠發酵「糊狀物」。不過，和醬油相比，它們的烹飪地位已經微乎其微了。

黃豆在鹽水中發酵，濾出味道鮮美的液體，就是醬油。它究竟何時開始成為一種獨立出來的調味品，具體已不可考。六世紀北魏官員賈思勰的食品與務農權威手冊《齊民要術》提到了三種不同的調味劑，可能就是醬油的前身，但他在書中完全沒有提到製作這些調味劑的具體方法，真是令人失望。[8]「醬油」這個沿用至今的名稱始見於十三世紀宋朝詩人林洪所作食譜《山家清供》。書中有四個食譜都提到了醬油，用於為韭菜、竹筍和蕨菜等食材調味。[9]到了宋朝末年，「醬油」已經是公認的專用名。在隨後的數百年中，醬油做為相對的「後起之秀」，逐漸開始挑戰「醬」在中餐廚房中的霸主地位，到了十八世紀末，前者大獲全勝。

發酵黃豆等豆科植物，不僅是寶貴的蛋白質來源，還能提供豐富、鮮美、近乎肉類的口感，讓大部分素食變得可口。茄子蒸過以後蘸醬油吃，感覺足以充當一道主菜。炒綠葉蔬菜時放入一點豆豉，就會一下子感覺豐盛而飽足。這樣的菜餚能充分說明中餐烹飪的常用「策略」，即重口味的鹽漬發酵食品，經常與清淡、新鮮的食材一同烹製，為後者提味——用老話來說，就是「鮮鹹合一」。這裡要說一下麻婆豆腐這道菜：傳統作法都是要加一點肉末的，但其實幾乎不需要，因為大量的辣豆瓣和豆豉交融合奏，已然堪稱芳烈。

•••

在距離成都不遠的崇州市懷遠古鎮，王秀芳和丈夫付文忠正在自家廚房裡用傳統方法做豆腐：兩塊厚厚的圓形磨石重疊在一起，架在木架上，下面還有一口大鐵鍋。王秀芳把泡過的黃豆舀進石磨頂部的孔槽中，每次加幾勺，伴隨著涓涓流水，轉動木柄；上下磨石相互擠壓摩擦，黃豆在磨石的參差之間被碾碎，豆汁從下面石頭的側邊緩緩滲出，逐漸在鐵鍋中形成一片小水域。豆子全都碾碎了，鍋中泡沫狀的白色液體半滿，付文忠便挪走石磨，在鐵鍋下面生火，將一根根木柴送進外面貼了瓷磚的爐膛中。木柴在明亮的火光中劈啪作響，王秀芳攪動鍋中物，發出富有韻律的刮擦聲。慢慢地，豆汁沸騰起來。

夫妻倆一起用紗布袋過濾熱豆漿，又倒回鍋中，煮到微沸。王秀芳拿一根筷子挑去表面結起的「豆皮」，再慢慢加入鹽鹵，就能看到水面下漸漸有凝乳形成，彷彿雲朵匯聚。她蓋上鍋蓋，幾分鐘後，豆腐就做好了。付文忠像擲箭一樣投了根筷子到鍋裡，筷子直立不倒，被夾在豆腐中——他告訴我，這狀態就表示做好了。接著，王秀芳拿起菜刀，將豆腐切成菱形，並從鍋中舀出一些，做為我們的午餐。

不一會兒，大家就都圍坐在餐桌前。桌子中間放了個大瓷碗，裡面盛著大塊大塊的豆腐，白得如同月光，泛著淡淡的豆清金。我們用勺子把豆腐舀進各自的碗裡，又用筷子夾起小塊，放進用辣椒粉、花椒粉和蔥花調成的蘸料中。礦物鹽賦予了豆腐一種輕微的拉伸力，因此可以用筷子夾起來（如果是用石膏做凝固劑，新鮮的豆腐會更綿密細緻，最好用勺子吃）。口中的豆腐柔滑清新，像是沒有「羊羶味」的西西里瑞可塔起司，蘸料則是典型的川味。

中國人究竟如何以及何時開始磨豆成「奶」，再凝奶成乳，其中來龍去脈，無人能給出準確說法。民間傳說，豆腐誕生於西元前二世紀，地點在今安徽省北部，是淮南王劉安為追求長生不老，在煉造仙丹的過程中碰巧發明的。但這一傳說並無依據可考。此外，河南一處漢墓出土了一幅石刻壁畫，表現了廚房中的勞作場景。[v]多年來，中國學者一直爭論不休，有的認為壁畫呈現的正是豆腐的製作過程，有的則認為是在釀造某種酒精飲料。就算真有人那麼早就會做豆腐了，那方法也沒有普及開來，因為一直到許多個世紀之後，豆腐才出現在歷史紀錄中。

中國文獻中第一次明確提到「豆腐」，是十世紀北宋官員陶穀的《清異錄》，裡面提到一名地方官鼓勵民眾以豆腐代替肉食，以圖節儉。到宋朝，豆腐已經成為大眾食物，各類

v 編注：此指河南新密打虎亭漢墓，經判定為東漢墓。

食譜中都出現了豆腐料理，當時有位文人寫自己的所見所聞，就提到杭州餐館中有炸豆腐和豆腐羹。[10]而關於其製作方法的最早詳細描述則遲至十六世紀才出現於《本草綱目》中。

有關中國人如何學會製作豆腐，眾說紛紜，最引人入勝的說法是他們可能觀察和借鑑了華夏帝國北部邊境上游牧民族製作乳酪的過程。另外，有本中國豆腐百科全書引用了一位日本學者的觀點，認為其實是中國北方草原的游牧民族由於無法輕易獲得過去常吃的乳製品，才發明了豆腐來替代乳酪。這種可能性倒也非常有趣。[11]豆漿跟牛奶很像，香滑濃郁，營養豐富，大口喝豆漿的人嘴邊也都會長出白白的泡沫「小鬍子」。如今的中國家長都喜歡給孩子喝牛奶，但這趨勢是不久前才出現的。大多數中國人仍然不喝牛奶，只喝豆漿——那不是乳牛的乳汁，而是大地母親的乳汁。

這香滑濃郁的豆漿是做不出奶油的，但可以凝固，變成豆腐。豆腐與工藝簡單的乳酪，兩者的製作過程有著驚人的相似之處。多年前，我前往中國的雲南探訪一戶彝族人家，學會了擠山羊奶，製作當地的新鮮乳酪「乳餅」。當時真是不敢相信，那過程和做豆腐簡直一模一樣。農民羅文芝把新鮮羊奶放進一口大鍋加熱，再加入醋做為凝固劑。我們一勺一勺地吃著新鮮的凝乳和乳清，味道口感很像農村的新鮮豆腐。她接著用專門的過濾布包好凝乳，壓成緊實的塊狀，幾乎就像豆漿凝乳被壓成更結實的豆腐一樣。這樣看來，中國人完全有可能是用磨麵粉的石磨試著磨浸泡過的黃豆，注意到能磨出奶一樣的東西，於是向游牧民族借鑑「小妙招」，試出了把「豆奶」凝成「乳酪」的方法。

西元前三世紀，中國第一位皇帝秦始皇開始在國家最北端修築和連接一道道屏障，最終成了萬里長城。長城最初的目的是抵擋外族入侵，但實際上擋不住滲透，中國北方一直深受草原游牧民族的影響。西元四至六世紀統治中國北方的北魏、蒙古人統治的元朝（一二七一－一三六八年）以及由東北滿族建立的清朝（一六四四－一九一一年）等許多中國歷史上的王朝，本身就是因為北方游牧民族入侵才造成的改朝換代。北方牧民的影響還反映在乳製品的傳統上。雖然乳製品在中國人生活中的地位從未像在歐洲那樣重要，最終在中國的大部分地區也基本被遺忘，但在帝制時期的最後歲月裡，也仍然經歷了一些起起伏伏。

六世紀時，賈思勰的《齊民要術》中用了一整卷的篇幅，論述飼養牛羊並將牛羊奶變成新鮮與燻製酸乳酪、乳酪和奶油的方法——按照法國漢學家薩班（Françoise Sabban）的解釋，賈思勰介紹的農牧方法，結合了穀物生產與乳製品生產，頗有地中海風範。[12]唐朝時，豆腐首次出現在中國的文字記載中，與北方游牧民族有密切姻親關係的達官顯貴很喜歡吃各種各樣的乳製品，比如和豆腐很像的腐乳；凝結的奶油，稱為「酥」；還有類似酥油的澄清奶油，「醍醐」。[13]即使在全國乳製品的鼎盛時期過去之後，中國人在與牛奶有關的食品方面的消費，依然比很多人想像的要多，這一點薩班和美國學者董慕達（Miranda Brown）

都有論述。中國的醫者認為牛奶營養價值很高，在某些地區和特定的時代，牛奶被小規模地生產，供當地人食用，尤其還做為補品受到重視。[14]但到了清朝末年，乳業已不復存在。

中國境內的少數民族，尤其是曾經的游牧民族，長久以來都在食用乳製品，包括酸奶（即優格）和工藝簡單的乳酪。西藏人十分推崇酥油，會將其攪打成熱茶，或者雕琢成精美的宗教祭祀雕塑；蒙古人最喜歡的則是馬奶酒，用發酵的馬奶製成，酒精含量較為溫和；新疆的維吾爾族、哈薩克族和吉爾吉斯族也會吃酸奶和簡單的乳酪。（我在新疆省會烏魯木齊的一場吉爾吉斯人割禮上第一次嘗到了發酵的酸駝奶。）在雲南，除了彝族人和他們類似豆腐的「乳餅」，大理的穆斯林還會對牛奶進行揉搓拉伸，叫人想起能拉絲的莫札瑞拉起司。牛奶就這樣被做成長長的薄片，放在陽光下曬乾，就變成金黃的「乳扇」，經過油炸後酥脆可口；也可烘烤後塗上玫瑰花醬，再捲起呈棒棒糖狀。雲南這兩種乳酪製作方法都是十三世紀蒙古人入侵後遺留下來的。[15]

到了現代，至少一直到不太遙遠的過去，漢族人都幾乎不喝任何動物奶。裝在小陶罐裡，用吸管喝的微甜稀酸奶是一種很受歡迎的小吃，尤其是在北方。而一九四〇年代以來在上海生產的大白兔奶糖，奶味濃郁，深受全中國兒童的喜愛。北京至今還有些宮廷甜品，從中可見清朝滿族游牧民族統治者的遺風，比如老北京宮廷奶酪，如白色凝脂般滑嫩，用牛奶和酒釀製成。再往西去，蘭州擁有獨具特色的地方版酒精飲品：雞蛋打散，充分攪拌均勻，倒入煮開的牛奶酒釀混合物當中，形成甜味的羹湯，再撒上堅果和果乾，「牛奶雞蛋酒釀」就做好了。

一天傍晚，我在廣東東部的潮州市散步，驚奇地巧遇了一名「城市羊倌」。他推了個運貨的三輪車，裡面站著四隻雪白的山羊，乳房全都鼓鼓的。山羊眼神空洞地看著眼前的車水馬龍和霓虹彩燈，羊倌給牠們擠奶，並裝進塑膠袋賣給往來的行人。最令人稱奇的是，在廣東南部的順德，人們至今還會把水牛奶做成圓狀薄片乳酪（稱作大良牛乳〔原產於順德大良金榜村〕），做為佐粥下飯的風味小吃。他們還會用炒鍋將水牛奶、雞蛋、蝦仁等配料的混合物做成「炒牛奶」。但這些大多游離於主流飲食之外自成一體，順德的「炒牛奶」是極為罕見的例子，能用中餐的方法烹製乳製品，且能被擺上中餐餐桌，真可謂鳳毛麟角。

中國人用天馬行空的創造力為那麼多的食材「點金」，為什麼就沒什麼興趣去開發一下牛奶的潛力呢？一種常見的解釋是亞洲人多有乳糖不耐症。但薩班指出，即使是乳糖不耐症患者，通常也能消化酸奶或乳酪形式的乳製品，其中很多人也能適量攝入液體奶，沒有任何不良反應。[16]一些學者認為，漢族人不吃乳製品，是想和北方游牧民族「劃清界限」：不食用動物奶如同「觀念長城」，與實體的「萬里長城」相呼應。

不過，真實的原因也許很簡單，正是因為大豆提供了用途廣泛、經濟實惠的替代品。中國人沒有像現代西方人一樣，用大量種植的大豆來餵養成群的乳牛，再產出牛奶供人飲用；而是省去了「中介」，將大豆本身轉化成液體奶以及很像乳酪的豆腐。這是一個歷史性的選擇，中國人在這條路上獨闢蹊徑，產生了巨大的影響。首先是影響到中國獨特地貌的形成——廣闊的牧場少而阡陌縱橫的田野多，中國的人口也在耕地有限的情況下急劇膨脹。大豆同時也參與塑造了中餐菜餚獨特的個性和風味。無論從環境還是美食的角度看，大豆都已深深滲透到中國的肌理當中。

雖然中國人在乳製品上的想像力乏善可陳，在豆腐上的有趣發揮卻是異彩紛呈，令人嘆為觀止。一塊塊奶酪般的豆腐，透過機器、微生物和藝術的多種方式，千變萬化成無數令人歡喜垂涎的美味。

正如乳酪攤在歐洲各地隨處可見，豆腐攤在中國市場上也是無處不在，販售的產品也各式各樣。有未經壓製的豆花，口感絲滑，嫩得像焦糖布丁，澆上糖漿就是甜豆花，放上重味的調味料和香料，就是鹹豆花。普通的白豆腐，是將新鮮的豆花放在鋪了網布的木模中壓製而成，緊實度各有不同（比如，麻婆豆腐的用料就比較軟和滑嫩）。還有像瑞士乳酪一樣緊實的豆乾，薄薄的，通常有原味、燻烤或加香料調味，可以切片或切絲，在炒製或涼拌時都可保持形狀不變。金黃的油炸豆腐非常吸汁，進湯即變得水潤，加調味料就會很入味。煮豆漿時挑起的那層薄薄的豆皮，也可以入菜，或包裹某種食材。也有像鬆餅一樣的蘭花干，經過刀切和油炸處理，能充分吸收各種風味。壓製成片的「千張」可以打結燉煮，或者切成薄條，涼拌成菜。

還有獨具地方特色的豆腐美食。中國北方人愛吃「凍豆腐」：白豆腐經過一夜冷凍，歷經失水過程，變成海綿一樣的蜂窩狀豆腐塊，能充分吸收湯汁或燉鍋中的風味。在更為溫暖潮濕的地方，人們會借助環境中微生物的力量，讓豆腐長出黴菌，發酵成難以想像的食物。安徽著名的「毛豆腐」，表面長著絨毛一般的黴菌，白如新雪，外貌奇異，沒有定形，柔軟得失去了輪廓。毛豆腐經過煎製，蘸辣醬吃，口感與風味幾乎和乳酪別無二致。整個滇南的本地人都喜歡圍聚在炭火烤爐前，把包漿豆腐烤得酥鬆柔軟，蘸著香辣調味料吃。浙江人把一張張豆腐皮捲起來放置一旁，等到顏色變黃、形狀渙散，就更美味了，如同熟成到腐爛那千鈞一髮之際的藍紋斯蒂爾頓乾酪，狂野的味道令人興奮無比。黔西有婦女售賣一板一板的發黴「臭豆腐」，放在鋪開的稻草上，很像手工製作的普羅旺斯山羊乳酪。還有更臭的臭豆腐，要去湖南和江南地區尋找：特選某些蔬菜，任其腐爛變質，製成滷水，將大塊豆腐浸泡其中；油炸後，湖南臭豆腐黝黑如火山熔岩，江南臭豆腐則呈金黃色，兩者的氣味都能在五十米開外就直衝你的天靈蓋，風味卻極其美妙。

這些地方手工食品通常只能在原產地才吃得到，但無論是中國國內還是海外，任何一家中國超市裡都能買到罐裝的發酵豆腐，即「豆腐乳」。製作方法是將一塊塊豆腐放在適宜的環境中，生長出某種絨毛狀的黴菌，然後將豆腐塊放在鹽和香料中滾一圈，或是浸泡在鹽鹵中。這個過程能產生各種獨特風味的色譜，讓豆腐變成一種濃郁而鹹鮮的美味，像洛克福羊乳乾酪一樣穩定稠密，極富衝擊力。腐乳可以省著吃，每次直接從罐子裡舀出一小塊，通常都是配白米飯、饅頭或粥，或者用於醃製、燉煮、炒菜和蘸醬。地方特色的豆腐乳林林總總，我最喜歡四川的紅油腐乳和雲南的一種麻辣腐乳，後者是將豆腐放在乾料中打滾，再用葉子包起來進行熟成。

過去，每個社區都會有自己的豆腐作坊。我在朋友陶林的湖南農村家中小住，當地做豆腐的是個老人，每天都會挑著一根扁擔在村子裡走來走去。扁擔兩端各有一個簍筐，裡面裝著當天早上現做的白色豆腐，清爽透涼。佛教講究吃素，食物中不允許出現任何動物製品。但走出佛門的豆腐，很多時候都會與肉類一同烹製，比如麻婆豆腐；有的會和魚、乾海產、肉湯或豬油一同成菜。袁枚在十八世紀撰寫的食譜中收錄了十幾種豆腐食譜，蒐集自他那些達官貴人朋友的私廚以及佛寺。大部分食譜中，豆腐都會和葷食材料搭配：鰱魚和豆腐熬湯；豆腐用豬油或雞湯提鮮；豆腐與蝦、鮑魚、雞肉或火腿一同烹製。燻豆腐加一點臘肉同炒，妙不可言；油豆腐加入一鍋紅燒肉，能讓豬肉保持美味且飽足的同時，更回味無窮。

豆腐本身是一種不起眼的廉價食材，但其「社會地位」可以得到提高，途徑不僅是和更奢侈的食材一同烹飪，還因得到高超烹飪功夫（這個詞在英語裡，可以用來形容包括武術在內的任何高難度精確技藝）的加持。揚州廚子的刀工天下聞名，有道著名的宴席菜叫做「大煮干絲」，用鋒利的菜刀將豆腐乾切成極細的絲，放入濃郁高湯中與小河蝦、竹筍和火腿絲一同燉煮。成都的松雲澤餐廳採用了與西方現代主義烹飪相似的技藝，還原了一道經典老菜「口袋豆腐」：先將小塊豆腐油炸，接著浸泡在鹼性溶液中使其內壁變軟，用筷子夾起時就會像小小的布袋一樣懸掛起來，最後放在有些起膠的濃湯中燉煮。

當然還有豆漿，豆腐成形之前的樣態，也是中國最普遍的早餐飲品之一。我個人從不喜歡喝包裝好的豆漿，但只要一有機會，就要暢飲現磨豆漿。想犒勞一下自己的時候，我會在家從頭開始做豆漿：把有機黃豆浸泡過夜，用攪拌機打碎，以網布擠壓過濾後熬煮。有些人喜歡加糖的豆漿，也有很多人愛喝原味豆漿，將金燦燦的油條掰下來，浸潤其中（可能相當於英國人早餐中的玉米片加牛奶）。我自己最讚賞的是江南的作法，滴上醬油，撒上乾蝦皮、蔥花、榨菜末和類似烤麵包丁的小段油條，然後像喝湯一樣用勺子舀著吃。

• • •

最早寫到豆腐的西方人似乎是西班牙傳教士閔明我（Domingo Fernandez-Navarrete），他於十七世紀晚期在中國生活，將自己的見聞寫成文章，頗受歡迎。他在其中提到「全中國都盛產一種最普通、最常見和最便宜的食物，上至九五之尊，下到卑微庶民，無一不吃。皇帝和達官顯貴將其做為珍饈，而老百姓則視其為必需品。這種東西叫做『豆腐』，就是腰豆（kidney bean）的糊狀物……他們將腰豆中的漿水擠出，變成乳酪一般的大餅，有大篩子那麼大，五到六指那麼厚，全都像雪一樣白，再也沒見過比這更細膩的東西了。可以生吃，但一般會經過煮製，搭配香草、魚等多種食材。單獨吃的話，味道很淡，但和其他配料拌著吃就很棒，如果用奶油煎一下，那就太香了。他們也會做豆腐乾或燻豆腐，並與香菜籽混合，那才是最美味的。中國人食用的豆腐數量之巨，實在叫人難以置信，也很難想像中國會如此盛產腰豆[vi]。」[17]

閔明我這番熱情洋溢的誇讚之後，西方人又過了三個半世紀才逐漸意識到大豆的多種可能性。在漫長的歲月中，大豆在他們眼裡的屬性更多是飼料，而非食物。豆腐最初進入西方飲食譜系，東亞特色食品的屬性也很弱，更多是做為素食者的替代蛋白質。而且，雖然豆腐樸素平淡，其實和在西方接受度更高的義大利乳清起司與莫札瑞拉起司一樣，但其味道受到非難，被嫌棄「乏味」，在某種程度上不如肉類那麼「雄壯」。此外，一直到近年來，白豆腐也是大部分西方人知道的唯一一種豆腐，而且僅是隱約模糊的了解。

意料之中，西班牙加泰隆尼亞鬥牛犬餐廳（El Bulli）的天才主廚費蘭・阿德里亞（Ferran Adrià）似乎是注意到豆子潛力的「西方世界第一人」：他的二〇〇九年菜單上有一套名為「大豆文化」的料理，有豆芽、豆漿、發酵豆腐、嫩豆腐、酥脆的炸豆子、黏糊糊的納豆、軟煮大豆、大豆油、豆漿冰淇淋、兩種味噌、豆腐皮和用分子料理技術做成球狀的醬油。我們其他的西方人呢，現在才反應過來，努力趕上。中國的牛奶和肉類消費急劇上升的同時，西方消費者也漸漸明白了豆類的美味和益處，這實在有些諷刺。隨著全球氣候暖化，人們更關注過量食用肉類的生態破壞性，而不再在意它的健康和「雄壯」。而素食則被愈來愈多人視為綠色環保、合乎道德，也是未來地球被榨乾後飲食的重要組成部分。能買到豆腐的地方也愈來愈多，不僅唐人街有，主流超市也有，形式也愈來愈多樣化了。這樸素廉價的凝乳塊一度受到排斥，如今卻平等地吸引著半葷半素者與完全不吃肉的人。當然，這裡又要提到麻婆豆腐，其中充分灌注著陳麻婆的潑辣與活力，風味十足——要是你想養成吃豆腐的習慣，這就是一道最佳的「入門菜」。

vi 編注：傳教士閔明我將黃豆誤以為是腰豆。

付「豬」一笑：東坡肉

狹長的豬圈裡，母豬側臥在稻草鋪設的床上。牠生下的這窩小豬一共七隻，像水銀一樣軟趴趴地互相交錯堆疊，哼哼唧唧，瘋狂吮吸著媽媽的乳頭。牠們個頭嬌小，眼神天真無邪，大耳朵軟乎乎的，發黑的頭和尾巴之間是淡粉色的身體。這裡是浙江穆公山，農民們飼養著一種古老的豬種：金華豬，又稱「兩頭烏」，因為皮薄肉美而備受推崇。金華火腿是江南地區赫赫有名的食材之一，不難想像，就是按傳統的作法醃製當地豬種的豬後腿肉。豬圈旁邊還有個房舍，就掛著當地農業合作社製作的手工火腿，這種安排顯得有點殘忍無情。不過，小豬們正無憂無慮地活動著，兀自狼吞虎嚥，對命運全然不在意。

人們常說，狗是人類最好的朋友。在中國，這個頭銜也許要讓給豬（不過，說句公道話，最好的朋友通常不會被吃掉）。早在新石器時代，狗和豬就成為中國人最早馴化的動物。也許最初飼養兩種動物都是為了食用，但到了漢代，人們發現了狗在守衛和狩獵方面的優點，基本上不再將牠們當作食物。[1]然而，豬則成為在有途徑獲得的前提下，大部分中國家庭必不可少的成員。牠們以家中的殘羹剩飯和人不屑吃的蔬菜為食，豬糞還能用於給田地施肥。最終，豬會被吃掉：首先是獻祭，在虛擬意義上被天上的祖先吃掉；然後實實在在地被活著的人們吃掉。豬，是中國家庭經濟中不可或缺的一部分，「家」的字形，就是「屋簷下飼養的一頭豬」。

馴養了狗和豬之後，中國人又馴養了牛、羊、雞和馬，牠們被合稱為「六畜」。[2]不過，馬主要用於軍事運輸；牛則是逢重大祭典宰殺祀天，也偶爾被富人食用，但大多數人都將其視作協同農民耕作的勞動幫手，不吃牠們是對其辛勞的感激。某些朝代的統治者甚至頒布禁止殺牛取肉的詔令，因為牠們實在是不可或缺的農耕牲畜。[3]中國古籍中記錄了無數動物的食用方法，包括鹿、兔、熊、獾、虎、豹、狐狸和羚羊。[4]然而，儘管人們（尤其是達官顯貴）的確偶爾會吃獵來的野味，大多數中國人其實很少機會吃肉，吃肉是「打牙祭」；而且只要吃肉，就是吃豬肉。如果沒有特殊說明，中文語境下的「肉」，至今仍然指的是豬肉（其他種類的肉則要加上前綴，比如牛肉或羊肉）。

一九九〇年代，我做為一名留學生來到中國，對農村的第一印象是，只要人們覺得土地具有生產力，就會將每一寸都用於耕作。四川農村的稻田埂上種滿了桑樹。幾乎每個季節，田地裡都密密麻麻地種著蔬菜。農舍邊都是竹林環繞，人們可以吃竹筍，還可以砍竹子做工藝品和建房子。即使是山地丘陵，目之所及，每個山坡上都是一塊塊錯落有致的田地，種著各類作物。每一片土地，哪怕再小，都被「算無遺策」地精心耕作。根本沒有歐洲那種悠閒放牧牛羊的草地。只有在地廣人稀的青藏高原、新疆和內蒙古，高遠的天空下才能看到成群的犛牛和綿羊。

中國歷史上的大部分時期，農耕的主要目的是生產糧食，其次是蔬菜。[5]很少有人養牛是為了取肉或產奶，所以牛肉在中餐中歷來不占主要地位。（到了帝國晚期，也很少有漢族人有吃牛肉的習慣。而居住在通商口岸，尤其是上海的外國人，吃牛肉的行為被中國人看到，甚至引起了公憤。其中一些人認為中國人不吃牛肉，就是「中華文明與外邦蠻夷相對立的標誌」。）[6]內陸地區的人們會飼餵雞鴨，放養到田野和水域啄食或划水，並以禽肉和蛋做為穀物和蔬菜以外的營養補充，或者賣了賺點外快。有些人會飼養綿羊或山羊。而家家戶戶一定會養的，就是一兩頭豬。豬乖巧、聽話、好養活，最終會變成最美味的肉類：香甜鮮嫩的豬肉是所有鄉宴當之無愧的主角。

豬，吃進去的是殘羹剩飯，產出的是渾身的「寶」，於是成為吉祥與財富的象徵，有時又被賦予「烏金」的美稱。[7]遠古時代，野豬和龍虎一樣，被視為威力無邊的強大野獸，有時還會受到祭拜。古代玉符和祭祀用青銅器上，都有豬的紋樣。漢朝時期，富人下葬時都會隨葬一些生活用品以供來世使用，這些陪葬品中通常會有陶豬，有時是單獨一頭一頭的，有的是陶製豬圈中的一群豬，偶爾也會有趴臥的母豬，身下是吃奶的仔豬，恰似我在穆公山的那個冬日清晨看到的場景。從唐朝開始，墳墓前就有模具澆鑄的鐵豬。豬的形象友好吉祥，至今仍出現在剪紙等民間藝術中，尤其是十二生肖到了豬年之時。（我上次在中國過豬年，就買了一只用硬紙板做的可愛小豬，綴著流蘇，紅彤彤的身體上裝飾著閃亮的花朵，裡面還有一個燈，可以變幻不同的顏色——想到過完年，我就把它「遺棄」在湖南，真是後悔莫及！）

每當春節臨近，鄉村裡就會有很多人家忙著養肥一頭豬來過年。年豬會在臘月，即「臘祭之月」被宰殺。如果在這個季節去偏遠地區，或許可以親眼看到人們當眾宰殺年豬，就用村裡公用的石板和大缸，把切好的肉掛在木架上。（在浙江，我遇到了郭家三兄弟，是專業的殺豬匠，一共服務三十個村莊和四十個小村落，帶著專門的殺豬刀，應家家戶戶的徵召上門。）能結成豆腐狀的豬血以及豬下水，通常在殺豬當天吃掉，剩下的肉用鹽醃製後燻製或風乾，脂肪則熬成豬油，豬骨小火慢燉成鮮湯。通常，豬頭和大塊的肥肉會在焚香的裊裊煙霧和劈里啪啦的鞭炮聲中被獻祭給神靈。

過年期間，尤其是除夕夜的團圓飯上，人們都會大吃豬肉。我去甘肅農村探訪朋友務農的家人，和他們一起飽餐大塊的紅燒肉、豬肉餃子、蔬菜炒豬肉，還有用豬皮做成的五顏六色的肉凍。除了過年，這些農民幾乎不怎麼吃肉。四川的傳統習俗則是將厚切的五花肉與芬芳的深色芽菜或鹽菜[vii]一起蒸上幾個小時。這道菜還有甜味版，五花肉搭配糯米、甜豆沙和白糖。湖南人則喜歡在餐桌上擺當地著名的煙燻臘肉，有時是切片後和大塊的臘雞和臘魚一起放在碗裡蒸（臘味合蒸）。安徽等地的年味，則在於奢侈華麗的「一品鍋」：巨大的鍋中鋪上蔬菜，再擺上各式各樣的佳餚，比如鵪鶉蛋、豬肉丸、豬肉餃子和酥肉（豬肉切條，裹上加雞蛋的麵糊後油炸）。

兩千多年前，伊尹對君主的那番論述曾道，肉都有腥羶味，豬肉也不例外地有一種令人不快的味道，必須在烹飪過程中想辦法消除。這並非因為肉不新鮮：中國市場上的大多數豬肉其實都是當天屠宰、當天販售（至少在不算遙遠的過去還是如此）。只是你要是有中國人的舌頭，就會覺得所有的動物食材都有缺陷，不管是普遍的「異味」，各種魚類或肉類的「腥味」，還是綿羊、山羊肉的「羶味」，或內臟的「騷味」。現代科學證實了古代中國人對這些味道的看法，明確指出其化學來源，比如「糞臭素」，是一種有臭味的化合物，在豬肉中有一定含量，而羔羊肉（lamb）和成羊的肉（mutton）中的含量則更多。[8]豬肉可能沒羊肉那麼羶，更溫和純粹，但任何中國廚師都知道，豬肉如果加料酒、蔥薑等配料汆水、醃製或烹飪，味道必然會更好。

一位廚師曾向我詳細解說過「生豬（沒有閹割的豬）」和「肉豬（閹割過的豬）」兩者肉質的顯著區別，後者的風味更溫和宜人。傳統上，很多地方都會對豬進行閹割，一是改善肉味，二是抑制其發情的攻擊行為；但包括英國在內的某些國家，考慮到動物福祉的問題，並不贊成這麼做。很多中國人跟我抱怨過英國的豬肉有明顯的腥味，也就是「公豬異味」，源於未經閹割的公豬體內雄性荷爾蒙雄甾烯酮和糞臭素的累積。[9]自從口味被「中國化」之後，我也對這種膻臭敏感起來。中餐的廚房妙招可以緩解這種強烈的刺鼻氣味，但不一定能夠完全消除，所以英國的中餐廚師和食品製造商喜歡用從歐洲國家進口的豬肉，因為這些國家用於製肉的公豬通常都會被閹割。有一點很煩人，如果豬肉是生的，腥味並不會明顯到可以下判斷，所以在英國買新鮮豬肉總得碰運氣。

「中國舌頭們」會覺得，豬身上最美味的部分必須帶有肥美的脂肪和豬皮，要柔軟有彈性（富有膠質，柔膩纏綿，比如豬鼻子和豬蹄），也要油潤。最重要的是，烹飪得當之後，這些部位要「肥而不膩」。而說到底，沒有哪個部位比得上五花肉，肉皮、脂肪和瘦肉層次豐富、豐腴奢侈。不過，四川人眼裡還有和五花肉不相上下的「二刀肉」，是豬尾巴後面靠近後腿的臀肉，半肥半瘦，可以切片後炒製成完美的回鍋肉。除此之外，食客還喜歡吃那些口感比較多樣的部位，比如肥、瘦、皮相間的地方，或是黏糯與爽脆相結合的部分，像是豬耳朵或豬尾巴。最沒意思的部位就是英國人通常比較愛吃的，全是瘦肉，千篇一律。但針對這些部分，中國人也會精心烹飪，免得口感太柴——比如切成薄片或細絲快炒，或

vii 編注：芽菜和鹽菜同為四川特色，前者為醃芥菜嫩莖，後者可用各種新鮮蔬菜以鹽醃製，兩者製作方法不同。

是入湯快煮。英式的烤豬排，尤其是去掉了脂肪的那種，中國人就會覺得特別「柴」。中國的豬被餵得肥美滾圓，西方就連煙燻五花肉或是肚腩上的五花肉，都瘦得叫人失望。有好幾次，我被迫在倫敦跑了多家肉店，才找到夠肥的豬肉來做某道中國菜。有一次，我需要一塊幾乎全肥、只能有幾絲瘦的豬肉，跑到第三家肉店才找到一塊合適的。老闆是歐洲人，他覺得那塊肉太肥了，滿懷歉意，於是半價賣給了我！

和全世界吃豬肉的人一樣，中國人也會鹽醃或燻製豬肉，以求保質和加強風味。在金華和滇東北的宣威，氣候涼爽乾燥，非常適宜，這兩個地方特產的火腿，論鮮味之美妙，可堪媲美西班牙和義大利的火腿。傳說中，金華火腿的歷史可以追溯到宋朝，當時有一大幫金華英雄好漢前往北方的首都，為一位愛國官員辯護，使其免受誹謗。他們用鹽醃製了豬肉，以供長途跋涉食用。等他們到達目的地時，豬肉已經歷過日曬風吹，竟然美味非常。那位官員因此感念懷鄉，冠之以「家鄉肉」之名。時至今日，金華當地人有時還用這個名字稱呼火腿。後來，人們愛上了醃製的豬後腿肉上那鮮紅的色澤，將之稱為「火腿」——據說這就是「火腿」一稱的由來。

滇西的諾鄧也是享譽華夏的火腿之鄉。那裡用於醃製火腿的鹽要專門從一口有兩千年歷史的鹽井中就地打出。在諾鄧村河谷的最低處，鹽工從地下深處抽出鹽水，倒入大鍋熬煮，再定型烘乾。地勢稍高的山坡上，用陶土磚砌成的房屋密密麻麻，人們就在通風良好的樓上房間裡醃製火腿。中式火腿都不生吃，通常會切成小片或小塊，和其他配料一起烹煮，為後者提鮮提味，也能增加一抹鮮亮的色澤。江南地區的廚師特別注重為菜餚營造悅目和諧的色彩，粉紅色的火腿、金黃色的煎蛋、深色的木耳、綠葉蔬菜以及象牙色的竹筍，都是他們味覺譜系中不可或缺的色調。火腿切成細絲或丁，撒在菜餚上，能充分點綴白白的豆腐或竹筍，就像美人粉面，唇上再著胭脂。杭州人會將火腿薄片鋪在全鴨上，兩者一同小火慢煨，成為濃郁美味的煲湯。蘇州有道歷史悠久的名菜實在奢侈，名為「蜜汁火方」，如今已經很少見了：作法是從火腿中段切下最精華的部分，經過釋出鹽味和冰糖燉煮等複雜工序，最後點綴上金黃的紅薯和蓮子，包裹著糖漿的粉紅厚切肉片夾在荷葉餅裡一同享用。

昂貴的上等火腿，醃製非數月之功，而要長達數年，所以一直是奢侈的美味。中國南方的冬天很冷，但極少有冰天雪地，因此大部分人過冬的肉食，就是風乾香腸、鹹豬肉、煙燻臘肉和用醬油或甜麵醬醃製後掛起來風乾的醬肉。一到冬天，湖南的各處院落就瀰漫著臘肉等醃製肉類的香氣。四川城鎮裡處處可見一串串風乾香腸，通常會用大量的花椒粉和辣椒粉調味。相比之下，廣東人則更喜歡甜味香腸。而江南的人們則喜歡用鹽和花椒醃製豬肉、家禽和魚類，然後不進行煙燻，直接風乾。他們的鹹肉雖然沒有火腿那樣香濃，卻也是為湯羹、燉菜和蒸菜提味的佳品。其中最美味可口的，可能是冬季結束時，將那年僅剩的鹹肉與新鮮的五花肉、百葉結和剛剛冒出頭的初春竹筍一同燉煮，做成一鍋美妙無比的「醃篤鮮」。

南方人口味刁鑽，覺得牛羊肉的風味都有些粗糙，口感也不夠細膩，在南方吃得很少。倒也不是沒辦法變成美味，只是需要非常仔細地處理：通常，牛肉需要逆著肉的紋理切，減少那種柴柴的纖維感，並且兩種肉的濃烈風味一般都需要加料酒、薑、蔥和香料來調和。然而，豬肉只要稍微烹飪得當，就一定會美味無比。就算是極少量的豬肉，無論新鮮還是醃製的，都能為一道菜增添美妙的鮮味。中國人的家常菜大多都有蔬菜配少量的肉。也許最典型的現代中國家常菜餚，就是幾根豬肉絲炒韭菜、竹筍或其他的蔬菜。

你甚至也不需要太多的肉，因為哪怕是一丁點跟豬肉沾邊的食材，也能提升蔬菜的味道：一點點的豬肉湯、一點點的豬油渣或是一勺豬油，都可以是上好的烹飪介質。有位男士曾經告訴我，過去，在需要糧票的艱苦歲月，他經常在烹飪蔬菜之前，先拿一塊豬肥肉在熱鍋裡擦一圈，使其稍微沾點肉香。那塊肥肉隨後被放置一旁，留待下次使用。龍井草堂的廚師會用大塊肥豬肉和筍乾相配，加醬油、米酒和糖紅燒，待筍乾充分浸透了豬肉豐腴的鮮香，單獨裝盤，做為佳餚端給餐廳的客人；而豬肉本身的營養則發揮得差不多了，會做為員工餐吃掉。在這樣的菜餚中，豬肉已經不是主要食材，而是調味的要素。上述兩種方法，一種是艱苦歲月的簡陋，一種是如今的奢侈，但都體現了「肉邊菜」和「素菜葷做」

的理念，為平淡的蔬菜披上華麗鮮美的外衣。只要在中國烹飪中稍微學幾招，就能在少吃肉的同時又不覺得虧待自己，以上烹飪方式就是其中一招。

那麼豬的其他部位呢？好，聽我細說。蹄膀和排骨可以燉煮，是用於年節的大菜。豬皮可以做成皮凍，做涼拌開胃菜或是叫人唇齒纏綿、富含膠原蛋白的湯；還可以風乾後油炸，做成膨發的金黃脆片，放進湯和燉菜裡，那叫一個美味。豬血能自然凝固成果凍狀，可以做成熟菜，是鐵含量豐富的「紫豆腐」；有些地方還會用豬血和糯米混合，做成血腸。豬肝和豬腰通常以大火快炒，保持其微妙的口感。豬耳朵、豬舌頭、豬鼻子和豬尾巴，都是和香料一起滷成涼拌菜。這些部位切片後，來一杯啤酒，再配上辣椒粉和花椒粉混合調製的「乾蘸料」，那可是絕妙的下酒菜。豬小腸（腸膜）裡灌肉，就是香腸。豬大腸和豬肚則會經過細緻的清洗，烹調方法五花八門，比如一碗酣暢豐盛的四川街頭小吃肥腸粉，再比如隆重的經典魯菜「九轉大腸」，菜名源於道家的煉金術傳說。[viii]

豬心可以炒著吃，也可以水煮後涼拌。廣東人會將豬肺與杏仁一起煲湯，有撫慰口腹的滋補功效。整只豬頭偶爾會被紅燒，成為宴席上最引人注目的大菜。乳豬也可以整隻烹製，擺盤上桌，南方尤其偏愛這樣做。豬蹄燉煮，豬骨熬湯，都是營養豐富。長久以來，

viii 譯注：清朝一些食客品嘗這道菜後，稱讚其精工細作堪比道家九轉金丹，因此得名。

廣東婦女生產後，都習慣用醋和薑慢火燉煮蹄膀來補身體。豬腦口感滑嫩，頗受食客喜愛。有一次，我甚至在一家粵菜館品嘗到了晃悠悠、滑溜溜的砂鍋生腸，真是永生難忘。一頭豬，除了牙齒、眼睛和鬃毛，每個部位都能在中國某地的餐桌上找到歸屬。在中國，豬下水可能賣得比肉還貴。由於豬耳朵價格太高，還造成了近幾十年來最荒唐離奇的「食物恐怖事件」之一：用油酸鈉和可能是工業明膠的東西製造假豬耳朵。[10]中國對豬下水的需求量實在太大，甚至在二〇一二年與英國達成了一項備受矚目的五千萬英鎊「豬肉」交易：將英國人不屑一顧的豬肚、豬耳朵等部位，從英國大量運往中國，充分利用了那些將手機等貨物從中國運往英國的貨櫃，使其返程時不用空置。[11]

• • •

二十世紀後期，中國經濟改革讓生活水準逐步提高後，豬肉經濟也蓬勃發展，人均肉類消費翻了三倍。如今，全世界有一半以上的豬肉消費都在中國。豬肉價格是極具政治敏感性的重大議題，因此中國政府還做了豬肉的戰略儲備。[12]

雖然豬肉是中國人最喜歡的肉類，但其社會地位卻不太能展現這種喜愛。很多人都贊同豬肉是最美味的肉類，但它既不像鹿肉那樣稀有，又不像海鮮那樣昂貴，更沒有熊掌的奇特。每個街區的小菜市場都能買到豬肉；遇到需要討好的重要人物，你也不會專門宴請他們吃豬肉。加州餐館老闆江孫芸曾回憶自己在北京富裕家庭度過的童年，提到豬肉從來都上不了宴會的餐桌。[13]時至今日，在人民大會堂舉行的外交國宴上，豬肉仍然無法占據任何中心地位。豬肉也許美味，卻被視為難登大雅之堂的低等食材，甚至有些「低賤」。豬肉只能做家常菜，讓人大口大口地享受俗世凡塵的快樂。

宋朝詩人蘇東坡，曾戲作幾行打油詩，總結了中國人與豬肉之間複雜矛盾的關係，詩題為「食豬肉」ix：

> 淨洗鐺，少著水，柴頭罨煙焰不起。待他自熟莫催他，火候足時他自美。黃州好豬肉，價賤如泥土。貴者不肯吃，貧者不解煮，早晨起來打兩碗，飽得自家君莫管。[14]

如此看來，中國最著名的豬肉菜餚之一「東坡肉」，以他來命名實在恰如其分。十一世紀末，蘇東坡擔任杭州知府，負責督導疏浚杭城中風景秀美的西湖。那時湖中淤泥堆積，水草蔓生，堵塞不流。傳說當地人對他的疏通之功感恩戴德，過年時給蘇軾送去他愛吃的豬肉。詩人被百姓的慷慨淳樸所打動，吩咐僕人將豬肉紅燒，送還給鄉民品嘗，還要配一

ix 譯注：一說題為「豬肉頌」。

壺酒做禮。僕人誤以為要用酒來燒豬肉，就這麼辦了，結果一不小心，做成了一道美味無上的菜餚，從此經典永流傳。

東坡肉的作法是將豐腴肥美的豬腩肉帶皮切成大塊，加大量黃酒、適量醬油和糖，文火慢燉，直到肉質軟嫩，用筷子一捧就酥爛。通常，服務生會從瓷罐中把豬肉單獨舀出來，每位客人面前放一塊，再淋上一勺罐中已經收出釉光的誘人汁水。一塊塊的肉看上去很結實，但就像大家形容的一樣，「入口即化」。

東坡肉不用清水烹煮，而是用紹興酒，這算是一個特色標誌，比家常紅燒肉更適合在重要場合呈現給客人。今天的杭州廚師藉由精妙嫻熟的刀工，進一步提高了這道菜的級別。他們將其稱為「寶塔肉」，製作時先將一塊煮熟並放涼的五花肉改刀成完美的方形，從短邊切薄薄的一片，再連著這一片，轉一下肉塊，繼續切薄片，如此這般轉塊切片，重複數次，本來完整的肉塊就展開成長長的相連肉片，如絲帶一般。然後捲起來，輕輕地將肉片皮朝下壓入一個寶塔形的模具中，再放入傳統的醬汁燉煮，裝盤後周圍擺上綠色的小青菜點綴。這塊肉形成一個層層疊疊的整齊寶塔，彷彿建築師做的雕塑。相信不管多麼不可一世的官員或是愛慕奢華的富豪，都不會覺得這麼一道精妙的「功夫菜」平平無奇。

不過，這個升級的新版東坡肉，不管賣相多麼精緻美妙，就是無法和原汁原味相提並論，原版確實是有史以來最美味可口到「無可救藥」的豬肉菜餚之一。我吃過最棒的東坡肉，莫過於在龍井草堂那次，用放養豬、手工黃酒、醬油和糖製作而成。有一天，草堂的創始大廚董金木向我展示了東坡肉的烹調過程，他是從杭州傳奇餐廳「樓外樓」退休的老師傅，其漫長的職業生涯中燒製過無數豬肉。

董師傅聲音粗啞，眉毛粗黑蓬亂。他往一口巨大的炒鍋底鋪了幾根已經扒盡肉的肋骨，「防止黏鍋，也能提鮮」，又在上面放了豬肉的邊角料和很多沒去皮的生薑。這層鋪好之後，他就放上大塊的帶皮五花肉，帶皮的那一面朝上，擺好一層。接著拿起廚房裡的一個罈子，倒入大量的花雕酒，加入用青蔥打成的蔥結、適量的老抽、少量的水和一點糖，再加上他個人的祕方：一個八角和兩小塊桂皮。他說，成菜之後，這兩樣東西的味道是嘗不出來的，但會化入其中，增添一種特殊的芳香。接著董師傅開大火，把豬肉周圍的液體燒開，咕嘟咕嘟地，賦予豬肉一種深沉的顏色。之後再蓋上鍋蓋，把火調小，讓鍋中物與廚火按照自己的節奏慢慢烹煮，不急不躁，如東坡建議的那樣「待他自熟」。這道菜的作法真是出奇簡單，味道卻異常芳美。

台灣故宮博物院有著名的鎮院之寶「肉形石」，原本是北京紫禁城的藝術珍品，其靈感顯然來自東坡肉。原本是一小塊被稱為玉髓類碧石，其自然形成的紋理就像五花肉一樣有肥瘦之分。製作這件藝術品的工匠對石材精心雕琢，使其宛如一塊燉煮至噴香酥軟的豬肉，焦糖色的豬皮上布滿小孔，肥肉的部分微微耷拉，光看也覺得甘美非常。從大小到形式，這塊石材都栩栩如生，若不是放在玻璃櫃裡的鎏金基座上，還真能讓人誤會可以吃。這件寶物用料珍貴，卻又雕琢了樸素到驚人的物體，似乎也是對中國人喜愛豬肉做出的一種略含戲謔的評論。

美食無界：涮羊肉

北京的冬日，天寒地凍，陰暗稀薄的天空中有一輪柔弱無力的黯淡太陽。一條狹窄的灰牆胡同，電動自行車穿梭在戴毛皮帽和羽絨服的行人之間。兩旁有賣煮羊肉的，從羊頭、羊蹄到羊肺，應有盡有；還賣蒸玉米粉窩窩頭、暗紅色的糖山楂、柿子和核桃。有家附近老百姓常吃的煎餅，攤位後面的老人將綠豆麵糊舀到鏊子上，表面打個雞蛋，均勻塗抹在餅皮上，再整個翻面，抹上辣椒醬等調味料，顧客在他面前排起了長隊伍，每個人都翹首盼望。

姍姍和我穿過「老金涮肉」門口厚厚的透明塑膠門簾，立刻就被籠罩在一片歡樂的氣氛中。每張桌子上都佇立著一個銅鍋，中間的「煙囪」往外直冒蒸氣，周圍散落著小碟子、小碗、一包包香菸和一瓶瓶啤酒。服務生在狹小的廚房裡忙進忙出，端著食物和銅水壺，為涮鍋添上沸水。後牆高處的一扇窗戶透出一縷縷光線，把升騰的蒸氣照成斜斜的柱子。空氣中飄蕩著密度很大的濃重京片子，含混而快活。

很快我們就找到了位子，面前有了屬自己的火鍋，水在煙囪周圍形成一條「護城河」，咕嘟咕嘟地已經燒開了。煙囪裡面，燒著的炭正閃著微弱的紅光。我們點了幾份手切羊肉片、邊緣參差的羊肚條、三角形的凍豆腐、幽白的大白菜。服務生端來醃好的糖蒜和裝著麻醬的小碗，我們自己往裡面放切碎的香菜、蔥白和辣椒油調味。接著我們開始邊涮邊吃，用筷子夾起生羊肉片，在沸水泡泡中蕩涮幾秒，然後蘸醬入口，品嘗鮮嫩的美味。如此這般，反反覆覆。吃完肉再吃肚條和素菜。在寒冷刺骨的北京，實在很難想像還能有比這更撫慰適宜的午餐。

• • •

涮羊肉，英語常稱為「Mongolian Hotpot」（蒙古火鍋），是最著名的北京特色菜之一。雖然十三世紀征服中原的蒙古人嗜吃羊肉，但並無任何記載現在的涮羊肉是蒙古人發明的，而且把羊肉切成薄片是典型的中原作法。用筷子在常用的鍋中烹煮小塊食物的方式，最早出現在十三世紀詩人林洪的食譜著作中，講述的是烹飪野兔的方法。[1]在中國的很多地方，無論是河邊棚屋、農舍、豪華宅邸還是恢宏宮廷，煮火鍋成了人們最喜愛的烹飪和保暖方式。十七世紀滿洲人入主中原後，涮肉火鍋就成為清廷皇室冬日的最愛。十八世紀末，嘉慶皇帝的登基宴席就為賓客準備了大約一千五百五十個涮鍋。

豬肉是中國人最常吃的肉類——除非你是中國的穆斯林。很多人不了解，除了道教、儒學、佛教和基督教，中國也有大量的穆斯林。近年來，國際媒體廣泛報導了居住在新疆西北部地區的突厥人維吾爾族的困境。新疆位於古絲綢之路沿線，幅員遼闊，從印度到蒙古的八個南亞和中亞國家接壤。這裡的維吾爾族人具有高加索特徵、說突厥語系，飲食習慣融合了中國的麵食與中亞的烤肉和饢，在地理和文化上都介於中國和西方之間。但維吾爾族人也不是中國唯一的穆斯林，雖然相對人數較多，但他們只是中國的十個穆斯林群體之一，另外還有哈薩克族、東鄉族、柯爾克孜族、撒拉族、塔吉克族、烏孜別克族、保安族和回族。

從七世紀的唐朝開始，就陸續有穆斯林在中國定居。[2]他們從阿拉伯、波斯、中亞和蒙古紛至沓來，在東南沿海港口和西北部中亞陸路沿線建立了自己的清真寺。從各地彙集而來的不同穆斯林群體借用了古漢語對維吾爾族的舊稱「回鶻」或「回紇」，自己的信仰則稱為「回教」。他們還用「清真」（意為「純真樸素」）象徵其信仰與生活方式，既指習慣與儀式的潔淨，也指宗教的合法性（一些學者認為這一概念可能來源於中國的猶太教）。[3]

二十世紀中葉，中華人民共和國成立，新政府開始對全國人口進行統計和分類。[4]政府認定並劃分了包括漢族、藏族和蒙古族在內的幾十個民族。維吾爾族、哈薩克族和柯爾克孜族等中國穆斯林群體都有自己的語言，因此被劃分為不同的民族。而其餘大部分來源多樣的穆斯林散居在全國各地，如今和聚居在同一地區的其他民族一樣，說著當地的方言，這些人統稱為「回」——在當代中國，官方、回民本身和全國人民都使用這一稱呼。

今天，在官方排名中，回族是繼漢族和南方的壯族之後，中國的第三大民族。根據二〇一〇年的統計數據，人口剛超過一千萬（僅略高於維吾爾族人口）。[5]但維吾爾族主要生活在新疆，回民和回族社區以及清真寺、清真食品店和餐館，卻縱橫遍布中國的各個角落，從拉薩到上海、從北京到中緬邊境。儘管他們有名義上的「家鄉」——寧夏回族自治區（夾在內蒙古自治區和另外兩個北方省分之間的一片狹長土地），大部分回人都居住在中國的其他地方，他們是中國所有少數民族中分布最廣的群體。中國的大城小鎮，多數都有至少一個小區域，彙集了回民的麵店和餐館。幾乎在每個菜市場，都能看到一兩個回民肉攤，鐵鉤子上掛著剝光外皮的整隻牛羊，較深的肉色與如糖果般粉紅的豬肉形成鮮明對比。很多回族人，尤其是年輕一代，在穿著打扮上已經和漢族人無異。但還有一些，特別是老一輩，仍然戴著傳統的刺繡平頂圓邊帽（男士）或圍著頭巾（女士）；他們不吃豬肉，開的店鋪和餐館都會標有「清真」字樣。

從製作者的血緣傳承不難想見，回族食物融匯了中東、中亞和中國的文化影響，十分引人入勝。回族人在中國各地烹飪著清真版的當地美食。例如，在四川成都皇城清真寺旁的餐館「天方樓」，就能找到很典型的麻辣以及其他味型的川菜，但是會用牛、羊、雞肉代替傳統的豬肉，由此誕生了「回鍋牛肉」和「魚香牛肉絲」這樣的雜交菜。

不過，無論回族人生活在哪裡，他們的食物都帶有共同的中亞印記。典型的回族菜大多有麵條、麵包和（或）羊肉——小麥、麵粉加工技術和羊都是在古代從西域傳入中國北方的。時至今日，小麥和羊肉仍在中國北方的食譜中占據著重要地位，而愛吃這兩樣東西的區域很廣，從北京一直延伸到地中海。很多回族餐館都有「手抓肉」，很簡單的水煮羊肉，歷來都是蘸著調味料用手抓著吃——傳承了古老的游牧習俗。

回族的食物提醒著我們，「中國菜」不僅記錄了大豆發酵、精妙刀工與使用筷子等古老的本土（中原）傳統，也蘊含著蓬勃活躍了兩千多年的文化交流。小麥、磨製麵粉和吃羊肉是最早的西方「舶來品」。在大約兩千年前的漢朝，中亞還傳入了很多其他的食材，包括黑胡椒、黃瓜、芝麻和胡蘿蔔，後來都在中國人的飲食中根深柢固，其中一些據說由代表朝廷出使西域的使臣張騫帶回。中國古代將西北異族稱為「胡」人，而在現代中國，上述食材的名字中仍帶有源於胡人的痕跡：「胡」椒、「胡」蘿蔔；而某些地方依舊把黃瓜叫做「胡瓜」。這些新西域食物的到來，是乘了大漢帝國時瀰漫中原的「胡風」：正如十八世紀的英國貴族讓自己的宅邸中充滿中國風的物品，據說漢靈帝（一六八—一八九年在位）嗜好「胡服、胡帳、胡床、胡坐、胡飯、胡箜篌、胡笛、胡舞，京都貴戚皆競為之。」[6]

上下五千年，西域舶來品為中國飲食和文化帶來劇烈改變的時期，不止漢朝。在後來的唐朝，中國成為多元文化的沃土，吸引了印度佛教徒、波斯傳教士、日本朝聖者、突厥王子、基督教徒、阿曼寶石商和粟特商人，以及來自西域各國的穆斯林。[7]有些來自海上，有些取道陸路，所有人都帶來了異國的物件和習俗。南方的揚州和廣州成為眾多異邦人的安居之地，京城長安（今西安）也一樣，有眾多突厥人、阿拉伯人、波斯人和印度人組成的僑民社區。[8]美國漢學家薛愛華認為，當時中國的男男女女都喜歡穿突厥和波斯服裝，一位中國皇子對突厥文化極其著迷，甚至「在宮裡搭建了一個完整的突厥營地……並用佩劍割下水煮羊肉食用。」[9]胡餅等外國糕點也風靡各大都會，尤其是撒了芝麻的蒸糕和油煎炸的糕餅；昂貴的舶來香料成為富人餐桌上體面的裝點。[10]宋朝時，羊肉在都城汴梁（今開封）大受歡迎。

後來，在蒙古人統治中國的元朝（一二七一－一三六八），由太醫忽思慧撰寫的《飲膳正要》，顯示了中國飲食驚人的多語言性。[11]忽思慧本人可能有部分突厥血統，他的撰寫以中文為主，但也混雜了大量來自突厥語、維吾爾語、蒙古語、阿拉伯語和波斯語的詞彙與表達方式。《飲膳正要》成書於一三三〇年（由美國歷史學家保羅·布爾〔Paul Buell〕和人類學家尤金·安德森〔Eugene Anderson〕翻譯成英文），主要涉及飲食療法，但專門有一章題為「聚珍異饌」，列出了很多食譜，許多都植根於游牧傳統，以羊肉為中心主題，但也受到整個蒙古帝國的影響。要知道，當時的帝國領土十分遼闊，不僅包括了蒙古草原和中國，還有伊斯蘭世界的大部分地區。這章的內容既有「鹽腸」和「柳蒸羊」等作法簡單的蒙古菜，也有突厥傳入的花饅頭與粉麵的製作方法、中東式的冰凍果子露和諸如「豬頭薑豉」等中原的豬肉菜餚。大多數食譜中都有來自波斯、美索不達米亞和印度等多個地區的食材與方法，如同旋轉的萬花筒般豐富多彩。

在將乳酪阻擋於中原邊境之外這件事上，長城也許的確產生了很大作用（同時也防止了一些騎兵進犯掠奪），但做為「文化屏障」，它在其他方面幾乎完全失能。中國將茶葉、絲綢、桃子、火藥和大豆（這個是很久之後了）送出了帝國；與此同時，食品、樂器、技術、宗教和思想奔湧而入，從漢朝的黑胡椒到明朝的墨西哥辣椒，從西元第一個千年的印度佛教到二十世紀的馬克思主義。從理論上來講，北方的中原人士與長城以外那些粗野狂放的鄰居完全不同；然而實際上，他們也吃羊和小麥，融合進異邦的生活方式，信奉從外國傳入的教義，而且往往是異族通婚的後代，身上流著不同民族的血液。「中國」在概念上是個單一國家，但其實匯集了多元文化與多元宗教，布爾和安德森對元朝的中國評價如此——時至今日，情形亦然。

中國北方的美食生動地說明，美食和文化的國界是流動的。在中國，尤其是北方，有許多特色食品都明顯源於中亞和中東的傳統美食。比如充滿堅果、香甜的哈爾瓦酥糖，鑲嵌著密密芝麻的饢（曾被稱為「胡餅」），包裹著糖漿的油炸甜食如北京的「糖耳朵」——

這道著名的清真小吃很容易讓人聯想到印度和中東的甜品。中國西北地區很多招牌菜和小吃名品都是回族或維吾爾族人融合本土與外來元素加以發揮創造的。

手工做成的拉麵，配清燉牛肉湯，將游牧民族對水煮肉的熱愛與中式麵食融為一體，這是經典的回族美食，也是甘肅蘭州引以為傲的特色，如今已馳名海內外。前朝古都西安的美食中心，是鼓樓後面的「回民街」，如今時時刻刻都遊客熙攘、熱鬧繁華。在那裡，你可以觀看廚師展示他們的烹飪技藝，品嘗西安經典的「羊肉（或牛肉）泡饃」——將一小個緊實的饃撕成小塊，泡進營養豐富的清燉湯汁中，裡面下了綠豆粉和羊肉片，旁邊搭配辣椒醬和糖蒜——這也是游牧風格與中式烹飪的融合。河南開封有熱鬧的夜市，回族小販熱情叫賣，兜售著他們的美味食物。這些小吃和菜餚，製作者也許是回族人，但無論漢族人還是其他民族的人，都會開開心心地品嘗。

西北地區的市場上，回族肉販給懸掛在攤位上的全羊割肉，動作利落熟練，肉被剔得一絲不剩，空留羊骨，脊柱兩旁的肋排閃著白光，像卡通裡的魚骨一樣乾乾淨淨。羊下水是北方人喜聞樂見的美食，從占人口多數的漢族到回族都愛吃。清真教義認為動物血液不潔，所以回族人不吃羊血；但北方的漢族人幾乎會吃羊身上的每個部位，就像不浪費豬的分毫。山西大同有種很常見的早餐叫「清燉羊雜」，一碗閃著微光的肉湯，裡面放著羊肚、羊血、羊肺、羊腸等各種食材，配上爽滑的馬鈴薯粉，加一點辣椒，上桌時再淋上一點醋。

我在開封有個驚人的發現，在漢族人經營的餐廳，我竟然吃了一頓燉羊胎盤和羊腸的早餐，還配了饢供撕扯後泡進湯裡，並送上一小碗鹹菜——很像那道西安著名小吃的「非清真」表親。（歷史學家董慕達認為，這些有時被稱為「雜碎」的燉羊下水，就是美國「Chop Suey」（雜碎，美式中國菜）的祖先之一。）[12]要說飲食方面，熱中於吃小麥和羊肉的北方漢族人，早就與長城以外的鄰居們水乳交融，恰如他們與魚米之鄉的南方同胞血脈相連。

多年來，我的人生道路也和中國各地的回族人多有交織。我在偏遠的西藏村莊吃過回族人煮的麵條；西安的清真大寺，恢弘壯美令我沉醉流連（那至今仍是我在全中國最喜歡的建築之一）；我遊覽過甘肅和雲南繁華的回族城鎮，尋訪過揚州歷史悠久的穆斯林墓地，先知穆罕默德的後裔普哈丁於十三世紀在那裡下葬；我還在成都大快朵頤著名的清真菜「夫妻肺片」。我曾與回族肉販、麵點師與拉麵師傅共度時光，討論他們的食譜，並「自取其辱」地嘗試了把一塊麵團拉成綹綹細麵。最美好的是，我在中國首都北京，享受過他們的美食與陪伴。

牛街清真寺，始建於西元十世紀，是北京最古老的穆斯林禮拜中心。寺內建築群以禮拜大殿為最重要的部分，和大多數中國清真寺一樣，建築時將伊斯蘭圖紋與中國傳統建築結為金玉良緣。牛街曾被街坊鄰里稱為「清真寺街」，但隨著該地區因經營清真牛肉而聞名京城，街道和清真寺都被重新命名。如今，清真寺周圍的胡同裡依舊遍布回族人經營的商店和餐館。在牛街旁邊的輸入胡同（原名「熟肉胡同」），空氣中瀰漫著羊肉和牛肉的香味，有生的、有熟的，全都從肉店和熟食店飄散出來。人們排著長隊購買甜味糕點、煎餅和灑滿芝麻的牛肉燒餅。來到牛街，你可能會有那麼一瞬間恍惚，以為回族人就這樣聚居在這個方寸之地，但他們的美食與文化影響其實遍布中國的首都。

一個陽光明媚的冷冽冬日，我和幾個朋友在「烤肉季」見面。這家餐館位於後海，北京老城一個風景優美的湖泊，曾經是滿清貴族青睞的遊玩之地。我們被領著上了樓，來到一個包廂，透過巨大的玻璃窗可以欣賞到胡同裡古雅的灰瓦屋頂，連綿不斷，一直可以眺望到遠處的鼓樓和鐘樓。包廂中央有個巨大的圓形炙子[x]，齊腰高，下面悶燒著一堆松木柴，發著微微紅光。柴火下方的烤架周圍是個環形平台，上面擺著飯碗和一碟碟食物，還有像樂隊指揮棒那麼長的一雙雙筷子。

熱氣繚繞，烤盤已經被燻得焦黑。我們圍爐而站，烤肉師傅把一碗碗醬油醃製過的羊肉放在烤盤上。我們拿起超長的筷子，翻動肉片，烤肉冒著熱氣滋滋作響，焦香與木頭的煙燻味混雜交織。烤肉過程中，我們又加上銀白發光的大蔥絲，最後撒上一把香菜葉。師傅還指導我們將未燒好的羊肉夾到烤盤兩邊，形成一個個小堆，小堆中間空出來，放入鴿子蛋，再用碗罩住，直到蛋也熟到恰到好處。接著我們換了普通的筷子，享用鮮嫩多汁的羊肉，有些人還按照傳統的方式，邊吃邊把一隻腳踩在矮凳上。吃到最後，羊肉已經變成棕褐色，香氣四散。我們一早在烤盤周圍擺了芝麻餅，現在熱乎乎的，正好把剩下的所有羊肉加進去，風捲殘雲地吃掉。

和涮羊肉一樣，烤肉也是回族特色菜兼北京經典美食之一。幾年前，我在北京一家清真餐廳吃飯，著名的回族大廚艾廣富講述說，最初賣烤肉的是回族街頭小販，他們在小車後面架起滾燙的炙子，烤製切片的牛羊肉。後來，這就成了餐館的特色菜，既可以用傳統方法烹製，也可以下鍋炒製（如果是炒製，那就是著名的「蔥爆羊肉」）。英國漢學家蒲樂道（John Blofeld）曾經以迷人的筆觸描寫一九三〇年代他在北京度過的幾年時光，裡面有頓飯，幾乎和我與朋友們享用的那頓一模一樣，只不過他和同伴們吃飯的地點是在四合院的露天院子裡，周圍是「齊腳面的緊實積雪」。他說，那頓烤牛肉「比我吃過的任何同類食物都要美味」。

當時某京劇團的名角和蒲樂道一同用餐，他對蒲樂道解釋說：「我們中國人向來喜歡對從鄰近民族那裡借來的東西加以提煉精修，變成完全符合我們口味的東西……長城那邊的游牧民族烤肉，是在大風呼嘯的沙漠裡，用劍或烤串挑在用糞堆生的火上，而我們把它變成了這樣！」[13]

x 編注：炙子是指用若干厚實鐵條焊接而成的鐵板，以果木燒熱後，用來炙烤醃製好的肉，烤肉多餘的脂肪會透過縫隙滴走。

慈禧太后特別喜歡的菜餚「它似蜜」，也是回族特色。傳說一名清廷御廚曾用大量發酵的薑和糖調和成薑味濃郁的醬，為慈禧做了一道快手炒羊肉，香氣撲鼻、甜蜜可口，慈禧大悅，賜名「它似蜜」。這道菜後來成了「東來順」的特色菜，那是自清末民初開始知名的北京穆斯林餐館之一。時至今日，光顧東來順，還能吃到這道菜。清朝宮中的御膳總是融合了多樣的飲食特色：滿族統治者的游牧傳承、靠近東北的山東省廚師的精湛技藝，而乾隆皇帝在十八世紀末微服私訪江南，愛上江南飲食之後，宮廷中就有了來自揚州和蘇州的精巧細膩風味。

數百年來，有許多回族人在首都從事餐飲業。除了涮羊肉、烤肉和它似蜜這種非家常菜的特色之外，北京還有很多重要且受歡迎的街頭小吃，要麼是回族人發明的，要麼通常由回族師傅來製作。比如撒滿芝麻的燒餅，一開始是漢朝時來到中國的中亞人製作的，有的包裹著濃厚的芝麻醬，有的則流淌著甜蜜的紅糖。另外還有配芝麻醬食用的爆羊肚和白水羊頭[xi]，以及異彩紛呈的糕點酥餅。位於老北京城西北的護國寺小吃街是北京最有名的街頭小吃「聖地」，這就是一家大型清真餐廳，無論是本地居民還是外地遊客，都能在這裡吃到頗讓人懷舊的北京吃食。

每個社會都會存在一些外人難以理解的獨特飲食偏好，比如倫敦的鰻魚凍（jellied eels）、法國的腸包肚（andouillette）和紹興的臭莧菜梗。北京也有這樣一種飲品，恰好也是回族特色，那就是豆汁，用綠豆發酵製成的古怪飲料。外地人通常會覺得這渾濁的灰綠色液體氣味難聞，喝一口就讓人敬而遠之。但道地的「老北京」卻熱愛這東西，尤其喜歡在早餐時配上香脆的焦圈[xii]和鹹菜，大快朵頤。豆汁的副產品是發酵綠豆的沉澱物，回族人會用羊油將這個豆渣與黃豆、雪裡紅和韭菜一同翻炒成一盤灰色的成菜，最後淋上一勺乾辣椒油。這道菜和麻婆豆腐天差地別，名字卻令人疑惑地相近，叫「麻豆腐」，味道很撫慰口腹，口感有那麼一點像乳酪，是我個人眼中無與倫比的至上美味。它和北京烤鴨並列我最喜歡的北京美食榜首，但與後者相比，因為在世界其他任何地方都吃不到，所以格外令人激動。只要回到北京，我最想吃的就是羊油麻豆腐。

前不久，一位年長的回族廚師，也就是「老金涮肉」老闆的父親，邀請我去他家和一個朋友共進午餐。他家住在天橋，曾是老北京外出用餐、觀看雜技京劇等表演的娛樂區。他家門外掛了個彩釉的牌子，用頗具書法韻味的阿拉伯文和漢字同時祈求「真主保佑」。金師傅身穿紫色T恤，頭戴白色刺繡禮拜帽，熱情地迎接了我們。他已八旬過半，但精神矍鑠，充滿活力，看上去比實際年齡要年輕很多。已經退休的他是清真餐飲業經驗豐富的

xi 編注：爆羊肚是將切細的羊肚入沸水汆燙幾秒，撈出後蘸醬食用。白水羊頭則是用清水燉煮羊頭，煮熟後冷卻，再切成薄片。

xii 編注：將麵團炸成手鐲狀，可儲存十多天仍舊酥脆。

老師傅，曾為末代皇帝溥儀的胞弟溥傑做過飯。幾乎在我們進門的同時，他就回到了家中狹長的廚房，那裡正在準備一桌老派回族特色的盛宴，包括一些在外面餐廳早已看不到的菜餚。他一邊做飯，一邊用激烈而鏗鏘的語調與我交談，彷彿還在大後廚做總指揮。

很快地，我們就在客廳的餐桌旁就座了，周圍的牆邊都靠著玻璃門櫃子，裡面擺滿了新奇的小玩意，還掛著一幅裝裱好的伊斯蘭書法作品：黑底金字，流暢飄逸，掛在最顯眼的位置。你應該可以想像，那是一頓多麼美味又讓人回味深思的午餐。我們吃了芫爆百葉、醋溜木須、糖醋魚片、江米燒餅，還配了湯和燒餅，最後是用糯米飯和紅豆沙一層層堆疊起來蒸熟、放涼再切片的涼糕。我們一邊享用美食，一邊暢聊金師傅的生平經歷、回族的烹飪藝術和他熟悉的老北京餐館。

午飯後，我竟然不由自主地想起了炸魚薯條。也許，最有英國特色的飲食方式，就是坐在起風的濱海長廊上，腳趾之間夾著沙子，吃著用報紙包著的炸魚薯條。然而，研究食物的學者認為，裹上麵糊炸魚的方式，是由猶太移民從伊比利亞島帶到英國的。隨著歲月流逝，英國人將其加以改良，成為本國最引以為豪的傳統美食之一。同樣的道理，回族的食物也打上了古代移民遷徙和與中亞等地區民族交流的烙印，然而它們本質上都是中國菜。涮羊肉、烤牛羊肉、羊油麻豆腐等所有的回族菜餚與小吃，都是最正宗的中國特色，一如炸魚薯條是最道地的英國特色。這些食物已經貫穿了北京生活縱橫的紋理，人們無法想像，沒有它們，這座城市的飲食還將如何繼續。

話說回來，究竟什麼是「中餐」呢？人們常常將這個概念與中國的主體民族漢族的文化與特徵混為一談。然而，中國一直以來都是民族、語言和風味的大融合。早在遙遠的古代，北方和西北方的文化就已深受外來影響，而南方則有多個不同的部落安居樂業。幅員遼闊的中國，不僅涵蓋黃河流域古老的漢族中原，還有西藏、新疆和蒙古等廣大地區。當代中國西南部的雲南省融匯了多采多姿的文化與飲食，如果與北方的西安等地相比，其中很多其實與鄰國的越南、寮國和緬甸人更為相似。當然，還有回族人，他們遍布全國各地，日復一日地生活、工作和飲食。

• • •

老金涮肉店裡的牆上掛著金家四代大家長的肖像，每一位都曾從事回族餐飲業。姍姍和我這頓飯快吃完了，手切的羊肉片和肚條當然已經全部下肚，還有些白菜、麵條和豆腐可供悠閒地燙涮一番。服務生為我們送來芝麻燒餅，做為填飽肚子的主食。這頓飯就是原汁原味的北京食物，也是「中餐」在歷史長河中兼收並蓄的生動縮影：羊肉當然是一例，此外還有芝麻胡餅、肥嫩的蒜瓣、香噴噴的芝麻和香菜，它們都在漢朝的某個時候自西域東來，也曾一度被貼上「胡」這個標籤；對了，還有辣椒，最初是明朝末期從美洲經海路傳入中國，還曾像「胡椒」一樣，被冠以「番椒」之名——「番」是對海外來客的舊稱。

我，一個身處北京的老外，長期研習中國烹飪藝術的學生，非常滿意我們這頓涮羊肉的午飯，不但口腹飽足，情感上也是心滿意足。我一直很愛聽著名的宋嫂魚羹與陳痲婆豆腐這樣的故事，會由此聯想到女性在中餐歷史上發揮著重要作用。同樣的道理，我也從回族人以及他們的美味小吃與菜餚中找到慰藉、情誼和靈感。我很高興能從中連結到中國多元文化的過去和現在。這就意謂著，這片熱土上也會有我的一席之地。萬里長城看上去確實雄偉壯觀，但其實一直是虛幻的假象，中原和所謂「蠻夷」之間的分界線其實從來就不存在，早已混而群居。即使在中國的首都北京，也不僅能找到傳統的中餐，還能找到源自中亞的食物。北京有廣袤的草原，也有農耕平原。在中國這個主要食用豬肉的國家，回族人也依然維持不吃豬肉的傳統，這是他們與占人口絕大多數的漢族截然不同的標誌，但他們也是中國人。豬肉當然非常「中國」，但羊肉也非常「中國」。

「麴」盡其妙：醉蟹

要是去紹興尋訪酒廠，可能會路過一堆碎磚，由某種粗糙、蒼白、多孔洞的材料製成。你也許會認為這是建築工人疏懶所留下的建材廢料。但這些「磚塊」，這些並不起眼的東西，其實是中國餐飲中非常重要的原料。雖然碗盤中看不到它的蹤影，也不會直接聞到氣味或嘗到味道，它卻隱身於幾乎每一頓中國菜當中。這不僅是一種食品配料，甚至是一種用於製作佐料的配料，是中國飲食文化中某些最重要部分的起源。它就像一個精靈，讓中國的食物和飲品煥發出蓬勃生機。

這些磚是由一種名為「麴」的東西製成的，發音聽起來像英文裡的「choo」，但更溫柔可人。「麴」的樣子有點像珊瑚礁，內部充滿了乾燥的微生物、酶、黴菌和酵母菌，只要一遇到水，就會活躍起來，隨時準備到各種食物（尤其是澱粉類）身上撒歡。日本人從中國了解到「麴」，將其稱為「麹（こうじ）」，英文中有時直接翻譯成「ferment」（發酵）。麴中所含的微生物一旦被喚醒，就會讓煮熟的豆類、米等穀物產生神奇的變化，將它們內部本來結構緊密的澱粉分解成單醣，再把單醣發酵成酒精，與此同時激發出種種奇妙風味的芬芳。正是「麴」，將大豆轉化成了醬油和醬；也是「麴」，做為催化劑，讓白米、粟米等穀物發酵成酒精飲料和穀物醋。毫不誇張地說，中國菜之所以成為中國菜，「麴」是關鍵之一。

自新石器時代起，中國人就開始用米和粟米釀造酒精飲料。將穀物轉化為酒（英文中的「wine」、「ales」等各類「liquor」，在中文中被統稱為「酒」）會面臨一些特別的挑戰，因為它們和葡萄等水果不同，不包含能直接餵飽酵母並被酵母轉化成酒精的糖分。要想發酵穀物，必須先將其中的澱粉進行糖化水解，使其分解成酵母可以消化的糖分。穀物釀酒要經過很多步驟，比用葡萄發酵釀酒要複雜得多——正如學者黃興宗所說，葡萄的發酵是自發的，「幾乎無可避免」，因為果實中的糖分和果皮上的酵母很容易發生作用。[1] 穀物則與葡萄不同，對發酵沒有那種天生的熱情，因此需要鼓勵。北歐人用麥芽來「誘騙」穀物變成啤酒。而中國人則在很早的時候想出了另一種辦法，就是利用強大的「麴」介質軍團（包括各種麴黴屬、根黴屬和毛黴屬的黴菌）來發揮神力。[2]

中國人用於釀酒和造醋的麴，是用穀物、豆類或兩者混合物磨成的，原料或生或熟，通常還會摻入芬芳的香草，使味道纏綿於成品之中。打濕混合物，做成塊狀，存放於溼度和溫度適宜的環境當中，以促進大量黴菌和酵母菌生長壯大，逐漸「殖民」。待麴塊上的黴菌生長適量，就進行乾燥，可以保存很長時間。麴的種類很多，超市裡很可能至少能買到一種：如粉筆一般白色的小球或是片狀物，可以買回去自製酸甜的米酒。紹興出產著名的黃酒，其用於發酵的麴是用小麥粉粒做成的；而四川保寧醋的「催化麴」則是用小米、小麥和紅薯混合二十種左右的草藥製成的。還有一些類型的麴，直接長在發酵產品主要食材的表面：比如，蠶豆汆水後撒上麵粉，任其發黴，這是製作四川香辣豆瓣醬的步驟之一；在製作醬油、醬和豆豉的過程中，會將煮熟的黃豆撒上麵粉，任由它們慢慢披上一件「麴」衣。

中國人究竟是如何發現麴的奧妙以及它在釀酒中的作用，至今還是一個謎。但根據一些歷史和考古證據，這至少是四千多年前的事，甚至可能還要早得多。黃興宗推測，中國最早在新石器時代用米和粟米釀的酒，很可能是用發芽穀物中的酶來進行糖化[3]，很像今天啤酒的製作（中國已經不用發芽的穀物來釀酒了，但仍然沿襲數千年來的傳統，會用它來把澱粉含量高的穀物轉化為麥芽糖）。他認為，過了一陣子，人們一定注意到受黴菌「污染」的熟穀物釀酒特別香，並且意識到他們可以把這些長了黴菌的穀物進行乾燥和儲存，而其效力依然。

無論是何種情況，到了西元六世紀，賈思勰的農學著作《齊民要術》中首次詳細介紹了「麴」的培養方法。[4]書中分別用四卷內容闡釋了九種麴的製作方法，這些麴又可以用來釀造三十七種酒。只有一種麴是粟米製成，剩下的都是用生熟小麥，以不同比例混合，加以碾磨，與水調和，得到有顆粒感的糊狀物；有時候會加入草藥，製成餅狀，放進專門的棚屋內進行發酵，並嚴格注意衛生和環境條件。賈思勰的方法中涉及一些神靈之說，也在此體現了「麴」能轉換穀物狀態的神奇效果，其中包括用於祭祀時的祝文和向神靈跪拜敬獻。有種上乘發酵劑甚至被稱為「神麴」。賈思勰的發酵劑不僅用於製作酒精飲料和發酵豆製品，還用於發酵肉醬和魚醬。

中國飲食文化的方方面面，無不令我著迷，但在「酒」這個主題上，我實在知之甚少，還是個門外漢。這是一個博大精深的領域，涉及發酵和品鑑甘醇的米酒、熱辣的高粱酒和其他很多酒類。我的中國朋友和熟人總批評我對酒缺乏興趣：「我們都說飲食文化，飲和食是完全相輔相成的。你對中國美食這麼感興趣，怎能不研究『酒』呢？」我沒有涉足「酒」這個領域有兩個原因，第一個關乎學術：中餐這個主題包羅萬象，浩如煙海，能讓我馬不停蹄地研究到生命最後一刻，我的腦容量已經不足以支撐去探討同樣深不可測的酒文化了；其次是出於實際考量：要是喝醉了，我還怎麼深入思考美食，和飯搭子們進行討論，並做大量筆記呀？

只要是中國人，或者在中國生活過的外國人，都會知道參加中國的宴會很難做到「適度」飲酒。只要你參與了第一輪敬酒（通常是高度白酒），之後就會沒完沒了，避無可避、逃無可逃，直到你「喝茫」。在中國的宴會上，若是按照自己的節奏喝酒，會被大多數人視為不太禮貌的行為。不過，身為女性，我還是有很大的優勢，因為到了現代，女性喝酒的社交壓力也比男性要小。要是我在宴席一開始就表明自己滴酒不沾，通常都能逃過。但幾年前的山東行是一次例外，那裡的人敬酒之熱情賣力，簡直已經是必然的慣例，實在推諉不過，比我去過的任何地方都要不可抗拒。幾乎每頓飯我都被迫喝得醉醺醺的。那次旅行時我做的筆記實在混亂不堪，字跡在紙上滑來扭去、交疊碰撞，讓我對那些縱情飲酒的日日夜夜永生難忘。

不過，酒也有烹飪方面的用途。烈酒可以用於醃製，抑制細菌生長。每個四川老太太都會在泡菜罈子裡加點白酒。白酒偶爾也用於做菜，比如上海人最喜歡的「酒香草頭[xiii]」。而在中國許多地方，更常見的廚房必需品是一瓶比白酒更溫和的料酒——就像你在國外每家中國超市都能買到的基本款紹興酒。紹興酒的酒精濃度與雪利酒差不多，通常用來給魚和肉類去腥。數千年前，伊尹就講過這種腥味；在四川烹專學習時，我的老師們每堂課也都會提到。料酒和鹽、醬、蔥，是魚、肉、禽的醃料不可或缺的「四大金剛」，像紅肉以及腰子之類的下水，這些腥味特別重的食材，醃製時就要多放料酒。蒸魚時放一些料酒，好像確實味道更為細膩鮮美了；豬肉熬湯或燉煮時放一點料酒，好像確實更為和諧潤口

xiii 編注：草頭為上海人對苜蓿的俗稱。

了。不過素菜中就很少加料酒。

還有一種酒，能為中國各地的甜味菜餚增添一縷幽香，而且在家也能輕鬆製作：發酵糯米酒，四川稱之為「醪糟」，湖南稱之為「甜酒」，江南地區稱之為「酒釀」。自製酒釀，可以讓你體驗「麴」的神奇魔力。你只需要將一些糯米浸泡後蒸熟，趁其溫熱時，加入一些麴粉（可以購買球狀的麴餅，然後搗成粉狀），放入一個乾淨的深盆，在糯米中央挖一口小「井」，並將深盆覆蓋住，於溫暖的地方靜置數日。在這「隱居」的過程中，奇蹟慢慢發生：麴中的微生物積極消化糯米中的相關物質，將澱粉轉化為一系列的醣類、乳酸、胺基酸、酒精和芳香分子，並激發出各種相應的風味，留下了美國食品科學專家哈羅德・馬基（Harold McGee）所說的糯米「幽靈」，即漂浮在香醇酒液中、已經「半癱軟」的米粒。[5]這種酒有時被用於蒸魚或醃製豬肉，但最常見於中國人喜愛的甜湯中。江南地區有道特色美食叫酒釀湯圓，是一種散發著淡淡酒香的甜湯，湯圓漂浮在絲絲縷縷的蛋花與金黃的桂花中。四川婦女坐月子時也會用類似的甜湯來補充營養，還要額外打上一個荷包蛋。（這種未經過濾，有些渾濁的酒，中國人已經飲用了數千年。據說唐玄宗的愛妾楊貴妃就飲用過這種酒；而在曾經的唐都，今日的西安，各個餐館都會提供貴妃同款酒。）

全中國的人做菜都會用到米酒，但真正使其獨立出來熠熠發光之地，則是江南。在那裡，米酒不僅僅是為肉類去腥或加入甜品料理的調味品，其本身就是一種重要的風味。你應該可以想見，沒有什麼地方比紹興更適合探索酒在烹飪中的使用了，紹興素有「黃酒之鄉」的美譽，兩千多年來一直是中國的酒類生產中心。

幾年前我去紹興的時候，唐宋酒業的員工韓建榮帶我參觀了他們生產酒的地方。他講述說，紹興酒的釀造需要特殊的風土條件，主要成分是糯米，水則是井水與附近富含礦物質的鑑湖水，當然了，還要加入神奇的麴。他表示，每年冬天的生產季開始時，他們都要祭拜「酒仙」，即以嗜酒狂放不羈聞名的唐朝詩人李白。釀酒開始，先將糯米浸泡十五天，蒸熟後（過去是用柴火）攤在竹席上晾乾，加入麴來發酵，接著進行壓榨，提取酒液，再進行巴氏殺菌，裝入手工陶罈，可放置三十年，愈陳愈香。酒廠裡有大倉庫，堆滿了酒罈。酒罈外部抹上一層有殺菌作用的石灰，罈口用荷葉、竹葉和稻穀殼混合密封。「這些罈子也是必不可少的，」韓建榮說，「能給酒增添某種香味，就像用紫砂壺來泡茶。」

釀成後的酒，顏色從琥珀色到石榴紅都有，所以被稱為「黃酒」。參觀完工廠後，韓邀請我們去參加品酒會。他指出，「紹興酒在甜度、酸度和酒精濃度的平衡上與日本清酒相似，當然還有那種複合型的鮮味，來自發酵產生的多種胺基酸。」從乾型到甜型，紹興酒分為四大類。有趣的是，上了桌，它們可以調和品嘗。比如，要是客人嗜甜，就往乾型酒裡面加點甜型酒。韓介紹說，半乾型的黃酒，酸、甜、苦、辣、澀，各種味道的平衡協調是最好的，因此是飲用和烹飪某些菜餚的首選。「要做醉蟹，」他說，「我推薦八年陳花雕。」

中國人一直視酒為活血化瘀的良藥，唐宋酒業也釀造浸泡了草藥等傳統補藥的藥酒。米酒在日常飲食中也有藥用功能。例如，吃大閘蟹必少不了以黃酒佐餐，傳統飲食學認為，黃酒性溫，可以中和大閘蟹「性寒」帶來的潛在風險。人們很少在吃主食時飲用任何穀物酒：據說酒和穀物一同下肚，可能引起胃中不健康的發酵反應。所以，在中國宴席上，穀物做的食物從來都要在尾聲才上桌，那時所有的敬酒已經結束，菜品也享用完畢。如果參加正式的中式晚宴，你在結束前接過服務生端來的米飯或麵條，大家就會認為這是個信號，表示你酒已經喝到位了。

在經歷了數十年城市開發之後，紹興依然保留著濃郁的運河古鎮風情，這在江南可謂鳳毛麟角。你可以漫步在小街上，欣賞兩旁灰瓦白牆的房屋，蔓枝的窄巷通往運河岸邊，石階向下，隱沒在河水之中。古色古香的店鋪，有的售賣裝在木頭抽屜櫃裡的中藥，有的賣黃酒和梅乾菜。誤入一處小院，有人在地上鋪了張竹席，在燦爛的陽光下晾曬一群小銀魚。一個老人販售著用香料滷好的鵝蛋，每顆都龜裂破殼，像古老的大理石；還有炸魚，可以當作零食，邊走邊吃。運河畔，居民們坐在樹蔭掩蔽的露台上，周圍擺滿了盆栽：番茄、茄子和色彩鮮豔的花朵。在水邊瓦片屋頂長亭的陰涼下，一個街頭小販正在焦黑的炭火爐鐵架上攤開餅皮，趁麵餅還沒冷卻變硬，趕緊塞入堅果和糖餡。對面，一名男子正洗著盆子裡的衣物。

當地人說，紹興生活與生計的核心，離不開「三缸文化」，即酒缸、醬缸和染缸。老城的小街上瀰漫著發酵的香味，尤其是梅乾菜的香味，真是濃郁誘人。那是一種當地特產，由某種芥菜用鹽醃製後曬乾製成。商店裡出售不同種類和年分的梅乾菜，還有魚乾和腐乳。一罈罈紹興黃酒半包裝在竹編的提籃中，有的表面還繪有色彩鮮豔的吉祥圖案。在紹興，酒能代表不同的人生階段。新生兒滿月第一次剃髮，家人們要暢飲「剃頭酒」；有女兒出生，人們會埋下幾罈酒，等她將來結婚再拿出來飲用（有些紹興黃酒至今仍被稱為「女兒紅」，紅色是婚禮等慶祝活動的喜慶顏色）。

即便是遊客攢動的古鎮中心，成群結隊的小學生在中國著名現代作家魯迅的故居周圍聒噪地嬉鬧，過去的古風古韻依然得以保留，有書法家在訂製的扇面上寫詩。當地的舢舨有竹編的棚頂，全都漆成黑色，所以叫「烏篷船」，都從狹長的運河上漂流而過。一棟傳統風格的低矮建築大門敞開，掛著寫有「咸亨酒店」的大招牌。進入店裡，你可以坐在木桌旁，品嘗紹興黃酒，用散發著八角香味、頗有嚼勁的茴香豆和滷雀翅當下酒菜，恰似在英國酒吧裡用洋芋片和炸豬皮下酒。這間酒家將小說裡的場景變成了現實：靈感來源於魯迅筆下的同名小酒館，故事的主角是個遭盡白眼的窮書生，名叫孔乙己。

我第一次去紹興，咸亨酒店的行政總廚就邀請朋友們和我去吃午餐。總廚名叫茅天堯，為人低調謙和，是紹興飲食文化的重要傳承人之一。他曾寫過一本書，詳細論述了當地人最喜歡的梅乾菜。他那種熱愛家鄉的滿懷激情，極富感染力。開動之前，我們先喝了點黃酒，是從一個裝飾著祥魚紋樣的老式錫壺中倒出來的，壺嘴尖尖的，很像茶壺。

那時候，我對中國飲食的探索之旅已經持續了超過十五年，然而那天總廚端上桌的菜，我可謂前所未見，也由此點燃了我此後對紹興風味長久的熱愛與痴迷。除了被魯迅的文字賦予標誌性地位的茴香豆，我們還吃到了乾菜燜肉。梅乾菜賦予五花肉一種近乎馬麥醬的濃郁口感。包裹在竹葉中的五花肉，放涼上桌，肉汁已凝固成凍，「封印」了肉塊。另外還有紹三鮮（竹筍火腿魚丸湯），彈嫩的魚丸不斷顫動著，柔軟得如同乳脂。佐餐的小菜都經過發酵，風味十分強烈。

席間有好幾道菜加了黃酒。經過窯燻的黑棗，用黃酒浸泡，風味彷彿帶酒香的正山小種紅茶。類似的浸泡方法也會賦予「醉魚乾」一種獨特的芬芳。還有一種我之前沒見過的調味品——紹興酒糟，酒發酵之後留下的棕黃糟渣。酒糟晾乾之後，可以和鹹魚分層疊加，讓後者平添一種迷人的香味。酒糟還可以加水、鹽和其他調味料，一起煮沸後過濾，得到「糟滷」，這是一種堪稱「萬靈水」的滷汁，帶有花香和類似魚露的強烈鮮味。內臟、海鮮、新鮮蔬菜煮熟之後，都可以用糟滷來浸泡。那一餐，總廚為我們呈上「糟雞」，一條條帶黃皮的雞肉，作法是將白切雞（白斬雞）浸泡在鹹味酒糟滷水中。上桌的盛器是一個陶甕，裡面的糟雞清涼、肉質彈嫩、芬芳撲鼻。「這是年夜飯桌上必不可少的一道菜，」茅天堯說，

「曾經，糟雞的目的是為了能保質一個星期左右，現在我們主要是品嘗風味。」

紹興的酒香在江南地區和其他地方派上了更多用場，很多獨闢蹊徑，富有想像力。烤「叫花雞」時，外層用來包覆雞的濕黏土中摻了酒糟，那獨特的香味與包裹雞的荷葉清香可謂相得益彰、美味天成。西方用老橡木酒桶裝紅酒進行熟成，可替酒的風味增色；同樣地，曾經裝過紹興酒的陶罐，也是福建宴席佳餚「佛跳牆」的必備食器：據說，這道由乾鮑、魚翅、海參等各種名貴食材燉煮而成的菜，香味飄散過寺廟的院牆，令人無法抗拒，連「四大皆空」的和尚都會破戒，違背終身吃素的誓言。當然，大量使用紹興黃酒，也是東坡肉無上美味的關鍵所在。

元朝之前的某個時期，出現了一種新的麴。[6]特定條件下，在米粒上生長的黴菌培養物中，紅麴菌大量繁殖，「紅麴」由此誕生，後來紅糟成為華東福建省的特產。當地的一些酒類和燉肉等菜餚中會加入釀酒後剩下的紅色酒糟，於是被塗抹上一層漂亮的玫瑰色。「紅麴」還被添加到鹵水中，製成一種獨特的發酵腐乳（即「南乳」），使豆腐塊呈現棗紅色。這還是一種傳統的「可食用色素」，用於在甜味糕餅與餃子餛飩上點紅點，或者繪製吉祥圖案。西方的大部分中國超市都出售袋裝的乾「紅麴米」，乾燥的米粒上覆蓋著一層深紫色的黴菌，用水泡過之後就變成紫紅色。

紹興很好，於我更是「情人眼裡出西施」。依我之見，米酒以及相關的菜餚，只不過是這裡廣博美食的皮毛。當地人熱愛發酵和醃製食品，並由此被激發了天馬行空的創造力，發明了一系列的「臭徽菜」。臭豆腐，即用發酵蔬菜製成的鹵水浸泡的白豆腐，在江南地區隨處可見。但在紹興，剛才提到的工藝不過是引人入勝的奇特風味探祕之旅的第一步。這裡的人們做臭味的鹵水，首先要採摘生長過頭的硬莧菜梗，切成食指長的小段，放在陶甕中任其腐爛，直到飄出像堵塞的下水道堵塞一樣噁心的氣味。莧菜梗本身會散發一種令人無法抵擋的「香氣」，既讓人不安，又被不由自主地吸引。當地人將臭莧菜梗放在嫩豆腐或肉餅上蒸熟，讓後兩者也有了那種奇異的風味。做好之後，就可以吸乾莧菜梗中殘存的漿狀皮肉，留下一個硬硬的空管。發酵莧菜梗的鹵水不僅可以用來浸泡豆腐，還可以浸泡綠葉菜和南瓜等其他食材，讓所有東西都散發那種讓人欲罷不能的「香臭」，和熟成好的卡門貝爾乳酪有異曲同工之妙。這些臭徽菜餚，還有醬菜和魚乾，與紹興酒的醇香是別處難逢的絕配，實為中餐領域絕無僅有的天作之合。

與糟雞類似的還有「醉雞」，浸潤在以紹興酒做基底的鹹鹵當中，也用相得益彰的陶罐盛裝上桌。「醉雞」屬龐大的「糟醉」菜家族，在某些醉菜中，這些成分比醉雞中的雞要「醉」得更狠些。一九九〇年代末，託一個上海朋友的福，我第一次品嘗到醉蟹，作法是將活的河蟹先浸泡在高度白酒中，再用加了醬油、糖和各種香料的風味黃酒浸泡一兩天。傳統上，這已經爛醉至死的螃蟹都是生吃的——中國人一向拒絕吃生食，但這是個具有地方特色的例外（他們的藉口是，酒精可以抑制有害細菌，而浸泡在酒中，對原本的生鮮原料其實是一種改變性狀的醃製）。那次與醉蟹的初遇在我的味蕾打下了永久的烙印。蟹肉與蟹黃冰涼、黏滑而爽口，淡淡的酒香讓人唇齒生輝，美味得讓我渾身顫慄。它們柔滑奢腴堪比鵝肝醬，但又同時擁有生蠔的清爽誘人。我一生吃過不少美味佳餚，然而醉蟹絕對接近我飲食樂趣的金字塔尖端。

最近，上海政府出於健康考量，禁止生食醉蟹，我由此發現牠們和其他淡水生鮮一樣，可能攜帶肝吸蟲等可怕的寄生蟲——所以人類才努力擺脫「茹毛飲血」的日子呀。如今，遵紀守法的上海餐館只供應經過蒸製的熟醉蟹：當然美味依舊，但缺少了那種來自原始本能的、叫人欲仙欲死的衝擊感。生醉蟹已經是不合法的享受了，刺激而危險，只能找私廚特別訂製。在某些角落，上海的老饕們還能吮吸到生醉蟹那鮮香濕滑的膏與黃，釋放其野性的一面，那被文明的韁繩束縛住卻渴望在森林中赤裸奔跑的一面。回到自己身上，我通常不喜歡醉在白酒中，卻心甘情願地淪陷於糟醉菜的溫柔鄉，尤其是醉蟹。到目前為止（老天請繼續保佑我！），我還很幸運，沒有碰上肝吸蟲等不速之客。我每每與十七世紀的劇作家李漁一樣：美蟹入夢鄉，人與蟹同醉。

萬物可入菜：蝦籽柚皮

如果事先沒對這道菜有所了解，你絕對猜不到吃的是什麼。一兩個光滑的半圓形球體，浸在光亮的棕色醬汁中，上面散布著極小的黑點，是一些蝦籽，用勺子舀到碗裡就可以吃了。不管是什麼，這東西形狀保持不變，但口感很軟，像馬鈴薯泥。吃到嘴裡，感覺只能用「熨帖」來形容：半流質，柔軟又溫暖，肉汁的鹹鮮讓人回味無窮；你會感覺自己回到了嬰兒時期，母親正充滿愛意地用勺子餵你吃東西。

蝦籽柚皮是粵菜中的特色美食，深受食客們的喜愛，還促使廣東的農民專門培育了新品種的柚子：瓤很厚，幾乎沒有果肉（有點像培育一隻全是雞翅和軟骨的雞——當然，要是條件允許，他們無疑也會這麼做）。用柚瓤做菜，可謂費時又費力。[1]首先要用削或明火炙烤的方式去掉最外部那層閃著光澤的薄皮。接著把瓤切成大塊，在冷水中浸泡兩天或更長的時間，期間要不時去擠壓和換水，以去除瓤的苦味。浸泡完成後，把水分擠乾，並剔除內壁表面殘留的任何纖維雜質。（到這一步，有些廚師會把瓤放入豬油中煨煮，賦予成菜肥肉的豐腴感，同時入口即化。）接下來，將瓤放進奢侈的上湯（用大地魚乾、豬腩和鯪魚肉、蝦米、瑤柱、火腿以及大蒜或蔥等不同配料熬製而成），小火燜燉數小時。最終，柚瓤吸收了上湯中所有的風味，放在盛盤上；舀出一點湯汁，加入一點蠔油，配上微炒過的美味蝦籽，澆在輕柔的「柚瓤小丘」上；也許還要再撒一點蝦籽收尾。

究竟會有誰，能想到將柚子中間這層毫無吸引力、如棉絮一般不討人喜歡的瓤變成如此絕妙的美食？真是難以想像其過程和原因。但不管是誰，他都是中國人，而這種驚人的烹飪想像力和技術獨創性正是中餐的典型特色。

在技藝精湛的中餐廚師手中，食材幾乎不分貴賤，也沒有什麼東西是不可以完成「華麗轉身」的。有句英文諺語說：「母豬耳朵做不出絲綢的錢包（You can't make a silk purse out of a sow's ear）。」但中餐廚師可以，他們可為無米之炊、可點石成金、可雕朽木成玉。就拿豬耳朵來說，他們可以用其做成讓唇齒留香的涼拌菜，或是層層疊疊的彈牙肉凍，脆韌的白色軟骨或晶瑩剔透的皮凍。白蘿蔔皮削下來，可以做成一咬就斷的脆嫩泡菜。有些四川人甚至喜歡吃嚼勁十足的紅油豬上顎，他們將這個部位譽為「天梯」。在峨眉山附近的一家餐館，我曾品嘗過一道用細長核桃花嫩莖做的美食。遼闊的中國國土上，各地的人們用各種奇奇怪怪的食材做菜：生長過頭的老莧菜梗；魚肚、魚鰾等魚內臟做出來的菜不僅可以食用，而且美味至極。

說到底，該怎麼定義何為「食材」呢？大多數人可能會一致同意，就是食材必須能食用。但哪些東西可食用呢？顯然，這個問題的答案就非常主觀了，要放在特定的文化背景下來回答。典型的英國人可能會認為發臭的（藍紋）乳酪可食用，但這東西會嚇壞很多中國人；同時，英國人看到法國人特別喜歡的蝸牛和青蛙腿，也會覺得過於恐怖。對於「這個能吃嗎」的問題，我們每個人都有自己的答案。

但除了這些文化差異之外，我一直認為，對於一個技藝精湛的中餐廚師，這個問題本身不僅是答案，也與任何典型的西方人所能問的有著深刻的不同，甚至可以上升到哲學層面。中餐廚師要回答的問題，不是「這個能吃嗎」，而是「我怎麼才能讓這個能吃」。柚子瓤這種常人無法想像的「食材」，就像甩到廚房檯面上的一紙戰書。

中國人對飲食的態度一直非常開放，除了某些少數民族和宗教群體（比如不吃豬肉的穆斯林和嚴守佛門清規不沾葷腥的佛教徒），他們向來百無禁忌。中國沒有複雜的種姓制度來規定什麼可以吃、誰應該吃什麼。歷史上的中國統治者曾多次頒布詔令，禁止食用牛肉，但原因也不在於宗教，而是有實質意義——牛是農民耕種田間的重要助手。同樣地，中國人忌生食也並不絕對，而且部分是出於很實際的考量——吃生食容易得病。這在用「夜香」（人的糞便）做肥料澆田的文化中是相當合理的。當然，一方水土有一方水土的好惡，但都算不上什麼禁忌。即使中國人對乳製品不那麼感冒，但實際情況也被誇大了，因為中國人的飲食生活中一直給某些乳製品留有一席之地。

縱觀中國歷史，「食材」這個概念，其實不怎麼基於規則，而更基於可能性。在作物歉收和饑荒的時候，知道哪些野菜可以吃，窮人就抓住了救命稻草。而富人將豐富多彩的食材視作飲食樂趣的一部分，愈是出人意料、標新立異，愈是喜聞樂見。

英裔美國作家克里斯多福·伊舍伍（Christopher Isherwood）寫過他一九三八年來到中國的見聞，那時這片土地正飽受戰火蹂躪。他提到，進入一家餐館，看到「人們正在烹飪各種形式的竹子，包括用來做椅子的黃藤。我心想，這就是這個國家的特色啊，能吃和不能吃的東西之間沒有嚴格的界限。你可以先試著啃一頂帽子，或者從牆上咬下一口牆皮。同樣，你也可以用午餐的食材搭建一座小棚屋。一切東西都可以派上各種用場。」[2]他也許在戲謔，但字裡行間也自帶幾分真實。因為在中國，的確沒有指定什麼東西能吃，什麼東西不能吃。有的東西本身就是完美的食材，比如十一月的大閘蟹，或是春天第一批最柔嫩的竹筍。但即使那些被很多人棄若敝屣、粗糙而殘缺的東西，也能在某時某刻找到用武之地：重點不在於它是什麼，而在於你如何處理它。

完全成熟的水蜜桃，在任何人手裡都沒什麼「改良空間」了，所以在水蜜桃的原產地中國，人們通常就直接吃桃子。同樣，如果你有幸（在魚類資源日益減少的今天）邂逅一條野生黃魚，千萬別多事，只要簡單清蒸，也許再撒點雪菜即可；要是再畫蛇添足，那你就是瘋了。但大多數潛在的食材都沒有水蜜桃和黃魚這麼明確，就算傳統的肉類和魚類也有不完美的地方。古有烹飪始祖伊尹，曾說肉食都有一些讓人不太愉快的缺陷，需要用烹飪技巧來加以改善，所謂「臭惡猶美，皆有所以」。[3]現代中餐廚房也秉持同樣的理念和方法：一九九〇年代我在四川烹專上學時，老師教導我和同學們，很多動物和一些蔬菜食材都有令人不快的味道，需要透過汆燙、醃製和審慎使用某些調味料來進行淡化調和。

即使是不常入菜的食材，只要處理得當，也能美味非常。現實生活中，不愛收拾的人可能是數學天才；叫優秀的工程師去跳舞也許就無可救藥；但你要是能揚長避短，提供正確的用武之地，兩者都能成為難得的朋友與助力。廚房也是一樣，所有食材都有自己的特質，無論其優點是多麼微不足道。中餐廚師的職責就是不要因為種種缺陷而否定它們，而是要認真審視它們的特質，看看如何能透過各種創造將它們發揮出來。舉個最淺顯的例子：如果要做彈嫩多汁的白切雞，那麼肉質粗韌的老母雞顯然不合適，但能用來熬煮上等的高湯，那可比一隻豐腴肥嫩的童子雞合適多了。大多數動植物的大部分部位都是有可取之處的。就拿柚子瓤來說，無色無味，如同棉絮，但這並不意謂著它就沒有做食材的潛力。這一切的關鍵，在於廚師的技藝、創造力和想像力。

海蜇這個東西，乍看之下沒什麼飲食上的吸引力。而中餐廚師看著它，心裡想的可能是：我能怎麼處理這個東西？它有什麼缺點，又有哪些潛在的優點？顯然，它無色到幾乎透明無形，除了帶點並不吸引人的魚腥味之外，幾乎沒有任何味道。但它有沒有什麼優點呢？也許是脆嫩爽滑的口感——只要是中國人，都會喜歡。這樣一來，問題就變成了：我怎麼來揚長避短，彌補它的不足，並盡可能利用它的優點？對於海蜇，答案通常是徹底清洗，完全去除難聞的腥味，保持其脆嫩的口感，並配以可彌補其不足的配料：鹽和香油或醋可以提味，黃瓜絲或蔥絲可增色。就這樣，被全世界所有其他飲食文化所忽視的東西，就變成了餐桌上可口的涼菜。其實遇到任何事情，都適用這種冷靜細緻的分析方法。

表面上愈不像話的食材，對廚師構成的挑戰就愈大，而吃到它的人就會愈欣賞箇中美妙。長期以來，中國人一直推崇與西方現代名廚聯繫在一起的那種烹飪獨創力和智慧。而在十三世紀的杭州，你去一家餐館，就能吃到足以以假亂真的「假河豚」和「假烤鴨」，用的是其他食材，模仿的是前兩者的味道和口感。[4]而如今，有廚師能發揮聰明才智，將魚肉變成麵條，把纖維很多的香菇柄做成「麻辣牛肉乾」，或者把平淡無色的柚子瓤變成令人嘆為觀止的美味佳餚，那是多麼有趣啊。正如法國漢學家薩班所寫，中國人比較信奉的道理是「一道菜的成功，基本食材的性質是次要的，關鍵還是取決於做菜之人轉化這些原料的能力和知識。」[5]

十八世紀的美食家袁枚曾撰文頌揚自己的私廚王小余，讚美他能將樸素的材料變為美味佳餚：「八珍七熬（八珍指淳熬、淳母、炮豚、炮牂、擣珍、漬、熬、肝膋，七熬未知），這是珍貴的品種，您能烹飪，這正常。讓我驚訝的是，區區兩只雞蛋的飯，您做的必定跟普通人不一樣……如果才能好，則一把水芹、一味醬料都能做成珍貴奇怪的菜；才能不好，那麼即使把黃雀醃了三間屋子，也沒什麼好處。而貪圖名聲的人一定要做出靈霄寶殿上的烤肉、紅虯做出的肉乾，用丹山的鳳凰來做丸子，用醴水的朱鱉來炮製，不是很荒唐嗎？」[6][xiv]

很多中餐名菜都原料簡單，關鍵來自非凡技藝與烹飪功夫的加持。文思豆腐羹，十八世紀末揚州滿漢全席上的一道名菜，材料就是平平無奇的豆腐，但經過揚州廚師出神入化的刀工，切成千萬根細如髮絲的爽滑豆腐，漂浮在清淡可口的湯汁中。如果懷抱開放的心態，有一個善於分析的視角並身懷幾招廚房技藝，幾乎任何東西都可以做成美味佳餚。

中國民間傳說中有很多無心插柳卻發現美食的故事。通常會有這麼一個走投無路的人，勇敢地品嘗了一種之前沒人敢吃的東西，發現出乎意料地好吃。被西方人稱為「千年蛋」的皮蛋，其起源故事就很典型：一個人養的鴨子無意間把蛋產在爐灰裡，灰堆中的鹼性物質讓鴨蛋變黑，並使蛋白質分解與重組。之後主人吃了這個蛋，發現鮮滑爽口。著名的四川特產豆瓣醬，據說最早是由一個福建移民製作，起因是他捨不得丟棄包袱裡已經發黴的蠶豆。紹興有一種著名的鹹菜叫「培紅菜」，名字源於一個丫鬟，因為東家財主刻薄吝嗇，只給她吃黃菜爛葉，培紅沒辦法，只好發揮創造力，將菜葉醃製成美味。總體來說，對於外表看起來不怎麼好吃的東西，中國人不會望之卻步，而是保留意見，先自己嘗嘗再說。（難怪他們喜歡吃榴槤。）

也許，最能代表英國的菜餚就是烤肉配馬鈴薯和蔬菜，每一樣配料的烹飪方式都簡單直接，上桌後也基本保持原形，一目了然。要是英國廚師手裡沒有熟悉的食材，那就麻煩了。海蜇可不能單烤，柚子瓤也不可能單煮。但中餐就不一樣了，其本質就是轉變，是混合與搭配，是讓不同的食材達成圓滿的大和諧。中餐這個體系中涵蓋的技術和方法，可以應用於你想做的任何事情。

中餐烹飪史上，不乏將表面毫無關係但其實互補的食材搭配在一起的傑出範例：寡淡無味的花膠（即魚鰾乾製品）配上富含膠原蛋白的濃郁高湯，野味十足的牛肉配上鮮嫩爽口的芹菜，清淡的冬瓜配鹹香的蝦乾，豐腴的燉五花肉配爽脆的荸薺，味重的羊肉配清香的胡蘿蔔，沒有味道的海蜇配芬芳的香醋。每一種搭配都好似組建了一個優秀團隊，成員們互相取長補短，比如性格內向的資料管理員搭檔熱情好客的接待員、沉默寡言的配侃侃

xiv 譯注：這段引文來自英文文獻。中文原文出自袁枚的《廚者王小余傳》，前半段來自請王小余傳授技藝者的提問：「八珍七熬，貴品也，子能之，宜矣，嗛嗛二卵之餐，子必異於族凡，何耶？」後半段是王小余的回答：「能，則一芹一菹皆珍怪；不能，則雖黃雀鮓三楹，無益也。而好名者有必求之與靈霄之炙，紅虯之脯，丹山之鳳丸，醴水之朱鱉，不亦誣乎？」

而談的、羞澀的配大膽的、自由散漫的創作者配紀律嚴明的管理者。支持飲食多樣性，與支持文化、生物和神經多樣性是一樣的道理——容納的可能性愈多，就愈會導向有用、豐富的成果。廚師的工作不是排除任何可能性，而是發揮自身的技藝來「調和羹湯」。

我在中國吃吃喝喝，也學習烹飪的這些年來，已經擺脫了過去所有的英國式偏見，可以用冷靜、平和的眼光來看待任何哪怕只有一丁點可食用潛力的東西。我學會了如何把粗糙的味道變得細膩，如何讓無味的東西增添風味，如何充分利用不同食材的質地，如何運用刀工創造誘人的口感——說得更廣泛些，我學會了欣賞那些會被大多數歐洲廚師扔進垃圾桶的食物，能看到它們在烹飪上的可能性。現在，我就像伊舍伍筆下的中國人一樣，也能啃一頂帽子或咬一口牆皮了（至少在比喻意義上是成立的）。

如今，有了中餐學校的烹飪技術傍身，只要用心，我大概連一隻舊鞋也能做得很好吃吧。這話可能太誇張了，但也只誇張了一點點而已。中餐廚藝運用得當，鞋確實是能吃的——其實四川宴席菜中有道老菜就能說明這真的有可能，因為菜的原料是牛頭皮（紅燒牛頭方）。我對食材的態度，不僅包含了文化和情感認知，還有技術分析。潛在的新食材就像一個待解決的謎題。現在我會問自己：怎麼才能把這做成能吃的東西？帶著這種態度，整個世界就變成了一張白紙：一切皆有被食用的可能，正如伊舍伍的描寫。這真是堪稱美食界「光榮革命」般的解放。

中國美食的創造性，能擴大人類享樂的可能性（的確如此）。除此之外，這還事關一個非常嚴肅的問題：我們愈來愈能感受到氣候變化和生態系統退化帶來的種種壓力，所以需要改變飲食習慣，將更多的想像力發揮到日常飲食上。否則，我們可能會重蹈中世紀格陵蘭島那些挪威殖民者的覆轍：他們固守牛肉和乳製品的飲食習慣，不願效仿原住民以魚類和海豹為食，後來當地脆弱的環境再也無法支撐養牛業，於是他們活活餓死了。[7]

如今，西方廚師和各大企業正努力將穀物、堅果、豆類甚至昆蟲轉化成新形式的誘人食物，以滿足我們目前對源自動物的食品那種難以為繼的渴望。但這些人似乎根本沒意識到，千百年來，中國人其實一直引領著創新烹飪的潮流，且十分激進大膽。不僅如此，他們那些快樂、睿智甚至幽默的創新方式，恰如一本教科書，讓我們學習如何充分利用手頭任何的潛在食材，無論是海蜇還是柚皮。如果我們真的在努力改變、適應和保證未來有可持續的食物體系，也許是時候促進「東學西漸」了。

舌齒之樂：土步露臉

一個九月的下午，我來到龍井。那是個雨天。有人在龍井草堂門口撐傘迎接我，並護著我穿過雨意空濛的花園。周圍的茶丘在水霧中影影綽綽，雨水在池塘水面上肆意塗鴉出轉瞬即逝的圖案。我們沿著石階走到正廳，又進入一個側廳，那裡陳列著一排奇石，都放在木質基座上。阿戴就在那裡等我。龍井草堂的大廚為我倆安排了一頓特別的晚餐，有清炒蝦仁、小河蟹、上湯茭白筍絲和微苦的青菜——但最吸引我的，還是最後一道菜。

「紅燒划水」，杭城特色，用的是青魚（俗稱烏鰡）的魚尾，因為尾巴會在水中有力地划動而有了這個菜名。以高湯、料酒、醬油和糖一起燉魚尾，直到其中最滑嫩的膠質全都與鍋中物融為一體，產生如紅木一般深沉、重奶油一般濃郁的醬汁。一名服務生為我們每個人端上半條魚尾，每一份都有成年男子的手掌那麼長，躺在盤中那亮晶晶的醬汁裡，誘人極了。

吃大青魚的尾巴，「飯搭子」只能找和你關係特別好的朋友，因為會特別「沒吃相」，一片狼藉，還必然會有吮吸和咂嘴的「背景音」。唯一貨真價實的魚肉是偏居於尾巴根部軟骨彎曲處的一小塊，這裡還算能用筷子夾起來。容易吃的部分到這就算沒了，之後必須用手指夾起魚尾，好將尾鰭一根根費勁地掰開，中間夾著一層薄薄的、黏糊糊的膠凍，十分美味。要吃這個，得像舔花蜜一樣舔出來，用牙齒刮，用舌頭吮，把每一根尾刺上美味的部分都吸乾淨，只讓尾刺清清白白地留在盤子上。

「這個我們當然不會端給一般的老外。」阿戴盯著坐在他對面的我，滿臉滿手的醬汁，吃得欣喜若狂。我舔了舔嘴唇，繼續「一絲不苟」地享用嘴邊的寶貝。

紅燒划水吃完了，我們的手、嘴唇和臉頰上都沾滿醬汁，還泛著黑亮的光澤，像熔岩，又像果凍。屋外還在下雨，雨點溫柔地滴落在桂花樹間。

• • •

中國人吃東西的時候，會在食材的物理特徵中找到巨大的樂趣，這也是他們對食物充滿冒險探索精神的原因之一。在中餐的語境下，好的食物，不僅要講究風味，還要講究「觸感」，是食物與嘴唇、牙齒和舌頭之間生動熱烈的對話。我的烹專老師們總說，一道菜要稱得上成功，必然要「色、香、味、形」俱全。首先要色美，雙眼觀之愉悅；其次要氣香，鼻子聞之誘人；再來是味好，舌頭嘗之享受；還必須保持形質，味蕾觸之難忘。口感，是中餐美食享受的重要組成部分，給食客帶來全方位的感官體驗。

只要你是吃西餐長大的，可能都會合理質疑，怎麼有人想吃那麼麻煩的鴨舌和魚尾呢？鴨舌上的肉甚至比魚尾還少，其實可以說根本沒有。鴨舌特別小，吃起來費勁極了，鴨舌皮包著幾根骨頭和一個軟骨，皮吃起來還跟橡膠似的，被我父親稱為「高格鬥係數」的菜。吃鴨舌就像一場艱難的談判，光簡單的咀嚼和吞嚥是不夠的。西方美食界的人會覺得這完全說不通，因為西餐往往講究不要複雜，崇尚無骨淨肉。費一番工夫，只能吃到那麼一點點東西，何苦呢？幾年前，在香港的一場品酒晚宴上，我目睹一位法國釀酒師彬彬有禮地拿著刀叉，努力去解決一塊紅燒鵝掌——和魚尾與鴨舌同樣棘手的菜。他這樣是不可能成功的，因為唯有全方位調動牙齒和嘴唇，再讓一雙筷子來做輔助，才能從鵝掌這種部位上剝下薄薄的皮和軟骨。

我從小就被教導要養成英國傳統禮儀，吃飯時要盡量保持安靜。餐盤上的食物，必須用刀切成入口大小，叉起來舉到嘴邊；如果叉起好大一塊，只咬一口，剩下的再放下，那是粗魯無禮的行為。你嘴裡不能吐出骨頭，也不能把餐盤抬到嘴邊去接骨頭。像動物的尾巴、舌頭和爪子這種費勁的東西不僅不能吃，還是無法對抗的阻礙物，你要是非得下口，就不可能兼顧禮儀。在英式晚宴上，嘴裡含著無法下嚥的東西是非常尷尬的事，你得想辦法偷偷弄出嘴裡那塊骨頭或脆骨，藏在餐刀下面或口袋裡。想想當時在香港的那位可憐的法國人，在那樣的社交場合，他該有多麼焦慮和困窘啊。幾番刀叉戳刺無果後，他乾脆把這昂貴的食材棄置在餐盤裡。

到了中國，吃飯就輕鬆多了。所謂的餐桌禮儀相當簡單直觀：沒有整套細分的刀叉勺，只有一雙筷子；可能添上一根湯匙喝湯用，你想直接把碗送到嘴邊也沒問題。沒有正式的規定一定要保持優雅的吃相，只能說為他人著想的話稍微注意一下。享受餐桌上真實可感的樂趣一點也不失體面。即使是比較正式的場合，偶爾發出一點啜飲和吮吸的聲音，也不會有任何人覺得你沒禮貌；而要是平常上館子隨便吃吃，那可就隨心所欲了，甚至還會給你塑膠手套，方便你用手盡情吃東西，對著一個兔頭或一堆小龍蝦撕扯啃咬，形象全無。

近年來，中國美食影片重在展現感官享受，甚至可以稱得上「放縱」。鏡頭裡，筷子夾起生魚片或撕開炒大蝦時，麥克風聚焦在那嚓嚓嚓、啰啰啰、刷刷刷……顯得濕漉漉的聲音上，實在讓我大受震撼。幾年前在汕頭，我和一群潮汕美食家共進午餐，他們吃得興高采烈，發出各種聲音，聽起來真的很像一場聚眾狂歡的同步錄音。中國人對忘情放縱的吃喝並不感到尷尬，正如古代聖賢告子有云：「食色，性也。」

吃魚尾和鵝掌，就像在和情人嬉戲打鬧。你希望食物能調皮地反抗一下，不要像死魚一樣毫無反應地躺在你懷裡。正因如此，除了樂於享受鴨掌、鵝掌和魚尾、鴨舌這類「高格鬥係數」的獨特食物，中國老饕們還喜歡所謂的「活肉」：動物身上隨時彎曲與活動的肌肉，就像魚尾常在水中划動。活肉具有一定的拉伸力，比養殖場出來的雞胸肉那種暮氣沉沉的「死肉」吸引力要大得多。肉類、魚類和家禽，肉質最好的都要像練武之人那樣充滿活力，不能像貴妃一樣慵懶地躺在長椅上扇扇子。有時，雞頭、雞腳和雞翅會做為一道特色菜共同上桌，即所謂的「叫、跳、飛」。十八世紀的美食家袁枚在提醒魚肉不要烹調過度時，也展現了類似的偏好：「魚臨食時，色白如玉，凝而不散者，活肉也；色白如粉，不相膠黏者，死肉也。」[1]

我朋友保羅的媽媽，是加拿大傳教士的女兒，她在四川度過了童年。在民國初年的動蕩時期，她和家人偶爾會回加拿大，在沿長江去往上海的途中不得不冒著遇上河盜的風險。當時還因此遇著個笑話：河盜潛伏在偏僻隱蔽的地方，派探子前去觀察船客用餐的狀況，因為看一個人吃魚的習慣，就能充分了解他們能定多少贖金。只要是喜歡吃魚頭周圍那些難伺候部位的人，肯定是上流社會，品位不俗，絕對值得綁架；那些喜歡吃魚尾附近的人，應該也值個好價錢；至於那些吃魚吃得隨隨便便，根本不在意口感區別的人，根本不值得費事，直接扔進江裡算了。

喜歡那些難對付的複雜部分所帶來的感官觸覺，是中國美食口感鑑賞的一個方面。中國人談論飲食時，很少不提到其口感。竹筍是新鮮脆嫩，還是有點老了、渣了（纖維較多)?鵝腸吃起來是否爽脆?要是蒸餃裡包的大蝦缺乏必需的彈脆感,沒有一個廣東老饕會滿意的。而要達成這種彈脆感,必須經過漫長的準備過程:先要將蝦放在水龍頭下敲打,再以涼水浸泡、用鹽醃製,澱粉上漿再進行冷藏;蝦餃皮也必須彈糯,不能濕軟。目標客戶在西方市場的廣式點心往往不夠爽口彈牙,與正宗點心的差距就如同宅男宅女與奧運健兒。

任何稱職的廚師,都會注重追求完美的口感。做經典粵菜白切雞,要先把整隻雞放進一定量沸水中浸燙,到將熟未熟之際,用冰水「驚」過,鎖住皮肉之間那層汁水,使其變成一層凍,也同時讓雞皮更加緊實;而其餘的雞肉則利用自身的餘熱,繼續熟成至透,骨頭中仍然還能透著點粉紅。這道菜的美妙之處在於緊繃微脆的表皮、奢腴的油水凍和鮮嫩多汁的雞肉相輔相成、水乳交融。與之相比,常見的西式烤雞吃起來就像鋸木屑。

揚州獅子頭,必須肥瘦相宜,因此不能剁碎,必須手工細切,再反覆在碗面上用力摔打,使其連成一體,略帶彈性,但最終融化在口中。(當地淮揚菜廚師張皓告訴我:「要是用的瘦肉太多,就會硬得像牛排。」語氣中有種對西方人口味不經意的嘲諷。)相比之下,華南的潮州牛肉丸講究的則是極致彈性,放進嘴裡要吱嘎作響,必須用金屬質地的手打肉丸鎚反覆使勁地敲打生肉才能達到這種效果。在歐洲,義大利人堅持義大利麵必須煮得剛剛好,保持一定的勁道,而中國人對每種食物的口感都有著如此嚴格精細的要求。

專業食譜通常會在介紹一道菜時，對其味道與口感做出同樣詳盡精確的說明。我的藏書中有這樣一本，如此描述烹飪得當的雞子（雞睾丸）：「質地細膩柔嫩而有彈性，滋感甚美。」對某道菜口感的描述，可能會用好多詞彙，甚至用掉一整段的篇幅。（西方人往往會忽略這種微妙的感覺，因為他們對口感的描述簡單得就像三原色，不會有各種色調與深淺的變化。）閱讀中國美食書中對口感的描述，就像閱讀十八世紀英國小說《芬妮希爾》（*Fanny Hill*）對性愛的詳盡描寫：用愉快和奔放的創造性語言，反映了感官愉悅的無限可能性。

注重口感並非貴人雅士的專利，幾乎每個中國人都很在意這一點。比如，在成都文殊院附近有家簡陋的小吃店，賣的是嘴唇一捧就會掉渣的酥脆鍋盔（又叫鍋魁），灌入爽滑又緊實的麻辣涼粉。酥脆與滑溜、熱辣與酥麻交織在一起，令食客嘆為觀止。中國各地的小吃攤販各個都在暗地裡較勁，自家的魚丸一定要最有彈性，珍珠奶茶裡的珍珠必須粉糯爽滑。這種口感還有種說法叫「Ｑ」，源自台灣話，現在變成全世界的年輕華人都會使用的形容詞。讚賞食物有彈性，可以說它很「Ｑ」；特別有彈性的話，那就是「ＱＱ」了。

西方人喜歡的口感，中國人也相當欣賞：油炸大蝦外面裹的麵糊，乾香酥脆，一咬掉渣；烤好的雞皮香脆無比；奶酪爽滑Ｑ彈；慕斯細膩奢腴。但他們還會享受秋葵、芋頭和葵菜那種清爽而黏糊的感覺，這些往往是非亞洲人敬謝不敏的。還有一大類中國人特別喜歡而西方人大多皺眉厭惡的口感，那就是滑溜或濕脆的動物部位。一般來說，西方人不介意吃到那種咬起來濕乎乎又嘎吱嘎吱的蔬菜，比如黃瓜條、芹菜條或蘋果；但要是遇到雞軟骨這種動物部位，就只會覺得噁心。

中國人最最愛吃的食物中，有一些就是這種濕而韌脆的動物器官。社會階層較低的人群愛吃毛肚（有的光滑，有的呈蜂窩狀，有的褶皺很多，像舊書的書頁）、雞爪或豬蹄中的軟脆骨、脆韌的鴨腸鵝腸，以及滑溜溜的海蜇。而社會地位最高的則偏愛中餐中古老而隆重的珍饈：魚翅、海參、鹿筋、花膠和金絲燕唾液凝結而成的燕窩。每一種食材都昂貴非常，製作起來費時費力。食材從乾燥狀態復水後會變得滑溜或濕脆，在最後的烹飪工序之前完全沒有味道。口感是它們主要的吸引力。還有些滑溜或脆韌，但幾乎沒有味道的蔬菜也是如此，比如銀耳和最近流行起來的水晶冰菜，吃進嘴裡嘎吱作響，十分吵鬧。

有一次在倫敦，我在社交媒體上發布了一張照片，內容是在運河邊採集的新鮮木耳。一位（西方）評論家好奇地問我，真的覺得它們很美味嗎？我被問得發楞：這是我從來沒想過的。木耳沒有味道，但給人的感覺很美，爽脆、滑嫩，口感如果凍一般——如果用中文來形容，木耳可能並不「美味」，但一定是「可口」的，而可口（delicious）的詞源就是拉丁語中的「喜悅」。還有許多西方人覺得毫無意義的中餐佳餚也是如此，中國人喜歡它們，愛的就是那種舌齒間的獨特觸覺。

和大多數西方人相比，中國人欣賞和喜愛的口感不但範圍要大很多，對比也要強烈很多。最刺激爽快的莫過於食物質感上的矛盾碰撞：有些食物既柔軟又有彈勁，既滑溜又韌脆；或者看起來似乎很容易入口，吃起來居然有點「嘎嘣脆」，比如柔嫩的獅子頭中夾雜著荸薺，一吃到那種清甜脆嫩，宛如一個妙趣橫生的轉折。雞琵琶腿的脆軟骨，剛咬下去會有橡膠感，但猛嚼一下就會爽快地斷開，叫人為之一振——又一句可食用的俏皮妙語。江南大廚在魚肉中加入少許鹽和水，攪打上勁，搓成魚丸，只要方法得當，那簡直是感官奇蹟——既像奶酪一樣軟嫩，又有那麼點脆韌。我永遠也忘不了在香港陸羽茶室品嘗的一道早餐點心：蝦球。既脆嫩又多汁，上面團著一塊純白的花膠，滑溜溜、晃悠悠、軟綿綿，但又脆韌可口，如豬板油一樣閃著白光，卻沒有絲毫油脂。各種口感的對比與融合，正如調情纏綿，實在是無上享受。

對口感的創造性探索，不僅促使中國人比大多數西方人品嘗到更多的食材，還更深入地探索了同一種食物中不同的部位。海蜇的圓頂上那光滑的「皮」不過是入門級別，更叫人興奮的是海蜇用於將食物送進嘴裡的「觸手」(海蜇頭)，凹凸不平，頗為獨特，一口咬下去會產生一種撩撥人心，甚至有點攻擊性的脆響，在你的天靈蓋周圍餘音繞梁。在重慶吃火鍋，重點就是各種特別有彈性和橡膠感的食物，比如幾乎無法咀嚼的豬黃喉和牛黃喉。我們西方人遇到纖維質地過於複雜的動物部位，會單獨切下來，用料理機打碎，再製成廉價的香腸或寵物食品。而在中國，幾乎每個部位會因其獨特的性狀受到食客的喜愛。

有些高檔的北京烤鴨餐廳會做「全鴨席」，號稱除了鴨子的嘎嘎叫聲吃不到，其他什麼都有，從腳蹼到舌頭、從鴨心到鴨胗，每個部位都用不同的方法烹製。

傳統西方觀點理所當然地認為，中國人吃這些動物的邊角料，是因為窮得沒辦法了。要是吃得起鴨胸肉，幹嘛還要費心費力地去吃鴨子那小得可憐的舌頭？但在中國人眼裡，能吃到鴨舌才是一種特權呢：這可不是什麼饑荒年代的「安慰獎」，而是鴨子全身上下最寶貴的「金牌」。幾年前，我要在牛津做個展示，需要烹飪三百五十根鴨舌，就去了一家中國超市，花很少的錢買了幾包冷凍鴨舌——應該是被做烤鴨的英國人廢棄的部分。然而，如果是在沒有冷藏技術和全球化的時代，要一次集齊三百五十隻鴨子的舌頭，那是不可想像的。

如今，得益於冷藏技術和大型養殖場的普及，這種動物邊角料的供應比以前更加廣泛。但像龍井草堂這樣的餐館，肉類都採購自以傳統方式慢速飼養牲畜家禽的農民，所以供應量仍然有限。店主阿戴告訴我，他經常要安撫一些因為餐廳不能每天供應豐富的豬耳朵和鵝掌而失望的客人：「他們好像沒想明白，一頭豬只有兩隻耳朵，一隻鵝只有兩個鵝掌。」在中國的大多數地方，邊角和下水依然比肉賣得更貴。

龍井草堂沒有固定的菜單，廚房手裡有什麼食材，就做成相應的菜，送去每個包廂。要是發現自己面前擺上了一盤當天現殺的所有鵝的鵝掌，經過不厭其煩地剔骨，處理得爽脆滑溜，堆在美麗的青花瓷盤子上，你就知道自己坐在了最受重視的那一桌。其他包廂的人肯定在開心地吃著普通的肉，但你們這桌卻中了頭彩：你們是今晚的「帝王」。知道自己是「天選之人」，享用著餐廳當天能提供的最優質和最稀缺的食材，這種令人顫慄的興奮感是中國老饕祕而不宣的巨大樂趣之一。

在這樣的餐廳裡，動物的各個部分如何分配、端給哪一桌，強烈地表達了偏愛、特權和社會等級。付錢最多或是店主最尊重的人能吃到最稀缺的部分，其他客人吃到次一等但仍然美味的部分，而員工餐就用剩餘的下腳料做成。在這個全球化的現代世界，英國人私下丟棄的數不清的動物器官，有一些就漂洋過海來到了中國，被當作最美味的佳餚大受歡迎，彷彿形成了一個完美的對稱。

• • •

初來中國時，我和大多數西方人一樣，對那些跟橡膠一樣且需要費時費力去吃的部位感到失望、畏懼和困惑。但日子久了，我的思想和味覺逐漸覺醒，開始享受口感和「格鬥」的樂趣。我漸漸愛上了海蜇頭滑溜溜的韌脆，魚頭上那盔甲一般的骨頭中隱匿的層層膠質和魚臉中兜著的小塊絲滑魚肉。我學會了如何把魚頭吃淨，只剩下一堆清清白白的魚骨魚刺，也學會了如何津津有味地與鴨舌互動。不僅如此，我還懂得了感恩，明白有時候能有幸得到最稀缺和最珍貴的部位，是多大的特權。

我進入了奇妙無窮的口感世界，這旅程在多年時間中以一種漸進而隨機的方式展開。自從「皈依」以來，我不知不覺就成了努力傳播中餐美妙口感的「傳教士」，為此撰寫了大量相關文章，在不同國家的各種活動中談論這類話題，並在自己組織的中國美食之旅請外國食客們品嘗一系列的口感。我熱中此道，不僅因為學會享受口感能讓已然美妙的飲食過程變得更為有趣刺激，它還能讓人們更全面地欣賞中餐的全貌。如果你不會欣賞口感，當然也可以享用中餐。有很多美味佳餚是只要擁有正常的西方味覺就能品嘗和喜愛的。但是，要是沒有被口感之樂所「感化」，無法享受那種珍稀食材的特權帶來的額外心理刺激，很多著名的中國佳餚，不論家常菜還是上品珍饈，都將難以透徹理解。

我欣喜地發現，許多西方人一旦意識到還存在如此的美食維度，就會無比沉醉地樂在其中。無數人告訴我，他們其實從未想過可以這樣有意識地去探索食物本身的口感。光是意識到口感在中餐裡的重要性，就為他們打開了感覺和認知的新大門。突然間，撥雲見日，那個以前看上去叫人迷惑重重的美食領域變得清晰、明瞭和有趣起來了。

我的美食教育歷程中，最重要的就是學會了如何欣賞食物的口感，這讓我能與中國朋友們充分分享飲食之樂。在餐桌上，我不再是個帶有自身界限和偏見的老外，而成為一個融入其中的參與者。何其欣慰，當有幸得到也許是一生難遇的最大美食恩惠時，我已經準備好了。

還是在龍井草堂，我們幾個人正在吃晚餐。席間，服務生端來一個放在青花瓷盤上的帶柄瓷碗，柄上纏繞著一條小小的野生鯰魚，是生的，剔透閃光。這條魚只是用來展示的。真正的玄機藏在碗中：一碗金黃的上湯，湯汁中漂浮著許多白色的小碎塊，蜂擁挨擠。原來這些是兩百條小鯰魚的臉頰，一共四百塊臉頰肉。如果桌上只有一條鯰魚，主人將臉頰肉挑出來放在我碗裡，那我肯定會受寵若驚。但現在可是四百塊臉頰肉啊！餐廳的其他包廂裡，人們喝著這一大群魚剩下的部位熬成的魚湯，但我們竟然被「賜予」了所有的臉頰肉。我實在目眩神迷，不禁帶著驚訝和愉悅大笑起來。這道菜有個十分詩意的名字——「土步露臉」。每當有人對我說，中國人吃那些邊角的部位是因為窮得沒辦法，我就會想起這道菜。

關於「口感」的簡短、古怪且不詳盡的漢語詞彙表

單字詞

嫩：tender、delicate、youthful（新鮮的嫩豌豆尖、蒸扇貝）。

軟：soft（煮到失去勁道的麵條、溏心蛋）。

滑：slippery、smooth、slimy（海蜇、芋頭、蓴菜、葵菜、上了漿的雞肉或魚肉）。

潺：粵語，形容「滑」（芋頭、秋葵內部的黏液）。

脆：crisp、crunchy，通常有點濕潤，咬下去的時候會發出響聲（雞軟骨、生黃瓜、芹菜、花生）。廣東人會說「卜卜脆」，為擬聲詞，形容吃花生和洋芋片等油炸食品時的聲音。

酥：乾而易碎（香酥鴨子、天婦羅、用酥皮做的東西），或者軟嫩到幾乎解體（慢燉的五花肉）。

鬆：loosely textured（綠豆糕、肉鬆、棉花糖、英式司康）。

爛：水煮、蒸製或慢燉到幾乎或完全解體（燉了很久的牛腩、粉蒸肉、煮得粉粉的馬鈴薯）。

爽：briskly cool，一咬就斷，嘴裡感覺很清新，這是相對比較新的詞，至於究竟什麼是「爽」，答案非常主觀（粉麵〔米粉、河粉或米線、細麵〕、涼拌木耳、雪梨、西瓜）。這個詞也可以應用在非食物的領域，形容乾淨、利落、不黏糊糊的感覺。比如「爽身粉」。粵語中形容咀嚼「爽」口食物的感覺，也是用一個擬聲詞：嗦嗦聲。

彈：elastic、springy（潮州牛肉丸、炭烤魷魚）。

韌：有拉伸力，柔軟可彎折，但強健有力（鵝腸、煮得勁道的義大利麵）。

Q或QQ：chewy and bouncy，源自台灣，現在全中國都在用（珍珠奶茶的珍珠、魚丸、鹼水麵）。

糯：glutinous、sticky and huggy（寧波年糕、糯米）。
潤：moist and juicy（烤雞腿、義大利香腸）。
膠：sticky、gluey、gummy（煮熟的豬皮、豬尾巴）。
黏：sticky、gluey（湯圓、鮑魚）。
緊：tight、taut（非常新鮮的肉、水煮雞肉）。
清：clear and refreshing（清湯）。
稠：有流動性但稠厚（粥、濃蛋黃醬）。
稀：薄而流動的液體（稀飯、寡水清湯）。
粉：floury、powdery（煮熟的菱角、炒栗子、用堅果粉或豆粉做成的糕餅）。

二字詞

滑嫩：slippery and tender（蓴菜、豆花、焦糖布丁）。
軟嫩：soft and tender（大良炒鮮奶、芙蓉炒蛋、奶酪）。
鮮嫩：fresh and tender（蒸扇貝或炒瑤柱、去殼的蒸／炒大蝦）
細嫩：delicately tender and fine-textured（雞子、豆花、焦糖布丁）
油潤：juicy with oil（豬網油清蒸魚、義大利烤腸）。

滋潤：juicily moist（獅子頭）。
酥脆：shatter-crisp and snappy-crisp（烤乳豬的皮、豬油渣）。
有勁：a bit springy and muscular、a little resistant to teeth（揚州魚丸、廣式餛飩）。
嚼勁：chewy、taut、tight（水煮雞皮、豬黃喉、潮州牛肉丸）。
脆嫩：both crisp and tender（爆炒腰花、爆炒河蝦）。
勁道／勁道：firm、strong、al dente（主要用於形容麵條，源自北方方言）。
柔軟：soft（奶酪、融合了很多食材的濃湯）。
軟糯：soft and glutinous（燉熊掌、糯米丸子〔珍珠丸子〕、用某些方法烹調的海參）。
清爽：clear and refreshing in the mouth（酸辣粉、涼拌木耳、涼拌海帶）。
膨鬆：puffy and loosely textured（英式鬆餅）。

幾個常用短語

入口即化：melts in the mouth（東坡肉、冰淇淋）。
肥而不膩：richly fat without being greasy（東坡肉）。
爽口彈牙：brisk and refreshing in the mouth、as well as al dente（「彈牙」直譯就是bouncing on the teeth）。

不好的口感

硬：hard、woody（沒能烤到酥脆的豬皮、蔬菜的硬莖稈）。

柴：like firewood（失去水分的火雞肉、烤過頭的牛排）。

綿：cottony、mealy（煮過頭的腰子、煮過頭的牛肚）。

老：elderly（纖維太多或吃起來像皮革的東西，很多煮過頭而乾掉的食物都會老）。

膩：greasy or cloying（油炸時溫度過低的食物、甜到過頭的東西）。

珍稀的誘惑：賽熊掌

「土步露臉」讓我嘆為觀止，不過那些魚臉頰肉雖然數量驚人，卻只是來自普通的魚，就像鴨舌也只是取自稀鬆平常的鴨子。當然，如果還想體驗更極致的美食特權，大可去吃珍稀動物的奇怪部位，比如熊掌——兩千多年來，中國老饕中地位最高的權貴們就是這麼做的。曾經，這種美食嗜好相對無害，但在當今環境危機和動物族群大規模滅絕的時代，這種行為已難以為繼。隨著人畜共通傳染病的風險不斷加劇，尤其，人們擔心新冠疫情的第一把火可能就來自中國某市場販售的野生動物，食用野生動物遂成為中餐最具爭議的話題。

中餐對於奇飲異食的痴迷可謂源遠流長。生活在西元前四世紀的孟子，對其前輩孔子的哲學思想進行了進一步的闡釋和擴展。他提到道德選擇的問題，以魚和熊掌兩種美味做了個著名的比喻來表達自己的觀點：「魚，我所欲也；熊掌亦我所欲也；二者不可得兼，舍魚而取熊掌者也。生，亦我所欲也；義，亦我所欲也；二者不可得兼，舍生而取義者也。」

[1]他認為，為了達成某些價值，可以為之犧牲生命——這與他「人性本善」的立場是一致的。而熊掌做為終極珍饈，用來象徵最高尚的道德，十分恰當。

熊掌的魅力在於神祕——如此珍稀的食材，除了帝王之外，人們幾乎終其一生也沒機會品嘗。在古代中國，狩獵是權貴生活的娛樂項目之一，很多野味會偶爾出現在餐桌上，做為對家畜的額外補充，比如野兔、梅花鹿、雉雞、鶴、斑鳩、大雁、鷓鴣、喜鵲、豹和貓頭鷹。[2]熊是最吉祥的動物之一，要是有人獵到一頭熊，按照慣例，都必須敬獻給君王，由後者來擺「熊席」。熊肉通常都會吃掉，但只有靈活的前掌被視為最美味的珍饈佳餚。[3]（一頭熊只有兩隻前掌。一位資深大廚曾對我說過，前掌比後掌更細嫩美味。）

和所有的潛在食材一樣，熊的各個部位，包括脂（熊背上的脂肪）、肉、膽、血、骨和腦髓，都被認為具有滋補功效，李時珍在十六世紀撰寫《本草綱目》時對此有詳細闡述。書中提到熊掌「食之可禦風寒，益氣力」，並建議和酒、醋、水同煮。[4]無論感官吸引力如何，潛在食材的滋補療效是中國人樂於進行飲食冒險的另一個原因。有些東西可能既不美味也不可口，但如果被視作一種有效的藥物，還是可能值得一吃。因此，中藥湯劑中可能會有一些毫無美食吸引力的配料，比如切成薄片的鹿茸（梅花鹿或麋鹿的雄鹿未骨化而帶茸毛的幼角），或粗糙又苦澀的草根樹根。中國古老的醫藥書籍系統性地分析了幾乎所有當時已知動物和植物的藥性，從平平無奇的草藥和蔬菜，到老虎、犀牛和駱駝。人們一直認為野生配料的療效比人工養殖的更有效，所以中國人對取自野生動物身上的藥物有著堅持不懈的需求，比如穿山甲鱗片和犀牛角（這兩種動物如今都瀕臨滅絕）。

人們還認為，食用猛獸就能吸收牠們的威嚴雄偉，讓自身也具有那種力量和優點。十四世紀忽思慧編纂的宮廷食譜《飲膳正要》中概述了虎肉的種種吸引力：只要吃了虎肉進入深山，那裡的老虎見了你都要害怕得躲起來；另外，虎肉還能驅散很多引起疾病的邪祟。（「食之入山，虎見則畏，辟三十六種魅。」）[5]今天應該沒什麼人會吃虎肉了，但其他的野味仍然具有類似的吸引力：我為倫敦的一些朋友烹調過鹿鞭湯，其中一位是中國廚師，他吃得欣喜若狂，原因之一是鹿鞭來自曾經馳騁在蘇格蘭高地的野生雄鹿，那肉湯中橡膠口感的小塊東西讓他彷彿身臨其境地去到了那片高低起伏的美麗風景之中，召喚了這些生靈的陽剛之氣（功能性之類的就更不用說了，要是傳統醫藥傳說可信的話，這東西就是一種天然威而鋼）。

熊掌的重點並不在其美味。與燕窩、魚翅等備受中國人推崇的食物一樣，生熊掌也會讓廚師望而生畏。做為野生肉類，熊掌有一種濃烈的腥羶味，所以需要浸泡、汆水等繁複的淨化過程。它不僅毛茸茸的，巨大的骨頭和筋腱還緊密相連，需要長時間烹煮才能勉強入口。（傳說，有暴君惡名的商朝亡國之君紂王，有一次發現端上的熊掌差了火候，做得不好，於是雷霆震怒，把廚子處死了。）[6]客觀地說，熊掌並不是能讓人食指大動的東西：

任何一個中國人，無論貧富貴賤，應該都會承認紅燒豬蹄或五花肉在風味和直接的感官愉悅方面比熊掌更勝幾籌。但吃熊掌並不像吃四百塊魚臉頰肉一樣，純粹為了補充營養：它所帶來的激動與快感，主要是心理作用。

對熊掌和其他珍稀食材熱愛的源頭是一種文化，將冒險進食視為在世上棲居與體驗的快樂生活方式。屈原的詩歌〈招魂〉，旨在召喚已經飄散的亡靈起死回生，其中表達了面對食物時純粹的喜悅，在約兩千三百年後的今天依然鮮明生動：

室家遂宗，食多方些。
稻粢穱麥，挐黃粱些。
大苦鹹酸，辛甘行些。
肥牛之腱，臑若芳些。
和酸若苦，陳吳羹些。
胹鱉炮羔，有柘漿些。
鵠酸臇鳧，煎鴻鶬些。
露雞臛蠵，厲而不爽些。
粔籹蜜餌，有餦餭些。

瑤漿蜜勺，實羽觴些。
挫糟凍飲，酎清涼些。
華酌既陳，有瓊漿些。
歸來反故室，敬而無妨些。[7]

作者列舉了各種近乎神奇的食材，家養與野生俱全，勾勒出一幅誘人的豐裕場景。就在屈原寫作〈招魂〉前，廚師伊尹也對君主成湯有了那番勸諫，帶他進行了一場未來王土上的美食之旅。伊尹不僅提到了水果和蔬菜，還有現實與神話中的「神奇動物」——後者相當於中國的獨角獸；他還專門讚頌了其中一些動物的部位：

肉之美者：猩猩之唇，獾獾之炙，雋觾之翠，述蕩之掔，旄象之約。……魚之美者：洞庭之鱄，東海之鮞，醴水之魚，名曰朱鱉，六足，有珠百碧。雚水之魚，名曰鰩，其狀若鯉而有翼，常從西海夜飛，游於東海。[8] xv

xv 譯注：此處的白話文是：最美味的肉，有猩猩的嘴唇，獾獾的腳掌，雋觾（鳥名）的尾巴，述蕩這種野獸的手腕肉，彎曲的犛牛尾和象鼻。……最美味的魚，有洞庭的鱄魚，東海的鮞魚，醴水的朱鱉，六隻腳，口中能吐出青色珠子。雚水有一種魚叫鰩，樣子像鯉魚而有翅膀，常在夜裡從西海飛到東海。

伊尹說，等一個人具備了統治者所需的道德品質，當上了天子，他就不僅能夠統治幅員遼闊的偉大帝國，還能品嘗其中的美食珍饈。正如另一位賢哲荀子所言，「天子也者，勢至重，形至佚……必將芻豢稻粱、五味芬芳以塞其口。」[9][xvi]

「珍饈」這個概念很早就出現了。《周禮》對周朝御廚的工作人員做了理想化的描述，其中提到君主的食物包括「八珍」，但沒有明確指出究竟是哪八珍。[10]《禮記》則詳細列出了應該為受尊敬的長者特地準備的八種佳餚，其中包括「淳熬」（肉醬與肉油澆飯）、「炮豚」（煨烤炸燉肚子裡塞了棗子的乳豬）和「擣珍」（牛、羊、麋、鹿、麇〔即獐子〕的里脊肉捶搗成肉泥）。[11]不過，雖然「珍」在周朝時指的還是做好的菜餚，到後來「八珍」一詞就用來籠統指代重要大宴上出於禮節需要準備的奢華食材（「八」是中國人眼中最吉祥的數字）。[12]

熊掌只是其中之一。還有一樣在現代駭人聽聞的古代珍饈叫「豹胎」，豹的胎盤。從漢代到西元六世紀的各種文獻資料中經常提到這種食材，好像特別受人們喜愛。[13]中國歷代文獻中對食用奇珍異獸的描述往往會模糊現實與幻想的界限，比如伊尹的那番話中，不僅提到了烤貓頭鷹和竹鼠等可以獲得的東西，也有龍肝、猩唇、鳳凰蛋和飛魚等所謂的「食材」。[14]這其中至少有那麼一些顯然從未被真正食用過：「龍肝」可能是對馬肝的一種美稱；而元朝還有一種「珍」是用某種乳製品做成的「蟬」（酥酪蟬），這說明伊尹列出的珍饈中有些可能是用比較常見的食品仿形製作的。[15]然而，不管是真實存在的熊掌，還是臆想中的鳳凰蛋，眾多奇異的珍饈都代表了不可思議的文明光輝與美食樂趣，超越了大多數人最狂野的想像。

明清兩代，乾海參、乾魚翅等海產被奉為美食聖殿中的頂級食材，反映了中國與其他國家海上貿易的日益頻繁。與它們齊名的還有中國北方的一些物產，比如駝峰、鹿筋和蛤士蟆（雪蛤）。[16]十八世紀末，戲曲作家李斗描述的揚州滿漢全席菜單上不僅有「假豹胎」，還有鯽魚舌燴（真）熊掌[17]，這屬於典型的配對：一道菜中，珍稀動物的某個部位和比較普通的魚類的較稀缺部位搭在一起。李斗沒有寫清那道菜用了多少鯽魚舌，但考慮到那東西特別小，可以想見應該用了很多。

一張「八珍」單子倒不一定要有稀奇的動物部位——近幾個世紀來，中國文獻中的一些「八珍」都是比較普通的美食，比如蝦和燻雞，甚至有竹筍和銀耳等蔬菜——但通常都會有。[18]用非凡的食物驚豔四座是中國權貴階層用餐樂趣的一部分，正如西方精英烹飪文化講究用珍稀年分的葡萄酒博得賓客稱讚。大多數普通的中國老百姓，只要能得到上好的時令食材進行精心的烹飪，就很知足滿意了；但在某些圈子裡，珍饈食材仍然會被端上

xvi 譯注：省略號的前後兩句來自《荀子》的不同篇章，此處的白話文是：天子權勢最重，身體極其安逸……一定要用牛羊豬犬之類的肉類、五穀等細糧、帶有各種香味的美味佳餚來滿足自己口胃的需要。

桌，引發驚嘆。

至於我個人，在逐漸進入中國美食圈子的過程中，被別人邀請一同品嘗的食物不斷升級，叫我嘆為觀止：從廉價麵館的便飯，到著名餐廳的宴請，再進入這些著名餐廳的私人包廂，還有幸受邀到私人飲食俱樂部以及一些朋友們的私廚餐廳；從豬肉和茄子到大閘蟹和手剝河蝦，再到海參、鮑魚和燕窩湯。在甘肅農村的隆冬時節，村民們和我分享了一個「凍瓜」，他們專門將之儲存在農舍屋簷下，以備節慶和喜事之需——這可是數九寒天難得的奢侈享受。（正如一八五七年德庇時爵士所說，在中國，對特殊食物的喜好並不局限於權貴階層。「如果說權貴在做飲食選擇時充滿奇思妙想，窮人自給自足的食物也同樣心思花巧。」）[19]

我的美食之旅充滿了很多事後回想起來覺得不可思議的時刻：「我真的吃過那東西？」有時，我遇到的美食融匯了令人驚嘆的高超技藝，比如細得可以穿過針眼的手工拉麵；有時則是包含了深不可測的智慧，比如那道有四百塊魚臉頰肉的「土步露臉」。還有一些場合，讓我大開眼界的則是食材本身。有一次，在華中河南省的鄭州，一個朋友給我介紹了一道菜，名叫「紅燒麒麟面」。麒麟是中國神話傳說中吉祥的神獸，在英語中有時被稱為獨角獸（unicorn）或龍馬（Dragon Horse）。根據某些描述，牠的身體像麝鹿、尾似牛尾、有狼額、足如馬，頭上頂著獨角；還有的說牠是馬身、兩隻彎曲的犄角、有鱗。[20]麒麟本身當然是不存在的，我們肯定吃不到，那個菜名不過是人類一種詩意的幻想。但實際上桌的菜餚也幾乎同樣奇特：它的靈感來源於東北滿族的一種古老美食，最初是用麋鹿臉上的肉做成，但我們那道菜用的食材是駝鹿臉。

對，一張真實的駝鹿臉，或者說是那巨大的鼻子，怪異又驚人，攤在大圓盤上的一汪醬汁當中，而我正凝視著牠那微張的巨大鼻孔。臉的兩側各擺了一排用綠色小菜心做的「魚」，有黑色的眼睛和用金橙色胡蘿蔔做的舌頭，彷彿從超現實主義的幻想中走出來的一樣。朋友幫我夾了一塊鼻孔周圍的部分，實在太美味了：既不是肉，也不是脂肪或皮，彈性和黏性兼備，同時又如奶油一般柔滑。我知道自己以後可能再也品嘗不到這樣的東西了，所以每一口都盡情享受回味。那天晚上，我回到住處，和人生的好些晚上一樣，驚嘆不已：這世上竟然有這麼多不同尋常的東西可以烹飪和食用。

在中國，你的社會地位愈高，能享用的美味佳餚就愈多。古時候，單單要吃肉，就得是有錢人。權貴階級或許能時不時地品嘗到魚翅和燕窩，但也許只有皇帝這樣的九五之尊才能吃到鯽魚舌燴熊掌。現代中國的上流社會也許體現在飲用上乘波爾多紅酒，食用鵝肝、日本和牛與傳統中國珍饈上。在中國人看來，追求金錢和權勢的一大動力，就是它們能極大地提升你在美食領域見世面的機會。

珍饈美饌的高昂價格與文化意義，造就了特定的一類純粹「事務性」的美食交流。帝制時期，皇帝必須坐在鋪張著奢華食物的桌邊，以彰顯他對帝國的掌控，儘管他並不一定想吃這些食物。（美籍華裔學者何翠媚查閱了乾隆皇帝及其家人每日的御膳單，發現他們真是想吃什麼就能吃什麼，但他們實際的日常飲食中明顯缺少了「好幾種著名的滿洲名貴珍饈——熊掌、猴頭菇、鹿茸、海參和人參」。）[21]

當代中國，食物被戰略性地用於培養商場人脈以及結交權勢官員。中秋節前後，整個中國彷彿都在饋贈和回贈一盒盒包裝得精美過頭的月餅。一次，一個富有的生意人送我幾盒包裝特別漂亮的月餅，後來我打開發現裡頭的東西都發霉變質了——說不定已經送來送去「流通」多年，是一種「食品貨幣」，不是真正的食品。區區幾小包茶葉，可能會被裝進公文包大小的奢侈包裝盒中，以達到最大程度的衝擊效果。最高級別的食品，價格高到離譜，甚至可與黃金等價：可食用的「賄賂」，彷彿蜘蛛吐絲，將對方牢牢套在黏性很強的「義務之網」中。與價格和象徵意義相比，一盒冬蟲夏草甚至燕窩的味道或藥用價值都沒那麼重要。正如二十世紀美食作家汪曾祺在談到（如今幾乎已經絕跡的）長江鰣魚時所感嘆的：「（鰣魚）成了走後門送禮的東西，『吃的人不買，買的人不吃』。」[22]

事務性宴會上，重要的是菜餚有多麼名貴。中國提供高級宴會服務的餐廳通常有私人包廂的固定套餐價格。收費愈低，菜單愈普通；給得愈多，食材的量就愈奢侈，種類就愈珍稀。過去的典型大宴，通常會以主菜的主材命名，其他的菜品再多也成不了主角：所以你可能會被邀請赴「海參席」或「熊掌席」。一個在中國某省會城市高級酒店工作的粵菜廚師告訴我，他曾承辦一位企業家宴請一群當地政府官員的餐會，那是他做過最昂貴的一頓飯。他說，那是「一頓只有八道菜的簡單晚餐」，但食材卻包含價值四千英鎊的乾鮑，還有魚翅、燕窩和一種名為「蘇眉魚」（龍王鯛）的珍貴魚類。此情此景下，珍饈美饌就是一種很有價值的貨幣。（事先確定宴席的貨幣價值，並期待餐館用與之相配的食材加以烹製，這個傳統在中國由來已久：一三二〇年代，曾在中國生活的聖方濟各會修士和德理〔Odorico da Pordenone〕提到，在餐館舉辦宴會的人可能會對老闆提出這樣的要求：「為我做一頓晚餐，我這邊有多少個朋友，我準備花多少錢。」）[23]

• • •

二十世紀，中國人自古以來對珍饈美饌的熱愛和全球環境危機產生衝突。其實，物種滅絕的主要原因並非人類的相關消費，而是生物棲息地遭到大規模的破壞所致——然而，一些中國老饕對已然瀕臨滅絕（而且很多是極度瀕危）的生物的某些部位情有獨鍾，這種癖好愈來愈站不住腳。一九七五年，首部《瀕臨絕種野生動植物國際貿易公約》生效，禁止跨境貿易被認定為瀕臨絕種的動植物；中國於一九八一年成為該公約的簽署國。一九八九年，中國首部《野生動物保護法》開始實施，對瀕危物種實行管制；在該法涉及的各種動物中，長期被食用熊掌的棕熊與黑熊赫然在列，被定為國家二級保護動物。

一直到一九八〇年代，熊掌在中國仍是一種完全合法且備受推崇的珍饈。當時菜單上仍會出現它的身影，包括為外國政要舉辦的國宴。[24]但有了新的立法和普遍的道德標準，公然消費熊掌及其他瀕危動物的器官已不再被允許。然而，富有的中國老饕仍然垂涎於它們，願意為此支付天價，導致交易沒有停止，只是轉入了地下。一九九〇年代，中國經濟繁榮發展，更加劇了此一問題，因為更多的人有錢了，能去滿足自己對於美食的追求與幻想；而全球交通愈發便利，又擴大了非法出口到中國的野生動物貿易的地理範圍。從非洲到南美加拉巴哥群島，海龜、穿山甲、犀牛角、熊掌等野生動物食材從世界各地流入中國，至今依然如此。全世界最大非法野生動物產品販運市場的「頭銜」，令中國蒙羞。[25]

各國媒體不時報導查獲熊掌及其他非法食品和藥品的事件。二〇一三年就有一起轟動一時的大案，內蒙古海關在一輛從俄羅斯入境的廂型車輪胎中查獲多達兩百一十三隻熊掌。新聞報導展示了這些熊掌排開數排擺滿一地的照片，毛茸茸又血淋淋，法律專家估計它們在黑市上的價格超過四十五萬美元。[26]儘管這些案件備受矚目，但最終負責執行野生動物法律法規的某些中國官員往往是這類違法行為的同謀。中國《環球時報》在這起熊掌走私案的報導中援引了一個匿名野生動物販子的話，說食用熊掌的人大多是「企業高管和政府官員」。[27]我就有好幾次撞見餐館廚房裡正在為旁邊私人包廂的政府官員享樂宴飲準備非法食物，包括眼鏡蛇、大海龜和大鯢（俗稱「娃娃魚」）。

即使是《野生動物保護法》本身也是漏洞百出。表面上看，立法的目的是保護野生動物，防止珍稀生物滅絕，卻允許透過養殖對野生動物「資源」進行所謂的「合理」開發。[28]自然保護主義者早就指出，允許出於科學和經濟目的馴養和繁殖野生動物，為那些販運者提供了「洗白」禁運品的良機，大大鼓勵了盜獵和走私。二〇二〇年，新冠疫情大流行的初期，人們懷疑武漢某市場上一個野生動物販賣點就是病毒爆發的中心。與此同時，中國政府宣布了加強野生動物保護法案的計畫，並立即禁止食用陸棲野生動物，加大力度打擊非法野生動物貿易。然而，專家們仍懷疑這些措施能否成功地保護脆弱的瀕危生物免遭販運和食用的噩運。[29]

造成極大破壞的不僅是消費非法食材。一些在很多地方依然合法且歷史悠久的美食也同樣問題很大，其中最「臭名昭著」的就是魚翅。民間傳說中，最初漁民賣了鯊魚肉之後，只剩下魚翅，就將其變成自己的食物。但最終他們認定，軟骨般的魚翅更美味，並且潛在利潤更大。[30]到明朝末期，魚翅已經成為人們趨之若鶩的食物。一九九〇年代，華南廣東地區的經濟迅速發展，加之那裡的人們一直對魚翅珍視備至，需求就愈來愈大，也因此對全世界的鯊魚種群帶來了災難。中國老饕並非鯊魚面臨的唯一威脅，巨型拖網漁業也把鯊魚做為混獲魚種之一進行大量捕殺。[31]然而人們普遍認為，中國人對魚翅的嗜好是導致全球鯊魚數量岌岌可危的主要原因；動保人士還會強調「割鰭棄肉」的殘忍性，即漁民只把珍貴的魚翅從鯊魚身上活活割下來，再把殘缺不全的鯊魚扔回水中等死。

其他文化中的美食家同樣鍾情於一些稀有而昂貴的美食，其中許多在當今世界已是頗受道德質疑。在英國，我們由來已久地推崇著很多美食，比如烤松雞（一種小型獵禽，捕殺牠們會造成環境破壞）、野生蘇格蘭鮭魚（現在已極其少見）、魚子醬（通常取自野生鱘魚，如今極度瀕危）和海鷗蛋（幾乎從未見過）。西班牙人到現在還熱愛吃幼鰻，儘管如今歐洲鰻已經極危。日本最受歡迎的壽司食材來自瀕臨滅絕的黑鮪魚。法國美食家仍然敢冒法律之大不韙，食用圃鵐這種瀕危的鳴禽（有個臭名昭著的故事：法國前總統法蘭索瓦·密特朗（François Mitterrand）在一九九六年去世前的最後一頓晚餐中就有圃鵐。）在冰島、挪威和日本都很受歡迎的鯨魚肉，有許多已被列為瀕危或易危物種。此外，現代世界的大多數人，無論生活在何處，都在以非永續的方式食用著肉類和魚類，都是生態退化的幫凶。如果把全人類比作一隻饕餮怪獸，正把諾亞方舟裡全部的東西狼吞虎嚥地塞進自己的胃裡，這應該是個非常貼切的諷刺。

然而，不管我們做為人類共同體該負多大的責任，破壞性美食的問題在中國的確十分突出，因為中國人有著喜歡珍奇食物的悠久傳統，而且對幾乎任何食材，不論動物植物都秉持非常開放的態度。中國人不僅吃圃鵐、幼鰻、鯨魚肉，還有其他多到令人髮指的食材

（無論合法非法）。如果是北極地區的原住民，當然可以說依循傳統食用鯨魚肉是他們文化與生計的關鍵，但中國人已經擁有如此多的美味了，還要食用瀕危物種，那麼任憑它們做為美食有著何種歷史意義，都很難將如今的行為合理化。在這樣一個氣候惡化的時代，乘坐私人飛機都成了一種特別令人反感的行為。同樣，在生物滅絕的巨浪之中，還有什麼比刻意尋找最稀有的生物，並為了刺激取樂吃掉牠們更荒唐畸形的呢？

有很重要的一點需要指出，絕大多數中國人既沒有途徑也無意願去吃昂貴的珍奇食材。然而在當代世界，這類消費無疑使得宏大而優美的中餐明珠蒙塵、白璧有瑕。外人可能不知道，吃奇珍異獸在中國國內其實也一直飽受爭議。自古以來，賢哲與有識之士總在勸誡人們要節制飲食，比如生活在西元前五世紀到前四世紀的墨子，就曾引用「古者聖王制為飲食之法」：

> 足以充虛繼氣，強股肱，耳目聰明，則止。不極五味之調，芬香之和，不致遠國珍怪異物。[32] xvii

xvii 譯注：此處的白話文是：食物足以充飢補氣，強壯肢體，使人耳聰目明就行了。不必追求五味的極致調和與氣味芳香，不要蓄意得到遠方國家珍稀、奇特和不同的食物。

商朝亡國之君紂王，是歷史上惡名昭彰的殘忍暴君和墮落放縱之徒。他不僅「以酒為池，懸肉為林」，還有一雙俗麗奢華的象牙筷子。據哲學家韓非子說，這種器具是用於吃豹胎之類的奇異珍饈。[33]執迷於美食可能會讓人做出駭人的行為：比如春秋時期，鄭靈公的一個臣子就因為主公將楚國進獻的黿熬湯後沒有分給他品嘗，從而怒火中燒，做出了弒君之舉。在現代中國，奢侈珍奇的飲食往往與政治腐敗和政府官員的貪婪有關。二〇一三年，對中共高級官員薄熙來的貪腐指控審判，透露了一個耐人尋味的細節，他的兒子薄瓜瓜在去非洲旅行後，為他帶回一大塊某種（未具名）珍稀野生動物的肉。[34]眾所周知，習近平於同年發起的廣泛而嚴酷的反腐運動所產生的積極影響之一，就是嚴禁公務奢華宴請，那樣的場合常會出現魚翅和各種非法美食。

南宋時期有個匿名作者指出，沉溺於奇祕美食，任由他人忍飢挨餓，也是德行有虧的行為：

> 嗚呼！受天下之奉，必先天下之憂。不然素餐有愧，不特是貴家之暴殄。略舉一二，如羊頭簽止取兩翼，土步魚止取兩腮，以蝤蛑為簽、為餛飩、為棖甕，止取兩螯，餘悉棄之地；謂非貴人食。有取之，則曰：「若輩真狗子也！」[35] xviii

十六世紀的戲曲家、養生家高濂曾寫道：「飲食，活人之本也。……人於日用養生，務尚淡薄……惟取適用，無事異常。」[36] xix

當代中國人也普遍不讚賞獵奇飲食。我最近遇到一名年輕女性，她說去雲南度假時跟幾個朋友絕交了，因為他們在當地一家餐廳吃了非法野生動物，讓她備感驚駭。我的另一位朋友滿臉羞愧地形容說，滿是珍奇異獸的餐桌「就像一個動物園」。雖然魚翅在某些社會領域仍受到追捧，我的很多中國朋友卻對食用魚翅持嚴厲批評，且想不通為什麼會有人為了尋求刺激，想吃這樣怪異的食物。

•••

現代西方對食用魚翅和其他瀕危生物多有批評，但問題在於往往帶有濃厚的種族歧視

xviii 譯注：出自南宋飲食譜錄《玉食批》，作者署名為「司膳內人」，泛指宮中女廚。篇章記載的是太子每日所食佳餚，展現其窮奢極侈、暴殄天物，「因撰是書譏之」。此處的白話文是：哎，享受了人間的供奉，就應該首先設法減輕窮苦百姓的痛苦，否則，此人就不配品嘗哪怕是最簡單的美食，更不配享受富人的過度奢華。比如，只吃羊頰、魚臉、蟹腿，而包餛飩或蟹釀橙只取螯肉，其餘都會被丟棄，並說這不適合貴族的餐桌。要是有人撿這些食物來吃，就會被斥為狗。

xix 譯注：出自《遵生八箋》，白話文是：為了維持生命而吃的食物，應當提倡簡單和健康……我只取適宜的來記錄，不考慮奇異怪誕的。

色彩。在全球生物多樣性岌岌可危的時代，食用魚翅、熊掌等珍稀動物器官顯然是不道德的。但因為西方人想都沒想過要吃這些東西，這種譴責也很廉價。西方反對食用魚翅的運動總是有失偏頗：二〇一一年，加州採取行動禁止食用、持有以及銷售魚翅，一些亞裔美國人詬病說，這是對整個亞裔族群的歧視，因為除了中國人之外，沒人喜歡吃魚翅。[37]這裡不是在為消費魚翅辯護，但我們有理由發問，為什麼只有中國人才應該為保護環境和動物福祉做出文化上的犧牲？為西方眾多餐桌提供食物的工業化養殖肉牛，對亞馬遜雨林造成了殘暴的污染和破壞；現代漁業也為鯊魚等物種帶來了滅頂之災，這些問題何以避而不談呢？

有位美國作家寫了一本關於鯊魚的書籍，各方面都很優秀，唯一的美中不足就是將魚翅斥為「毫無滋味的半透明麵條」，並認為魚翅湯是「有史以來最大的騙局之一，只是一種身分的象徵，其最主要的配料對成品沒有任何實際價值。」她認為，吃魚翅比吃鵝肝等其他不符合道德的食物更應該受到譴責，從中「得不到任何美食享受……（魚翅湯）沒有任何烹飪價值，只是一種毫無實質的空洞象徵。」[38]字裡行間暗示著法國人愛吃鵝肝，這種殘忍的美食相較之下就沒那麼不道德了。這是西方文化優越感的一個例證，實在讓人目瞪口呆。

至晚從十九世紀開始，西方人就有一種鄙視中國人吃奇異食材的傾向。他們有個根深柢固的觀點：中國人最初開始吃奇特的東西，是因為貧窮、飢餓難耐。然而，正如著名飲食人類學家西敏司所說，「需要並非發明之母」，認為中國人是走投無路才在飲食上自甘冒險，只不過是居高臨下的自以為是。[39]無論在古代還是近代的中國，熊掌都是屬上流社會的食物。魚翅最初流行於宋代，那時中國南方一些城市已經相當精緻成熟，那裡的人們也許是全世界有史以來吃得最好的。[40]中國的一些烹飪傳統的確源於貧窮或節儉，如紹興那些獨特的發酵食品；但有些卻是因為富裕和特權，比如對昂貴珍奇食物的喜愛。

如今，當丹麥著名餐廳「諾瑪」（Noma）的主廚雷哲彼（René Redzepi）將螞蟻或馴鹿鞭放在菜單上，他就是個料理天才，人們會從世界各地飛來品嘗。倫敦廚師弗格斯·亨德森（Fergus Henderson）或雪梨的喬希·尼蘭德（Josh Niland）用牛肚或魚肚做出美味佳餚，他們就是開創先河的藝術家，在世界各地有著大批擁護者。然而，中國廚師用鴨舌或鹿臉做出神奇的菜餚，竟然會有人說他們是走投無路的貧農或殘忍的野蠻人。英國紳士吃的是「野味」，到中國人餐桌上就成了「野生動物」。即使同樣是破壞環境的飲食，遊戲規則也相當不公平，因為比起日本人吃鯨魚或黑鮪魚、英國廚師烹飪幼鰻等行為，中國人吃魚翅所遭受的罵名顯然要更多。在這樣的「雙標」下，難怪華裔群體會感到不安和憤怒，也難怪真正吃魚翅的人偏要對西方那些道德說教充耳不聞。

二〇二〇年，新冠疫情大流行初期，科學家提出病毒可能是從武漢一個生鮮市場的某攤位傳播出來的，於是西方對中國人飲食習慣的偏見達到了一個極端的新高度。突然間，國際媒體紛紛將中國的市場描繪成可怕的「中世紀動物園」和滋生疾病的「污水坑」。似乎沒人真正意識到，所謂的「濕貨市場」其實只不過是出售新鮮農產品的市場而已：這個名稱來自香港和新加坡，兩地剛打撈不久的海鮮通常會放在冰塊上出售，冰塊會滴水，地面每隔一段時間就會沖洗以保持清潔。

總體來說，農貿市場是中國生活的樂趣之一：新鮮的時令農產品堆得像小山，盡量不用塑膠包裝。這裡也是日常社交的中心。這種市場長久以來的持續存在（儘管在城市化浪潮中逐漸衰落）是很多中國人仍然吃得健康的原因之一。野生肉類曾經在某些地區算是常見，但如今已極其罕見；大多數的中國市場即使出售活物，也只是魚類和貝類，在某些地區還有家禽。新冠疫情大流行凸顯了中國某些市場上野生動物與人類近距離接觸的危險性，但本應是對衛生、野味交易監管和人畜共通傳染病等風險的合理擔憂，卻被人為製造的恐慌和添油加醋所湮沒。

如果西方的運動倡導者能在呼籲停止食用瀕危物種時不再擺出輕蔑的態度，中國食客可能會更願意傾聽。或許換個角度看待這個問題會產生更好的成效：那就是努力去理解為什麼這樣的食物有著受到重視的悠久歷史，從相互尊重的立場上來討論環境保護的問題，並承認許多西方飲食偏好同樣（儘管可能不那麼明顯）具有破壞性。在提倡停止食用瀕危物種的同時，我們可以做到理解和尊重中國人對珍饈異饌由來已久的喜愛——正如在西方提倡以植物性食物為主的飲食習慣，也可以不貶低將肉類做為飲食核心的西方烹飪傳統。從廣義上來說，認識到我們其實處在同一個境遇，都努力在嚴峻的新環境危機下重新協調與傳統飲食方式的關係，這也許會有所助益。

長期以來，我都是中國美食的忠實擁護者，所以對相關話題的看法非常複雜，一路的個人歷程也充滿變數。當年來到中國的那個年輕女孩，發誓要吃遍天下，屏棄文化偏見，努力從中國人的角度理解中國食物的味道。西方對中餐的雙重標準和貶低態度讓我頗為煩惱。我在四川吃了兔頭和鵝腸，在廣州吃了蛇，在北京吃了駱駝蹄。中國飲食的樂趣、浪漫與冒險讓我深深沉醉。我逐漸喜歡上許多西方人反感的滑溜與膠狀口感，津津有味地仔細品味魚肚的黏稠和海參的脆彈。我也和中國人一樣，情不自禁地受到珍饈異饌的誘惑。

我常在想，中國人吃的食材究竟有多少種？關於中國美食的工具書《中國食經》宣稱：「中國烹飪所應用的原料，概分為主配料、調味料、佐助料三大類，總數在萬種以上，常用的有三千種，所用原料數量之多，居世界烹飪之首。」[41]因為有在中國的親身經歷，我可以相信這一說法。儘管如此，幾乎每次去中國，我都能品嘗到從未嘗試過的全新食材，可能是動物，可能是蔬菜。我常常想把自己在中國吃過的所有東西列一個完整的清單，也許可以模仿知名藝術家翠西・艾敏（Tracey Emin）的裝置作品「所有和我睡過的人」（Everyone

I've ever slept with），把所有食材的名字都用刺繡的方式嵌入一頂帳篷的內壁——但我懷疑自己可能需要一頂戶外大帳篷。

在過去的四分之一個世紀裡，我吃過一些任何人都不應該再吃的食材，其中包括魚翅，對此我追悔莫及。有時我是完全不明就裡地吃了它們；有時是明白這是慷慨的好意贈予，不願意因為拒絕而冒犯對方；更糟糕的是，有時我就是一時興起「雜食主義」，不管不顧——這完全應該受到譴責。漸漸地，我意識到，自己不僅是在展現對中國文化的開放態度，可能還在這個過程中包容了其較為過分的一面，這樣的認知讓我心情沉重。最終，我對這種「越軌」的內疚和自我厭惡超越了一切的愉悅或對禮貌的遵守，我發誓要劃清界限，永遠不再吃這樣的食物。

同樣地，我也希望處在中國精英階層的老饕們（我很榮幸自己偶爾能做個訪問成員）能夠與那些已經變得惡名昭彰的食物劃清界限，轉而充滿自豪地宣揚鴨舌、柚皮、竹筍和豆腐。中國美食的神奇美妙早就應該得到國際社會應有的認可，而食用瀕危物種對這個進程有百害而無一利。魚翅與熊掌也許曾是歷史上的中餐珍饈，但曾經無傷大雅的嗜好，在今天已是一種倒行逆施。拒絕這些食物其實就是一種愛國義舉。如果有人認為，即使價值觀和環境發生了變化，一個社會也不能放棄曾經珍視的傳統，那麼想想「裹小腳」吧。中國男性曾經癖愛的「三寸金蓮」，是對婦女的殘害，再也沒有人會建議復興這種野蠻的習俗。

而且，除了那些奇珍異獸，不是另外還有上萬種食材嗎？中餐的最大優勢在於，絕對不缺奇妙的可食之物。追求美食刺激的人可以在日常食材中發現新的珍饈美饌，比如魚和禽類的舌頭、只有特定區域才能吃到的地方特產，或是賞味期限極短的時令食材；還有些本來普通的食材，有了精湛烹飪技藝的加持，也能變得非凡神奇。現在，與古代「八珍」相呼應的是「山珍海味」，曾經這裡頭可能也包含了熊掌，但也有野生菌菇和可持續獲得的野味鹿肉，當然也有其他美味可口且能吃得心安理得的好東西。人人都可以做個沒有破壞性的「雜食動物」。

更具體地說，有很多傳統食譜精妙地模仿了古老珍饈的外觀、味道和口感，這是一千多年前即誕生的「仿製食品」傳統的一部分。想向宮廷傳統致敬的話，你大可以網購熊掌形狀的模具，放入羊肉甚至素食配料。在浙江，大廚朱引鋒曾教我做過一道「賽熊掌」，用料是豬蹄。他費心地將其剔骨，放進砂鍋中精心熬製的上湯裡，煮上幾個小時，直到豬蹄呈現出美麗的金色光輝，像一個吻落在我的嘴唇上，之後就化在口中。就算是皇帝來了，也很難不滿意吧？

庖廚
烹飪的技藝

KITCHEN
Culinary Techniques

大味無形：一品鍋

計程車停在外灘的一端，黃浦江畔浮華的舊上海展現在眼前。我面前是一棟殖民時期修建的宏偉建築，曾是這座城市的電報大廈；造訪當時基本上已經荒廢了。我費了點力氣，才推開一扇巨大的鐵門，走過大廳，鞋子和大理石地面摩擦著發出「劈啪劈啪」的聲音。我來到接待台前，一名警衛打了個簡短的電話，便把我領進鐵籠子一般的電梯，送我上五樓。

我本以為拍攝影片之前的午餐會是一頓便飯，可能一碗麵條就行，但蟹先生正在一間豪華餐廳裡等我。餐廳以白色和金色精心裝飾，掛著水晶吊燈，透過兩側窗戶能將上海的天際線盡收眼底。蟹先生坐在一張大圓桌前，桌上擺了兩人用的餐具，還有傳統的本幫開胃菜，叫人垂涎欲滴。

我也落了座，掃了一眼菜餚：有新鮮的河蝦，每一隻都裹著光閃閃如釉面般的醬油色濃汁；稜角分明的翠綠菜心；象牙白的醃筍；柔軟的芋艿球點綴著金色的桂花；還有片好的甘蔗燻鴨。「都是本幫菜，」蟹先生說。「本幫菜」指的是上海本地家常菜，用以和「海派菜」相區別，後者融合了歐洲、俄羅斯和中國其他地區的各種風格，雜糅旁收、不拘一格，也是這個城市兼收並蓄的一大特色。「但我們喜歡用最上等的時令食材來做。」

我們一口菜還沒嘗呢，餐廳的門就被猛然推開，一名戴著帽子的廚師走了過來，他的手推車上放了一個巨大的砂鍋。「來，來。」蟹先生邊說邊站了起來。我倆圍到砂鍋前。廚師揭開鍋蓋，我們彷彿立地升仙，被一團蒸氣包圍了。鍋裡有一隻全雞、一整塊肘子和一大塊金華火腿，全都躺在極其清澈的湯汁中。這些食材加清水燉煮了四個多小時，除了少許料酒和一塊薑之外，沒額外加任何配料。

廚師舀了一些湯到兩個小碗裡，我倆先吸一口那醉人的香氣，再喝一口。「記住這個味道。」蟹先生說，然後示意廚師繼續。於是，廚師把雞肉掰開，又往我們的碗中添了湯，我們品嘗著現在已經充滿雞肉特有香味的湯汁。之後廚師又一一破開豬肘和火腿，每一次湯的成分都會發生變化，感覺就像聆聽交響樂的序章：首先是輕柔的弦樂，再是木管樂器深沉的調子，接著奏響豪邁鏗鏘的銅管，最後我們的口腔被它們美妙的合奏填滿。

這湯是如此豐盛豪華，但從某種意義上來說，也是無形的。它是各種食材的影子，清澈透明；是愛人在房間裡留下的氣息；是某種不在場的東西激蕩起的漣漪。是的，你能看到湯中影影綽綽的雞、火腿和豬肘，但內裡都已融化殆盡。重點變成了它們周圍的液體「空間」，彷彿一個金色的謎團，那原本的清水將其精華（它們的氣、它們的生命力）吸乾收盡。那既是虛無，又是萬物；既是空空，也是圓滿。我們面前的湯，這質地稀薄的清湯，完美地體現了中國人所說的食材「本味」。沒有任何讓人分心的雜味去掩蓋食材的味道，搶它們的風頭，只有一縷酒香和薑味將肉腥完全消除。我們吃的東西已經昇華為某種抽象的完美。

蟹先生請我喝的湯，是一道古老的江南菜餚，「一品鍋」。「品」字的三個「口」曾經代表裝滿祭祀食物的碗碟，在這個菜名中是指湯的三種配料。現代漢語中，「品」字還有個十分貼切的動詞意思——「品嘗」。這道清湯非常奢華地體現了一整個流派的中餐，旨在不受干擾地呈現上等食材的「本味」。這種菜餚發源於古時候的祭祀羹湯，都是把珍貴的動物肉切塊，燉煮到精氣化為蒸氣緩緩上升，引誘神靈下凡。但現在經過改良，口味更適合有血有肉的凡人了。

兩千多年來，中國人一直把「本味」掛在嘴邊。西元前三世紀，由商人呂不韋記載的廚師伊尹與成湯那次傳奇會面，文題就是「本味篇」。這是一篇有關道德與政治的寓言，全篇以烹飪作比。伊尹告訴成湯，雖然透過烹飪可以去除肉類食材各種令人不喜之處，但至關重要的是保留其內在的特質。[1]同樣地，我在四川烹專做學生時，就和同學們一起學習了如何透過烹飪技巧來展示上好食材的本味，去除任何對其有損的東西，以溫柔的手法提升本已存在其中的美妙之味。

優秀的中餐廚師總在尋求「本味」與「調味」之間的平衡——後者是指透過添加調味料而產生的風味，比如酸甜的糖醋味。在強調「本味」的菜餚中，調味料的添加需要慎之又慎，目的只能是襯托主料，切不可喧賓奪主。通常，這類菜餚的名稱中都會有個「清」字，提醒人們主料的特點應該突出，清晰而明亮，不被額外元素所干擾。比如，一條「清蒸」魚，通常只會加少許的鹽、料酒、薑和蔥來去除魚腥味；而「清燉」雞湯顏色會清澈透明，完全突出純粹的雞肉風味。

當然，強調本味的菜餚必須依賴食材的品質和新鮮度。養殖的魚帶了一種泥污味，可以用濃郁的香辣醬汁來加以掩蓋。但要是你想「清蒸」這條魚，那就蓋不住了，那味道會過於明顯、無處可藏、令人不快。人工雞精和味精也許可以用來湊合一鍋清湯，再調製成酸辣湯；但要是用這些不怎麼樣的食材來做「一品鍋」，那就沒什麼品頭了。要做注重本味的菜餚，必須採購盡量上等的食材——中餐中最優越的「精英」美食往往顯得最樸素，這是原因之一。

中國有很多種地方菜餚，其中有些最重「調味」。比如，川菜就是以其包羅萬象的「複合味型」聞名，有發酵調味料、辣椒、花椒、糖、醋……萬般排列組合起來，達到熠熠生輝的效果。有些「勢利眼」會覺得川菜比較低級，甚至只能算農家菜，其調味多也是原因之一——他們認為吃川菜的人都是因為沒什麼實在的東西「下飯」，只能依靠重味的調味料。同樣強調用料調味的還有湖南菜、雲南菜、貴州菜和江西菜。相反地，所謂「地位較高」的菜系，通常以優質配料和清淡口味著稱，比如江南富庶城市和南粵地區的菜餚。即使在同一地區，你的社會地位愈高，口味也會愈清淡。例如，四川著名的平民菜餚麻婆豆腐，用的是廉價的原料，調味也大膽奔放；而傳統的宴席珍饈則有「清蒸江團」和清淡的「雞豆花」：雞胸肉打成泥，形成「豆花」，漂浮在清澈的湯汁中。

中國的美食家經常試圖透過讚美本味來展現自己的品位高，同時也抨擊那些他們看來亂七八糟的菜餚，配料隨意拼湊，調味也過於重口味。美食家袁枚對烹飪的純粹性要求極高，堅持認為炒糖色為菜餚增色、加香料為菜餚添香，都是一種粉飾，只會傷及食材本身的好味道。（「求色不可用糖炒，求香不可用香料。一涉粉飾，便傷至味。」）他以頗具個人特色的尖銳口吻斥責道：「今見俗廚，動以雞、鴨、豬、鵝，一湯同滾，遂令千手雷同，味同嚼蠟。」又說，「吾恐雞、豬、鵝、鴨有靈，必到枉死城中告狀矣。」[2]

反之，袁枚認為，一個好的廚師，應該配備不同的鍋碗瓢盆，好讓每種食材展現自己的精髓特質，每道菜都具備獨特的風味。（「善治菜者，須多設鍋、灶、盂、缽之類，使一物各獻一性，一碗各成一味。」）惟其如此，才能使得「嗜者舌本應接不暇，自覺心花頓開。」[3]充分體現「本味」的菜餚，依然和調味菜一樣，是廚師的藝術創作，因為仍然需要烹飪技藝來糾正、調整與潤和大自然所餽贈的味道。但人為的改善是非常微妙的，效果也是很自然的。

毫無疑問，袁枚一定會贊許龍井草堂的菜餚，尤其是他們的招牌老鴨湯。這道菜用的是散養土鴨，要三年老鴨，肉質成熟，風味深邃，遠遠勝過任何「年輕鴨」，超市裡賣的那種養殖鴨就不用提了。鴨子會塞進一個瓷缽中，加入一瓢水、一勺酒、少許鹽、蔥和薑，小火蒸上四到五個小時，直蒸到鴨子癱軟地浸潤在充滿自身味道的湯汁中（這種方法稱為「燉」）。成品鴨湯的量不多，但一定會是你這輩子喝過最美味的鴨湯，深邃、濃郁而芬芳。用中國人的話說，這鴨子是「原汁原味」，完美體現了其風土和飼養方式。可以想像，這樣一隻鴨子，應該不會去「枉死城」上告烹飪牠的廚師，反而可能給他頒發一枚金牌。

湯是中餐中幾乎頓頓不可少的菜品。中餐日常基本膳食的簡稱就是「四菜一湯」，相當於英語中的「肉配雙蔬」。在中國的家常菜餐館、中國旅行團的行程安排和曼哈頓的唐人街，你都有可能看見「四菜一湯」的標語。一九六〇年代，毛澤東甚至將此做為國宴的標準，旨在避免浪費金錢和國家資源。[4]（國宴菜自然品質很高，這個基礎標準可能不會算上多種小盤涼菜，不過當然會與帝制時代的熊掌、駝峰等奢華珍饈大相徑庭。）

中國尋常人家的簡單晚餐，清淡的湯可能是唯一的「飲品」，作用與西餐中的一杯水或葡萄酒相同。這種湯的形式多種多樣，可以是水煮蔬菜，也可以是加了昂貴蟲草的燉全鴨。清澈的湯汁中，食材沒了重力的束縛，四處漂浮著，像一幅立體的抽象畫：一簇簇綠葉、一片片番茄、一縷縷金黃的蛋花。只需將蔬菜放入水中略煮，就能得到一鍋清爽的湯：我特別喜歡南瓜湯，湯汁染上了淡淡的金橙色，從南瓜塊那裡借來一縷幽微的香甜。在中國南方的鄉村地區，人們歷來喜歡把米煮熟後將絲滑的液體當湯喝掉，這就是米湯，有時裡面還會加少許蔬菜。北方人吃餃子，會來上一碗煮餃子的麵湯，原湯化原食。幾乎所有中國人都比任何西方人更需求和渴望喝湯。我已經在中國人的飲食之道中浸潤多年，也對湯產生了永久的渴望，常在自己家裡做湯喝湯。

做為食材精華的載體，湯通常有藥用滋補功能。在其他文化中，雞湯也是一種滋補食品，但中國人通常會在雞湯和其他湯中額外添加一些藥材或蔬菜，也許針對特定的身體疾病、個人體質或特定季節，就像一張處方。大多數中國超市都有各種品牌的袋裝（藥）湯料，比如「雪耳清潤湯」，裡面有玉竹、蜜棗、杏仁、蓮子、淮山、乾百合和銀耳。在華人社區中，廣東人以擅長煲湯養生聞名，他們用這種方法來適應炎熱潮濕的氣候，保持健康。[5]美妙的一鍋湯料中，通常有豬肉，但有時也用雞爪、豬肚等配料，再搭配糾纏的根莖和草藥，為湯賦予微苦、草本味或花香，是粵菜的特色之一。在廣東人心目中，這樣的「靚湯」往往象徵著愛與關懷。許多粵式滋補湯在上桌前都要過濾，營養豐富的湯液充滿了全部食材融合的美味，分到小碗當中，已經被吸乾精華的固體食材則留下不用。

除了做為餐桌上的一道菜，也充當治療各種疾病的良藥以外，湯還是經典中餐裡最重要的調味品之一（用作調味的往往是濃湯）。它就是「鮮」的化身，配料的美味鮮香全都灌注其中。美妙的湯汁自然是湯麵和其他很多湯品的靈魂，但要是在燒菜或炒菜中淋入那麼一點高湯，就能產生「提鮮」的作用。在味精肆虐中餐之前，廚師都依靠高湯來為菜餚增添風味。日常的濃湯可能會用豬骨熬製；而更濃郁奢華的湯，即「上湯」或「高湯」，則常用整隻雞和豬骨慢火熬成，還要加入鴨肉、金華火腿和各種海鮮乾貨，更添鮮香。

各種配料的精確組合是每位大廚祕而不傳的招牌。高湯對於廚師出菜的品質和特色至關重要，所以有個說法是「廚師的湯，唱戲的腔」，都是表達藝術修為的手段。山東的一位老師傅告訴我，過去，他可是「沒有湯，不做菜」的。開封美食作家孫潤田說，在民國時期的開封，一桌大宴開席，總要先喝一碗湯，可以透過評估湯的水準，來準確預測這頓飯的整體品質；更有甚者，一家講究些的館子，調味的湯用完了，這一天就會打烊，掛出「湯畢謝客」的牌子。[6]

• • •

一九〇八年，一位日本化學家的發現對中餐的未來產生了深遠影響。池田菊苗被海帶湯的美味所吸引，決心確定其化學來源。他從湯汁中分離出美味的化合物麩胺酸鈉

（monosodium glutamate），國外多直接簡稱「MSG」。日本「味之素」公司將此一科學發現進一步開發，開始以工業規模生產MSG，直至今日。MSG應該是在一九六〇到一九七〇年代在中國流行起來的，那正是計畫經濟時代，生活艱苦、肉類匱乏。對大多數人來說，為了要熬一鍋好湯去購買適當的原料，價格實在過於昂貴。但這種被中國人命名為「味精」（味之精華）的白色細粉末，就是一條風味的捷徑。加了味精，再普通不過的食材都能煥然一「鮮」，擁有本來沒有的濃郁美味。如果你不用醬油（在增添風味的同時也會讓食材呈現暗紅的色調），味精就是完美的選擇：無色，在成菜中完全隱形，而且非常美味。

味精及其近年來的衍生品「雞精」（和味精差不多）可謂旋風般地席捲中國。在西方，味精只被工業化食品生產商和垃圾食品餐廳所採用；但在中國，沒人能抵擋它的吸引力。在家做菜的人能用它給簡單實惠的菜餚施加一點「魔法」；家常菜館和街頭小販也能以此增加成品風味；即使是廚藝嫻熟的老師傅，也能撒下少許「味精星塵」，偷得一點好處。

中國人很快習慣了那些加了味精、口味頗重的菜餚。不多加這一點東西，好像什麼菜都乏味平淡了。除了最好的餐館，其他的餐館根本沒有精力去用製作費神又成本高昂的高湯，而且也似乎毫無意義。既然雞精與味精就能做出「金湯瓊漿」，讓顧客滿意飽足，還大費周章地熬什麼高湯呢？僅僅過了一代，製作上等高湯的祕技似乎就已失傳了。

幾年前，在龍井草堂的廚房裡，董金木師傅給我上了一堂烹飪課。他年過花甲，身體健壯，有一種冷幽默的氣質，本來已經退休，又被餐館老闆阿戴硬拉來一起創立草堂。之前的四十年，他都在杭州著名的「樓外樓」做菜，這家餐廳坐落在西湖邊，以經典的杭幫菜聞名。歲月變遷，樓外樓也早已「與時俱進」，但董師傅是一九六〇年代在那裡受訓的，帶他的師父按照味精出現之前的老手藝教導他要精心準備高湯和菜餚。阿戴請他和另外兩位老師傅出山的目的很明確，要復興傳統作法，並將其傳授給新的一代。

二〇〇〇年代初，阿戴開了龍井草堂，一心要以守為攻，打破味精在中國一統天下的局面。他對我說，「味精固然可以提味開胃，但掩蓋了食材的本味。我們應該學習道家，讓食物回歸自然。」他禁止自家廚房使用味精和其他所有非傳統調味料，堅持讓廚師們自己製作濃郁的高湯來為菜餚提味。所有人都覺得阿戴瘋了，要是一家餐廳仰賴農家慢養的土雞、本地豬來熬高湯調味，怎麼活得下去？從商業角度而言，這無異於自殺。

阿戴告訴我，「人們喜歡不用味精而用真高湯的理念，是因為他們知道湯有多好，但這樣的菜很貴，表面上又看不出來。大多數人不願意為額外的成本買單，他們已經習慣了花比較少的錢吃到看似完全一樣的菜。」

但阿戴力排眾議、堅持己見。最終，在他的餐廳裡，你可以品嘗到兩個多世紀前袁枚吃過和寫過的那種食物，用的是來自同樣地區同樣的當地食材，烹製方法也和袁枚的私廚一模一樣，這在全中國也是鳳毛麟角。

「嘗嘗這個，」董師傅說著就從炒菜檯邊的一個碗裡舀起一勺金黃的液體遞給我。這是將干貝和雞肉一起蒸製而析出的湯汁，美妙風味被淋漓盡致地提煉了出來。董師傅用它來豐富湯和醬汁的味道。此味只應天上有，或是出現在柏拉圖式的理想當中，鮮美、複合而鹹香。接著他又從一鍋「咕嘟咕嘟」的紅燒划水（魚尾）中舀出一勺醬汁給我嘗了嘗，那液體呈現深酒紅色，美味驚人。我心想，這就是人們所說的「風味的深度」吧：品嘗這味道，就彷彿在凝視一汪古老的深潭。

傳統中國廚房裡製作的湯，主要有幾種。最重要的是「清湯」，一種透明的肉湯，通常用雞肉和豬肉熬製，也會加入其他配料增添鮮美之味。通常先把食材汆水斷生，沖洗掉全部殘留的血沫，再加水沒過，用極小的火慢熬數小時。之後，再經過兩道工序對湯汁進行澄清和過濾。首先，在湯中加入攪打過的豬茸，即「紅茸」，它會漸漸像竹筏一樣浮到湯液表面，收集各種雜質，之後就將其撈出濾掉。隨後，再加入雞胸肉泥打成的「白茸」，重複同樣的步驟。堪稱典範的清湯，應該呈淡金色，完全清澈、鮮美可口，沒有一點點浮渣或油滴。這樣的湯就可以用作最上乘的宴席菜湯底，比如著名川菜「開水白菜」：一顆或幾顆普普通通的大白菜心漂浮在湯汁中，看似清清白白的開水，實則是奢侈濃郁的清湯，鮮明地體現了中國精緻料理的玄妙智慧。

另一種重要的湯是「奶湯」，作法是快速煮沸食材，使其脂肪乳化，產生一種淡淡的絲滑液體，有著奶白的不透明色。奶湯口感醇厚，特別適合烹飪冬瓜和大白菜等柔和清淡的食材。按照傳統，北京烤鴨宴上的最後一道大菜就是用鴨架大火快煮熬成的奶湯，加入絲帶般的大白菜。禽肉、魚肉和蔬菜都能熬成奶湯，但經典的宴席用奶湯是用整隻雞與豬肘、豬皮和豬肚這類極富膠原蛋白的食材一同熬製而成，能產生極其濃郁美味的乳狀液體。還可以弄得更奢侈：把奶湯大火加熱，進一步收成「濃湯」，奶油質地的金色濃稠液體能纏綿唇齒，久久留香。這樣的濃湯已經不像湯了，應該說是醬，通常用於魚翅和花膠等口感鮮明卻無味的名貴乾貨。透過大煮昂貴食材得到的濃縮湯汁，量要比小火慢熬的清湯少很多，所以在如今的中國很難遇到真正的濃湯。大多數餐館在製作原本需要濃湯的菜餚時，都用澱粉勾芡增稠的黃色液體，加雞精調味，這樣的湯汁既不會與你唇齒糾纏，也不會順滑地溜入喉嚨，是過於不合格的冒牌貨。

和上面的多種食材不同，「原湯」只用一種主料熬製，比如簡單的雞湯。從煨好的食材中濾出「頭湯」後，可以加入更多的水，再煮一遍，萃取出更豐富的風味。不過「二湯」會較為稀薄，只適合用在家常菜中。

湯用在何種食材的烹製中，一定要講究搭配適宜。杭州的另一位烹飪大師胡忠英曾向我闡釋過其中的道理：濃湯絕不能用來烹調海鮮，因為會掩蓋那種鮮亮清新的「本味」，而這恰恰是新鮮捕撈的海貨的特色。雞肉菜餚應該始終使用純雞湯。清湯在夏天更適口，而濃湯在寒冷的冬天必然大受歡迎。在重慶，著名的麻辣火鍋會用牛肉湯做湯底，煮進火鍋裡的傳統配料也會有牛肚等牛下水。中國穆斯林用牛羊肉來熬製肉湯。當然了，和其他領域一樣，有一類是佛教的素湯，通常會採用豆芽、新鮮竹筍或香菇等擁有鮮美本味的素食配料來打底。

中國各地的頂級大廚傳統上都用各類湯來做菜，而山東省的廚師（其中許多人都曾在北京御膳房工作，中國最後兩個帝制時期的御膳特色融合了他們的勞動和智慧）尤以湯鮮質優而聞名。在山東省會濟南的第一晚，我就有幸品嘗到當地著名的「奶湯蒲菜」，主料是某種香蒲柔嫩的假莖，賞味期限很短的時令菜。清清白白、柔柔滑滑的蒲菜，與「膨脹」的溜滑豬皮漂蕩在緞子一般的濃郁奶湯中，如夢似幻。

過去，中國廚師是出了名的「藏著掖著」，自己的祕方絕不外傳，生怕要是把每一招都教給了哪怕最喜歡的徒弟，對方最終都會成為競爭對手，搶了自己的飯碗，所以就有了「留一手」的習慣。在杭州，董師傅這位即將結束爐灶生涯的老廚師，表面上相當坦誠地與我分享了自己製湯的祕訣，但他真的毫無保留嗎？每每我倆聊到製湯，他都會補充一些之前省略的小細節。我也不確定，他究竟是像很多廚師一樣，其實說不清楚那些細枝末節，還是給我布了個「迷魂陣」。不過他講了一件事，叫我驚訝萬分：廚房裡另一位頂級大廚郭馬，每天與他並肩上灶，兩人都有自己的「祕製湯」，而且互相都不知道彼此的湯方！

我嘗過最美味的湯便出自董師傅之手。他不只做一種高湯，還會為不同的菜餚熬製好幾種不同的湯。他的經典高湯是用老母雞、豬排骨和干貝，加少許生薑和蔥，在清水中慢慢煨燉而成。不過有時候，他也會先將雞肉、排骨和火腿油炸後再熬燉，這樣的湯會特別香。高湯用來煨乾鮑，吸收了鮑魚的一些風味，會分出一些給本來無味的海參提味。董師傅還發明了另一種獨特的湯：顏色深，呈膠凍狀，用來烹製划水（大青魚尾）。湯用魚骨加蔥、薑、蒜、料酒、醬油和一點點辣椒，大火煮開後再小火熬製而成。

還有為特定菜餚現做現用的專門湯汁，比如龍井草堂有道招牌菜叫「無名英雄」，是用淡水魚中風味最鮮的小鯽魚，先在豬油中煎香，再倒入熱水和少許料酒、薑、蔥熬煮，直到油脂和液體乳化成潔白、絲滑、鮮美到極致的魚湯。過濾後，將魚棄置不用，在湯中加入一條肥美的鯉魚和如蕾絲一般的竹笙。鯉魚燉熟後，轉移到一個大湯缽裡，澆上湯，再撒上猩紅色的枸杞和綠色的蔥段，彷彿白色背景上鑲嵌的寶石。菜名「無名英雄」指的是小鯽魚，牠們慷慨地獻出了自己的精華，在成菜中卻沒有一席之地。（那些在其他湯汁中貢獻自己精華的雞、鴨、豬，也可獲得同樣的稱號。）

在草堂，高湯是很多菜餚的支柱，能為它們添加一種微妙的豐熟，尤其是在偏素的菜餚中。一勺高湯，就像少許的豬油、雞油或蝦米，能給素菜帶來叫人味蕾振奮的鮮香風味。別名「雞毛菜」的青江菜，通常先汆燙，只加高湯和鹽調味；新鮮毛豆可以放在高湯中，加幾片火腿一起蒸熟；有時候，會在涼拌菜中添入少許清湯提味。其實，湯的使用方法和現在很多廚師使用雞精和味精大致相同，但效果更溫和、圓潤與和諧。反對大量使用味精的論點之一，就是味精過於讓人無法抵擋的鮮味會令味覺遲鈍，使其對更為微妙的味道失去敏感性。（傳統的高湯溫柔精巧，體現了千百年來中國人對上等食材「本味」的推崇。可以說，霸道蠻橫的味精彷彿一個穿戴假皮草、假鑽飾的妖豔婦人，既偷走了本屬高湯的位置，也搶走了「風味精華」之名。）

前不久，我請一些中國朋友吃晚飯，他們都是廚師和餐廳經理。我做了很多菜，包括麻婆豆腐、宮保雞丁和炒素菜。最後，我按照四川宴席的規矩，給他們端上一鍋湯——用了一整隻珍稀品種的雞（連頭帶腳），再加一塊上等西班牙火腿，放在砂鍋中，小火慢熬數個小時而成。其他的菜，客人當然也很喜歡，但這道湯讓他們最是回味無窮。湯料的成本比其他任何一道菜都要高出許多，甚至可能超過其他所有成本的總和。我知道客人一定會喜歡的，結果也不出所料。

不過，事後想想，我不太可能為西方客人做這樣一道湯。雖然他們一定也會滿喜歡的，但我懷疑看似「清湯寡水」的湯汁給他們帶來的享受不會甚於宮保雞丁或魚香茄子，因為後兩者是如此鮮豔、濃烈、紮實。我認為，大多數西方人，至少在吃中國菜時，喜歡「調味」甚於「本味」。但我的中國朋友們卻對著湯讚嘆不已、沉浸其中，像貓一樣發出滿足的咕嚕，將這淡金色的「萬靈藥」喝了個底朝天，讚美說比之前的每道菜都要美味。驪澆芳烈的川菜風味之後，這道透明到幾乎無形的湯完全沒有掃興，而是散發著淡金色的安然之光，以妙不可言的魅力，摘得這頓飯最輝煌的桂冠。

濃淡相宜：糖醋黃河鯉魚

時間尚早，但我已經醉了。這是我來到山東省會濟南的第二個晚上，參加的是大廚王興蘭帶隊的美食之旅，高潮迭起，令人興奮不已。王興蘭是男性當道的廚界少見的巾幗英雄，在廚房裡地位一步步攀升，如今年過七旬，已是魯菜業界當之無愧的女王。她雷厲風行又和藹可親，魅力無窮，有著很強的感染力和幽默感。那天晚上，我們應邀參加了在「城南往事」餐廳舉辦的宴席，老闆是王興蘭的一位徒弟。和濟南正式宴會的規矩一樣，開宴時，大家紛紛舉杯敬酒。因為我平時不怎麼喝酒，所以很快就有醉意了。隨後，我們就在談笑間吃完了二十道左右的美味佳餚——好了，烹飪課堂正式開課。

在餐廳的廚房裡，大廚尹明玉將向我展示如何製作當地名菜「糖醋黃河鯉魚」，還是高級宴席版。據說，這道菜起源於離濟南中心不遠的洛口鎮，那裡的黃河鯉魚鮮活肥美，夏季尤佳，紅潤的尾部和金色的鱗片美名在外。鯉魚本身在中國北方已有數千年的養殖歷史，長期以來一直在中國美食與圖騰造像中占有重要地位，從剪紙、繪畫到糕點模具，隨處可見其棋盤格般嵌套的鱗片和彎曲騰躍的身體。

尹師傅手拿一把鋒利的菜刀，示範如何處理剛剛現殺的鯉魚。他在魚身兩面各劃了六條深深的刀紋，提著魚尾巴吊起來，魚肉就成片地垂了下來。接著給整條魚裹上麵糊，然後用一根長長的金屬籤讓魚身彎曲起來。將頭尾同時抓在一隻手中，將魚輕輕放入一鍋熱油，同時仍然抓住魚頭魚尾，直到麵糊已經炸得酥脆，將魚身固定在開始的弧度，再完全放魚入鍋。魚肉在油面上「嘶嘶」地煎上一會兒，就將已經全身金黃的魚取出，讓它立在盤子上，魚尾保持向上翹起，與上昂的魚頭相接，彷彿正在進行一次精采的跳躍。接著他進行了最後的裝飾，舀上助手調製的光亮糖醋汁澆在魚上，讓整條魚閃耀在波光粼粼的「醬池」中。眼前這道菜的視覺效果彷彿雕塑，驚豔無比，幾乎美得叫人不忍下口——我們當然還是很快就吃完了。

甜酸味也許是最著名的中國風味，它是「調味」的縮影，取決於兩個關鍵元素之間的平衡，而這又是對廚師手藝是否敏銳準確的考驗。平衡或「調和」味道與控制火候一樣，自古以來都是中國廚師最重要的技能之一。正如兩千多年前伊尹所說：「調和之事，必以甘酸苦辛鹹。先後多少，其齊甚微，皆有自起。」[1] [i] 有關烹飪的主要中文詞彙之一就是「烹

i 譯注：白話文是：進行味道調和時，必用甜、酸、苦、辛、鹹。孰先孰後，孰多孰少，其間的平衡是非常微妙的，因為每一次變化都會產生各自不同的效果。

調」——「烹飪與調和」，這是有源可溯的。

中國人歷來有核心的「五味」，比西方的甜、酸、苦、鹹四味多了一味「辛」。人們曾認為五味與宇宙的動態過程相一致，正如五行（金、木、水、火、土）和陰陽的不斷變化。此外，古代中國人講五味，不僅是字面意義上理解的甜味、酸味等，還是從形而上的角度囊括了廚師所能使用的各種味道和配料——有時候，也指為政之道，正如調和羹湯，達到五味平衡。西元前三世紀的思想家韓非就曾寫道：「凡為人臣者，猶炮宰和五味而進之君。」[2]

調「鹹」味，古代中國人主要靠鹽，既有川南自貢等地開採的井鹽，也有海鹽。民間智慧認為，海鹽可以追溯至上古時代，那時有許多傳奇的聖人，其中一位氏族首領夙沙氏，教會中華民族的祖先煮海為鹽。另外，還能從醃肉和醃魚、發酵豆製品和其他人工調味中獲得鹹鮮味。調甘／甜味，則有蜂蜜和穀物芽製成的麥芽糖，後來又有了蔗糖。除了醋以外，中國的酸梅（英文應為「apricot」，常被誤譯為「plum」）也可以用來調「酸」味。「苦」味有時候來自酒，但更多時候來自苦味食物而非真正的調味料。還有「辛」味，也可以說是「辣」味，來自大蒜、生薑、胡椒等香料，後來又有了辣椒。（現代四川有時還會在五味之外加上「麻」，即花椒給味覺帶來的刺痛感。）

中國美食一向非常注重風味的多樣性，精心策劃的一頓飯必定要考量到這一點，也是讓人滿足愉悅的關鍵。屈原詩歌〈招魂〉中描述的宴會即包含了各種味道：「大苦鹹酸，辛甘行些……和酸若苦，陳吳羹些。」[3]這位詩人還寫過另一首著名的詩歌〈大招〉，也是為了召喚魂靈歸來，其中提到「鼎臑盈望，和致芳只」。[4] ii

酸甜味這種獨特的組合可能很早就出現了：根據西元前二世紀的一份資料，當時的中國南方人就已經以愛吃酸甜菜餚聞名。[5]比利時籍漢學家胡司德（Roel Sterckx）甚至在湖北一座古墓出土的西元前二世紀某司法紀錄中發現了相關討論，要對違反當時健康與安全準則的御膳房工作人員進行適當的懲罰。其中提到的一項違規行為就是調味不準，具體例子如下：「使庖廚監食失甘苦之和，若塵土落於菹中，大如蟣虱，非意所能覽，非目所能見……」[6] iii（真不知道，那可憐的廚師會因為這樣的罪行被處決嗎？）

通常，中國人都把酸甜味稱為「糖醋」味。不過，大家可以想見，中國如此幅員遼闊、多姿多采，對「酸甜」的詮釋也自然多種多樣。從濟南沿黃河而上，北宋古都開封就有地方特色濃厚的糖醋鯉魚，是從宋代一直沿襲下來的當地佳餚。通常，要到水流寬緩的特定河段捕獲鯉魚，那裡的魚有大量小型水生物和沉澱在河底的其他營養物質為食。鯉魚先不過麵糊炸熟，然後浸泡在味道豐厚的糖醋醬汁中。這道菜的特別之處在於，等魚盛盤，躺在光閃閃的醬汁中，擺盤還要蓋上酥脆的油炸龍鬚麵。吃完魚肉後，再把那細到不能再細

ii 譯注：白話文是：鼎中煮熟的肉食滿眼都是，調和五味使其更加芳香。

iii 譯注：出自東漢王充《論衡》。

的炸麵浸入醬汁中。如果往南邊去，到了杭州，就能品嘗到著名的「西湖醋魚」，也是把煮熟的草魚浸潤在糖醋醬中。

多年前，我在成都碰見一群美國遊客，堪稱奇遇。當時我和父母正在成都最好的餐館之一「蜀風園」的包廂裡用餐，一名服務生過來請我幫忙，說隔壁包廂遇到點事情。有遊客點了一道糖醋脆皮魚，廚房剛剛出菜：一條肥美的鯉魚，魚肉裹了麵糊，炸到片片酥脆挺立，上面淋滿了用糖和米醋調和的蜜糖色醬汁，盛盤時還撒上了蔥絲和紅椒點綴。但那些遊客拒絕食用，不會英語的服務生問我能不能問問他們究竟怎麼回事。原來，這些遊客最近在廣州吃過糖醋魚（廣州與成都相距千里，菜系與烹飪風格大相徑庭），眼前這道和他們吃的完全不同，所以篤定要麼是餐館服務生下錯了單，要麼是故意蒙他們。他們連嘗都不願意嘗一口。我禮貌地向他們保證，餐桌上這條魚是一條完美的川式糖醋魚，可能全四川也找不出做得這麼好的了，並力勸他們至少嘗一嘗。最終他們聽了勸，還說真好吃。

糖醋魚在中國當然很普遍、很受歡迎，但類似的風味組合也適用於其他的食材和菜餚。做素涼菜時，可以用白蘿蔔等素菜切絲，調味就加糖醋汁，通常用透明米醋調製。排骨油炸後加黏滑的深色糖醋醬，濃油赤醬，深受上海人喜愛。還可以用糖醋味醃滷來泡菜。在南粵地區，酸味的山楂果是很多酸甜味菜餚的傳統調味料。四川人將普通的糖醋醬汁與「荔枝味」區分開來，後者裡面沒有加荔枝，但酸味比甜味更明顯一些。他們還會把酸甜口味做為一個整體元素，融合到更複合的味道中，比如以泡椒、蔥、薑、蒜打底的「魚香味」；還有「宮保」，就是在荔枝味中又融合了糊辣（乾辣椒與花椒爆香）。

四川人是中國最偉大的現代調味藝術大師，在他們眼裡，酸甜只是廣博的多層次「複合味型」中的一種。甜、酸、鹹、辣等調味料經過大膽組合，創造出無窮無盡的口味，通常還會加入芝麻醬或芝麻油，增加一點堅果香，再來點讓人唇舌酥麻的花椒。川菜不僅味道鮮美，而且非常「煽動」感官，因為辣椒之辣與花椒之麻實在令人興奮刺激。科學家研究發現，花椒對口腔產生的影響，效力等同於五十赫茲振動頻率。[7]辣椒有不同的品種，每個品種又有不同的使用形式，風味效果和辣度也各不相同：新鮮的、曬乾的、醃泡的、與豆類一起發酵的、磨成粉的、在油裡熬過的……花椒可以整粒使用，也可以烘炒後磨成花椒粉或者做成花椒油。

酸甜的糖醋味是四川人複合調味的一個典型，而他們將這個大主題進行了各種擴展，彷彿孔雀開屏，叫人眼花繚亂、嘆為觀止。吃一頓好的川菜，可能會像坐上了「風味雲霄飛車」，所以四川人愛說「一菜一格，百菜百味」。一九八〇年代，四川的烹飪專家逐漸對這些燦爛廣博的味道進行歸納和定名，總結出一套包含二十三種「官方」複合風味的標準，就像經典法式烹飪中的「母醬」。最著名的川菜複合味型是用辣椒和花椒調製的麻辣味，但這只是我們烹專教材中闡釋的複合味型中的一種而已。反正，這些也只是範本，因為廚師們還在繼續發揮創造性，天馬行空地進行調味遊戲，創造出各種激動人心的複合味型。正因如此，川菜才成為中國最絢爛奔放，也最引人矚目的地方菜系。或許今時今日，川菜不僅在其國門之內，也正在全世界的美食競技場上過關斬將、大放異彩。

西方人剛剛與中餐相遇時，就和我與妹妹一樣，深深迷戀上了酸甜糖醋味的搭配。這已經成為國外中餐的招牌風味，每家英國外賣店都有糖醋咕咾肉，也是幾乎每位顧客都會點的菜。美國人也迷上了用大量糖和醋調味的菜，從宮保雞丁到左宗棠雞，從炸蟹角到陳皮雞，後者還是知名中餐連鎖品牌「熊貓快餐」（Panda Express）的招牌菜。酸甜搭配，成為中餐的象徵：歐亞混血作家毛翔青以英國中餐外賣店為背景寫的小說，書名就叫《酸甜》；而我自己的美食與烹飪回憶札記《魚翅與花椒》（*Shark's Fin and Sichuan Pepper*），原副題就是「中國美食之旅的酸甜回憶錄」（A sweet-sour memoir of eating in China）。中國人當然從來不是唯一的酸甜味美食生產者——想想西西里的酸甜茄子（caponata），英國人用蔬菜醃製的酸甜醬（pickle），甚至印度的芒果香料甜酸醬（mango chutney）——但任何人都會認為中國就是「酸甜味」的靈魂之鄉。

然而，比起吃中餐的西方人，中國人從來都沒那麼喜歡酸甜味食物。他們當然也吃，但沒有那麼頻繁，而且通常只是眾多味型中的一種。一九九〇年代，我在四川留學時，很多餐館的菜單上會有一兩種「糖醋」開頭的菜餚，但只有老外才會每頓飯雷打不動地必點這些菜。

•••

西方人與酸甜味中國菜餚的初遇始於廣東移民，他們在英國、美國和其他許多國家烹製了「去國離鄉」版的新式「中餐」。他們的靈感很可能來自「咕嚕肉」，即廣東與香港的中國人心目中的「糖醋里脊」。與我兒時常吃的糖醋肉丸子相比，咕嚕肉通常更精緻些，將肥肉部分占相當比例的豬肉條裹上澱粉炸製後放入炒鍋，與菠蘿塊、竹筍或青椒混炒，再加糖醋汁調味。全廣州最有名的「咕嚕肉」出自廣州酒家，菜單上有一道「懷舊咕嚕肉」，是用金燦燦的新鮮菠蘿和豬肉做成，沐浴在一片濃稠的金色醬汁當中。香港則有更現代版本的咕嚕肉，通常使用非傳統的調味料，如番茄醬、OK汁、喼汁（伍斯特醬）、檸檬片、酸梅和／或鳥牌（Bird's）起司粉。

菜名中的「咕嚕」（又寫作「咕咾」）二字是中文裡不太常見的表達，只能用於描述糖醋味的豬肉（或相關菜餚）。這是個擬聲詞，翻譯成英文大概就是「glugging」的聲音。有一些烹飪相關的中文資料嘗試以各種方式來解釋這個奇怪名字的由來。據比較權威的《中國食經》記載，這道菜又名「古老肉」，來源可追溯至清朝末年。當時，第一次鴉片戰爭以中國和外國簽訂不平等條約告終，其中的條款允許外國人在廣州港定居。[8]據說，這些

「洋鬼子」特別喜歡吃當地的糖醋排骨，但不習慣吐骨頭，因此廣東廚師就用去骨的精肉代替了排骨。糖醋排骨歷史較悠久，於是這道改製後的菜就叫「古老肉」。書中又說，外國人的中文發音不準，常把「古老肉」叫做「咕嚕肉」。又因為當地人注意到咀嚼豬肉時有彈性，會發出「咕嚕咕嚕」的聲音，長期以來兩種稱法就並存下來。還有一本烹飪辭典說，清代廣州的外國人因為不習慣咀嚼骨頭，所以會發出「咕嚕咕嚕」的聲音。美國烹飪學院教授甄穎（Willa Zhen）在二〇〇九年牛津食品與烹飪研討會上引用了又一種民間的解釋，說「咕嚕」是英文「coolie」（苦力）或「good」（很好）的音譯變體，十九世紀外國人在廣州詢問這道菜的名字時，會聽到包含這兩個詞的回答。

吃糖醋豬肉或排骨的時候，人真的會發出「咕嚕咕嚕」的聲音嗎？十九世紀中國的苦力真的吃得起肉嗎？還有，中國餐館的老闆們什麼時候根據「洋鬼子」的錯誤發音來給經典菜餚改名？我一直覺得上述這些解釋疑點重重，直到翻閱了二〇〇二年陳照炎的作品《香港小菜大全》，我才找到了一個更叫人信服的故事。[9] 陳照炎指出，廣東人最初把這個糖醋排骨的去骨版叫做「鬼佬肉」；後來，為了消除其冒犯性，又從「鬼佬」變成了「咕嚕」。鑑於有些香港人到現在仍用「鬼佬」來稱呼西方人，而第一次鴉片戰爭後中國可謂受盡屈辱，反洋情緒一定達到了巔峰，那麼這些外國的不速之客喜歡的「降級版」糖醋排骨，用「鬼佬肉」來做菜名確實再合適不過了。

一般來說，外國人情有獨鍾的中國菜，似乎總是口味最重的那些。在廣東人「獨霸」海外中餐館生意的年代，客人們就愛吃糖醋和用豉汁做的菜。後來，美國有了宮保雞丁等同一系列的菜。米飯和麵條則大多是醬油炒飯和炒麵。如今，人們又愛極了調味肆意大膽的川菜，比如口水雞、擔擔麵、麻婆豆腐等。但大多數中國人心目中的一頓好飯，其實是五味平衡的，不僅出於健康考量，也顧及心靈的愉悅和審美。清淡樸素的菜餚和那些刺激味蕾、在舌尖上勁歌熱舞的菜餚同樣重要。在真正的中餐館菜單上，只要是有糖醋里脊，通常都會找到一道清淡的湯或素菜來相配。其實，通常只要看一眼某些中餐館的菜單，就能知道它們主要面向的是西方顧客，因為那些菜單上充斥著口味特別重的菜餚，就像卡巴萊歌舞女郎一字排開、大秀美腿。

成都餐廳「玉芝蘭」(二〇二三年成為成都首家獲得米其林二星的餐廳)，一頓宴席正接近尾聲。主廚蘭桂均是中國最出色的「調味藝術實踐者」之一。現年五十多歲的他，一頭灰白的頭髮襯托出一張雙頰紅潤、仁和寬祥的臉，說話輕聲細語。一談起美食，他就變得嚴肅又熱切，常常像個廚師中的哲學家，可以滔滔不絕地講上好幾個小時，闡述紛繁淵博的調味之道。

他說，「世界上只有三個味道，自然之味、發酵之味和調和之味。自然之味是什麼？即人生五味，苦辣酸甜鹹。發酵之味，幾個原料放在一起，根據自己的想像，然後產生另外的味道，例如我們四川的泡椒。最後用自然之味和發酵之味，根據廚師的想像組合產生了另外一種味道，就是調和之味，例如川菜的魚香味，就是用泡椒、薑、蒜、蔥、糖和醋調和的。」

他舉例說道，剝離宇宙，也像剝洋蔥一樣，一層一層剝開。宇宙裡有個太陽系，裡面有幾大行星，其中有個地球，然後是幾大洲、幾大洋，再到中國，裡面有個四川。「不要太複雜，」他表示，「把複雜的事情簡單做，叫大師；把簡單的事複雜做，那不叫大師，叫學徒。所以說世界的味道，不要看得太複雜，就是簡單。」

玉芝蘭只有方寸之地，偏居於成都一條僻靜的小巷，門外就有當地人天天打麻將，有的在冬日陽光下攤開菜葉，慢慢曬脫水。餐廳最多只可容納十八位客人，必須提前預約。通常，這裡的宴席會以一系列令人垂涎的冷盤開始，是多種多樣的四川風味組合，比如麻辣味型的兔肉、新鮮青花椒調味的牛肉片、涼拌折耳根（一種當地特有的蔬菜，具有非常獨特而強烈的草藥味和酸味）。冷盤過後，可能就會上蘭桂均的招牌菜之一：一碗繽紛的五彩手工麵條配經典的怪味醬汁。「怪味」來自多種不同調味料（芝麻醬、芝麻油、紅油、花椒粉、糖、醋、醬油和鹽）的和諧搭配，每一種調味料都需要對這場「合唱」貢獻自己的聲音，卻又不能壓倒全體的和聲。這種「雞尾酒」一般的調和之味，蘭桂均版堪稱最佳，既和諧天成，又叫人味蕾激昂。

不過，他那些挑動唇舌、辛辣刺激的風味，總會有樸實清淡之味相輔相成，即精心挑選食材、注重本味的菜餚。宴席的最後一道菜，幾乎無一例外，總是一道幾乎算不上湯的「湯」。我最近一次去吃飯，最後的湯就是一杯熱水，裡頭有一截四季豆和一小塊南瓜。在西方的米其林星級餐廳，食客通常會希望以甜點和法式「花色小蛋糕」(petits fours)來結束一餐；若是一頓頂級大餐，用蘭師傅那樣的方式來收尾，可能會顯得像個笑話，是主廚失誤了，叫人啼笑皆非。但放到中餐的語境，則完全說得通。一頓奢華豐盛的大宴之後，除了淡然悠遠、能夠清口靜氣、助你回家安眠的東西，夫復何求？

在四川，不是只會在首家米其林二星餐廳遇到這種極簡主義菜餚。比如，我記得在川南瀘州一家廉價咖啡廳裡和一個朋友吃飯，吃了鹹燒白[iv]配米飯，湯就是幾片菜心葉子放在熱水裡煮一煮。川菜中大部分的湯都比較稀，調味也清淡。

正如一道菜中各種口味需要調和，整頓飯的風味也要達到琴瑟和鳴的程度，而這種和諧取決於種類的組合、明暗的對比。

以傳統法餐為基礎的西方正式宴席菜單，往往會遵循一個特定模式：先上開胃菜，接著是魚和海鮮，然後是肉類，再來是乳酪，最後上甜點。但正式的中式宴席上，菜餚數量

iv 編注：鹹燒白為四川的傳統特色菜，類似梅乾扣肉，不過五花肉的料理步驟較為繁瑣。

不僅要多得多（一、二十道的數量十分常見），結構模式也更為複雜。魚和肉類不會集中在一起，而是會交織融匯，輪番上場。甜食可能在任何節點上桌，但沒有專門的餐後甜品。湯也可能在第一道菜、最後一道菜和宴席中間的多個階段上桌，餃子等小吃也是如此。

按照歐洲的標準，這樣的菜餚順序完全游離於西方那套魚、肉和甜食分明的規則，可能顯得毫無章法。十六世紀來到中國的義大利耶穌會傳教士利瑪竇（Matteo Ricci）就秉持這樣的看法：「我們吃的東西，中國人差不多都吃，食物也做得很好。（但是）他們不像我們那樣遵守魚和肉的特定順序，而是很隨意地端上桌來。」[10]又過了很久，一八一六年隨英國第二個訪華使節團去到北京，並受邀赴宴的德庇時爵士也評論道：「不同食物的上菜時間似乎沒有什麼規律可循，但在燕窩湯之後……是之前已經提過的奇珍異饌（魚翅、鹿筋等等），還有羊肉、魚、野味和家禽，都不加區分地接踵而至。」[11]但如果用中國人的眼光來看那套席面的安排，絕不會認為雜亂無章，而是深思熟慮、滴水不漏的。

中餐點菜的主要原則是一手抓平衡、一手抓多樣，同時極力避免重複。這些原則也適用於中餐的方方面面。杭州名廚胡忠英曾經向我解釋：「構建一份菜單時，必須考慮食材的多樣性、烹飪方法的多樣性、風味的多樣性、肉類和蔬菜的平衡、形狀與形態的多樣性、色彩的多樣性，以及菜餚乾濕之間的平衡。光是看一個廚師擬定的菜單，就能大致推斷出他的能力。」比如，要是剛剛吃了油炸過的糖醋魚，下一道菜就應該在主料、顏色、形態和口感上形成叫人耳目一新的鮮明對比——像是綠葉蔬菜、乾辣菜餚或蔬菜切絲做的湯。

很多中國美食家去體驗了備受讚譽的西餐廳，都會對菜單表示失望。中國人對所謂「西餐」最普遍的刻板印象就是「很簡單，很單調」，尤其會覺得典型的一頓西餐，菜餚相對較少，種類也相對匱乏。多年前，我和川菜大廚喻波在西班牙北部的鬥牛犬餐廳（El Bulli）吃飯，那是當時全世界最前衛的餐廳。結果喻波大吃一驚，發現居然在這個地方，菜餚也是按照西餐的傳統「物以類聚」的：全部的海鮮先上，再是全部的肉類和野味，最後是所有的甜品。以中餐的角度，這樣一來，原本已經很棒的菜單，就沒機會再錦上添花，讓多樣性更上一層樓了；本來可以將類似的食材分到不同的上菜時間段，安排得更靈動活泛。

一頓好的中餐，就是精心編排的樂曲，峰谷交織，有輕柔的旋律，也有激昂的節奏；興奮與舒緩次第接替，絕不令人發膩，而是享受一場愉悅味覺與心靈的感官之旅。所以，要是在中餐館，有一大桌子的人要點菜，最好做個「獨裁明君」。大家像個大家庭一樣坐在一桌吃飯，如果每個人都點一道自己最愛吃的菜，結果可能是「一邊倒」：也許有好幾道雞肉、好幾道油炸或好幾道糖醋味的菜。每一道單獨吃都應該很美味，但組合在一起就很可能一團糟，讓你唇舌發鈍。一截四季豆、一塊南瓜，放在熱水之中，感覺可能真的太極端簡單了，但經過精心策劃的中餐菜單除了風味十足的佳餚，也總會有平淡樸素的菜。就像一位資深大廚對我說的：「要是每道菜都是那麼引人注目，就沒有哪一道能真正給食客留下深刻印象了，對吧？」

規畫一個好的菜單，需要長久的經驗、一定的知識和大量思考。掌握了在中餐館點好一桌菜的技能，是我人生中最自豪的成就之一，這話可是半開玩笑半認真的。一九九〇年代末，我參加生平第一次川菜相關會議，一些知名美食學者面帶狡黠，要我再挑一道菜加入菜單。我明白這算是個考驗，於是在選擇之前經過深思熟慮，對菜單上現有菜餚的主料、烹調方法、形、色、味、濃淡等進行了綜合考量，最後建議加一道「魚香茄子」——不僅因為我特別喜歡這道菜，其濃郁豐富、色澤深沉、魚香味撲鼻，且主料是蔬菜，能夠與其他佳餚相得益彰。我的選擇一說出口，大家紛紛小聲表示贊同，甚至還有幾個人輕輕鼓掌，真是鬆了一口氣。

現在，我為晚宴或餐廳飯局規畫中餐菜單時，首要的考量就是賓客：他們是什麼樣的人？會喜歡什麼菜？他們是渴望冒險，還是已經筋疲力盡只想舒適為上？他們會更偏愛豐富強烈的風味，還是更為清淡的味道？他們是中國人嗎？（有些元素，比如一道清淡的湯，對中國人的口味來說是更重要的。）當然，還要考慮到他們有什麼不喜歡吃的、忌口或者過敏？如果大家身在中國，我也會注意當地的特色菜以及時令，可能會問服務生有沒有什麼當季蔬菜限時供應。

我通常會先擬個草稿，寫下可能的菜品清單，在腦海中勾勒出每道菜的味道與口感，試著想像這些菜擺在一起會有什麼樣的效果。接著，我會剔除那些可能有重複風險的菜；如果覺得需要對比中和，就再加上別的。如果我不了解要吃的餐廳，又要為一大群人點菜，就會盡量比客人早到一小時，這樣就可以通覽（一般來說都很長的）菜單，不慌不忙地點菜。帶「吃貨團」在中國進行一兩個星期的旅行，就更具挑戰性了，因為我希望每頓飯都能有迷人的新風味和烹飪主題登場，而重複要盡量少到微不足道：就像在美食餐桌上譜寫瓦格納的歌劇《指環》（*Ring Cycle*）。我的希望是人人都覺得食物美妙得無與倫比，而我籌劃這桌菜的努力則能夠「事如春夢了無痕」。

中文裡有個詞能形容蘭桂均那道「湯」和其他樸素低調的菜餚：「清淡」。「清」字的含義有「清晰、安靜、純粹或誠實」；「淡」字可以解釋為「輕巧、微弱或黯淡」。這個詞翻譯成英語通常是「bland」（乏味的）或「insipid」（無味的），這聽著就沒意思：誰會點一道「無味的」菜啊？但在中國，「清淡」就沒有貶義了，反而會讓人聯想到平和、寧靜和舒適。在中餐裡，清淡菜和那些吸引眼球的「大菜」一樣不可或缺。有味與無味如同陰陽兩極，相依相生，相互流動滲透，創造出完美的和諧，在一桌菜的微觀世界裡形成一個宇宙。

一截四季豆和一塊南瓜放在熱水裡，這樣的菜無聊嗎？從西方的眼光看，確實有點，但「無聊」正是關鍵所在。吃了麻辣兔肉、怪味麵之類的菜餚，這清淡無比的蔬菜湯傳達了廚師的善意，是涼涼的手撫上發熱的眉心，是多種風味攪動的大漩渦中一個「靜點」。

要是一餐之中全是高潮，不得安靜，那食客就得不到真正的慰藉或滋養。低調的味道也可以是「美味」，不是因為好吃，而是因為宜人。正如蘭桂均曾對我說的：「我的風味安靜如玫瑰園。」

中國人重視清淡的菜，部分原因是他們講究以食作藥，認為均衡飲食對保持健康至關重要。不過，推崇樸素的食物也涉及文化與道德因素。法國哲學家弗朗索瓦．朱利安（François Jullien）在《淡之頌》（*In Praise of Blandness*）一書中深切地述說種種有力觀點，表示「清淡」的思想是中國文化的核心，不僅表現在烹飪中，更體現在音樂、繪畫和詩歌藝術中，因為中國人並不認為「清淡」是缺失了什麼或有什麼不足，而是某種「源點」。[12]他說，中國人根深柢固地愛著含糊、暗喻與寫意，無論是水墨畫中氤氳消融的山水，還是消隱於無聲的音符或「無味」之味，都一脈相承。「清淡」並非虛無，而是對萬事萬物可能性的一種昇華。

中國古代祭祀時「餵養」神靈，要用無味的羹湯，而智者則應不受濃烈的風味與刺激的美食這些身外小事之惑。「五味」帶來的興奮只會蒙蔽人的判斷力，正如道家經典《道德經》中所說：

> 五色令人目盲，五音令人耳聾，五味令人口爽；馳騁畋獵，令人心發狂；難得之貨，令人行妨。[13]……為無為，事無事，味無味。[14]

古代中國聖賢的超凡之處，就在於能撥開周遭世界感官的迷霧，感知到純粹與精華，能在無味之中悟道，以克制保持感官的敏銳與活力。[15]

在古人眼裡，無味的食物不僅與智慧有關，還可以用來衡量宗教的虔誠。齋戒禮儀通常包括了遠離美味帶來的興奮。君子齋戒時，會靜坐家中，不享受絲竹之樂，不放縱肉體欲望，「薄滋味，毋致和」（口味要極簡，不要將各種味道調和在一起）。[16]在中國歷史上的大部分時期，喪葬儀式中都有一環是禁食葷腥、禁酒和禁蔥、蒜等味道濃烈的蔬菜。時至今日，一些地方仍有這個傳統。《禮記》記載，為父母守喪的子女要經歷齋戒，再逐漸從「無味的世界」回到「活人的感官世界」，飲食中慢慢恢復更多的味道。[17]最虔誠嚴格的佛教徒如今仍忌大蒜等辛辣的「五葷」[v]（「葷」除了指肉、魚、禽，也指味道很強烈的蔬菜），尤其是在參禪之時。中國人歷來認為，神靈的世界是沒有味道一說的；所謂風味，一定與凡俗生活的激情與喧囂息息相關。

如今，很多過慣了城市生活的中國人，尤其是年輕人，正被愈來愈多的誘惑所吸引，遠離清淡菜餚所代表的「浮世清歡」。他們和所有人一樣，愈來愈愛吃味道誇張的食物，

v 譯注：也稱為「五辛」，指蔥、蒜、韭、薤（即藠蕎）、興渠（又名阿魏，多用作香辛料或藥材）。

比如那些「鮮味炸彈」般的菜餚，那些用油和辣椒填出來的食物，要賣相好、可上鏡，被雞精與味精瘋狂提味，讓唇舌享受到刺激的快感。也許是因為大型工業化養殖場提供的肉與反季節蔬菜缺乏了靈魂「本味」，而沒有了好的食材，不怎麼調味的菜餚吃起來就像刷鍋水。也有可能是人們太累、太疲倦了，迫切渴望能透過進食迅速刺激味蕾。或者，這只是飽和市場上瘋狂商業競爭釀成的苦果，一片過度競爭之中，聲量愈大的味道，愈能吸引所有人的注意。

但如果不感受安靜、平和與清淡的樂趣，只有酸甜苦辣這些重味的刺激，就無法充分領略中國美食的魅力，這是亙古不變的事實。清淡的菜餚就是藝術品的留白，可以產生襯托與突出的作用。狂野的味覺刺激，需要清淡的菜餚來進行必要的調整，恢復身體的平衡與內心的靜和。各位也許以為，我意識到自己已經變成「中國舌頭」的那一刻，是發現自己喜歡上了雞爪和海蜇，其實不然。我發現自己逐漸愛上了白粥和水煮蔬菜，和對糖醋魚、麻婆豆腐一樣喜歡，這才是我心中真正「中國化」的表現。

要是只吃美味和刺激的菜餚，你也許是在吃「中國食物」，但並非真正在品嘗「中餐」。

毫末刀工：魚生

我和周姓朋友正身處河南農村一家餐館的院子裡，這兒離宋朝古都開封不遠。餐館的大門兩側懸掛著一副紅底金字的對聯：「雖無伊尹調鼎手，卻有孟嘗飽客心。」在這個宏偉的大門前，擺著一張鋪有金色天鵝絨的桌子，上面放了一塊圓形的木砧板和一把磨得十分鋒利的菜刀。而接下來的一切，都有點超現實的感覺。

一位年輕的廚師，身穿一塵不染的白色廚師服，戴著高高的廚師帽，脖子上繫了一條黃色領巾，在餐桌旁就位，拿起菜刀。一名餐館人員用眼罩蒙住廚師的眼睛，並遞給他一隻處理乾淨的全鴨，鴨頭鴨蹼一應俱全。接著他開始了表演。閃著銀光的刀刃如一縷絲線，割進鴨脖子，滑入鴨皮下，輕而易舉地繞過胸腔，勾勒出脊肋的輪廓，將肉和骨頭分開。他用手指輕輕一扯，鴨皮就像一件長袍般流暢地剝離，鴨子被脫了個精光。他全程游刃有餘，動作輕柔，有條不紊，菜刀游走毫末，微光閃閃。最後，他將脊椎與胸骨構成的整副鴨骨架連同內臟一起拔剝出來，只剩下乾乾淨淨的鴨子「皮囊」連著翅膀和腿，皮膚光滑、毫無破損，一丁點撕裂與缺口都找不到——別忘了，他可是在看不見的情況下做到這一切的。不用說，他的雙手也和這鴨子一樣，乾乾淨淨。這一套表演只用了他略超五分鐘的時間。（之後，這隻鴨子內部會被塞進一隻雞、一隻鴿子和一隻鵪鶉，這三位「後來者」也都徹底剔骨，像俄羅斯套娃一樣層層嵌套，用上等的宴會級高湯蒸熟。[vi]）

把食物切成小塊並用筷子夾著吃，這個習慣帶來了一個必然的結果，就是刀工在中餐裡占有尤其重要的地位。至少從約兩千年前的漢代開始，中國人與其他民族的區別，就不僅是吃熟食和穀物，還有入口的食物要切片、切丁和切絲。切割，並不是中餐的「附屬要求」，而是在其特性與身分中占有核心地位。做為中國人，就意謂著入口的食物要經過形狀與狀態的改變。實現這種改變的，首先是刀，再來是火。所以，烹飪藝術會被稱為「割烹」，「先切割，再烹飪」（這個詞在現代中國已幾乎銷聲匿跡，但日本仍在使用）。大部分的中餐菜餚，都需要把各種食材改刀切小，或者用早期西方的中國觀察家的話說，弄成「剁碎的雜燴」：從古代的羹，到現代的炒菜，甚至「雜碎」，都是如此。

你可以把同樣的食材交給一位中國廚師和一位西方廚師，請他們分別準備一頓飯，幾乎可以肯定的是，中國廚師會做的第一件事就是將大部分食材切片或切丁。說到香料，印度或東南亞的廚師比較可能用杵和臼將香料搗成辣醬，而中國的蒜、薑和蔥則往往是用刀切成細末。

在專業的中餐廚房裡，負責炒鍋的「爐頭」掌握炒菜的火候；下一級就是「砧板」，這些廚師負責準備菜餚的各種配料，都是現切現做——這個過程叫做「切配」。以川菜「宮保雞丁」為例，砧板廚師會準備一碗用澱粉醃好的雞丁，切段的乾辣椒和一些花椒，一小把花生米、切片的大蒜和生薑、切末的蔥白，交給爐頭，讓其按順序倒入炒鍋中，猛火翻炒顛鍋，最後只需加入調味料即可。

切割是中餐烹飪的基本技能。沒有切割，火候就無從談起。我在四川烹專入學時，不僅得到了一套印有學校標誌的白色廚師服，還有一把屬於自己的中國菜刀——不是西方那種笨重的斬肉刀，它寬大、閃亮卻又出奇地輕巧靈活。我和同學們一起學會了用十幾種不同的方式來使用這把「寶刀」，從不同方向和不同平面進行切、剁、刨、鋸、砸、抹、刮、片、敲、捶。我學會在院子裡的磨刀石上磨刀，使其保持鋒利。我甚至還學會了用菜刀給鴨子去骨——雖然沒有蒙上眼罩。我基本很少需要其他的刀。菜刀就是那個屬於烹飪的自我的延伸，是在廚房中賦予我自信與力量的「法器」。

圍繞刀工藝術，有一整套描述形狀的詞彙。根據做菜需要，生薑可能被切成「指甲片」、「銀針絲」或「米」。豆腐可以切塊、切條或切成「骨牌片」。一塊白蘿蔔，可以切出「牛

vi 編注：也就是河南開封的傳統名菜「套四寶」。

舌片」，薄得能在半透明的蘿蔔中看到其中的脈絡紋理。豬腰可以切成多褶的「腰花」、「眉毛」或者「鳳尾」。有些菜名裡也包含了食材被切成的形狀，比如「宮保雞丁」，主料是切成丁的雞肉；「魚香肉絲」，主料是切成絲的豬肉、木耳和萵筍（A菜心）。

如今，一道菜要是刀工得宜，就會格外吸引我的注意：比如豬肉絲切得精細均勻，撒落其間的薑末大小相當，如銀河中星星點點；卷曲的魷魚片切出交錯得恰到好處的花刀；清燉牛肉中的白蘿蔔切得和肉塊大小形狀相當。切得均勻得當的菜餚更賞心悅目、更美觀和諧。而且幾乎無一例外，刀工好的菜，烹飪效果也更好，尤其是快炒時，因為只有將食物切成形制相近的片、丁或絲狀，才能讓鍋中的一切在同一時間達到最完美的巔峰狀態。刀工精美的一道菜，體現的是廚師的敬業、對食客的關心、對細節的關注和對自己手藝的尊重。

菜餚切割，是藝術、是手工藝，在中國歷史上根深柢固。從漢代的墓葬畫中可以看出，那時候的肉類和禽類仍是整塊烤製的，但人們愈來愈傾向於在烹飪之前把食物進行切割。這當然是用筷子吃飯的必然要求。將動物切成小塊後進行烹飪的習慣，也許有助於解釋當時的中國人為何對動物的不同部位有如此精細的鑑別：馬王堆漢墓中關於食物的紀錄提到了牛腩、牛頸肩、牛肚、牛唇、牛舌和牛肺等各種動物身上的不同部位。[1]漢朝後期也有好幾位文學家提到，魚和肉剁碎或是片到最薄，是精食細饌必不可少的因素。[2]

廚師不僅要掌控火候，還要善於用刀切割，也長於屠宰。有時，人們的隨葬品中會有帶刀廚師的陶俑，以確保即使在來世，他們的食物也能刀工得宜。很早以前，人們就對切割成不同大小和形狀的食材有不同的稱呼：大塊的肉稱為「胾」，薄片或薄條稱為「膾」，大片稱為「軒」，大塊魚肉稱為「膴」。[3]對切割的要求可謂一絲不苟：要做《禮記》「八珍」之一的「熬珍」，必須要逆著牛肉紋理切成薄片，保證最大程度的鮮嫩，之後再用美酒醃漬，以醬、醋和梅醬調味。[4]關心入口的食物是否切割得宜，也能反映人的品格與自我修養：孔子就拒絕吃切割不得宜的食物。（「割不正，不食。」）[5]還有史料記載，中國偉大賢哲之一孟子的母親深知胎教的重要，同樣奉行「割不正不食」的原則。[6]

恰如「調羹」可比喻治國之術，切割之藝也能象徵行動的優雅與高效、公平與公正。談及治國經綸的古籍《淮南子》有云：「故聖人裁制物也……宰庖之切割分別也，曲得其宜而不折傷。」[7] vii 漢朝的陳平出身鄉野，負責為大家分配祭肉，把肉分得等量均勻，說明十分稱職，後來成為西漢開國重臣。[8]（古籍裡除他之外，還有好些做過屠宰之事者，因為屠宰技藝出眾，被視作為政良臣。）[9]

最著名的可能是西元前四世紀的賢哲莊子所描寫的「庖丁」，他在君主面前進行「解

vii 譯注：白話文為：聖人裁定和規制一切……就像廚師切割和分解食物，仔細地留下合適的，不會發生破壞和傷害。

牛」，以此來比喻自己對和諧之道的掌握：

> 臣之所好者道也，進乎技矣。始臣之解牛之時，所見無非牛者。三年之後，未嘗見全牛也。方今之時，臣以神遇而不以目視，官知止而神欲行。依乎天理，批大郤，導大窾，因其固然，技經肯綮之未嘗，而況大軱乎！良庖歲更刀，割也；族庖月更刀，折也。今臣之刀十九年矣，所解數千牛矣，而刀刃若新發於硎。彼節者有間，而刀刃者無厚；以無厚入有間，恢恢乎其於游刃必有餘地矣，是以十九年而刀刃若新發於硎。雖然，每至於族，吾見其難為，怵然為戒，視為止，行為遲。動刀甚微，謋然已解，如土委地。提刀而立，為之四顧，為之躊躇滿志，善刀而藏之。viii

魏文惠王聽了這番宏論，讚嘆道：「善哉！吾聞庖丁之言，得養生焉。」[10]

中國古代最受追捧的菜餚之一是「膾」，即把魚或肉切片或切條，蘸芥末醬等調味料食用。[11]不同尋常的是，「膾」通常是生吃的（雖然也可以進行浸泡或醃製）。[12]在這裡，生肉或生魚的「文明化」，不是用火來完成，而是由刀來輔助。與如今日本生魚片驚人相似的膾，在那時是很奢侈的享受，是高階官員聚會時的佳餚，也用於皇家祭祀。《禮記·曲禮》中提出用餐禮儀：細切的膾和烤熟的肉放在外側（「膾炙處外，醯醬處內」）。[13]還在後文中提到了用牛肉和魚肉做的「膾」。[14]

「膾」在中餐中備受推崇的地位維持了一千多年。賈思勰於六世紀所著《齊民要術》中就記載了一道菜的食譜，是將生豬肉和羊肉切絲醃製，配以生薑，或按照季節配以紫蘇和蓼。[15]北宋文學家黃庭堅記錄當時都城汴京（開封）的生活，說人們對膾極為講究，要用鯉魚腹部下面那部分，稱為「腴」，最是珍貴美味[16]（很像現在日本美食家狂熱地喜愛鮪魚脂肪最多、肉質最好的「大腹」）。吳自牧也在《夢粱錄》中寫道，汴京酒肆中經營多種「膾」來下酒，有生羊膾、香螺膾、海鮮膾及多種淡水魚膾，還有用貝類做成的膾。[17]

目睹廚藝精湛的廚師將鯉魚片成「膾」，叫人如痴如醉。西元三世紀文學家潘尼就在《釣賦》中寫道：

viii 譯注：白話文為：我開始切牛時，看到的只是一頭完整的牛。三年後，我學會了不去看牛的整體。現在，我解牛是用心靈而不是眼睛。我忽略感知，遵循精神。我看到自然的線條，刀滑過大的凹陷，沿著大的空腔，充分利用固有的東西。因此，我就能避開大筋，更避開大骨。好廚師每年換刀，因為這刀用來切片。普通廚師則要每個月換刀，因為這刀用來砍劈。我這把刀已經用了十九年，切過成千上萬頭牛，刀刃卻像剛磨過一樣鋒利。關節之間有空隙，而刀刃其實沒有厚度。把沒有厚度的東西放進這樣的空隙中，就會有很大的空間，當然足以讓刀穿過。不過，要是遇到難處理且我能預見的地方，我就會小心翼翼，給予應有的重視，仔細觀察，小心行動，非常輕柔地移動刀子，直到解開，肉就像土一樣散落。我拿著刀站在原地環顧四周，然後心滿意足地擦了擦刀，把它收了起來。

名工習巧，飛刀逞技。電剖星流，芒散縷解。隨風離鍔，連翩雪累。[18] ix

鯉魚和鱸魚等魚類的白肉尤為珍貴，將其比作堆霜積雪的詩人不止潘尼。片魚做膾，正如今日日本料理中的生魚片一樣，是「大廚之精藝」。[19] 唐朝詩人段成式曾在《酉陽雜俎·物革》中記載了神乎其技的片魚膾場景：

縠薄絲縷，輕可吹起，操刀響捷，若合節奏。[20] x

段成式還寫道，那魚片已經不是凡俗之物，在雷震之聲中，都化為蝴蝶翩然飛去。[21]

宋朝之後，中國人漸漸不那麼愛吃生切的魚片等肉類了，最終幾乎完全不吃。但「膾」所代表的精湛刀工技藝卻成為中餐中永久的組成部分。十八世紀末，揚州城的富豪們舉辦了一場豪華的宴會，席間有很多菜餚在製作時都要將食材切絲或切片。[22] 揚州城的廚師以刀工著名，「揚州三把刀」之一就是廚刀（另外兩把是理髮刀和修腳刀）。

時至今日，揚州的廚師仍然以能展示非凡刀工的經典佳餚為傲：手切豬肉做成的獅子頭；將豆腐切成髮絲一樣細，像海葵觸手般漂散在清澈羹湯中的文思豆腐羹；豆腐乾切成細絲，與河蝦、河蟹一起入濃湯的大煮干絲。在江南的其他地方，有種作法是將切好的魚片劃上深深的十字花刀，裹上麵糊後油炸，魚肉就會如同菊花瓣一樣片片開花，又像是鳳梨塊塊分明，口感酥脆。即使以更平凡的層面而論，中國大部分平民餐館廚師的刀工通常也比西方幾乎所有餐館的廚師刀工要出色。中國廚師能把馬鈴薯均勻地切成如火柴棒的細絲，這不是什麼稀奇事。

切割之道與中餐烹飪藝術密不可分，因為食材被切割成多種形狀也是菜餚豐富多樣的關鍵因素之一。要是一道菜切丁，另一道就切絲，再一道要切塊。同樣的食材，切割方法不同，外觀和給人的感覺也會大不相同。切割讓策劃中餐聚會變成一場三維西洋棋棋局，需要考慮食材、形狀、烹飪方法、色彩、風味、時令、氣候、地點和食器。

庖丁解牛，如芭蕾舞般曼妙流暢，展現了切割的表演性，這種特性也沿襲至今。我在濟南的美食嚮導、山東大廚王興蘭傳說中的拿手絕活之一，就是將一塊豬肉放在大腿上切片，刀刃與她的皮膚之間只隔著薄薄的一層絲綢。在揚州，我遇到一位年過七旬的廚師，以三分零七秒內將一隻活雞變成一盤炒雞胸肉而聞名。還有本篇開頭那位年輕廚師耿廣夢，我眼睜睜地看他蒙著眼給鴨子脫骨。廚師變成武術大師，用一把菜刀出神入化、巧奪

ix 譯注：白話文為：著名的工匠技藝精湛，用飛刀炫技；如同閃電劃過，流星雨下；禾苗散落，絲線斷開！隨風從刀刃上飛起，像飄雪一樣迅速落下。

x 譯注：白話文為：薄如紗，細如絲，輕得可以吹走，揮刀的聲音急促，節奏相合。

天工，這是當代中國電影經常使用的橋段：比如《決戰食神》，講的就是一個在鄰里之間廣受歡迎的小廚師和一個來自法國米其林三星餐廳、一開始目中無人的名廚鬥法。

除了將快要入口的食物切好的要求，中餐還有一個切割領域是幾乎完全承擔裝飾功能的。有些宴席要求廚師將不同顏色的小塊食物拼貼在盤子上，製作成精美的盤飾桌案；用南瓜雕刻抽象複雜的立體圖案；或者在西瓜或冬瓜皮上雕刻繁複的圖案，再挖空用作湯碗。用食物「作畫」的傳統至少可以追溯到十世紀的唐朝，尼姑梵正用精心切割的新鮮和醃製蔬菜、肉類和魚類，拼成二十一道詩情畫意的冷盤，每道菜的靈感都來自詩人王維的畫作〈輞川圖〉。[23]到了現代，廚具供應商會出售成套的食品雕刻專用工具。

我自己的藏書中，有許多專門介紹切割藝術的中文書，還有些圖文並茂的食譜。書中的照片展示了叫人嘆為觀止的可食用裝飾，每一幅都像畫一樣擺放在盤子裡。例如，有張照片裡是一隻驚豔的孔雀，用黃瓜皮、胡蘿蔔、紫蘿蔔、紅辣椒和烤鴨等食材，經過精心切割組裝而成，美麗的尾巴和羽毛都栩栩如生。另一幅裡，兩隻用香菇模擬的螃蟹正在竹林中搖擺嬉戲。也許現在還有中國廚師在學習如何做這些工藝菜，但由於需要耗費大量的技術、時間和勞力，如今中餐桌上也很少見了。不過，在烹飪比賽中，廚師們仍有機會用菜刀和砧板一展藝術才華。

幾年前在成都，我在一場高級烹飪比賽現場觀摩了廚師們製作的精美食品。一位參賽者用大塊的金色南瓜肉雕刻成龍的鱗片、起伏的身體和凶猛的利爪，又雕出其伴侶鳳凰的鳥喙和波浪般的羽毛，做成了一座奇異夢幻的獨立雕塑。另一位參賽者用芋頭建造了一座兩層的亭台，「瓦」頂有飛簷翹角，還有南瓜做的格窗。第三個作品以沙漠為背景，加上駱駝和高速列車，展示了中國的「一帶一路」計畫。

近年來，很多有商業頭腦的中餐館逐漸把鮭魚刺身寫上了菜單，通常與鮑魚等魚類珍饈列在一個類別裡，屬地位很高的昂貴美味。菜單照片中的刺身光鮮亮麗，我不確定能不能真的端上桌，因為和我吃飯的中國人其實也從來沒點過這些菜。刺身不符合中國人日常的飲食習慣，現在大家也基本不愛吃生魚了。但在中國，還有一個地方承襲了古時候人們對「膾」的痴迷，品嘗著優雅美麗的生魚片。

不久前，我與年輕廚師徐涇業待了一段時間，他在廣州以南不遠的佛山開了一家獨特的小餐廳，「壹零貳小館」。在那棟池塘邊的小樓裡，他以經典粵菜為靈感，創造出各種宴席。一天，他和妻子帶我到附近的順德區一日遊，那是在中國眾多「美食之都」中相當能排得上名的地方，但一出國門幾乎無人知曉。順德擁有很多特色鮮明的美食。在名叫「大良」的特定區域，有著食用乳製品的傳統。他們會將水牛奶加工成小小的鹹味乳酪圓片，當作小菜配粥；或是將牛奶、蛋清和糖混合蒸製，做成雙皮奶，有點像淡色的焦糖奶油。徐涇業夫婦帶我來到一間小館子，那裡甚至有很多人拿著小小的玻璃瓶喝著純水牛奶——

那是我第一次在中國看到成年人喝牛奶。

午餐，我們去了「東海海鮮酒家」，徐涇業一個朋友的家族產業。那裡有一道菜最為打動我：「魚生」，一盤未經烹飪、切成薄片的鯇魚（即草魚）。雖然這道菜並不名「膾」，卻彷彿就是從那些優美的古代詩文中原樣走出來的。薄如蟬翼的魚片躺在冰床上，像覆蓋了一層新雪。周圍擺了一圈細如蠶絲的白蘿蔔絲，若似輕盈的光環，幾縷紅椒和青椒更襯出它們的霜雪之光。彷彿穿越到了《禮記》編纂的時代，配魚生的有好幾種調味料：花生油、鹽、脆炸粉絲、欖仁、檸檬葉絲和蒜片。

「我們餐館通常是不提供這道菜的，我們只偶爾在自家吃。現代大多數人都擔心吃淡水魚會感染肝吸蟲，但我爸爸那一代很喜歡吃。」招待我們的譚世傑說道。

順德魚生（又叫撈起），就是中國版的刺身，也許新加坡和馬來西亞的華人在春節時吃的同名菜餚，靈感就來源於此。一大盤魚生上桌，和各色各樣、口感不一的多種配料現場搭配，每一種都帶有吉祥的好兆頭。

我在譚世傑的指導下，將一片魚生蘸上花生油，再蘸上鹽和其他輔料，舉到唇邊。舌尖上的感覺涼爽而奢腴，魚片彷若閃爍著歷史的微光，回蕩著久遠的餘韻：那是《禮記》中描述的盛宴，是庖丁和他神乎其技的刀法，是唐朝的詩人們與尼姑梵正。就連墊在魚片下面的冰塊也猶如古時候中國美食的餘音繞梁：這是兩千多年前就養成的習慣，中國人會在冬天收集冰塊，儲存在冰窖中，炎熱的夏日再拿出來盛放食物。也許，現代人會覺得這道菜別具「當代感」，甚至日本風情，但這其實是中國最古老美食的後裔。這道菜的「生」，令人震驚，在如今顯得極其不同尋常，然而其中蘊含的精湛刀工，的確是典型的中國風味。片片魚生，如此輕盈地跨越了千百年，像一群蝴蝶，翩然飛過歷史的滄海桑田。

「蒸蒸」日上：清蒸鱒魚

多年前，我去了西安附近的半坡村，中國最重要的新石器時代考古遺址之一。我探訪了當時人們的半地穴式房屋遺跡，如今只剩半陷入地裡的屋頂下坑窪的黃土。之後我去了博物館，觀賞了玻璃櫃中的文物，有些是著名的半坡陶器——紅色的陶碗和陶罐，紋有黑色的魚形圖案和幾何圖形——也有魚鉤等工具。但我印象最深刻的是個蒸器，由一個帶孔的陶碗放在高高的陶罐口中組成。早在六千多年前，中華文明剛剛綻放出誕生的曙光，這裡的人們就已經用蒸器來烹飪食物了。

對於今天的大多數人來說，一提到中餐，就會想起在沾染了火氣黑煙的炒鍋中炒菜。不過，縱觀中餐歷史長河，炒其實是種相對新的烹飪方式，到第二個千年才逐漸流行起來。而源於石器時代的「蒸」，才是更為永恆和獨特的中餐烹飪。中國的新石器時代遺址中，不只半坡發現了蒸器——在一千多公里外的浙江河姆渡，也出土了陶製蒸器套組，這裡同時還發現了一些最早種植水稻的證據。[1]我永遠忘不了那天：西安的計程車司機把我從半坡載回城裡，一路上大發感慨，說中國人幾千年來都是蒸煮行家，卻僅僅將其用於烹飪，眼睜睜瞧著英國人利用蒸汽之力，在十八世紀掀起了工業革命。

神話傳說中，中國人從華夏祖先黃帝那裡習得蒸的技藝。黃帝還傳授了製陶技藝，並教會他們如何煮蒸穀物。古代詩歌總集《詩經》中就有一首頌歌，描述了蒸製穀物的場景。到了商朝（約西元前十七世紀－前十一世紀），人們開始用青銅製作蒸器，來蒸製國家祭祀大典用的穀物。有時會用單獨的蒸籠，底部有孔，稱為「甑」，放入有腿的平底大鼎「鬲」；鼎中盛水，直火加熱。此外，人們還用「甗」，專門的蒸食用具，由格柵分為兩個部分。中國各地的博物館都能看到這兩種蒸器：有些是用於烹飪祭祀供品的大型蒸具，有些則是放在青銅或陶土爐灶模型上的微縮版本，是古代一些富人的陪葬品，保證轉世後的烹飪需求得到滿足。套組蒸器可以同時烹飪中國古代兩種最不可或缺的菜餚：下面的鍋裡咕嘟咕嘟地煮著冒泡的羹湯，上面就用於蒸製穀物。也可以用於烹飪許多其他類型的食物，比如屈原詩作〈大招〉中提到的「烝鳧」（蒸鴨）。製作這些雙層鍋具並將蒸製的烹飪方法如此廣泛地應用於各種食物，放眼全球，中國人似乎是獨一無二。[2]

宋朝（始於西元九六〇年）之前的某個時期，用木頭和竹子製成的輕型蒸籠逐漸取代了笨重的陶土或金屬蒸器——南宋墓葬中的一幅壁畫上，廚房的灶台擺了一大摞竹製蒸籠，和現代點心店沒什麼區別。[3]古代中國人也許是從中亞得到了小麥和麵粉加工技術，但有了蒸籠這樣的烹調器具，他們就此和外國人有了區別，不用烤箱去烤金黃酥脆的條狀麵包，而是將發好的麵團蒸熟，讓那色澤光亮、白白胖胖的麵團擁有柔軟潤澤的表皮，包裹著膨鬆暄騰的內裡。

在早期來華的歐洲人眼中，這樣的「麵包」和「蒸」的方法都顯得十分奇特。一七九三年英國首個訪華使團的成員愛尼斯・安德森曾向英國同胞們進行了詳細的相關描述，他顯然認為大家做夢也想不到會有這樣的東西：

> 這麵包雖用上好的麵粉做成，但以我們的口味來說絕非美味。由於中國人不使用酵母，也不放入烤箱烘烤，所以其實比普通麵團好不了多少。麵包的形狀和大小就像一塊普通香皂一分為二，成分只有麵粉和水。接著放在柵格上，柵格則放在鐵製空心鍋上，鍋裡放了一定量的水，再置於土灶。水燒開以後，就給鍋子蓋上一個類似於淺盆的東西，持續幾分鐘的水蒸氣就是給麵包所有的烘烤（如果可以這麼說的話）了。這種狀態的麵包，我們覺得有必要切成片再烤一烤，才能合我們的胃口。[4]

古代中國與西方的很多文化斷層都與「蒸」密切相關：食用完全蒸煮的穀物而非烤麵包；日常烹飪中使用爐灶而非烤箱。和烘烤一樣，蒸也是用熱量包圍食物，但這種熱量比較柔和濕潤，最終孕育出柔和舒軟的口感，與烤箱那種「咆哮」式的乾熱所炮製出的炙烤、上色、酥脆效果完全不同。無論稻米、小米，都在濕熱的水氣中膨大鬆軟，麵團則鬆弛成雪白的「枕頭」。即使到了今天，中國人也更喜歡鬆軟的麵包，不像歐洲人偏愛有嚼勁的硬式麵包。當代中國的許多「亞洲式」烘焙坊售賣的麵包，看上去和歐式麵包很像，外表都呈現金黃色。但中國的麵包不管內外，都和包子饅頭一樣，濕潤綿軟。英國首派使團訪華後大約兩個世紀，我去四川做留學生，班上很多歐洲同學要騎好幾哩的自行車穿越城鎮，去專門的烘焙坊買金黃酥脆的歐式麵包，卻不買大學附近幾乎每個街角都唾手可得的中式饅頭包子當早餐。

裊裊水氣之中，「蒸」似乎也比烘烤更符合中國美學標準。就像中國水墨畫的煙雨朦朧與歐洲風景畫的明暗對比；像羊脂玉的溫潤光澤與鑽石的耀眼稜角；像中國古典園林的曲徑通幽與法式花圃清晰的幾何構造。「蒸」是非常典型的中式烹飪方法，也許原因不止於實用的方面。

現代西方的人們偶爾會用不銹鋼或鋁製蒸鍋來烹製蔬菜，尤其是在節食減少熱量攝入期間，但蒸仍然只是一種很邊緣的烹飪手段。即使是歐洲歷史上的「烹飪先鋒」、擁有大量具體準確烹飪詞彙的法國人，也沒有一個專門的單詞來代表「蒸」，只是簡單稱為「蒸氣烹飪」（cuisson à la vapeur）。但在中國，無論是家庭還是餐館，「蒸」是無處不在的，且用於幾乎所有類型的食物：包子饅頭、餃子、湯、魚、肉、禽類、蛋羹、蔬菜。

在農村地區，不論過去還是現在，蒸都是透過「一鍋煮一頓」來節省燃料的好辦法。鍋裡煮米飯，上面的蒸籠裡就蒸菜。食物可以直接鋪在半熟的米飯那濕潤的表面上，菜餚和糧食的風味融合交匯。浙江有個專門的詞叫「飯焐」，說的就是這種烹飪方法。各種各樣的食材都可以「飯焐」，比如飯焐豬肉、飯焐茄子、飯焐竹筍、飯焐茭白筍等。此外，還可以在米飯上放個竹格子，裡面裝個一兩碗調味食物；或者放在單獨的蒸籠裡，架在鍋上蒸。

用蒸的方式加熱食物，能將味道和營養的損失降到最低。要欣賞上好食材的「本味」或「原味」，也許最好的辦法就是蒸。廣東人尤其喜歡把食物加水，放進密封的瓷罐（燉盅），製作「水燉」靚湯，能喚醒食物中具有神奇滋補功效的精華，稱為「氣」。烹飪過程中不添加也不去除任何東西，形成風味的閉合回路。廣州越秀老城區的「達揚原味燉品」，簡陋的店面堆著一層層閃閃發光的金屬蒸籠，如同一座座塔，每一層都塞滿了帶蓋青花瓷罐或椰子殼，裡面裝著不同的蒸湯，都能表達主料最核心的原味，食材包括龜、土雞、鵪鶉、鴨子或兔子。杭州龍井草堂那道放在密封瓷罐中、花四小時蒸製的鴨湯，也是遵循同樣的傳統。

要同時烹製一大堆菜餚，蒸顯然是種很便捷的方式。我在南粵潮州參觀過一家餐館的廚房，裡面有個東西很像倒置的垃圾桶，底部有個把手，高高地矗立在一口黑乎乎的巨大炒鍋裡。晚餐時段開始了，蒸氣繚繞之中，廚師掀開這個「金屬垃圾桶」，露出一座由食物和砂鍋組成的高塔，看上去搖搖欲墜。最底部是三個深湯碗，然後是一個帶孔的金屬托盤，再是另一層湯碗，面上又蓋了一個帶孔托盤。接著是三個巨大的盤子，裝滿了麵條和大塊的蟹肉，每個盤子之間都用鋼製架子隔開。主廚的妻子往每個芳香撲鼻的松茸湯碗中加入水煮鮑魚，端到餐廳裡去；他則往清蒸螃蟹上撒幾把蔥段，滴上點油，完美成菜。

蒸籠可以高高地摞起來，因此是招待眾多食客時最省事省心的辦法。你可以選擇水平放置，在直徑很大的一層蒸籠中裝滿盛菜的碗；也可以縱向堆疊，用蒸籠建起一座高塔。鄉村中傳統的婚禮和重大宴集時，人們選擇「雙管齊下」。廚師會在大宴前的一兩天抵達，在院子裡搭建一兩個臨時爐灶。之後他會和幫手們一起準備，把食物分入不同的碗中：每道菜都要安排每桌一碗；分好後就將碗放入巨大的竹蒸籠，再堆疊起來。我在湖南農村參加過一次白事宴席，飯桌上有蒸製過的豬肘、紅燒雞腿、豆腐和豬血、香辣豆乾、珍珠丸子、煙燻竹筍、肉末蛋卷，還有好幾道其他菜餚。前來弔唁的人們成群結隊，坐在桌旁，將大大的祖宅院子塞了個水泄不通。大家抽著菸，喝著啤酒。飯點到了，廚師們迅速拆解蒸籠塔，手腳俐落地從每一層拿出相應的碗菜，很快每張桌子上都擺滿了菜餚。四川把類似的鄉宴統稱為「三蒸九扣」。

同樣的堆疊法可以縮減規模，用於家常烹飪，甚至不需要竹製蒸籠。我朋友三三的母親曾經把一個平底深鍋當蒸籠用過：她在鍋中放上一指深的熱水，再放上一塊低矮的金屬三腳架，上面放一碗菜（比如南瓜塊），再把一雙竹筷子橫放在碗上，又在筷子上架一碗雞肉之類的菜；然後就蓋鍋蓋，開火，蒸氣就在鍋內的碗之間循環。

蒸也很適合對食物進行重新加熱，鎖住水分不至流失。通常，我會在炒鍋裡放一個金屬三腳架，底部有熱水，上面放幾小碗剩菜，蓋上鍋蓋，蒸十到十五分鐘——如果你和我一樣從未擁有過微波爐，這樣就是最理想的選擇了。

湖南人特別喜歡做蒸菜。似乎每家餐館都有一摞子蒸籠，每一層放滿了一碗碗不同的菜餚，全都熱氣騰騰的，隨時可以吃。可能有高湯加剁椒蒸的絲滑芋頭、一條條臘肉或燻魚配豆豉和辣椒、好似蓋著醃青椒和紅辣椒毯子的巨大蒸魚頭。其中很多菜餚都可以提前備好，等客人都來了，廚師就可以集中精力做炒菜等需要現做的料理。一九九〇年代，我坐火車遍遊湖南，就看到火車站裡有小販推著滿是蒸籠的小車：花不多的錢，就可以買到兩個小粗陶碗，一個裝著米飯，一個裝了菜，在火車上吃完，把（能自然分解）的碗扔出窗外即可。火車一路前行，鐵軌兩旁堆滿了摔碎的陶碗。

沒有烤箱的中國廚房裡，廚師通常使用蒸籠，不烤餅乾，而是蒸餃子，還有用小麥或其他麵粉做的饅頭包子。人們還會蒸海綿般膨鬆的糕餅，有時候是用發酵米糊或玉米粉製成。留學生時期，我和幾個義大利朋友在西藏搭便車旅行，在旅途中的旅社廚房裡為其中一位做了個生日蛋糕：用麵粉、雞蛋、奶油和糖攪拌出傳統的英式蛋糕麵糊，上鍋蒸製；再把我的背包翻了個底朝天，找到一塊巧克力棒的殘渣，放在蛋糕表面利用熱氣融化。雖然沒有烤箱烘焙蛋糕的那層脆香表面，仍然稱得上「賀壽」美味。

各種各樣的點心都是蒸的：不只我們非常熟悉、世界各地的餐館裡都有的粵式蒸餃，還有各種地方美食，例如潮汕水粿，放在小缽中蒸製，再放上炒香的菜脯；維吾爾族的羊肉餡薄皮包子；川南地區黏糯的「葉兒粑」。整隻雞和整條魚都可以蒸製，貝類和蔬菜也一樣。在滇南的建水，人們會把雞剁塊，特色鍋裡不加水，進行蒸製，是具有當地特色的「汽鍋」菜。汽鍋用當地陶土製成，底部中央有向內凸起的氣嘴，能將下方大鍋裡沸水的蒸氣疏導而上，聚集在鍋蓋底面，落在肉塊上，經過長時間的蒸煮，最終化汽成水，淹沒食材，形成純美的雞湯。在建水的「楊家花園」餐館，能享用到一整桌的「汽鍋宴」，由各種不同食材透過同樣的汽鍋法烹製而成。餐廳的後廚像小山似地堆滿了不同大小形制的汽鍋。

用濕潤的蒸氣烹飪食物，似乎很適合魚類等水生生物。蟶子（竹蛤）、扇貝和用稻草緊緊捆住鉗子的大閘蟹，都最適合蒸製。前文提過，在鄉宴中，蒸通常是一種輕鬆簡單的方法，沒什麼限制。菜放在蒸籠裡，等所有客人就位了，隨拿隨吃。在其他場合，這也可以是非常精確嚴謹的烹飪方法，廣東人便是箇中專家。在香港，一條新鮮的魚通常要蒸到魚肉和魚骨將將分離，但還呈現一點半透明的玉色。蒸好的魚只需在薑片和蔥上淋上一點熱油，再微灑些醬油即可。已故美食作家蘇恩潔在世的時候，只要從倫敦唐人街的魚販那裡買到一條魚，就會對其上下打量、仔細觀察，評估需要多少分鐘蒸到完美狀態。

廣東人蒸魚講究大道至簡、原汁原味；江南地區有道古老名菜則要華麗繁複些，那就是「清蒸鰣魚」。鰣魚非常美麗，有著銀光閃閃的鱗片，會溯河洄游到長江產卵。在每年農曆四月到六月的短暫時節裡，買得起鰣魚的人們都會爭相嘗鮮（就因為每年只有如此短暫的時間可以享用，才得名「鰣魚」）。牠鮮美的味道讓宋朝詩人蘇東坡詩興大發，寫下〈醋烹〉：

芽薑紫醋炙銀魚，雪碗擎來二尺餘。

尚有桃花春氣在，此中肉味勝蓴鱸。[5]

大約七個世紀後，清蒸鰣魚成為十八世紀末揚州滿漢全席上的美味佳餚之一。[6]烹飪前，先將魚縱向剖半，攤放在長長的橢圓形魚盤上，再將粉色的火腿片、棕褐色的香菇片、玉白的筍片排放其上，淋上酒釀，然後裹上一層網油。與眾不同的是，鰣魚蒸時要帶鱗片，在熱氣之中慢慢柔軟融化，讓魚肉的紋理中都充滿鱗片的油脂。出鍋的鰣魚通常還是一整條，被各種顏色的裝飾配料簇擁著，上桌之後，當著客人的面將鱗片輕輕揭走。鰣魚雖然刺多，肉卻極其豐腴鮮美，汁液與酒釀、火腿與網油水乳交融，舀起來澆在米飯上，堪稱人間至味。

龍井草堂前廚師長董金木回憶，僅僅在三十年前，他還能用長江裡的野生鰣魚做這道菜。令人備感唏噓的是，環境污染和發電站、三峽大壩的整建破壞了鰣魚原有的生命週期，這種魚已經在中國絕跡了。今天，江南地區的大飯店仍然供應清蒸鰣魚，但主料都是從印度或孟加拉國進口的冷凍品。

大火爆炒的場景多少令人腎上腺素飆升，相比之下，蒸顯得很簡單、輕鬆而又有很大餘地。餐桌之上，蒸製的菜餚與更乾更油的菜形成了美好的對比，相輔相成。只有瘋子才會邀請一群朋友來家裡吃飯時，做一大桌子炒菜——會累死人的。相反地，來幾個冷盤、一道前一天準備好的燉菜、蒸籠裡也準備點東西，既能補足炒菜欠缺的口感風味，又能減輕下廚的負擔。

有時候我會在廚房裡忙碌一整天，切菜、醃製、汆水……準備一場大宴。然而，往往是菜單上最簡單、最省力的清蒸魚，能引發最深切的愉悅讚嘆。每當這時我就會覺得受之有愧，因為這不過是把魚放進了蒸籠而已。在中國，尤其是香港，餐館很喜歡把活魚拿到桌上展示，牠們在網中翻騰亂跳，鮮美無比。與此同時，蒸籠正在廚房中虛位以待。如果你手裡有條完美的魚，難道還有比這更好的去處嗎？

火也候也：清熘大玉

小廚房裡已經瀰漫著誘人的香氣。灶台上微火徐徐，一個巨大的陶罐裡煨滿了肉湯，飄散出雞肉、鴨肉、鴿肉、火腿、豬肘和豬大骨的香味。開胃涼菜已經擺成了小盤：醬鴨、鹹雞、烤牛肉、拌肚絲、糖藕片、拍黃瓜、辣白菜和海蜇絲，中間是油爆蝦。點心也裝了盤：雅緻的魚味春捲、乾菜餡的包子、酥鬆的玫瑰方糕……有的只待上鍋蒸熟，有的只需再進熱油滾一圈。現在，所有的食材已經切好，所有的調味料已經備齊，兩位廚師即將開始主要工作：炒菜。

我真是走了天大的好運，抵達蘇州還不到幾個小時，就被邀請到一間廚房，兩位已經正式退休的老師傅在為隔壁房間的一些當地大人物準備私人宴會。對我這樣的烹飪研究者來說，退休的大師級廚師堪稱「聖杯」：他們經歷過漫長而艱苦的學徒期，是成就卓越的手工匠人，也保留著逐漸失傳的烹飪祕技。最重要的是，他們的師父們，都是傳統古法的踐行者，不會圖方便使用雞精和味精，而是用高湯為菜餚調味。眼前這兩位，孫福根和陸金才，都出自蘇州最著名的「松鶴樓」。該餐廳創建於十八世紀乾隆年間，以經典蘇州菜聞名。孫福根對我說，那裡是「蘇州廚師的黃埔軍校」——中國人非常喜歡用二十世紀早期這所備受尊崇的軍校作比。

如今，兩位老師傅不再為普通大眾烹飪，只服務透過私人關係介紹的「內部」客人。每週有幾天，他們會在蘇州古城中心這間不起眼的小廚房裡，為一個單桌的幸運客人做一頓蘇州佳餚。

蘇州是一座歷史悠久的古城。城中運河悠悠，古典園林星羅棋布，其中一些可追溯到南宋時期。亭台樓閣、假山湖泊點綴其間，靜謐宜人。這裡也是江南地區古老的美食中心之一。產於鄰近太湖的美味螃蟹和其他水生食物可謂聞名遐邇，按時令節氣輪番上市的農產品為人稱道；同樣著名的還有蘇式菜餚，整體清淡含蓄，但總帶有濃重的甜味，叫外人直呼太甜。乾隆皇帝在數次南巡中愛上了江南，對蘇州美食情有獨鍾，甚至將當地廚師帶回北京，御廚中從此有了江南味道，其影響在今天的中國國宴中仍然顯而易見。

我到達時正值午後，孫、陸兩位師傅和我一起在廚師休息室坐了一會兒，喝茶抽菸。我們聊起蘇幫菜，和藹親切的孫師傅向我介紹他們已經做好的所有冷盤，事無巨細地解釋了製作過程中需要用到的廚藝和配料。六點整，客人們來了，兩位廚師就像賽馬聽到發令槍，一鼓作氣地忙碌起來。

孫師傅負責統籌全域，給點心收尾，為菜品擺盤；而沉默寡言的陸師傅就在炒鍋前掌勺。陸師傅倒了一鍋油，大火加熱，離火後用手將一碗剝殼醃製、指甲蓋大小的河蝦撒進油中。趁鍋中物還在滋滋發響，他又回鍋上灶，拿大勺迅速將小蝦分開，然後立即倒入漏勺，油則匯集到下面的鍋中。接著，他把蝦放入熱鍋裡，濺上點料酒和調味料，顛鍋炒一兩下，盛入盤中。這一切就在片刻間完成。接下來，他又用同樣的方法烹製了「塘鱧」魚片。這種魚的魚鰭如扇，斑斑點點，是太湖名魚。陸師傅將炸過的魚片倒入炒鍋，加了點蔥蒜，再來少許高湯、調味料和香醇的酒糟。蝦和魚片都提前掛了薄薄的澱粉糊，油溫到位的情況下，短炸即可定型，但又不至於高溫到將其變脆或上色；之後再用大火爆炒幾秒，保持了內裡的絲滑多汁、至上美味——用中國人的話說，就是「滑嫩」。

• • •

移居美國的中國學者楊步偉，在她具有開創性意義的作品《中國食譜》（*How to Cook and Eat in Chinese*, 1945）中，首次將「炒」翻譯成「stir-fry」。這個詞巧妙地表達了中國廚師在大火煎炸食物的同時保持其不斷運動的烹飪方式。然而，「stir-fry」往往被用作一系列炒菜方法的總稱，但在中文裡，這些方法都有著微妙而精確的區別。漢語中最常見的詞是「炒」，這是個統稱，有多種變體，比如「小炒」，就是將配料依次放入炒鍋，簡單直接；「軟炒」，用於炒豆泥一類柔軟、一體的配料；「炒香」，把香料放入油中，直到激發出美味的香氣。還有其他在英語中同樣翻譯為「stir-fry」的詞，比如川菜中的「乾煸」，也是炒的變體，將切好的配料（比如竹筍或四季豆）在乾鍋中翻炒，直到部分失水，焦香四溢，之後再加入食用油、香料和其他調味料進行最後的翻炒。還有「爆」，指火開到最大，迅速翻炒，用於烹飪豬腰等過火會變柴、變老的嬌嫩食材。

還有個更複雜的詞，無法用單一英文詞彙翻譯，那就是「熘」，即小塊食物在鍋中油炸或水煮，之後再與單獨在鍋中調製的醬汁結合。「熘」也分好幾種，比如掛不掛澱粉糊、掛哪一種澱粉糊、成菜要求哪種口感、主要調什麼味道。陸師傅快速製作的那些小河蝦，方法就是「清熘」，因為烹製時沒有加配料，也沒有用醬油上色。在炒鍋中的最後翻炒當然可以稱為「stir-fry」，但那只是整個過程的一部分。英語根本無法簡單直接地描述「乾煸」、「爆」或「熘」，還有由此興起的多種變奏。所以，我們通常退而求其次，只要是在鍋中快速烹飪的菜餚，統統稱為「stir-fry」。

• • •

中國最早的烹飪器皿是大釜、蒸籠和一種有三條或四條腿的大鍋，稱為「鼎」，可以直接放在灶火上加熱。商周時期，紋飾精美的青銅鼎被用於宴會和祭祀，並成為政治權威的象徵。統治者擁有多少個鼎，就象徵著有多大權力，如果鼎被對手奪走，也意謂著失去了對權力的控制。[1]中國各地的博物館都能看到鼎，至今仍然具有豐富的文化內涵——台灣一家如今已成為全球連鎖品牌的小籠包專賣店，就叫「鼎泰豐」。

權貴階級收藏青銅器，做儀式之用；但大多數人還是使用陶器烹飪，後來又用上了鐵器。食物通常是煮或蒸，但有時也用火炙、用油脂淺炸或穿上籤子串烤。在漢唐之間的朝代，西元第一個千年，和現代炒鍋形狀相似的敞口大鐵鍋逐漸取代了古老的陶器。[2]其實漢代就已經開始使用鐵了，不過到後來才變得更為普遍，木炭也益發取代了木柴的烹飪燃料地位。[3]木炭比木柴更能維持熱能，所以更好實現高溫快速烹飪。基礎就此奠定，中餐烹飪技術即將迎來飛躍，形成現代中餐最為獨特的烹飪方法之一。

「炒」是個古老的詞，原本用於描述在鍋中乾烤穀物；到了宋朝，「炒」卻成了一種新的烹飪方法，即我們現在所說的炒菜。「炒」的確切起源無從考證，但應該是在唐朝變得勢頭強勁、蓬勃發展。[4]「炒」的首次文字記載，出現在食譜《山家清供》中，作者是十三世紀隱居浙江深山的詩人林洪。[5]在書中一處涉及乾烤香料的食譜裡，林洪似乎用了「炒」的原意，但也在好幾個食譜中提到「新法」，即在油中「炒」的烹飪方法。

最終，炒鍋本身也成為華夏各地家家戶戶的主要炊具，「炒」成了大眾的烹飪方式。米飯通常都用深鍋或蒸籠來做，羹湯和燉菜要用到砂鍋，也有多種菜餚用到蒸籠。不過，很多家常菜都是將食物切成小塊，在熱鍋中翻炒製成。過去，磚砌的灶台上只有大釜和蒸籠，現在又多了一個或多個大鐵鍋，正好放入火膛的凹陷處——如今，中國幾乎所有的老農舍都還保有這種制式的灶台和鐵鍋。與輕巧靈活的現代炒鍋不同，農家炒鍋直徑通常有六十到九十公分，沒有鍋柄，所以無法透過顛鍋的方式來翻炒食物，而是用大勺「趕」著食材在滾燙的鍋面上跑動蹦跳。等食物裝了盤，會有人對大鍋進行就地沖洗和晾乾。

炒鍋最著名的功能是炒菜，但其實幾乎可以用於任何烹飪：可以利用鍋底的弧度來煎製食物，也可以油炸（比圓柱形的鍋更經濟省油）；可以在炒鍋裡放上鹽和沙子，再加入堅果，慢慢翻攪，慢慢烘烤（即「鹽炒」和「沙炒」，有點回歸「炒」這個詞最古老的用法）。鍋底放點水，頂上蓋鍋蓋，炒鍋就變成了蒸籠——你甚至不需要單獨的蒸屜，只要把盤子放在金屬三腳架上即可，連這個架子也可以是木筷子或竹筷子横亙在鍋底水面之上做成的簡易版。還有一種用法，就是在鍋底鋪上鋁箔紙，加入麵粉、糖和煙燻料，炒鍋具就成了簡易的「熱燻房」。如果是為很多人做飯，可以用炒鍋來做「鍋巴」飯，金黃韌脆，特別好吃。當然，也可以用炒鍋來煮湯、燉菜和燴菜，這些都是很常見的用法。

我們提起「stir-fry」這個英文單詞，語氣總是輕描淡寫，好像只要把配料一股腦倒入炒鍋就萬事大吉了。不過，雖然看起來好像簡單易行，但在高溫下快速烹飪，尤其是專業中式爐灶那火山一般的高溫，其實是所有中餐烹飪方法中最磨人、最具挑戰性的，說不定放眼全球也無出其右。炒鍋當然是普通家常烹飪的主要工具，但在專業廚房的老師傅手中，這就是一把武人利劍，毫末微妙之間，自有千鈞之力。

比如那些河蝦，是多麼纖細脆弱啊：要是油溫過低，蝦身上掛的那層薄芡糊就會滑落（用有些人的話來說就是「衣服脫落了」），導致蝦吸收過多的油，成菜就會油膩膩的；油溫過高，就會炸得又乾又老，達不到滑嫩的效果。蘇州那一夜的菜單上，這些河蝦被賦予了一個詩意的名字「大玉」，只有在烹飪到完美的情況下，那半透明的白色微光，才能配得上這個美名：做老了，顏色會暗淡，沒有透明之色；沒到位，內部就還是生的。最後入炒鍋的那一下可謂稍縱即逝，只在須臾之間，這期間必須迅速加入調味料，完成風味的融合——根本沒有嘗味的時間，沒有出錯的餘地。要把這些河蝦烹飪到完美，絕非易事。

一道炒菜裡要是再增加一種主料，複雜程度就更甚一層。比如，典型的家常菜韭菜炒肉絲。豬肉絲當然必須切得均勻纖細才能很快熟透，同時又保持鮮嫩多汁。下鍋之前還必須要恰到好處地進行醃製，裹一層薄薄的澱粉水，形成絲滑的口感。韭菜的長度要和肉絲相當，達到美觀和諧的效果。合格的成菜，肉絲不能太老，也不能太生；韭菜則應該在火氣熱烈的親吻之下保持生機勃勃的翠綠色，不能太生（會有刺鼻的味道），也不能軟塌塌的毫無活力。肉絲和韭菜都得「熟」：這個詞既代表烹飪上的「熟」，也代表瓜果「成熟」。如果烹飪得當，菜餚的每個組成部分都應該處在生與老的絕對平衡點上，正如一顆成熟得恰到好處的桃子，少一分則生而未熟，多一分則走向腐爛變質。

有兩種方法可以達到這種境界。要麼先把肉絲炒至半熟狀態，再加入韭菜翻炒到剛好熟透（家常菜經常採用這種作法）；或者先把肉絲翻炒到差不多熟透，放置一旁，再單獨炒韭菜，到最後一刻將所有東西倒在一起翻炒（這種方法精確性高，常被餐館採用）。這些步驟究竟要用多少時間，很難精確量化，因為這取決於肉和韭菜的分量和比例、肉絲的厚度、韭菜的嫩度、炒鍋的厚度和傳導性、油的用量、火力強度，以及食材在鍋中被翻炒的速度。烹飪和戀愛一樣，要確保兩者同時達到淋漓盡致的高潮，並不容易。

舉個更複雜的例子。我常回想起在東京一家小小的中餐私廚房「勇」（Yung）享用的一道菜。那道菜包含在我們當天的套餐中，是一道小炒，配料有新鮮扇貝、茭白筍、韭黃、小南瓜、金針菜、蘿蔔和白菜，每樣都是幾塊，最後在盤子裡堆成一個小丘。這道菜也許看似簡單，只是把扇貝和各種蔬菜混合起來炒，實則是一項驚人的精細工程。每樣配料——柔嫩的扇貝、多汁的茭白筍、緊實的小南瓜、柔軟的韭菜、脆嫩的蘿蔔等等——都必須烹飪得恰到好處。考量到每樣東西不同的特性與軟硬度，這簡直就是個奇蹟。飯後，我向廚師詢問其中玄妙。他告訴我，先將比較緊實的食材單獨分煮，過一次熱油，再過一次熱水，完全去除油膩感；最後，在熱鍋裡放入生韭菜，和所有其他東西一起翻炒。一道小小的炒菜，要花費很多功夫，但成菜確實美妙無比，色、香、味、口感都無可挑剔，堪稱完美無瑕的技藝佳作。

做得如此出色的複雜炒菜實屬罕見，真是令人驚嘆。在專業爐灶上進行這種水準的烹飪，需要經驗豐富和全神貫注。稍有不慎，就可能讓局面不可收拾。一切都發生得太快，沒有深思熟慮的餘地，因此需要無懈可擊的準確直覺。從這個意義上來說，要當好中餐炒鍋前的廚師，就像古典音樂家和舞蹈家，需要不斷練習才能保持巔峰狀態。不過，廚師又與古典音樂家不同，不是在高雅可敬的音樂廳舞台上每次表演兩個小時，而是日復一日在餐廳廚房的滾滾熱浪與喧囂吵鬧中長時間工作。（中國的廚師朋友們告訴我，年長的行政總廚儘管擁有數十年的知識和經驗積累，卻通常不願意親自掌勺炒菜，怕因為沒有每天練習，做起來不熟練了。）

無論是汆水的那幾秒，或是醃製上等火腿所需要的好幾年，時間這個經常被忽視的因素，對烹飪其實至關重要。[6]中餐烹飪的語境中有個詞叫「時令」，可以解釋為「被時節所命令」，提醒著人們，最好的食物不論是採集還是食用，都要根據農曆所描述的相應季節來進行。還有更重要的一點，幾乎所有中餐廚師都會告訴你，烹飪的關鍵在於「火候」，即對火的控制：既要控制強度，也要控制持續時間（「火」，就是爐灶中的火；而「候」可以解釋為「等待」和／或「觀察」）。

要熟練使用炒鍋，廚師必須對火的大小及其在食材上產生的作用有敏銳的感知力。他必須控制熱源的溫度，要麼調節控制器（在現代灶具上），要麼將炒鍋離遠或靠近熱源（在柴火火灶或煤爐上）；有時候也會將一些食材滑到鍋邊，在鍋中間烹飪其他配料。廚師必須判斷使用多少油；在加入食材之前，油要加熱多久；還必須知道哪樣配料什麼時候加、加進去要炒多久。在炒鍋前，眼睛和鼻子都要靈敏，要觀察油燒到了幾成熱、鍋邊升起的油煙多濃、油的顏色和炒香料時散發的香味，以及每種食材受熱後「甦醒」時不斷變化的氣味。

添加調味料，講究一個「準」字。要是停下來去嘗味道和重新調整的話，可能一切都砸鍋了。最後，可能需要勾芡收汁，這也是很有挑戰性的一步。澱粉和水的比例一定要得當，加入的量一定要恰到好處，才能將鍋底那融匯了多種配料風味的液體收成濃淡合適的醬汁：也許是給每塊食物增添一層薄薄的玻璃光澤；也許懶散地匯聚在主料周圍；也許是一件寬鬆的「斗篷」，比如小塊的蟹肉躺在盤底的綠色蔬菜上，包裹周身的那層芡衣。掌勺師傅也許會在幾分鐘甚至以秒計的時間內完美成菜，接著立刻就會有人將下一道菜切好的配料遞給他。炒菜既耗費心力，又得俐落迅速。

中國廚師常說，西方的同行以「克」和「升」之類的單位來準確地度量一切，他們卻是憑肉眼和感覺來判斷用量。和大多數的刻板印象一樣，這並不完全正確。西式烘焙可能的確是廚房裡的精確科學，要嚴格把控比例和過程的標準化；但大部分人在家做飯，或甚至是餐廳廚師日常烹飪，也更多地依靠感覺：加一點這個，加一點那個（義大利文所謂「quanto basta」，就和中餐食譜中的「適量」是同樣意思）。然而，我不太確定西餐烹飪中有任何東西能與炒菜相提並論，因為後者要兼顧速度和複雜性，對廚師的體力和腦力都有很高的要求。

即使是書面甚至正式出版的中餐食譜，都往往不會具體寫出一道菜或某個步驟需要幾分幾秒，因為也不可能說清楚，但其中對火候的說明卻極盡詳細，比如某魯菜食譜中詳細解釋了如何「油爆」或「爆炒」：「油爆和爆炒時，要用猛火快速烹製，眨眼之間要完成一串連貫劃一的動作。成菜的汁水要覆蓋一層油光，醬汁要均勻包裹食物，做到雖然濕潤多汁，卻看不到醬汁單獨聚集。吃的時候，盤面光潔，沒有湯湯水水之感。」

高級餐廳的客人往往十分挑剔，在這樣的後廚，炒鍋前掌勺廚師的壓力之大，實在難以想像。如果是為嘴刁的中國食客做菜，他知道客人們希望他的每一道出菜都能「色、香、味、形俱全」，每一個因素都取決於他對火候的把控。要是油色不夠紅亮，蒜味過於濃重，醋沒能斷生或因為太熟而沒了那股酸香，魚肉老了，收汁不夠稠……客人們都會注意到。每道菜都有單獨的標準：清熘大玉要細膩嫩滑、乾煸雞要焦香上色、青菜要圓潤爽口。哪怕是一瞬間分心，就可能失之千里，毀掉一盤菜。有些菜餚對火候的要求過高，已經到了讓人捧腹的地步，比如寧波名菜「鍋燒河鰻」：老饕們說，成菜要整條河鰻完完整整地放在盤子上，但又得軟爛柔嫩，只需吹彈一個音符，就形銷肉脫了！

原本複雜精緻的炒菜，看上去可能不費吹灰之力，只需要在炒鍋中輕鬆自在地轉一圈，就能盛出一小盤交織的配料，這或許能解釋為什麼西方人往往不會欣賞那種對技術要求很高的複雜性。但炒菜的簡單，就如同一輩子沉浸在筆墨世界中的大師創造出來的高超書法代表作，看上去「只是塗鴉」；或是抽象大師馬克・羅斯科（Mark Rothko）那些像是在畫布上簡單塗滿顏料的畫作。進行法式烹飪時，廚師有時間品嘗和調整其中的荷蘭醬，油畫也可以透過覆蓋更多層次的顏料來修改。但炒菜就像寫書法，必須在第一次就做到完美：一旦食材下鍋或是墨跡上紙，就開弓沒有回頭箭，沒有第二次機會了。成菜，亦如完成的書法作品，必須在開始創作前就於藝術家的心中與手中成形，這樣才能在鍋中或紙上優美旋轉，迅速實現。

和書法繪畫一樣，「火候」之技也十分微妙，無法言傳，只能透過師父的教授和自己的身體力行來掌握。一九八三年出版、面向英語讀者的《中國烹飪》（*Chinese Cooking*）一書中寫道，烹飪的時間與火力的大小，哪怕是毫釐之別，也能對成品菜餚的品質有很大影響：「這些微妙而精細的要點無法在食譜中用語言表達。我們建議您在烹飪時全面調動視覺、嗅覺和聽覺，去感受和觀察面前的菜餚。如果掌握了火候的精妙之處，您就在實踐中餐烹飪藝術方面邁出了一大步。」[7]

清朝詩人和食譜作家袁枚曾寫過「火候須知」：「熟物之法，最重火候。有須武火者，煎炒是也，火弱則物疲矣。有須文火者，煨煮是也，火猛則物枯矣。有先用武火而後用文火者，收湯之物是也；性急則皮焦而裡不熟矣。有愈煮愈嫩者，腰子、雞蛋之類是也。有略煮即不嫩者，鮮魚、蚶蛤之類是也。肉起遲則紅色變黑，魚起遲則活肉變死。屢開鍋蓋，則多沫而少香。火熄再燒，則走油而味失。道人以丹成九轉為仙，儒家以無過、不及為中。司廚者，能知火候而謹伺之，則幾於道矣。」[8]

而關於中餐烹飪整體的精妙，有一段非常優美的描述，出自西元前三世紀商人呂不韋編纂的《呂氏春秋》，言者為傳奇廚師伊尹：

鼎中之變，精妙微纖，口弗能言，志弗能喻。若射御之微，陰陽之化，四時之數。[9]

儘管伊尹生活在中國歷史上的青銅器時代，遠在現代炒鍋發明之前，這番話卻完全可以用來形容巫術般奇妙的炒菜。「火候」一詞起源於中國道家追求長生不老的煉丹術，而這位歷史人物伊尹，不僅是位廚師，還有可能是個懂得巫術的薩滿，兩者似乎很是相通。[10]

• • •

如今，資深廚師最大的苦惱之一，就是年輕人因為害怕吃苦，不願意認真學習烹飪技藝。我認識一些成就極高的中餐廚師，要是在歐洲或美國，肯定會被希望拜師學藝的年輕人「圍攻」，但他們在中國卻收不到合適的徒弟。話說回來，很多資深廚師也不願意自己的孩子步這個後塵，不希望他們跟著師父唯唯諾諾地度過艱苦甚至殘酷的歲月，在後廚和灶台上賣苦力。

那麼，炒菜技術將何去何從？你可能和我一樣，已經注意到，不僅在中國，在世界各地的華人社區，提供火鍋、麵條和餃子的餐廳數量激增——我稱之為中餐的「火鍋化」。在倫敦唐人街，曾有一代人辛苦經營一家家粵菜館，提供美味的傳統炒菜，但現在大多讓位給點心和亞洲快餐。在中國，火鍋店和大型加盟連鎖店也是成倍增加，那裡的廚師只需要做有限的菜餚，不用從原料到成菜，系統性學習整體的中餐烹飪藝術。原因不難理解：開一家火鍋店，只需要有好的湯底，湯底可以量產，按需求加熱即可；之後，只需要非技術職務來切切菜，煮食物的工作都可以交給客人自己完成。即使包點心這樣的活，看上去可能像烹飪小魚一樣，需要細心和技術，但和清熘小河蝦一比，還不是簡單得像扮家家酒。點心師傅稍微歇歇手，天也不會塌下來。要是炒菜師傅也這樣，那可就嚴重了！

找到一個好廚師，甚至是願意學習的新一代廚師，愈來愈難了。也許正因如此，當代餐館老闆對炒菜機器興趣濃厚。美國作家沈愷偉（Christopher St. Cavish）為美食網站「認真吃」(Serious Eats)撰文指出，炒菜機早就已經存在了，但真正嶄露頭角，還是在新冠疫情期間幫助北京冬奧組委會盡可能地減少人與人的接觸。沈愷偉寫道，雖然炒菜機的設計各有不同，基礎版的炒菜機「樣子就是一個金屬桶，以四十五度斜角安裝在一個框架上，底部有個鰭狀炒菜柄，可以慢慢旋轉。」[11]這樣一台機器，一次可以烹調多達一百公斤的食物，工作原理是將配料和調味料放進滾筒，在加熱元件上進行旋轉和翻滾，「就像是用滾筒烘乾機『炒』菜」。食物做好後，滾筒會向前傾斜，讓做好的菜掉落到盤中。一家炒菜機製造商的經理告訴沈愷偉，他預見未來的廚師將只是「內容創造者」，負責生產精確的食譜，然後編碼輸入機器中。

兩千多年過去了，機器人廚師的出現，是否預示著伊尹口中那古老的「鼎中之變」和精妙優美的火候技藝即將滅亡？我希望不是。觀看一位技藝精湛的老師傅炒菜時，我眼前出現的是一位魔術師、一位奇蹟創造者。廚師也許身經百戰傷痕累累、也許喜歡一支接一支地抽菸、也許完全不善言談，但他在爐灶前的動作一定優雅美麗，那非凡的頭腦與身體都無比靈活，每每讓我嘆為觀止。暫且不提武術的魅力，不提那些身披金光袈裟橫空躍起的武僧，因為就在此處，在廚房的煙火繚繞與鍋碗瓢盆的奏鳴之中，真正的功夫正在上演。

在蘇州那個小廚房裡，孫、陸兩位大廚以驚人的速度快馬加鞭地創作著這一頓盛宴。九道開胃冷盤之後是八道熱菜和三道點心。河蝦和塘鱧之後是爆炒下水，配清淡醬汁的魚肚，浸潤在紅肉汁中的肉塊，枸杞芽墊底的炒雞絲、火腿炒竹筍，完美的糖醋汁松鼠魚，炒芥菜配香菇，還有在砂鍋裡小火煨了一整天的濃湯。整頓飯在四十五分鐘之內完成並上桌。兩位師傅可謂身懷絕技、舉重若輕。我看著他們在狹小的廚房中像變魔術般烹製出一道又一道菜餚，一時彷彿有「伊尹之光」加身——這是燃燒了兩千多年，依然熊熊如初的火光。接著，一切都戛然而止。最後一道菜端出去了，他們放下十八般廚房兵器，點燃香菸，用樸實的蘇州方言你來我往地開起玩笑，又變回了兩個凡人。

千詞萬法：鍋㷊豆腐

頂級廚師顏景祥，年屆八旬，坐在山東濟南家中的沙發上，穿著傳統的紅色錦緞唐裝，戴著玳瑁眼鏡。顏老是資深的傳統魯菜大廚，而魯菜又是中國的四大菜系之一（山東簡稱「魯」，就是過去的魯國，孔子的誕生地）。魯菜廚師以對炒鍋的高超把控而聞名，我引頸翹望地想向顏老討教一些廚藝上的細節。他欣然答應，滿面笑容地開了口，幾乎沒歇氣地一下子說出四十來種不同烹飪方法的名稱。說完看著我：「當然，這些只是最基本的。」

我倒是一點也不驚訝。在四川烹專學習時，我們一共學了五十六種不同的烹飪方法，那之後我又接觸到很多別的。蒸和炒，兩種典型的中餐烹飪法，都有著許多變體。而就這兩大類，也只是無數方法中的兩種而已。有些方法是歷史上沿襲下來的，有些是當代新生的，有些比較普遍，也有些具有相當的地域性。在學校，我們學到，蒸不僅僅只是蒸，具體到各種情況，還有不同的表達方法。比如，食材裹上米屑蒸，叫「粉蒸」；不添加什麼東西蒸，叫「清蒸」；在密封容器中蒸食材，叫「旱蒸」；食物燒了再蒸，就是「燒蒸」；先炸再蒸或先蒸再炸，都叫「炸蒸」；蒸製糊狀或布丁狀的食物，叫「膏蒸」；蒸製填了餡料的整塊食材，叫「瓤蒸」；還有個詞叫「扣」，作法是將食材裝入碗中，蒸熟後倒扣在盤子上。

要抓住任何文化的重點，研究其中的專業詞彙都是個好的切入點，詞彙有著豐富的縫隙孔洞，能夠細緻入微地區分其他文化知識粗略關注的主題，體現自身文化的細枝末節。比如，因紐特人就有很多詞彙來形容不同類型的冰雪，這是世所聞名的；而阿根廷的牧場主則對不同顏色的牛皮有無微不至的區分。具體來說，衡量某個菜系是否精緻，標準之一就是相關詞彙是否豐富。比如，法國菜就擁有高度專業化的一套語言來區分不同的烹飪方法、調味醬汁、酥皮糕點類型和其他烹飪準備工作。所以，在廚藝上不那麼精緻講究的英國人，大部分的烹飪相關詞彙都借自法語（從「廚師」〔chef〕、「餐館」〔restaurant〕和「菜單」〔menu〕等基礎詞彙，到更複雜和更具體的「蛋黃醬」〔mayonnaise〕、「荷蘭醬」〔hollandaise〕、「炒」〔sauté〕和「肉凍」〔terrine〕等等）。

西方世界很少能欣賞中餐烹飪複雜精妙的技藝，原因之一可能是語言上的困難。許多中餐烹飪術語無法翻譯，在英語甚或其他任何語言中都找不到能直接對應的詞。即使是在會漢語的人群中，專業廚師圈子以外的人也不熟悉那些毫末細節的烹飪詞彙。我住在成都時，有個川大歷史學研究生朋友對我烹飪學校教科書中的大部分術語都不熟悉。西方廚師無論對中餐烹飪多麼感興趣，都必須不僅會說中文，還得深入研究中文的書面語言，否則很難掌握烹飪技術上的各種微妙區別。

僅舉一例便知。那天下午，顏老提到了一個烹飪術語叫「煱」，這是專屬魯菜的烹飪方法，出了山東幾乎無人知曉。單說這個字，也是很少用到的生僻字，甚至大多數字典都沒有收錄。根本沒法用一個英文單詞來概括「煱」的含義：將寬大扁平的食物掛上一層薄薄的蛋糊，在炒鍋或平底鍋的表面貼一層進行煎製，之後再加入調好的湯汁中燒透入味。這種方法最著名的例子，就是經典魯菜：鍋煱豆腐。作法是將白豆腐切成九片長方形厚片，每片都均勻沾上一層麵粉再裹上打散的蛋液，然後像鋪瓦片一樣在鍋底擺成長方形。有蛋液做黏合劑，豆腐在鍋裡像煎餅一樣煎至兩面金黃盛出，接著將香料（蔥、蒜和薑）爆香，加入豆腐、調味高湯，讓豆腐逐漸吸收湯汁，同時變軟。成菜軟嫩多汁、美味可口，豆腐和金黃蛋糊的質感形成了柔和舒適的對比。同樣的方法也可以用於烹飪其他食材，比如一整條魚去骨後平鋪，再進行「煱」的過程。

「鍋煱」只是「煱」這種烹飪法的變體之一。我收藏的一本魯菜食譜還介紹了另外四種「煱」，其中之一是「滑煱」：主料切薄片，掛糊或不掛糊均可，用溫油滑熟後加入湯汁；還有「鬆煱」：將原料切片，掛蛋糊或發粉糊，之後撒上一層松子仁之類的堅果仁。

類似地，其他許多中式烹飪術語也表達了十分繁複的過程，無法簡明扼要地用英語概括。要不乾脆直接把這些中文專業詞彙借到英文中好了？英語本來也從中文借了不少詞了，比如「wok」（炒鍋）和「wonton」（雲吞）。不過，英語從法語借用烹飪詞彙倒是簡單直接，借用中文卻存在特殊的問題。漢語講究聲調，很多詞在口語中可以加以區分，但到了英語中聽起來就一樣了。比如，「好」，四聲就是「喜歡」，三聲就是「不錯」，看你怎麼發音了。此外，還有無數的漢語詞彙，即便在漢語中聽起來也一模一樣，只能透過上下文和不同寫法的書面漢字來區分。我有本漢語詞典中列出了一百四十多個不同的漢字，發音都是「ji」。即使只是在烹飪詞彙的領域，也有各種重合，比如兩種完全不同的方法，音譯成英語都是「kao」。從中文裡借用那麼一兩個詞是完全可行的，但完整挪用全部的烹飪詞彙則太不實際了。

還有更麻煩的呢：同樣的烹飪術語，在不同的地區，用法也不同。比如「燉」這個字吧，在川菜裡就是「小火煨」；到了粵菜裡面，就是在密封的鍋裡蒸的意思。我第一次去紹興的時候，驚訝地發現當地有一整套獨一無二的烹飪詞彙。

中餐種類繁多的原因駁雜，烹飪方法的多樣性就是其中之一。一份精心設計的菜單上可能會有一兩道涼拌菜、一道砂鍋燉菜、一道蒸菜、一道爊菜、一道炒菜和一道湯。當然也有一些餐館以某種特定的烹飪方法做招牌：幾年前，我在杭州一家新開的網紅餐館用餐，這家就只賣蒸菜，從湯、燉菜到整條魚、餃子，應蒸盡蒸。

中餐最令人驚嘆的地方在於，簡簡單單的裝備就能創造出複雜、非凡而廣博的技藝。

即使是專業廚房，大部分食物的製作也不過是用一把菜刀（要砍骨頭的話會用更重的菜刀）、一塊砧板、一口鍋、一把大勺、一個漏勺和一個蒸籠。每種工具都有多種用途：例如，大勺可以用來舀油或汁水、炒菜、攪拌醬汁；在本幫菜裡，還能做模具煎小蛋餅，以便之後用作蛋餃皮。這與法式烹飪形成了鮮明對比，後者可謂「重裝部隊」，包括多種刀具、模具和鍋具。住在巴黎的中國漫畫家曹思予用一幅名為「我的廚房用刀」（My Kitchen Knives）的漫畫準確地概括了此一區別：左邊的畫下方寫著「在北京」，刀架上只有一把中式菜刀；右邊的畫下方寫著「在巴黎」，刀架上有六把不同形狀大小的刀。[1]

以下列出一些古今中餐烹飪方法的相關術語，並不詳盡，只供您一窺中餐烹飪的精妙與複雜。您會注意到，其中很多帶有表示「火」的偏旁（「火」和「灬」）；而與醃製和浸泡有關的方法則常常出現代表「水」的偏旁（氵）。用顏師傅的話說，這些也只是基本術語而已，還有無數的旁支小類，我根本無從一一列舉和解釋。列出的大部分術語都是單個漢字，省略了所有的變體。製作某些菜餚時，可能需要依次用到好幾種方法。

烤：roast（通常要用到烤爐）。

燔：古語，明火烤大塊的肉或整隻小型動物。

炙：肉穿成串，在炭火上烤，類似土耳其等地的烤肉串。

炮：用葉子或陶土包起來，放入火焰的餘燼中直接烘烤。
燒：燒烤／在汁水中燉煮。
焗：bake。
烙：平底鍋乾煎。
煮：boil。
蒸：steam。
焐：食物直接鋪在米上蒸製。
炆：碗中裝食物，放在米飯上蒸製（紹興地方術語）。
扣：在碗中蒸食物，倒扣盤中成菜。
熬：simmer、decoct或infuse（當代）；乾煎，烤乾（古代）。
汆：沸水速煮易熟的食物。
濯：poach。
涮：scald或rinse。
焯：在開水中略煮。
燉：stew或double-boil。
燴：在汁水中烹製（通常有多種切好的食物）。

滷：在加香料調味的湯汁或油中烹製。
炊：「烹飪」的一種通用說法。
𤏸：在醬汁中文火煨（擬聲的川菜專用術語）。
㷬：將食物裹上蛋液，鋪在鍋底煎，過程中不挪動，一直到兩面金黃盛出，再加入調好的湯汁中燒透入味（魯菜專用術語）。
㸆：燉煮到醬汁濃稠。
炆：微火煮（粵菜專用術語）。
燜：在液體中悶燒，通常要蓋鍋蓋。
煨：用很小的火烹製，很多時候用陰火。
扒：將食材在醬汁中慢燉後裝盤，或是蒸製後淋上醬汁。
瓤／釀：烹飪前先將食物填上另一種食材做成的餡料，或是用一種食材包裹另一種。
炒：stir-fry（以炒鍋中移動的方式來烹飪食物，加鹽和油，有時也以木炭做烹飪介質）。
煸：「炒」的另一種說法。
爆：快速炒。
熘：食材先過油或水，再與醬汁結合。
煎：（不攪動的）pan-fry。

炸：deep-fry。

淋／油淋：將熱油倒在食材上，達到烹飪效果。

烹：「烹飪」的一種通用說法；也指將液體倒入一鍋炸過的食材，製出有一定黏稠度的醬汁。

熗：用糊辣椒和花椒炒（川菜專用術語，在其他地區有不同的含義）。

貼：stick或pot-stick，在鍋上單面煎。

糖黏：sugar-frost。

拔絲：包裹一層能牽扯出絲狀的糖醬。

醬：用醬油或濃醬進行烹飪或醃製。

燻：smoke。

糟：用發酵糯米增添風味。

拌：toss（比如沙拉和涼菜）。

醉：用酒醃製，令食材「喝醉」。

醃：salt-cure或marinate。

泡：soak或steep in pickling brine（浸入醃製鹽水）。

漬：steep。

浸：steep。

麵團「變形記」：刀削麵

在大同「小南街」刀削麵館的廚房裡，廚師像拉小提琴一樣，把菜板頂在肩上，上面放著一塊光滑結實的麵團。大鍋中水正微沸，蒸氣升騰如雲如霧，他站在鍋前開始了表演。其右手彷彿拉弓一般，舉起一塊閃亮的金屬平片，那頂部有磨得很尖利的鉤刀。只見他順著麵團往下一拉，削下一條長麵，任其在空中飛舞，最後潛躍入鍋。我目不轉睛地呆呆看著他重複這個動作，一次又一次，每一根麵條都有著獨特的曲線和坡形截邊，倏忽劃破蒸氣雲霧，鰻魚一般躥入冒著氣泡的滾水中。

廚師用漏勺把麵撈到碗裡，遞給服務生。後者往裡頭舀了一大勺燉肉、一顆滷蛋、一塊豆腐乾和一兩個肉丸子，撒上香菜，再把熱氣騰騰的麵碗遞給我。湯頭鮮美，麵條絲滑又勁道，大小粗細不一，成為唇舌間的愉悅享受。刀削麵，大同的驕傲。

我一到山西大同，廚師杜文利和王宏武就堅持要帶我去參觀城外的幾處佛教石窟。我從沒計畫過要去參觀這些石窟，只能有點不情願地跟在兩位接待者後頭，做個盡職盡責的遊客。真是慚愧啊！無知的我當時根本不知道雲岡石窟是世界奇觀之一，是聯合國教科文組織認定的世界文化遺產，以西元五世紀至六世紀的佛教藝術品聞名於世。接下來的幾個小時，我跟著杜師傅和王師傅穿行在石窟當中，探尋隱藏在砂岩峭壁中色彩絢麗、雕刻精巧的高聳佛教造像，震撼於那種神聖之美。

不過，按我自己的計畫，來大同是要探索這裡的另一個世界奇觀：山西的麵食藝術。

西方人一提到「麵」，首先想到的一定是義大利，那裡的人們把麵粉和雞蛋玩出了多種花樣。提到中國，人們可能也會想到麵食，但相對而言，很少有中國麵食蜚聲國際。日本拉麵比任何中國湯麵都更廣為人知，儘管它其實起源於中國。西方大多數中國超市都有乾麵和新鮮麵條售賣，但種類很少。中餐走出國門的早期，「中式麵條」通常指的是炒麵，由金黃色的雞蛋麵與豆芽等其他切碎的配料混合而成。炒麵一直深受外國人喜愛，但壓根兒不能代表中國的麵食文化。這其中部分原因是炒麵屬南方的粵菜，而中國的麵食之鄉主要在北方；還有部分原因是雖然中國也有炒麵，但中國人，尤其是北方人，通常更喜歡吃醬麵或湯麵。

近年來，中國北方的一小群「先鋒」麵食製作者逐漸在西方各大城市引起注意，主打的招牌麵食是西安的手扯Biángbiáng麵和長長的手工蘭州拉麵。兩者的製作方法都是用手將有延展性的小麥麵團舉高拉長，直到拉成扁平的絲帶狀麵片（前者）或線條狀麵條（後者）。這些特色麵固然讓人們得以一窺中國麵條製作在技術上的獨創性，卻也只是中國眾多麵食中的兩種而已，還有很多完全不為國門外的人們所知。從東部沿海到西部邊陲，中國北方的廣大地區幾乎都以麵條為主食。雖然每個地區都有自己的特色麵食，但中國境內最負盛名的麵食藝術之鄉，還要數山西。

我發現大同有一種奇特的魅力。不久前，這座城市的中心地帶還是一座古城，小街小巷阡陌交通，串聯起一座座被圍在高高土牆內的傳統四合院。但是，就像現代中國的常態一樣，一位熱心市長幹勁太足，決定對這裡進行改造翻新：用嶄新的灰磚重砌了城牆，每隔一段就建起一座漂亮的瞭望塔；老街被拆除了，想必之前住在這裡的所有人也都被重新安置。除了一座古老的鼓樓和遼代鼎盛時期建造的華嚴寺那令人嘆為觀止的遺跡外，這裡的建築已經看不出什麼過去的痕跡。冬天接近尾聲，陽光明媚，天空湛藍，這座簇新的古城宛若荒涼的電影場景，但當地人對我這個外國遊客相當友好，整個大同以意想不到的魅力吸引著我。

大同曾是處於帝國邊境的戰略重鎮，漢人在這裡與游牧民族毗鄰而居，戰事常常一觸即發，後者時不時會前來襲擊劫掠。向北驅車不到一小時，穿過崎嶇的山丘和沙塵漫天的村莊，經過驢車和洞穴般的土坯房，蜿蜒的道路將會把你引向一個歷經風吹日曬的岬角，那裡可以眺望古長城的殘垣斷壁以及其間不斷被風沙侵蝕的夯土碉堡。長城沿著山脊曲折綿延，直到消失在視線盡頭。另一頭，就是內蒙古。

雲岡石窟融合了印度與華夏藝術，極其華麗絢爛，是後來被稱為「絲綢之路」的沙漠古道上貿易與文化流動往來的遺產之一。數個世紀以來，在明朝海上貿易占據主導地位之前，駝隊一直往來於中國和西域之間，出口絲綢、茶葉等中國產品，也把西方的思想、技術和食品帶回中土，其中一些對中國的文化和飲食產生了深遠影響。然而，要說對中國人的生活與幸福感產生最大影響的外來物，很少有什麼能比得上兩千多年前從中亞傳入的麵粉加工技術。[1]

• • •

在中國最初的王朝，主食穀物（主要是黍稷，但也有稻米、大豆和小麥）大多蒸熟或煮熟後整粒食用，如今吃稻米的地區依然如此。但到了漢朝（西元前二〇六年至西元二二〇年），中國人從西域鄰國引進了手推石磨：兩塊圓形磨石夾在一起，能將頑固的小麥磨成柔滑的麵粉。[2]（後來，中國人也是用這樣的石磨將豆子磨碎，做成豆腐。）漢代權貴的隨葬品中逐漸有了小小的陶土石磨模型，與僕人、農畜和廚房爐灶的陶俑一起，保證墓主來世生活依舊富足。大約在這一時期，漢語中出現了一個常用的新詞「餅」，由食物的「食」與合併的「并」組合而成。這個詞不僅指麵條，還指各種用小麥粉和水混合成的麵團製作的食物。[3]

中國之「餅」，確切起源並不清楚。二〇〇五年，《自然》（*Nature*）雜誌刊登了一篇廣受關注的文章，報導中國考古學家在西北青海省一處距今四千年的新石器時代遺址中發現了一碗小米麵條，據稱是用一塊麵團抻出來的，和今天的手工拉麵一樣。[4]這項所謂「發現」的錯誤已經被完全揭穿：全世界研究中國麵食最重要的專家之一、法國漢學家薩班指出，小米缺乏麩質構成的麵筋，沒那麼有延展性，所以根本無法將小米做成可以拉伸的麵團。不僅如此，在相應的考古遺址中也沒有發現將穀物磨成麵粉所需的工具。在新石器時代，小麥還不是中國的主要農作物。其他學者也一致認為，中國要到那之後很晚，才開始製作此類食物。[5]

中國典籍中最早記載的麵食之一是撒有芝麻的「胡餅」，因來自中亞的胡人而得名。胡人，以及更西邊的人們，會把烤餅做為主食，但中國人愈來愈被蒸餃子、煮餃子和湯麵吸引。也許是中國人自古以來就喜歡用筷子從沸騰的大鍋中夾起切成適合入口大小的熱食，這種習慣那時已經根深柢固。將麵團分成小塊，扔進咕嘟咕嘟的湯水中，一定已經成為中國北方人民的天性和本能。

中國人很早就開始意識到麵團存在各種各樣令人興奮的可能性。大約在西元二〇〇年，一本字典就列出了七種麵食，包括「湯餅」，那是湯麵的早期雛形之一。漢朝宮廷有專門的「湯官」，負責做「餅」，即盛在湯中的麵食。[6]西元三世紀文學家束皙的《餅賦》，提到有的麵食像「豚耳狗舌」，還用熱情洋溢的口吻描述了用雪花一般的麵粉做餃子的場景。束皙寫的餅，是一種不久前才出現的事物，裡面提到了十多種餅，其中一些顯然起源於粗鄙偏僻之處，因為它們的名字「生於里巷」[7]；又有一些的製作方法，「出乎殊俗」（來自異域）。

束皙寫道，不同的季節適合吃不同的麵食。蒸的饅頭最適宜早春時節，而

> 玄冬猛寒，清晨之會，涕凍鼻中，霜凝口外，充虛解戰，湯餅為最。[8]

同時代的文學家傅玄為湯汁中長長的麵條寫下了優美的《七謨》：

> 乃有三牲之和羹，蕤賓之時麵，
> 忽游水而長引，進飛羽之薄衍，
> 細如蜀繭之緒，靡如魯縞之線。[9]

薩班將「餅」定義為有特定形狀的食物，通常由小麥粉和水製成，不像粥那樣是鬆散

的形態。[10]中國最早明確提到「餅」的食譜出現在賈思勰的里程碑式農學著作《齊民要術》中，裡面介紹了三種不同小麥麵食的製作方法[11]，其中兩種是將麵團在水中拉長，把最終的長條煮熟。作者寫道，熟後「非直光白可愛，亦自滑美殊常」（看上去光白可愛，入口異常滑溜美味）。[12]另一種麵食是將長棍形的麵弄成小段，進行蒸製。

最早的「餅」是權貴階級在兩餐間隙享用的精緻小點，但隨著時間的推移，餅變成基本而普遍的吃食。[13]到唐朝末年，麵食種類繁多，「餅」這個詞逐漸只被用作稱形狀扁平的麵食；而愈來愈多的麵食則從麵粉中取名，被稱為「麵」，一直沿用至今。[14]當時，食用小麥麵團製成的食品已經成了中國「北方人」的標誌性特色習慣之一，和吃羊肉與乳製品並列。[15]在之後的朝代中，麵食逐漸在整個中國流行開來，但它們在南方人的飲食裡永遠占據不了在北方那樣的重要地位。

如今，在古老的北方麵食腹地，一個個麵團做成的食物依然是飲食生活的核心。就在不遠的過去，還有很多人每天都會在家從頭開始自製麵食。我曾去朋友劉耀春家小住，那是西北甘肅省一個偏遠的小村莊，廚房中最重要的儲藏就是一袋袋的麵粉。村裡沒有商店、餐館和任何現代化的便利設施，人們家中只有一塊木砧板、幾根擀麵棍和一把刀。每天，劉耀春的媽媽和姊姊都要把那細細的白色粉末揉成麵團，接著做成麵條、煮成餃子、蒸成饅頭、炸成麻花。相比之下，南方人很少在家自己揉麵。包括麵條、餃子和饅頭包子在內的麵食，被南方人視作補充性的主食，通常都是從專門的製作者那裡購買，或在日常餐館中享用。用白米蒸飯或熬粥才是南方人首選的日常主食。

• • •

遊覽雲岡石窟後，王師傅邀請我去他的餐廳「西貝莜麵村」品嘗一些當地特色美食。他手下的廚師馮豔青站在開放式廚房的料理台後面，用滾水燙莜麥粉[xi]和成米黃色的麵團。她用食指和中指夾住一塊，這樣大部分的麵團都貼在手背上，彷彿戒指上巨大的寶石。接著，她將手掌那邊突出的麵團在木板上抹成一條薄薄的麵舌，再用另一隻手揪下麵舌，捲成管狀，豎直放在蒸籠裡。不一會兒，整個蒸籠裡就擺滿了直立的麵管，排成蜂窩一樣的隊形。

接著馮師傅做了更不可思議的事情。三個小小的圓筒形麵團，每個大約鴿子蛋大小，排成一排。她的兩手之下，一邊一組，手掌平放，在麵團上來回搓動。很快地，雙手的側邊就各鑽出三條「老鼠尾巴」。搓完後，她把六條一米多長、吸管一樣細的麵條放進了蒸籠。

刀削麵的製作過程堪稱精采表演，引人入勝，這可能也是大同在烹飪界最著名的發

xi 編注：原產中國的燕麥屬品種，又稱裸粒型燕麥或裸燕麥。

明。但山西的廚師也用所謂的「粗糧」創造了奇觀，尤其是燕麥（即「莜麥」），很適合在當地乾燥氣候與崎嶇地形中生長。燕麥等粗糧都缺乏麵筋，做成的麵團不如小麥麵團那樣有延展性，沒法進行類似的揉搓和拉伸，但當地人不以為畏，舉重若輕地發明了其他方法，將它們製成麵食。

後廚還有多名女師傅在用麵團與麵糊各顯神通：將莜麥麵團擀成薄片，包住蔬菜絲，像淳樸版的義麵捲餅；或是擀成圓片，捏成餃子。一個廚師將豌豆粉和小麥粉混合，調成柔軟的麵糊，又在微沸的鍋上擺了一個帶粗孔的金屬擦床[xii]，將麵糊從孔眼擠壓而過，在水中凝結成蠕動的小麵蟲（即「抿豆麵」）。還有將馬鈴薯蒸熟後壓碎，與莜麥粉混合，做成一種嚴格意義上可能不算麵食，但肯定屬於中國「麵粉食品」大類的菜餚：莜麵塊壘，將膨鬆的馬鈴薯麵粉屑用亞麻籽油（也是中亞舶來品）炒熟。

隨後，我們坐下來，享受了一場當地美食的盛宴：蒸籠裡熱氣騰騰的筒狀莜麵（俗稱「栲栳栳」或「莜麵窩窩」），裹著羊肉、馬鈴薯和番茄做成的澆頭[xiii]；還有其他各種蒸製的莜麵、餃子、包子和麵疙瘩；以及用燉煮的蔬菜做澆頭，加鹹菜和醋提味的抿豆麵。整餐的各種風味中，有山西著名的醋，用高粱和其他穀物釀造而成；還有香噴噴的亞麻籽油，搭配野生沙棘汁，別有風味。

接下來的幾天裡，我和王師傅，還有他的朋友杜文利，品嘗了用乾豌豆擠壓做成的滑溜溜的豌豆粉、用巨大的刀從麵片上切下的細長小麥麵條、兩端尖尖的手搓莜麵魚魚、滑溜溜的涼拌馬鈴薯粉以及大同人最喜歡的早餐：羊雜馬鈴薯粉。羊雜湯滾燙，馬鈴薯粉滑溜，更不用說各種包子餃子，有蒸的、有煎的（其中還有香甜黏糯的小米涼糕，彷彿回到了麵粉還未出現、吃整粒穀物的古時候）。

我從大同往南，來到山西省會太原，也是從以莜麵為主食的晉北來到小麥為主食的南部。我到太原的餐館「山西會館」，像去了趟戲園子。一進門就能看到為傳統宴席及祭祀製作和蒸好的「麵塑」，非常奇幻：吉祥的龍鳳、蓮花與佛手柑，都是由麵團做成，塗上了鮮豔的顏色。在室內的開放式工作檯上，廚師們正施展「魔法」，製作各種菜餚，其中最叫人興奮的，要數麵條。

如果說大同以莜麵和刀削麵聞名，那麼太原的招牌麵食就是「剔尖」。一名年輕廚師向我展示了製作過程：一個淺碗，裝了濕度很大的小麥麵團，用一根彷彿削尖筷子的工具，從碗邊挑起一小條麵，剔入一鍋滾水中。動作非常快，麵條從碗入鍋的過程幾乎無法用肉眼捕捉。接著，他用一把厚重的剪刀，從更為緊實堅硬的麵團上剪下窄麵片（即「剪刀麵」），又從長長的帶狀麵團上扯下小方塊，將這些「揪片」直接放入鍋中。

xii 編注：當地也稱這種器具為「抿尖床」。

xiii 編注：加在盛好的飯或麵上的菜。

廚師們各就各位、各司其職。有的用大拇指在木板上把小方塊麵團壓成「貓耳朵」，相當於太原版「義大利貓耳朵麵」；有的在煮用木質壓麵機做的蕎麥麵（即「餄餎麵」）；還有切出來的「包皮紅麵」：用小麥白麵夾住粉紅色的高粱麵，形成好看的條紋；以及最簡單的麵食，「疙瘩」，泡在湯中的小麵團——說不定就是中國麵食起始之時的「湯餅」。餐廳有經典山西麵食套餐：要麼是小麥麵條，要麼是粗糧麵條。許多麵條都是典型的山西豪邁之風，用又大又深的瓷碗盛著，豐盛的熱情撲面而來。

和中國北方其他地區一樣，山西的麵食製作過程也存在性別分化。女性專事需要耐心、比較安靜的工作，比如手擀麵皮、包餃子包子或是將軟麵團過麵床壓入滾水中。而男性的工作場景更富戲劇性：把麵團架在身上，像拉小提琴一樣，將一串串麵團拉扯成千絲萬縷的麵條；將麵團揪扯成方形或片狀，揮到空中，彈射入鍋。

我專心致志地吃了好幾天麵條，品嘗了無數種類，但顯然只觸碰到山西麵食的冰山一角。當地的麵食食譜詳細介紹了用小麥、莜麥或混合麵粉做成的特色美食，麵團有乾的、緊實的、軟的、流動的或液體麵糊狀的。麵食製作方法五花八門，比如用煮熟的蔬菜蘸流動的麵糊；用手指捏著軟麵團，或者把緊實的麵團在木搓板上搓成毛毛蟲一樣的長卷。做好的麵食通常是煮熟，但也可以蒸、炒或加蓋燜在其他煨著的食物上。有時候就是簡單的煮熟、瀝水，配上一大碗類似燉煮的肉菜澆頭即可食用。

和南方相比，山西的新鮮食材要匱乏一些，於是這裡的人們發揮了天馬行空的想像力，將小麥、馬鈴薯、莜麵、玉米、小米、高粱和豆子做成的麵粉玩出了各種花樣。你能想到的所有麵團處理方法，山西廚師都一定嘗試過：削、刨、剪、磨、擀、抹、切、摁、擠、捏、滴、撕、拉、搓。他們有相應的專用刀具、棍子、板床和擦床，但大多數麵食的塑形「工具」，就是一雙巧手。許多類型的麵食傳統上都是在家從頭開始製作，而更複雜的就留給專業人士。一本介紹當地的百科全書式著作提到了八百九十種不同的麵食，包括麵條、餃子、餅和包子。[16]

當然，山西也只是個面積相當於義大利一半大小的小省分，包括它在內的中國北方眾省都擁有自己的特色麵食。去甘肅蘭州，就能在黃河岸邊的吾穆勒清真牛肉麵館或市中心的馬子祿牛肉麵館吃到最美味的手工拉麵配濃香的牛肉湯；去西安，就盡情吸溜勁道十足、絲帶一般的Biángbiáng麵吧，潑上滋滋冒著蒜香的熱油，香得很呢；也有涼爽彈滑的芥末醬蕎麥麵，任君選擇。找一家維吾爾族餐廳，你就能品嘗到驚人美味的手工拉麵，配上肉菜澆頭，幾乎讓人以為在吃義大利菜；還有剪下的小麵塊，在鍋中炒製而成。到了大西北，隨便找家回族麵館，便可以就著熱氣騰騰的羊肉湯大快朵頤麵片。從東海岸的天津去到與吉爾吉斯接壤的吉爾吉斯族聚居區邊境，你可以吃一路的麵條——之後的路上基本就是麵包、餅和餃子了，還能繼續吃到義大利。

歷史走到第二個千年，麵條在中國南方愈來愈流行。不過，那裡的人們幾乎從不在家製作麵條，在麵食形狀上也趨於保守。北方人製作和食用的麵食多種多樣，南方人通常只是從專業麵條製作者那裡購買長麵條，區別只有粗細而已。當然，他們做麵條和吃麵條的方式也各具地方特色。在有「魚米之鄉」美稱的江南水鄉，配麵的黃魚湯絲滑醇厚，再撒上雪菜，美味無比；秋天還有清湯麵，撒上大閘蟹肉，鮮腴非常。蘇州著名的朱鴻興麵館用濃郁的清湯配細麵，加入五花肉片、炒河蝦或黑亮的響油鱔絲；上海人喜歡用香噴噴的蔥油和蝦米拌麵吃；四川人則喜歡用辣椒和花椒為麵條賦予刺激的節拍，來一番熱舞。

在中國的某些地區，用米製作的「麵食」很受歡迎，尤其是做早餐。在湖南省會長沙，人們常用清湯米粉（形似義大利扁麵條）做早餐，澆頭是各種燉菜，還要加辣椒和鹹菜。雲南有著名的「過橋米線」，在加入米線之前，要先將薄如紙片的生肉連蔬菜和豆腐倒入滾燙的雞湯中燙熟。雲南人也會做餌塊和餌絲，原料是黏糯勁道的米麵團，吃法類似麵條，要麼就著湯吃，要麼用醬汁燒著吃。在毗鄰寮國和緬甸的西雙版納，傣族人常常用燉菜、醃菜和鮮嫩的香草搭配清新爽口的湯米粉，開始新的一天。然而，無論南方和西南部的米粉多麼美味，沒有麵筋賦予的延展彈性，它們在多樣性方面確實無法和北方的麵食相媲美。

山西廚師天才的創造力也許主要體現在麵食上，但一脈相承的烹飪創造力幾乎遍布中國的每個角落。中國廚師總在自問：「怎麼才能把這做成能吃的東西？」他們將這種「靈魂拷問」應用到了豬的所有部位、硬硬的黃豆和幾乎所有動植物食材上。

就拿麵團來說，他們不僅將其做成麵包、糕餅放在烤箱裡烘焙，還嘗試了煮、蒸、煎、烤等方法做成各種可以想像的形狀，甚至還進行解構。這種解構至少在十一世紀就已經出現：將小麥麵團放在水中揉搓，沖洗掉大部分的澱粉，只留下泛黃的麵團，大部分都是麩質，即中國人所說的「麵筋」。[17]從那時起，中國廚師就樂此不疲地用這兩種成分進行各種發揮：將洗下來的澱粉蒸成薄薄的一層，做成滑溜溜的涼皮，或者用來做餃子皮。富含蛋白質的麵筋，則可以煮、炸、填入餡料，做成各種美味佳餚，其中包括素食中的仿葷菜。

薩班曾寫道，早期的中國文人寫到麵食時，對味道的著墨少得驚人，似乎都執迷於它們的形狀和製作工藝。她寫道：「小麥麵粉被視作原材料，用小麥粉揉成的麵團被用作某種建築材料，是人造工藝品的理想材料。」自古以來，中餐烹飪一直強調發現食材潛力，進行各種變幻。對中國人來說，具有無限可塑性和無盡可變性的麵團，也許就是最理想的食材。

• • •

一九九〇年代，加泰羅尼亞廚師費蘭．阿德里亞因其餐廳「鬥牛犬」的全新創意烹飪而聲名鵲起。他將一位法國廚師的教導「創意不是照抄」奉為座右銘，並全心全意地投入每一季菜單的完全重新配置中。阿德里亞設計了非常新穎的烹飪方法，包括液體的「球化技術」，並痴迷於將食材轉化成各種可能的形式。二〇〇五年，我到巴塞隆納參觀了他的實驗工作坊，看到一個活頁夾，裡面記錄著南瓜等食材的物理特性。後來，二〇〇六年和二〇〇九年，我終於真正吃到了「鬥牛犬」，看到菜單上很多料理都是對每種食材進行技術和感官研究而變化出的美味佳餚。其中一道是用南瓜、芳香的南瓜籽油、南瓜泡沫和烤南瓜籽做餡料的義大利餃；另一道是用十五種不同的海草做的雜燴；還有一道，食材包括天然形態的開心果、烤開心果和其他幾種處理方法的開心果做成的小小「珠寶」，比如開心果泥、果凍和冰淇淋。

在我看來，這一切都是非常中式的烹飪方法，讓我想起充分利用鴨子的每個部位做成的烤鴨宴；想起中國廚師將魚肉搗碎敲打，做成半透明的餃子皮和以假亂真的牡丹花瓣；或者攪打魚肉，讓其如雲似霧，變成魚丸、魚羹甚至麵條；把綠豆澱粉變成細絲狀的仿魚翅。正好，阿德里亞也是為數不多公開認可中餐技術極其複雜精細的西方廚師之一。

他在接受一名英國記者採訪時說，他認為過去半個世紀，烹飪相關的最重要政治人物是毛澤東：「每個人都想知道，當今哪個國家的食物最好。有人說是西班牙，有人說是法國、義大利或加州。但這些地方之所以能來爭奪這個桂冠，是因為毛澤東把中國的廚師派到田間和工廠裡勞動，削弱了中餐烹飪的絕對優勢地位。要是他沒有這麼做，那麼所有其他國家以及包括我在內的所有廚師，如今都還只能唯中國『龍』首是瞻。」[18]

中國麵食是否應該像義大利麵食那樣征服全世界？也許吧。但這不太可能發生，主要因為中國麵條的原料是變乾後就不好吃的軟質小麥，並非硬粒小麥。中國最好的麵條幾乎都是由食客現點，熟練的匠人拿一塊麵團在你眼前現做的。在西方各個城市，手工製作的中國麵條依然少之又少。（即使在山西，手工麵條的製作手藝也日漸式微。比如，在美麗的古城平遙，許多所謂的「刀削麵」館都缺乏熟練工，只能由臨時工來做。他們用某種塑膠的馬鈴薯削皮器懶懶地把麵團削來削去，把麵食老饕看得目瞪口呆、驚恐萬分。）在山西麵食大師們賞光來我們這些西方城市獻藝或大量收徒傳技之前，我們只能在夢中欣賞他們做出的精美麵食，或者也許在網路上看看製作過程。如果說義大利乾麵就像CD或數位下載的內容一樣便於運輸和複製，那麼中國麵條就像歌劇：必須親臨現場，才能體會得淋漓盡致。

那趟山西之旅的最後一晚，我在省會太原與幾個朋友共度。連續不斷地吃了幾天麵食後，餐館老闆王志剛向我介紹了他正在開發的一個概念——「馬鈴薯宴」。近年來，考慮到中國人口眾多，土地和水資源有限，中國政府一直在投資發展馬鈴薯產業，並試圖將馬鈴薯做為替代主食推廣。英國人類學家和飲食研究專家雅各·克萊因（Jakob Klein）曾寫道，馬鈴薯能在各種生態條件下茁壯成長，抵禦乾旱和霜凍，還能讓農民節省水、化肥、農藥和勞動力，因此備受推崇，「被譽為實現國家糧食保障的（重要）手段」。[19]中國人歷來認為，農民在饑荒時才不得已將馬鈴薯做為主食。在這樣的背景下，宣傳推廣馬鈴薯是非常艱巨的任務。但在這裡，就在麵條之鄉的中心腹地，王正努力將已經發揮在麵團上的創造力用到不起眼的馬鈴薯身上。新政策已經擺在這裡了，事在人為。

對我講述馬鈴薯宴時，他和自己的廚師團隊已經設計了一百零八種馬鈴薯食譜，還製作了印有其中五十二種菜式的照片與食譜的撲克牌。遺憾的是，因為餐桌上只有十個人，我們沒能嘗遍所有菜品，但那至少是個開始。我擁有英國和愛爾蘭血統，自認這次的「馬鈴薯宴」是個挑戰。席間我也想要整理出一份歐洲和美國的馬鈴薯食譜清單，但即使在推特上求助，我也只想出了大約五十種。我可是來自一個自詡為「馬鈴薯專家」的地區，卻當場被提醒在烹飪想像力方面，中國人每次都能拔得頭籌，這多少叫我面子上有些掛不住了。

點燃我心：小籠包

光線充足的房間裡，有十幾位廚師圍坐在兩張長桌旁，大部分都是女性。她們身邊的竹製蒸籠像高塔一樣堆疊著，高度不一，泛著微微的金光。到處都擺放著堆滿了豬肉末餡的盤子，其中還能看到肥肉、蔥花和薑末的身影。每位廚師都身著白色廚師服，頭戴一頂鬆軟的白色廚師帽，安靜而專注地包著包子，手速快得驚人。其中一位將工作檯上的白色小麵團用手掌根部壓平，拿起圓麵皮，用一雙筷子挑了一團餡料放在中間。接著，她左手轉動包子皮，右手拇指和食指的指尖一次次捏在一起，以快速的單音節奏在麵皮邊緣打摺，直到豬肉餡被完全包住，包子的頂部被捏出一個小小的摺子漩渦。放下這個，再做另一個。她們的速度很快，聲稱一小時就能用四百個包子裝滿二十個蒸籠，每個包子都要打十二個小摺子。

隔壁就是餐廳，這裡是上海遠郊南翔鎮的古猗園。今天的第一批客人已經到了，正紛紛就坐等待用午餐。這是個老式大廳，頂著起伏的瓦屋頂，安了美麗的花格窗，旁邊就是餐廳得以命名的古典園林。現在這裡已經成了公共公園，亭台樓閣、青草池塘和人行步道錯落有致。我和幾個食客拼了一張圓桌，為自己點了一籠包子和一碗湯。小籠包在蒸騰的熱氣中放鬆下來，在蒸籠裡鋪著的草墊子上慵懶地互相倚靠著。我用筷子夾起一個，包子底部因為裡面湯汁的重量而墜脹下來。我拿包子蘸了蘸桌上茶壺中倒出的米醋，用瓷勺托舉起來，舉到嘴邊。咬開鬆軟的麵皮，鮮美的湯汁便流溢而出，彙集在勺子裡。接著我吃掉了整個包子，又喝了剩下的湯汁，將包子的所有部分往肚裡送。

讓「湯包／小籠包」變得全球矚目的，也許是台灣餐飲連鎖店鼎泰豐，但它其實是最著名的上海特色美食。據說，小籠包起源於南翔，當地廚師將江南各地的湯包進行改良，做出自己的版本：生肉餡中加入凝固的高湯，加熱後就會重新液化，達到鮮美多汁的效果。通常的餡料都是豬肉，但秋天也會稍微奢侈一些，加入大閘蟹肉和蟹黃（統稱「蟹粉」），賦予餡料和湯汁一抹金黃。二十世紀初，一位南翔人在上海市中心的城隍廟附近開了一家小吃店，專做這種家鄉最著名的美食，傳奇就此誕生。

因為鼎泰豐，這種飽滿多汁的小吃在英語世界裡無人不知，大家都叫它「小籠包」：小籠就是「小蒸籠」，「包」則是各種包子的統稱（包，字面意思就是「包裹」，可以做動詞，也可以做名詞）。但在南翔和江南其他地區，這些小湯包都被稱為「饅頭」，準確一點說，是「小籠饅頭」。「饅頭」這個名字蘊含了一個精采的故事，串聯起絲綢之路貿易路線、王朝動蕩更迭、文化和烹飪交流，以及現在被稱為「點心」的精緻小吃的整個歷史。

說來也奇怪，「饅頭」這個漢字組合，倒也講不出什麼實際的意義：只是能辨字讀音，說明這是某種可食用的東西（第二個字「頭」，單獨講可以是動物的頭部，但無論和代表什麼物件的漢字組合，也是個沒有意義的後綴）。如今，只有江南地區的人們採用「饅頭」一詞來指代有餡料的蒸包子；其他地區的人們口中的「饅頭」，則是沒有餡料的白「麵包」。但在歷史上，和今天有餡包子類似的小吃，在全中國各地都被稱為「饅頭」。

中國人透過一個古老的傳說來解釋這個詞的起源。故事裡說，西元三世紀，偉大的政治家和戰略家諸葛亮正在對蜀國南部邊緣的蠻族部落發起軍事行動，部隊在渡河時遇到困難。有人建議他用蠻人的頭（即「蠻頭」）來祭祀當地的神靈，祈求保佑順利渡河。諸葛亮不願無節制地殺戮，就用麵團包上肉餡代替人頭，「騙」過了神靈。之後，人們便繼續用麵團和肉餡製作所謂的「蠻頭」了。但隨著時間的推移，他們把這個原本有些血腥氣的詞變得無害而友好，將原本的「蠻」字用一個無意義的同音字代替了。[1]

故事很精采，但細究起來很難站得住腳，因為它最早出現在宋代的中國文學作品中，比故事中諸葛亮在南方行軍歷險的年代晚了數百年，也比「饅頭」一詞在中文中的出現晚了幾個世紀。首次提到這個詞的文學作品，是三世紀文學家束皙所作的《餅賦》，建議春天吃饅頭（類似於現在的蒸包子）。當時，中國的權貴階級正逐漸喜好日益多樣化的麵食，在當時統稱為「餅」。那時候，北方草原和西域文化交流頻繁，中國人的櫥櫃與廚房裡滿是曾經被視為「異域來客」的食材和菜餚。

在束皙寫下這文采飛揚的文賦之前的幾個世紀裡，很多新的食材與佳餚都被冠上了與它們的異域起源有關的中文名稱，比如「胡椒」和「胡餅」。還有一些新食品的名稱在中文裡沒有明確的含義，一般認為是外來語的中文音譯，正如束皙在文中稱為「安乾」和「粔籹」的麵食。[2]（到了現代中國，一些外來詞的中文譯法往往也是找與原名讀音盡量相近的漢字來音譯，沒有兼顧表意：例如coffee就是「咖啡」，sandwich就是「三明治」，pudding就是「布丁」。）[3]

所有的中國麵食，以及製作麵食所需的麵粉，包括小麥本身，最初的起源都是和中亞文化的聯繫——而饅頭，不管是名字還是麵團包裹餡料的外形，一直以來都是跨文化的產物。從語言上看，「饅頭」很有可能來源於某種古老的突厥語，因為這個漢語詞彙與亞洲大陸各地的與餡餅有關的詞彙非常相似。[4]在新疆，屬突厥語系的維吾爾人把羊肉和洋蔥餡的蒸包子稱為「manti」，烏茲別克人也會吃類似manti的蒸包子，哈薩克人喜歡吃名叫「manty」的包子；而土耳其人則會吃多種多樣的帶餡麵食，從澆了酸奶、融化奶油和辣椒粉的小餃子，到尺寸較大、類似中國餃子的「韃靼」餃子，全部統稱為「manti」。

在使用石磨之前，中國人使用整粒和搗碎的小米與白米製作糕點，比如屈原詩作〈招魂〉中提到的「粔籹蜜餌」（蜂蜜米糕）和馬王堆漢墓出土的小米糕點。但等他們學會了用小麥高效磨粉並篩細之後，一個屬糕點和餃子包子、充滿可能性的全新世界就這樣誕生了。這其中包括充滿延展性的光潔小麥麵團，有發麵的，也有不發麵的。束皙為「餅」寫下的那首「狂想曲」中，讓他無比喜愛、最是稱道的，是一種蒸製的填餡包子，名曰「牢丸」——看文字描述，和今天的小籠包驚人相似（但內餡料不含湯）。他寫了該麵食的製作過程，要先把麵粉過篩兩遍，外皮雪白、勁道、柔軟：

爾乃重籮之麩，塵飛雪白；膠黏筋韌，膓溔柔澤。[5]

之後他繼續描述牢丸的餡料，要用剁得像小蟲子的頭一樣細的羊肉和豬肉，加薑、蔥、肉桂、花椒、香蘭、鹽和豆豉。接下來再詳細描述「牢丸」的製作和蒸製過程，在眾人垂涎的壯觀場面中達到高潮：

於是火盛湯涌，猛氣蒸作，攘衣振掌，握搦拊搏。麵彌離於指端，手縈回而交錯。紛紛駁駁，星分雹落。籠無迸肉，餅無流麵，姝媮冽敕，薄而不綻，嶲嶲和和，膿色外見，弱如春綿，白如秋練。氣勃鬱以揚布，香飛散而遠遍。行人失涎於下風，童僕空嚼而斜眄。

擎器者呧唇，立侍者乾咽。爾乃濯以玄醢，鈔以象箸。伸要虎丈，叩膝偏據。盤案財投而輒盡，庖人參潭而促遽。[6] xiv

這篇對中國點心的生動描述寫於西元三世紀，其中體現的品位與激情，和今天香港點心餐廳中那些粵菜老饕如出一轍。束皙並非當時唯一迷戀麵食點心的人。與他時代相近的一位士大夫名叫何曾，因其奢侈享樂的生活方式而受後世詬病，其中一個典型表現就是他「蒸餅上不坼作十字不食」，即蒸饅頭必須要膨脹到十字開花才願意夾起來，因為這樣的饅頭才達到了完美狀態。[7]

這些都只是點心文化最初的微光。到了唐代，現代中國的其他幾種最具特色的小吃已經出現，其中包括餛飩、餃子和春餅，後來春餅還被包上餡料成為「春捲」。在一九五〇年代，考古學家在今新疆境內吐魯番附近的阿斯塔那古墓群挖掘唐代墓地時，發現了一些已經完全失水的餛飩和一碗乾癟的月牙形餃子，後者的樣子基本上與今天在中國北方隨處可見的水煮餃子沒什麼區別。八世紀的一本典籍中列出了敬獻給皇帝的珍饈中有二十四種餛飩。[8]在同一時代，中國飲茶之風日盛，還出現了邊啜飲香茶，邊品嘗小點心的新習俗。[9]

也是在唐朝，「點心」一詞首次出現了。最初，這是個動詞，意思是在兩餐之間「吃點東西」。唐朝的一份典籍描述三娘子點燃燈火，擺上一些新做的燒餅，接著就「與客點心」[xv]。又有一文，記述了這樣一則軼事：女主人說自己還沒梳妝打扮好，沒時間吃正餐，所以吃點點心就行了（「治妝未結，我未及餐，爾且可點心」[xvi]）。[10]就字面意思而言，「點心」這個詞的意思可以很靈活：點，可以是「小圓點」或動詞「輕輕按壓」的意思；心，可以是「心靈」，也能指「心理」；所以，有些人把「點心」翻譯成「touch the heart」（點中人心）或是「dot the heart」（在心上留下一點）。第一個字還可以解釋為「點火」或「點燃」，所以，如果翻譯得更有表現力，可以說是「kindle the spirits」（點燃人心）——幾個美味可愛的餃子就能做到這一點。中國美食學者王子輝認為，用「點心」這樣一個新詞來稱呼方便入口

xiv 譯注：作者採用的是美國著名漢學家康達維（David R. Knechtges）優美的翻譯，此處按英文盡量直譯出來：廚師抓按拍槌　指尖沾滿麵粉　雙手不停旋轉，來回交叉　包子紛紛散落，如星星，如冰雹　肉餡在蒸籠中沒有爆開　包子上也沒有散落的麵粉　可愛悅目，令人垂涎　皮雖薄，卻沒有破裂　餡中蘊含著豐富的滋味　外表看上去飽滿豐腴　嫩如春絮，白如秋絲　熱氣裊裊蒸騰　香味迅速遠播　經過的人們順風流口水　年輕的僕人咀嚼著空氣，不時側目　拿著餐具的人們舔著嘴唇　站在一旁的隨侍人員吞嚥著口水　之後他們就把包子蘸入黑色肉醬中，用象牙筷子夾起　屈膝跪下，姿勢彷彿老虎　他們並膝而坐，身體偏向一側　盤子一上來就被一掃而空，廚師們忙得不可開交。

xv 譯注：出自唐代文學家薛漁思所作志怪傳奇《板橋三娘子》。

xvi 譯注：出自南宋文學家吳曾的《能改齋漫錄》。

的食物，反映了中國美食進入全新的時代，人們愈來愈不再把飲食做為維持生計的途徑，不再把追求口腹愉悅做為次要目標。很多時候，大家吃喝是為了消遣享受，就像精緻的小吃點心，不僅要填飽肚子，還要滿足人們的感官之樂。[11]

到了宋朝，點心已經和今天一樣被做為名詞使用，形容各種精美的小吃。點心成為城市飲食中不可或缺且備受喜愛的一部分。西元一一二七年，北宋都城遭到外族攻陷；過了數十年，孟元老寫成懷舊之作《東京夢華錄》，在其中事無巨細地記載了舊都的社會與美食生活。他為餐館與夜市上的佳餚列出了長長的清單，令人垂涎欲滴，其中很多美食至今已不可考，弄得人心癢癢卻無可奈何。但當中也有多種多樣當時已經在中國流行了上千年的包子、饅頭和胡餅。[12]

北都陷落後，朝廷殘餘勢力倉皇南逃，在杭州（當時稱為「臨安」）建立了新的都城。此舉最為鮮明地標誌了中國南方做為經濟和文化中心地位的上升。杭州和其他南方都市以其富庶豐饒、生活精緻、商業活動活躍以及食物精美豐盛而聞名。尤其是杭州，當地人與思鄉的北方游民混雜而居，成為各種文化與飲食元素的大熔爐。很多人用北方的廚藝與風味來烹飪南方的食材，宋嫂魚羹就是其中一例。

今天的人們常常哀嘆於飲食不再「正宗」，而曾為臨安城寫下詳細回憶錄的宋代文人吳自牧也曾用類似的語氣寫道：「飲食混淆，無南北之分矣。」[13]但各種烹飪元素的融合，加之商業繁榮和當地豐富的優質食材，促進了餐飲業的發展，可謂異彩紛呈。在十二和十三世紀的臨安，茶館裡擺滿了時令鮮花和名家字畫，走進去，就可以品嘗到名貴的好茶。酒肆之中會用銀杯和銀勺盛放清洌的梅花酒。[14]一些餐館為了迎合年輕顧客的口味，推出了煎豆腐、煨田螺和蛤蜊肉等菜品；而另一些餐館則仿照御膳房，做得氣派奢華。吳自牧一氣列出了用無數食材與烹飪方法做出的美味佳餚：北邊的羊蹄，南方的蟹；各種麵食與烤肉；老式的羹湯燉菜與新式的炒菜。[15]

吳自牧歷數杭城人的極盡奢侈。他寫道，在餐館就座後，他們點菜可謂花樣百出，「杭人侈甚，百端呼索取覆，或熱，或冷，或溫，或絕冷，精澆燒，呼客隨意索喚。……訖行菜，行菜詣灶頭托盤前去，從頭散下，盡合諸客呼索，指揮不致錯誤。」[16]（值得一提的是，這一切都比十八世紀巴黎出現最早的「餐館」要早上五百多年。）

中國的點心文化在這個時代蓬勃發展，「市食點心，四時皆有，任便索喚，不誤主顧。」吳自牧如是寫道。[17]接著便列舉了臨安市集上的一百多種小吃，有包子、饅頭、糕點和油炸餅，令人無比驚異又垂涎不止。有些似乎是用當地特產食材製作的古老北方小吃的「南方版」，比如雜色煎花饅頭、糖肉饅頭、太學饅頭、筍肉饅頭、蟹肉饅頭、假肉饅頭和多種多樣的「包子」。有好幾種點心至今仍未失傳，比如月餅、重陽糕和栗糕。

此外，還有很多今天看來比較陌生，但又特別讓人好奇、特別討喜的名字：笑靨兒、駱駝蹄、子母龜、甘露餅、鵝眉夾兒等等。[18]在書中別處，吳自牧提到專做包子的「酒店」，售賣多種小吃，其中一種很可能就是小籠包的祖先：灌漿饅頭。[19]（有趣的是，如今北宋古都開封的特色包子也有一個相似的名字：灌湯包。）

十二和十三世紀杭州的點心為中國點心的未來奠定了基礎，南方廚師將北方古老的烹飪主題融入其中，並發揮靈動自由的創意，不僅用小麥，還用稻米和許多其他澱粉製作出更輕盈、更活潑的點心。北方小吃通常以羊肉、韭菜和茴香做餡；南方則以蟹、蝦、竹筍和蔬菜為餡。來自中亞的古老「胡餅」最終演變成精緻的江南「蟹殼黃」，同樣會撒上芝麻，但除此之外風格和特色大相徑庭。過去的「饅頭」則演變成小巧玲瓏、頂著褶皺漩渦的蒸包子。

去蘇杭兩市尋歡作樂之人會租賃遊船，到湖上泛舟野餐，也進行其他娛樂活動。蘇州尤以精美的「船點」而聞名，糯米團子被雕刻上色，做成栩栩如生的動物、蔬菜和水果。時至今日，北方的包子饅頭與餃子仍然通常是豐盛、扎實的主食，比如水煮餃子和大包子——後者單吃一個就能當一餐，算是中國版的英式三明治或康沃爾菜肉餡餅。與此同時，它們的南方「親戚」往往更小、更精緻，通常不做為日常主食，而是吃個樂趣消遣。最終，從元宵節的元宵到中秋節的月餅，每個節日、每種價格層次，都有了應景應時的點心。

江南更南，來到廣州，點心變得更為「空靈」：蒸餃的皮晶瑩剔透，仿若薄紗；油炸芋餃輕若飛羽，彷彿隨時可能飄走。廣東人把早茶時吃點心的儀式叫做「飲茶」。當代廣州就是點心天堂。不久前，我在那裡待了幾個星期，每天都禁不住誘惑，一定要吃點心。我把廣州最著名的點心酒家吃了個遍，既吃了當地人最熟悉的餃子，也有其他從未品嘗過的點心。有的餐館帶景觀花園和多間餐廳，供應數十種不同小吃的老字號；有的則是偏居陋巷的小餐館，腸粉現點現做；還有珠江畔富麗堂皇的白天鵝賓館，以高超的餃子製作工藝而聞名。上次去的時候，我坐在俯瞰珠江的賓館餐廳，讚嘆著蝦餃和綠瑩瑩的泥丁韭菜餃，不禁在想，如果束皙能奇蹟般地轉世投胎到此，又會為面前的美味寫下怎樣如痴如醉的狂想歌賦呢？

西方人，尤其是十八世紀以後的西方人，在描述中餐時總是語帶輕蔑貶低，卻似乎對點心的手藝略有青睞。十九世紀初，法國海軍上校拉普拉斯在廣州參加宴會時，覺得有些菜「令人生厭」，卻對宴會尾聲端上來的「糕點」感到非常滿意，描述「它們形式多樣而巧妙」。[20]一七九三年英國首個訪華使團成員之一的愛尼斯·安德森面對端到自己和同僚面前的中餐食物，也對很多感到驚愕失望，卻被點心弄得目眩神迷：「中國人擁有非常高超的點心技藝，無論是從口味上，還是從形式與顏色的多樣性上來講。他們的各類糕點製作精良，比我記憶中在英國或其他任何國家嘗過的糕點都要美味可口。他們的酥皮糕點也和我在歐洲吃過的一樣輕盈爽口，而且種類繁多。我相信，即便歐洲所有的糕點師一起努力，也做不到這麼多、這麼好。」[21]他的使團同僚約翰・巴羅（John Barrow）也感嘆：「他們所有的糕點都異常輕盈、潔白如雪。」[22]

近代以來，廣東版的點心征服了世界——確實，現在幾乎所有說英語的人用的都是粵語的「dim sum」而非普通話的「dian xin」。過去的幾十年裡，非華人也漸漸迷上了有大型華人社區的西方城市裡那些往往十分美味的粵式點心。時間再近一點，小籠包也驕傲地在全球舞台上精采亮相，緊隨其後（目前來說還在摸索階段）的是另一種上海美食，生煎包，這是一種鮮美多汁的豬肉餡包子，通常由發酵麵團製成，又蒸又煎，底部金黃酥脆。但所有這些美味小吃，都只不過是對點心王國最初步的探索。

• • •

週日早晨，揚州冶春茶社。這裡有幾棟古典風格的建築，圍繞著一片芳草萋萋的草坪。當地的老人們正拎著茶壺，觀看露天民間戲曲表演。

我和朋友們圍坐在一張鑲嵌了大理石檯面的深色木桌旁。這長長的用餐大堂坐落在運河邊上，屋頂上蓋了一些茅草，其他地方鋪著瓦。這是一個溫暖的春日，面向運河的所有窗戶都敞開著，幾盞紅燈籠臨水而掛。廳堂之中歡聲笑語，很多食客是全家前來，聚在一起享用揚州最美味可愛的儀式之一——點心早餐（早茶）。

我已經拿起一壺綠茶，給每個人的茶杯都斟滿了，面前的桌上擺滿了盤子。廣東人的點心菜單往往以餃子、粥和麵條為主，偶爾有些叉燒之類的肉菜。揚州則有所不同，除這些之外還有一系列的冷盤和醃菜。我們點了燙干絲、醃嫩薑、汁水充足的香菇白果、有著粉色內裡和晶瑩剔透的肉凍表層的著名肴肉、蜜棗和其他幾樣菜。接著，裝在竹蒸籠裡的點心陸續上桌了。

這裡和南粵不同，所有的包子和餃子都是用發麵或不發麵的小麥麵團做的，沒有那些透明的澄粉做皮，也沒有水潤的腸粉。揚州特色是各種各樣的包子，大多是北方「親戚」的微縮版，頂部捏了多個摺子，造型優雅。每種包子的「嘴」都有不同的收口方式，要麼是「鯽魚嘴」，要麼是「龍眼」。我從沒吃過那麼美味可口的包子。有的包餡是多汁的白蘿蔔絲，加入豬油和高湯後相當甘美豐腴；有的加了柔軟的豆皮；有的加了梅乾菜，有馬麥醬的鹹香風味；有的包了青菜一類的新鮮蔬菜；還有的是甜蜜的紅豆沙餡。還有一種巨型湯包，彷彿小籠包故意要耍噱頭，膨脹到直徑九公分。這湯包太大了，筷子根本夾不起來，只能用吸管把湯汁吸出喝掉，再吃剩下的皮和餡。

另外，據說乾隆皇帝在十八世紀末期下揚州時最愛的「五丁包」，餡料是好幾種美味的食材。根據當地的傳說，這位老饕皇帝對負責為他準備早餐點心的廚師提出了最苛刻的要求，下令說要「滋養而不過補，美味而不過鮮，油香而不過膩，鬆脆而不過硬，細嫩而不過軟」。故事中的廚師被這複雜的御令搞得驚慌失措，直到其中一人想出個主意，在包子裡塞了海參丁（滋養而不過補）、雞丁（美味而不過鮮）、豬肉丁（油香而不過膩）、冬筍丁（鬆脆而不過硬）與河蝦丁（細嫩而不過軟）。皇帝吃過五丁包後，龍顏大悅、讚賞有加，不久這種包子就成為揚州富人們宴席上的必備菜品。

放眼整個現代中國，揚州也許是最能體現點心南下歷史的地方。唐朝以後，隨著連接江南與北方的大運河不斷修建完善，揚州成為重要的交通樞紐和南方經濟的心臟。新運河與從青藏高原一路東流入海的長江，就在揚州交匯。清朝時期，揚州商人從事利潤豐厚的鹽業貿易發家致富，一度貢獻了占全中國總額四分之一的稅收。鹽商們建造宅院和園林，其中一些至今依然可以遊覽參觀。他們還舉辦豐盛奢侈的晚宴款待朋友。有當地紀錄稱：「宴會嬉游，殆無虛日；……驕奢淫逸，相習成風。」[23][xvii]

揚州城成為汲取南北文化影響的縮影。地理位置上，它地處長江北岸和江南地區的最北端，是麥鄉與稻鄉的交界處。從揚州往南，稻米就處於至高無上的地位，但揚州人也對小麥做的小吃有所偏愛，有一年一度的「年蒸」習俗，即做大量的包子餃子，「蒸蒸」日上地過年。

• • •

這個春日的早晨，在治春茶樓的餐桌上，裝滿包子的蒸籠就像是點心演變史上的一個中轉站。包子餡料是蝦仁、蟹肉和竹筍等南方食材，包子皮卻和束晳時代叫人垂涎並一搶而空的「餅」一樣，是用小麥做的。包法和捏摺都是精緻的南方情韻，卻還沒像粵式點心那樣無比空靈輕盈。

我們的蒸籠裡有一種包子，本身就濃縮了古往今來的歷史故事：翡翠燒麥。這精緻的小包子就像一個敞口小袋，口以下包了豬肉糜和綠葉蔬菜的餡料，隔著薄皮透出綠瑩瑩的顏色，頂部裝飾上一小撮粉色火腿丁。和「饅頭」一樣，「燒麥」（燒賣）這個名字也解釋不出來什麼實際意義，說明有可能來自異域，而且在中國不同地區以不同的特色形式出現。這個名字最早出現在元朝蒙古人統治中國時朝鮮人對中國食物的描述中。[24]

在大同古長城附近，與內蒙古接壤的地方，我進行了一場麵條追尋之旅。那裡的燒麥用羊肉和洋蔥做餡，用擀麵杖把麵皮邊緣擀到極薄，攏起來便仿若花瓣。而在南邊的旅途上，燒麥變得更小、更雅緻，用蔬菜或糯米拌上醬油與豬肉做餡。再往南，在廣州和香港，燒麥蛻變成金色蛋麵皮包裹著緊實的豬肉糜與蝦蓉餡。「燒麥」其實是一種思想，一種可能來源於異域、千變萬化的形式。它跨越了整個華夏大地與千百年的歲月，一路不斷變形，

xvii 譯注：此段引自（清）允祿《世宗憲皇帝上諭內閣．卷十》，出自雍正皇帝之手。

但總是以最典型的中國烹飪法進行蒸製。

午飯後，我們漫步至瘦西湖，這是揚州鹽商為取悅皇帝而設計修建的遊賞園林。下午，我們泛舟湖上，淡綠的柳枝慵懶地垂在水面上，陽光照出粼粼波光。我們經過乾隆皇帝曾經戲而垂釣的「釣魚台」。岸邊的花朵淡粉洋紅、潔白金黃，爭奇鬥豔，競相開放。

餐桌

食物與思想

TABLE

FOOD AND IDEAS

甜而非「品」：鴨母捻

潮州古城一段修繕一新的城牆根旁，一名婦女翠綠色的三輪車斗中擺放了一個展示櫃，裡面是五顏六色的當地水果：青芒果條、芭樂條、草莓、蜜漬青酸杏和金桔蜜餞。在這溫暖潮濕的東南地區，周圍的田野裡種滿了甘蔗、香蕉和荔枝。當地方言佶屈複雜，外人一個字也聽不懂，都說只有土生土長的人才能學會。在中國近幾十年來的狂飆突進中，這座城市依然保留了一些獨特的魅力與個性。幾條坐落著老院子的小巷沒被拆除，一條歷史文化大道兩旁滿布修復後的商鋪和牌坊。隱藏在偏街小巷中的工匠們用竹篾條編織竹籃和魚簍，或雕刻繁複精美的木雕。

最挑動我興奮神經的是熱鬧的集市小攤和街頭小販。老城區的一條小巷裡，我偶遇一個小市場，當地著名特色美食滷鵝整隻整隻地擺在木板上。在滷汁中煮過後，鵝皮被染成漂亮的棕紅色，隨時可以切成適合入口的小塊。還有一筐筐各式各樣的海魚，已經蒸熟了，蘸上美味的醬汁即可食用。一個攤位上摞起高高的蒸籠，裡面裝滿看上去十分美味的餃子，透明的米皮中能看到韭菜那碧瑩瑩的玉光。還有些攤位上有桃形土模，裝著輕盈膨鬆的缽仔糕；也有潮汕水粿，米糊做的「碗盤」上盛著美味的菜脯粒。處處有人坐在家門口或店鋪外的凳子椅子上，用陶壺泡著烏龍茶，熱氣繚繞地倒進小小的瓷杯裡，悠閒地啜飲。

過了一會兒，我走進牌坊街上一家著名的小吃店。「胡榮泉」是一百多年前一對兄弟創立的，店裡的招牌小吃是鴨母捻：溫香軟玉的糯米團子漂浮在一碗濃濃的甜湯中，還要配上金黃的番薯塊、薏米、蓮子和銀耳。糯米團子形似晃動在水上的鴨媽媽，因此得名——一個丸子的餡是紅豆沙，另一個是綠豆沙，都甜滋滋的。

在西方人看來，鴨母捻有那麼一點令人費解。味道是甜的，但並不是晚餐結束時吃的甜點，而是一種可以在兩餐之間隨時享用的小吃。整體形式是湯，不過是甜湯，在中國很流行，在西餐中卻幾乎不存在。西餐中的湯幾乎總是鹹的。而且，儘管湯是甜的，配料卻是西方人眼中的蔬菜而非水果，因此不應該用在甜味菜餚中：根莖類蔬菜、豆類，甚至還有一種菌類。按照西方美食的標準，鴨母捻在分類學上很成問題。

總的說來，中國人不像大多數西方人那麼愛吃甜食。英國人吃完飯，很可能問一句：「今天吃什麼布丁（泛指甜品）？」但在中國，一餐終了，並不是一定要吃一塊巧克力、一個甜塔或一碗冰淇淋。在中國的大部分地區，正餐飯菜基本都是鹹味的，只偶爾加少量的糖做為一般調味品，跟醬油和醋是一樣的，比如燉菜中用來「和味」，或者加入糖醋味的醬汁中。在四川，附著在排骨和宮保雞丁上的醬汁可能會用糖來調味，但晚餐的終曲大多是湯、米飯和鹹菜，也許再吃上幾片梨之類的水果。只有在深受英國影響的香港，才更有可能在一餐最後品嘗到單獨的甜「品」，這也是偶爾為之。

許多中餐食譜都沒有單獨的甜品章節。在袁枚於十八世紀末編寫的著名的《隨園食單》中，除了一個例外，所有的甜食都被歸入「點心」大類，與鰻麵、蝦餅和肉餃等鹹味點心混雜而列。我的烹飪學校教科書倒是給甜味菜餚（有些是用蕈菇和豆類做的）列了個小類，但夾在海鮮和蔬菜的大章之間，本身也不是日常用餐會遇到的那種，有些是非常雅緻的婚禮甜菜，用糖來象徵婚姻生活甜甜蜜蜜。但根據我的經驗，沒人會在家裡做這樣的菜，餐廳菜單上也很少出現。

西方大多數中餐館都提供甜品，這跟中國傳統關係不大，卻與歐美人在吃完任何一餐飯之後都繼續補充甜食的習慣有重大關係。所以山東的拔絲香蕉可能在西方的名氣比在中國還要大；澳大利亞的中餐館常常提供內包鮮奶油和新鮮芒果餡的班戟[i]；老派英國中餐館總是在套餐最後來一份罐頭荔枝或甜豆沙班戟。有些中餐館由於自身條件有限，沒法為西方食客準備合適的甜品，就會用外包的冷凍布丁來代替。

如果你硬要把傳統的中式甜食塞進餐後甜品的行列，西方食客很少能滿意，強扭的「品」不甜。也許是因為中式甜食大多缺乏西式甜品中常用的奶油、牛奶，以及鮮奶油和巧克力構成的香濃感。雖然有些中式米布丁倒有點西式奶酪柔滑絲綿的意思，豬油也能提供些許奶油的油脂感，但兩者都無法像大量使用奶油的法式酥點、巧克力或奶油蛋糕那樣，將濃郁美味和絲滑口感充分結合。為西方朋友烹飪中餐時，我不會浪費時間去做不大可能撩動他們的中式「布丁」，而是買一些不錯的巧克力或巴克拉瓦（西亞果仁千層酥），和水果及中國茶一起上桌。

很多中式甜食甚至並沒有那麼甜。成都著名街頭小吃「賴湯圓」，餡是加糖的黑芝麻糊，但湯圓皮不加糖，盛在一碗白開水裡吃。中國北方人吃的綠豆糕只會加很少量的糖。龍井草堂有時候會做芡實和桃膠熬的甜湯，非常美好夢幻，只有幽微的甜味而已。

甜味最濃的中國食品，通常都源自異域，比如北京的糖耳朵就是包裹在一層糖漿之中。還有各式各樣類似於哈瓦爾芝麻酥糖的糕點，都是古代與西亞貿易往來的產物。滿族甜食沙琪瑪，是用條狀油炸麵糊混合糖漿壓成糕餅狀。許多最合西方人胃口的中國甜食都有著異域起源，比如香港的蛋塔和成都街頭的蛋烘糕。

中式甜食多做為正餐之間的點心而非餐後甜品，比如鴨母捻和其他點心。有些甜食是特定節日的特定點心，比如中秋節的月餅，或是過年時在家招待客人用的果脯蜜餞和堅

i 編注：班戟為pancake的粵語音譯，即煎薄餅。芒果班戟是港式甜品的經典之一。

果。在西安的回民街閒逛，可能會遇到用鬆散的米粉蒸製的「鏡糕」，裝飾著各色的糖和青紅絲，穿在棍子上，好似棒棒糖；也有豆沙餡的金黃柿餅。三五好友，在成都的茶館閒坐，也許會從路過的小販那裡買點丁丁糖來嘗嘗。但這些小吃既有可能單獨食用，也可能和鹹味食物混在一起：比如，一頓以成都小吃為主題的宴席上，你可能會在吃完豬肉餡的雞湯抄手後，再吃一塊甜蜜的紅糖鍋魁，接著再來一點麻辣擔擔麵，把糖餅送下肚。

和歐美一樣，中式甜食中也會加入水果。北京的大街小巷都能找到甜食店，專營深紅色的酸甜山楂果實做成的果凍和果丹皮。一些宮廷甜食是用柿子乾和其他蜜餞做成的。在中國北方，脆梨通常與枸杞、銀耳和冰糖一起熬煮成溫補甜湯，大棗則被裹上一層釉色糖漿，當作開胃小點食用。玫瑰花糖做為餡料包進糕餅之中，可蒸、可煎、可烘烤。還有一種甜蜜的風味，除了在中餐裡，我無處可嘗：桂花。江南和中國南方其他地區，處處可見桂花樹。每到金秋，茂密的常綠樹葉掩映著金黃或橙紅的小粒花朵，讓全城都籠罩在醉人的甜香之中。桂花可用於製作餡料、糖漿和甜湯。桂花香融匯了金銀花與茉莉的香氣，十分濃郁，獨特至極。

歐美將蔬菜視為與水果截然不同的一大類食材，除了南瓜派和擦碎放進蛋糕裡的胡蘿蔔之外，很少會用來做甜點。但中國人並不拘泥於這種「一刀切」的分類。在餐館吃完一頓飯，常常會端上來一個果盤，西瓜、橘子的旁邊放著甜甜的小番茄。我還記得在四川留學時，一個廚師朋友給我上的開胃菜是薄薄脆脆的洋芋片，上面還撒了糖，叫我吃了一驚。南瓜和番薯可以搗成泥，加點糯米粉，做成甜餡包子，煎蒸均可。寧波和上海的甜食中廣泛使用一種名叫「苔條」的綠藻，包括苔條米饅頭和苔條酥餅。紫禁城的御品糕點中，有種果凍狀的爽口小吃叫「豌豆黃」，用磨碎的豌豆粉等材料製成；還有芸豆磨粉做的芸豆糕。一九九〇年代，我在中國的首次長住結束，回到英國，感覺對英國食物的分類陷入了混亂。有一次，我在生日蛋糕上不僅裝飾了草莓，還裝飾了黃瓜片，讓英國朋友們十分震驚——我甚至想都沒想過這有任何問題。

還有甜湯和甜醬，這是西方根本不存在的一大類液體／半流質小吃和滋補品。四川人不僅用銀耳做甜湯，也做甜豆花，甚至各種堅果炒過糖色或蠶豆粉，都可以做成三合泥與八寶鍋蒸這一類甜食。杭州人喜歡坐在西湖邊品嘗如玻璃般晶瑩剔透的黏稠甜品，原料是蓮藕澱粉，撒上果脯與堅果。當地宴席的最後一道菜常常會是一道甜湯。在粵地的仲夏，也許會有人為你端來清涼的綠豆糖水，裡面可能加了味道比較濃烈的鮮芸香。廣東人還很擅長用豆類和堅果做成柔滑的糊糊（最好是石磨）：柔滑光亮如兔毛的黑芝麻糊；透出一絲幽苦的甜杏仁糊白滑如瓷。在廣州一家小吃店裡，我盡興地吃了馬蹄沙，那是一種晶瑩剔透、整體金黃色的「湯布丁」，裡面有馬蹄碎和胡蘿蔔絲。

古代中國人用蜂蜜和小麥芽等穀物製成的麥芽糖來為一些菜餚增加甜味。在詩人屈原的筆下，召喚亡靈回歸的佳餚中，就有甜麵餅和蜜糖米糕，還加上很多麥芽糖（「粔籹蜜餌，有餦餭些」）[1]；馬王堆漢墓出土的隨葬食品中，既有麥芽糖也有蜂蜜。[2]早在周朝時期，人們就已經研究出如何將穀物芽搗碎，混入煮熟的米飯等其他穀類飯中，引發酶反應，將澱粉群轉化為含醣物，過濾後煮沸，製成琥珀色的糖漿；進一步煮沸的話，就能做成飴糖。[3]今天的成都，在製作「丁丁糖」時，仍然遵循同樣的過程——通常是上了年紀的老爺爺，自己熬糖漿，扯成細膩的淡色軟糖，背在竹筐裡出售。他走街串巷賣糖的時候，會用手上的金屬敲出「叮叮叮」的脆響，叫賣著「丁丁糖，丁丁糖」。北京烤鴨外皮那層黑漆般的光亮，就來自麥芽糖。

從很遙遠的古代起，中國南方人就愛上了甘蔗汁，但一直到唐代，他們才開始把它轉化為冰糖。美國漢學家薛愛華認為，也是在這一時期，甜食開始流行。江南地區的人們仍然用蜂蜜製作薑汁蜂蜜筍片；還會吃一種甘蔗汁凝固後（通常會與牛奶混合）製成的塑形糖，稱為「石蜜」。但在七世紀，來自印度東北部的新技術讓揚州的製糖人生產出了顆粒狀的黃糖，逐漸得到「砂糖」之名，一直沿用至今。後來，到了宋朝，中國人學會了如何去掉黃糖中的雜質，製成水晶一樣的白糖，當時稱為「糖霜」。[4]但是，據法國漢學家薩班所寫，儘管中國比歐洲更早製出蔗糖，中國人卻從未像歐洲人那樣重視這種東西。從十六世紀就逐漸發展起來的精製糖業後來逐漸衰落，重心停留在手工生產非精製糖上。[5]

長期以來，中國人一直將糖做為食物防腐劑使用，尤其是保存水果。[6]比如我在潮州看到的街頭小販售賣的那些，還有曾從中國出口歐洲、深受喜愛的蜜薑。六世紀，賈思勰在《齊民要術》中收錄了好幾種用糖加蜂蜜和果汁來保存水果的方法。後來從宋朝開始，就頻繁地用到蔗糖。不過，在現代中國，糖漬的水果雖然基本都是用蔗糖來製作，但還是被叫做「蜜餞」。

中國的大部分地方菜系都以鹹味為主，但某些地方的菜卻以甜聞名，甚至甜到有些過分。蘇州和無錫是本幫菜烹飪中那縷甜味的發源地，然而即使是在這兩個城市，也沒有西方意義上的「甜品」，只是你可能會發現開胃涼菜和主菜裹著糖漿和蘸著糖，像是小吃點心的樣子。豬肉通常會加大量的糖燉煮，成菜甜得有如英式布丁，肉汁被紅麴米染成豔粉，也可能會收汁成與焦糖質地顏色一般無二，彷彿盤底一層釉。在這個地區，人們喜歡一餐開頭吃的冷盤鹹肉和汆水後的拌菜可能會和糖漬橘皮與糯米餡蜜棗（有個好聽的名字叫「心太軟」）一起上桌。酥脆的炸魚也常常會過一層糖漿。我在蘇州吃過一道冷盤，是切碎的金華火腿和烤松子碎及粗粒白砂糖混合做成的。這裡有些菜實在太甜了，常常讓中國其他地方的人發膩。有個來自湖南的年輕朋友語帶驚駭地對我說：「在蘇州吃東西，就像捧著一碗糖直接吃。」

潮州地處歷史上甘蔗之鄉的中心地帶，那裡的人們也喜歡吃很多含糖食品。幾年前，我到潮州的第一晚，就吃到了油炸乾魷魚糕和芋泥釀海參，都是蘸金桔油。還有糖漿煮的熱板栗、番薯和紅棗，都與干貝燒黑芝麻豆腐、牛肉丸湯和菜脯炒粿條這些鹹味菜餚一起上桌。我慢慢探索著這個城市，品嘗到了鴨母捻這種顯然屬甜菜的東西，以及大量鹹甜混合、分類不明的菜餚，包括用豬肉、腐乳、糖和大蒜做餡烘焙的腐乳餅——這個組合美味到沒道理。最著名的潮州菜之一是紫色的「白果芋泥」，泛著豬油和糖漿賦予的光澤，上面點綴著白果。在老城的偏街小巷，我遇到有手藝人用花生糖原尺寸仿製魚、豬頭和雞，做為祭祀用的「三牲」。

中餐中的一些甜食，工藝之精妙，能與頂級法國甜品媲美。比如，在杭州，運氣夠好的話，你就能品嘗到正宗的吳山酥油餅：三角錐形的酥脆餅食，有著數不清的酥皮層，一碰就碎，上面撒了細砂糖，曾經是廟會上的熱門商品。中式酥皮由豬油和麵粉混合，層層疊加而成，烹製過程中會開成無數薄如紙的單層，可以塑造出變幻無窮的奇妙形狀，填餡也是千變萬化：比如，可以製作開酥的仿製花朵、水果或蔬菜，入口即酥。不過總的來說，我雖然覺得中餐在冷盤、湯品、麵食、烤肉、燉菜、炒菜等大多數的烹飪門類都拔得頭籌，但和歐洲烹飪相比，中國人在甜食方面還有欠缺，儘管這僅僅是因為他們在乳製品領域探索精神不高，以及（在不久前還）對巧克力了解不深。

法國人當然是糖果和糕點大師。英國人會做可愛美味的蛋糕、餅乾、軟糖和布丁。在中國的時候，我要是發現自己不知不覺在想念法式杏仁塔、焦糖布蕾、巧克力布朗尼、切爾西果醬麵包和冰淇淋，就感覺找回了一點做為歐洲人的自信昂揚。

在我看來，只有新加坡或馬來西亞等地的土生華人女性（即「娘惹」）所做的甜食，才能與西方世界的傳統甜品一較高下。她們廚房中的椰奶和棕櫚糖為舌尖帶來乳製品的豐腴之感，那種濃郁和細膩可以滿足「歐洲舌頭」對甜度的渴望。該地區的糕點有無數種，果凍、糕餅和餡餅……色彩豐富，如同彩虹，叫人垂涎欲滴。在新加坡和馬來西亞，中國飲食傳統與椰子碰撞、融合，創造出世界上最美味的甜點。

但中國本土的人們也在甜點這一塊努力追趕西方。如今，中國的甜品師（其中一些去巴黎接受過培訓）不僅能製作出精緻美味的可頌和國王餅，還能利用地方食材和審美主題做出具有中國特色的美味甜食。在香港，人們很早就能吃到用榴槤或芋頭製作的冰淇淋球，還有用鹹蛋黃做餡的蒸包子，都是無比美味的融合甜點。在如今的中國，巧克力也被包進湯圓，做為象徵農曆新年結束的元宵節的吃食。我上次去北京，在一家甜品店喝茶，店裡供應引人入勝的融合點心，比如桃子形狀的奶油餡雪媚娘（桃子在中國傳統中是長壽的象徵），還有用巧克力複製的中國水墨畫中連綿起伏的山巒。也許，中國的「甜品時代」終於到來了。

行千里，致廣大：辣子雞

帶外國「吃貨團」進行中國美食之旅時，我最喜歡的時刻就是從一個菜系突然來到另一個截然不同的菜系。我們從北京開始，參觀故宮、長城和天壇，品嘗北京烤鴨、炸醬麵、涮羊肉和其他當地美食；之後，我們前往西安，參觀兵馬俑和回民街，吃羊肉泡饃與各種令人著迷的街頭小吃；再然後，我們搭乘火車前往成都，吃幾天麻辣的川菜；最後去上海和杭州，領略江南風味。

北方城市北京和西安的食物好歹有些共同點，有大量的羊肉和小麥主食。但從西安到成都，從成都到上海，從飲食角度來說，都屬極端的大跳躍，彷彿飛到了另一個國度。離開西安前往成都，我們告別了小麥之鄉，進入稻米的國度，不再領略深濃香醋與生蒜的霸主風采，雲霄飛車般地轉向香辣與微甜、辣椒與花椒的狂野四川風味。我們離開乾燥的北方，來到潮濕的南方，沉浸在完全不同的方言與生活當中。接著，我們又來到上海，抖落一身辣椒的炙熱與花椒的酥麻，發現自己置身於一個講究細膩風味與精製烹飪的世界。魚米之鄉，樣樣吃食都明豔動人。

每逢這樣的轉變時刻，「中餐」這個整體概念就會受到挑戰。有時，這個詞的可笑程度堪比中國人口中的「西餐」——他們用這個詞大而化之地泛指西方世界多種多樣的烹飪傳統，從奧斯陸到巴勒莫、從莫斯科到紐約。當然，中餐有一些共性：使用筷子、把食物切成小塊、注重發酵豆類和豆腐、缺乏乳製品、蒸和炒的普遍使用、一餐由飯和菜組成的傳統概念。但除了這些普遍性之外，中餐的地方與區域傳統繁複多樣，根本下不了統一的定義。

中國本身也在千百年來的歷史更迭中時而膨脹、時而萎縮、時而分裂、時而統一，時而合併周邊小國和外圍領土，時而被游牧民族入侵者合併。像南粵這樣如今已完全融合並在烹飪上占據極高地位的地區，曾經是中原人眼中的蠻荒之地，處處沼澤荒野和吃蛇蟲鼠蟻的野蠻人。清朝以來，中國就已將西藏和新疆納入版圖，這些廣袤地區的飲食文化與漢族一直以來統治的地區完全不同。在雲南，傣族和其他少數民族的菜餚與鄰國的越南、寮國和緬甸多有重合。還有新加坡和馬來西亞的娘惹的「流散」風格飲食，以中餐為根，嫁接了泰國和馬來的烹飪傳統——更不用說還有美式中餐這個大類別。

中國有好些省分，在面積和地位上可與一個歐洲國家相當。中國幅員遼闊，與其說是個國度，不如說是個大陸。清朝以後的中國境內，地形多樣、氣候各異：北邊有西伯利亞森林，也有沙漠和綠洲、鹽沼地、草原、黃土高原和吐魯番窪地（全世界負海拔區中最低的地方之一）；西部聳立著喜馬拉雅山脈和青藏高原；南邊有巨大的沖積平原，江河、溪流與運河縱橫交錯；再往南則是熱帶雨林。從地理角度看，西南部的雲南省幾乎自成一個世界：一個個緊密的小氣候帶風雲變幻，從西北部的高原藏區，落差到西雙版納的熱帶雨林，那裡至今還有一些野象遊蕩。

千變萬化的地形與氣候交織，為生物多樣性提供了豐沃的土壤，使中餐的「食品櫃」豐富多樣。在西北，你可以吃到當地出產的哈密瓜、沙蔥（蒙古韭）、石榴和駱駝肉；在東北能吃到核桃、山楂和來自西伯利亞的林蛙（雪蛤）——這些都只是滄海一粟。往南去到江南，河蝦河蟹、竹筍、菱角、芡實與其他水生蔬菜任君品嘗。在雲南的不同地區，可以吃到新鮮的松茸與無數其他野生菌菇，還有直接從樹上採摘的新鮮香蕉和木瓜，更有犛牛肉、烤青稞和酥油茶。

• • •

很早以前，中國人就懂得欣賞多樣風土帶來的無限美食潛力，並為之欣喜激動。廚師鼻祖伊尹曾用不同地區的頂級食材來為君王描繪未來的帝國版圖。後來，朝貢制度篩選了全國各地最優質的特產送到朝廷。不過，將特定地區與特定菜系聯繫起來，則是之後很久的事情。

早在現代意義上的地方菜系概念形成之前，人們就已經將特定地方與當地居民的飲食偏好聯繫起來。《禮記》有云：

> 凡居民材，必因天地寒暖、燥濕，廣谷、大川異制。民生其間者異俗，剛柔輕重，遲速異齊，五味異和，器械異制，衣服異宜。修其教，不易其俗；齊其政，不易其宜。[1]

成書於漢朝的《黃帝內經》認為，東方人喜歡吃魚和鹽，西方人偏愛脂肥肉食，北方人愛吃乳製品，南方人嗜好酸食和發酵食品，中央腹地的人們則傾向於雜食。[2]西元四世紀，歷史學家常璩為愛好麻辣鮮香等大膽風味的四川人下了一句著名的評語：「好辛香，尚滋味。」（出自常璩的《華陽國志》，寫於辣椒為川人所知的一千多年前，他所說的辛香滋味，應該來自生薑、黑胡椒和花椒等食材。）

大約兩千年前，南北方口味之間就已經產生了分化的鴻溝。有典籍指出，南方人喜歡吃魚，而北方人偏愛肉食，形成了鮮明對比。一本關於治國之道的書籍則寫道，南方人喜歡酸甜口味的菜餚，嗜好蛇肉的風味。[3]有人從一個地區搬遷到另一個地區，有時會發現難以接受飲食習慣上的改變。據說，五世紀有一位官員名曰王肅，本是南方人，投奔去北魏做官後仍然不改「飯稻羹魚」的飲食習慣，不和周圍的人一樣吃羊肉和乳製品。他對北方飲食很反感，而身邊的北方人對他奇怪的南方飲食習慣也頗為不滿，多有嘲笑，兩者形成了有趣的鏡像。[4]唐朝時，北方人覺得南方人吃的奇特食材（尤其是青蛙）非常怪異，有時非常厭惡。[5]

到了宋朝，地方烹飪風格的概念漸漸深入人心。在北宋都城開封的各類餐館中，有專營「南食」和「川飯」的餐廳，以饗遠道進京的客人。[6]目前還不清楚這些菜系在食材選擇、烹飪方法偏好或主要口味上有多大差異：當時的文獻資料除了一些零星的評論外幾乎沒有提供其他細節，比如一位作家說南方人喜鹹，而北方人嗜甜。不過，南北區別還是足夠明顯的，所以文學家吳自牧才能注意到朝廷南遷杭州後南北風格的混雜。[7]

「地方菜系」做為現代概念的形成始於二十世紀初，當時江南的人們開始談論某些地區的「幫口」菜。來自同一地方的老鄉在大城市聚集，互相扶持奮鬥，形成「幫口」。餐飲業內，老鄉廚師與餐館老闆們為了提高市場上的競爭力，會將自己的本土烹飪風格做為營銷宣傳策略。[8]這種地區「幫口」的觀念至今仍存在於江南，上海人仍將自己的地方美食稱為「本幫菜」，杭州的廚師則以「杭幫菜」著稱。

現在，無論中國內外，人們隨口就能說出中餐「四大菜系」和「八大菜系」，似乎這已經是根深柢固和不言而喻的常識。「四大菜系」大致代表了東、西、南、北，包括北邊的魯菜（即孔子故鄉山東的菜）、西邊的川菜、東邊的淮揚菜（江南地區的菜餚）和南邊的粵菜。「八大菜系」則有魯菜、徽菜、川菜、閩菜、粵菜、浙江菜、江蘇菜和湘菜。但這兩種說法都是最近才有的，而且還存在很大爭議。

據說，「菜系」一詞最早由時任商業部長的姚依林在一九五〇和六〇年代向外賓介紹四大地方烹飪風格時提出——在那個革命的年代，「幫口」一詞被認為帶有資本主義習氣，因此被棄之不用。[9]在中華人民共和國成立後的幾十年裡，官方對中餐進行系統記錄和分類的工作大約就是從這個時候開始的。一九五〇年代末和一九六〇年代初，中國輕工業出版社出版了一套題為《中國名菜譜》的系列平裝食譜，共十二冊，分冊收錄了北京、上海、山東、四川等地的食譜，集冊收錄了雲南、貴州、廣西等省分的食譜。

這些早期編纂中國菜系的嘗試，在文化大革命（一九六六—一九七六年）的混亂十年被破壞中止，到了一九八〇年代才又恢復。這時以研究和展示國家與地區代表性菜餚為使命的烹飪協會相繼成立。關於各省菜系的系列叢書以及特定烹飪風格的單行本相繼出版，例如曲阜孔府的廚師們曾經烹製的「孔府菜」，那裡是孔子的後裔一直居住到二十世紀中葉的地方。但是，所有這些單行本和叢書對中餐進行地域風格劃分時，方法不一。通常認為，四川是個專門的烹飪區域；但江南地區究竟是該用古稱「淮揚」（分為江蘇和浙江兩省）來命名，還是用「蘇」（在蘇聯的保護傘下，也代表江蘇）或「滬」（該地區的現代大都市）來命名，卻無法達成一致意見。另外，北方的主要菜系應該以孕育了絢爛飲食傳統的孔子出生地山東命名，還是以現代首都北京命名？

如今，「八大菜系」這個概念常常被很嚴肅地提出來，做為劃分地域烹飪風格的標準。它居然是一九八〇年才定下來的，確實令人吃驚。此一說法似乎最早出現在當年六月二十日官方報紙《人民日報》汪紹銓撰文的專欄中，題為《我國的八大菜系》。[10]文章明確列出了八種地方烹飪風格，即今天人們還在使用和談論的分類。這個「八大菜系」的概念存在很大問題，其中所強調的地區集中在華中和華東的較發達地區，將中國大部分地區排除在外，甚至忽視了西北和雲南的重要烹飪傳統。另外，這個分類實在是精英色彩濃厚，只關注當時已經登上所謂「大雅之堂」的烹飪文化，完全忽視了中國生機勃勃的民間烹飪傳統。但這不過是吹響開戰的號角，這場爭議大戰一直激烈地進行到了今天，焦點往往都是哪些地區的烹飪風格值得單獨認定。爭論很少能公平公正地進行，因為要是某地區、某省或某市能成功地奪得某重要地方菜系的所有權，就會獲得巨大的商業利益。

・・・

二十一世紀，川菜做為中國最受歡迎和「走出去」最成功的地方菜系嶄露頭角。然而，即使是川菜，也很難下一個斬釘截鐵的簡單定義。一些川菜擁護者緊抓四世紀歷史學家常璩對川菜風味的斷語，認為該地區自古以來就有滋味豐富、崇尚辛辣的烹飪傳統，並綿延至今。但今天我們所熟知的川菜系統，其實是近代才逐漸形成的，它反映了中國各地人口遷徙的悠久歷史，最重要的一次是在十八世紀初。當時，本來沃野千里的巴蜀大地，因為連年戰亂和王朝動蕩而飽受摧殘，清政府鼓勵外來人口在此定居。川菜中許多最著名的產出都是外來者的傑作，比如「辣豆瓣」（豆瓣醬，由福建移民發明）和保寧醋（由山西人士首創）。當然還有辣椒——如今已經與產於四川本土的花椒一起成為川菜的絕對標誌——最早也是墨西哥的舶來品，幾百年前才定居巴蜀。

九月的一天，我和三位重慶本地廚師一起前往市郊歌樂山著名的「林中樂飯店」朝聖。長江邊鱗次櫛比的摩天大樓漸漸退遠，車子駛上一條綠樹成蔭、爬牆虎蒼茂的蜿蜒山路，閑暇上山的人們已經排起了長隊。和光顧餐館的其他人一樣，我們也是來吃招牌菜「辣子雞」的。餐廳的主廚房在樓下，但樓上有個辣子雞的專屬廚房，門外堆放著十個巨大的袋子，裡面都是乾辣椒——老闆娘夏軍的頭髮也染成了糊辣椒色，她告訴我，一天就能用完這麼多。

廚房裡，四名廚師正在緊鑼密鼓地製作辣子雞，其中兩人是墩子（砧板師傅），負責木砧板，將一隻又一隻的雞切成一口大小的塊狀。我目不轉睛地看著另外一男一女兩名廚師坐鎮炒鍋。他們把一桶桶辣椒倒入大油鍋，再加入一把把花椒。隨著香料滋滋作響，他們在火辣辣的熱氣中不停地翻炒，然後放入雞肉，再淋上醬油，又撒上味精。接著，他們把整鍋東西都舀到一個衛星天線大小的盤子裡，撒上一些芝麻，再從頭把剛才的過程重演一遍。

辣子雞上桌，我和朋友們狼吞虎嚥，一邊用筷子在一堆辣椒裡尋找乾香撲鼻的肉塊，一邊拿紙巾擦去額頭的汗水，大口喝著冰啤酒，把骨頭吐在一次性桌布上。在圍攻雞肉的間隙，我們也從旁邊的大湯碗中撈出滑溜溜的魚片，湯麵上覆蓋著滿滿的青花椒，呈放射之勢。我們還會嘬一嘬用大量辣椒和花椒乾煸的鱔段，並品嘗乾椒炒絲瓜以及辣拌藕塊。時不時地，我們會喝上一口漂著雞血和時令綠色蔬菜的清淡湯品，清清口，放鬆片刻。

這頓飯是典型的重慶風格，也是近年來非常流行的「江湖菜」風格。江湖菜是豐盛熱烈的民間烹飪，大量使用辣椒和花椒，通常以大盤盛裝，供應的餐廳也常常人聲鼎沸，食客們縱情饕餮，毫無顧忌。

一九九〇年代初，我初到四川，重慶市及其周邊地區還隸屬於四川省。但到一九九七年，它已經獲得了與上海、北京同等的直轄地位——新成立的直轄市重慶面積與奧地利相當。渝地向來特色鮮明，個性十足。先說四川省會成都，地處盆地的黃金地帶，土壤和氣候極其有利農業發展，有「天府之國」的美譽。大家都說，成都人不用辛苦工作就能過上好日子，所以他們大部分時間都在茶館裡吃喝閑聊。而重慶則是個艱苦的山城，在特定的季節，氣候無比悶熱潮濕，令人難以忍受，被稱為「火爐」。這裡是長江上游的大港口，形成了著名的「棒棒軍」，都是些賣力氣的苦命人，用肩上一根粗粗的竹棒挑起貨物，爬坡上坎地討生活。

兩座城市社會和地理上的差異，在美食上也有生動體現。成都菜也有辣的一面，但通常辣得悠揚從容，常有幽微的甜味浮現，很少叫人唇舌麻木、汗流浹背。而重慶菜則不負川菜在外的「辣」名。除了辣子雞，還有著名的麻辣毛肚火鍋和毛血旺，兩道菜都是在香辛料中找菜吃；更有甚者，即使是簡單的蔬菜，也往往摻雜著大把的辣椒和花椒。當地人一以貫之地堅持以大量辣椒和花椒來消解嚴苛氣候的影響。

我去「林中樂」吃辣子雞，主要是為了對二十年前出版的川菜食譜進行修訂，發行新版。數年來，為了加深對四川的了解，我探索了這片土地的各個角落：去北邊的閬中探尋保寧醋；在南充吃涼粉；去宜賓找芽菜、「豬兒粑」[ii]、燃麵和小炒；在李莊品嘗配辣蘸水的白肉；到自貢大啖冷吃兔；在樂山體驗一頓十幾道菜的「西壩豆腐宴」。川南的菜餚中悄然瀰漫著木薑子油（即山胡椒油）帶檸檬香氣的味道，像是在對鄰省貴州的風味點頭示意。我走訪的每個小縣城都有自己的特色：手工醃漬物、菜餚、燉鍋、小吃和甜食。重慶成功爭取到直轄市的行政地位後，就開始推廣獨具特色的「渝菜」。現在，四川省管轄的很多地區也在努力為自己的地方菜餚爭取認可，其中就有自貢，這裡自漢代以來就是著名的井鹽產地，如今大力宣傳的是「鹽幫菜」。

ii 譯注：即前文提到的「葉兒粑」，不同地方叫法不同。

我突然想起，多年前，倫敦有六家出版商都拒絕了我的第一本四川食譜的選題，他們給出的理由是「主題太窄」。但這主題怎麼會窄，明明是個取之不盡的源泉！我意識到，光是研究川菜，我就可以再花上二十年的時間。即使已經花了四分之一個世紀在這上面，從某種意義上說，我仍然才剛開了個頭。

而這僅僅是一個省。

中國有二十多個省、四個直轄市和五個自治區以及香港和澳門兩個特別行政區，所有這些地區都有各自迷人的飲食文化。即使在地區內部，由於地方和社會階層的不同，烹飪風格也有很大差異。此外，還有跨地區的烹飪風格，如清真、佛教素食和客家菜，以及五十五個官方承認的少數民族的烹飪傳統。總之，這個國家的菜系豐富多彩、深不可測，互相交融分化，不斷發展變幻，令人嘆為觀止。南北食材與烹飪風格在宋代杭州的融合只不過是滄海一粟的例子而已。再比如北京烤鴨，就是明初首都南京的一道古老菜餚與新都北京滿族口味的結合。雲南的一些區域至今還在製作乳酪，據說是約七百年前忽必烈那支所向披靡的蒙古軍隊留下的傳統。[11]

要是認真給中國的地方菜餚分類，我會頭昏的。即使在全中國上下旅行、旅行、再旅行，每天還是能品嘗到新的食物，這幾乎就是我過去三十年來一直在做的事情。儘管已經這麼久了，我仍然常常發現自己處於最初的驚奇與困惑當中。中餐烹飪彷彿無限分形圖案，愈深入觀察，就愈發現其複雜深奧，無窮無盡。我知道得愈多，就愈發覺得自己無知。在中餐研究的道路上，我愈來愈覺得自己就是一隻不起眼的小蟲，艱難地攀登著一座人類智慧的大山。

這很矛盾，因為從很多方面來看，現代中國都日漸趨同。全國有著千篇一律的現代建築、相同的品牌、相同的服裝。但正如紀錄片《舌尖上的中國》導演陳曉卿曾對我說過的，雖然中國服飾、手工藝品、建築、民樂甚至方言的地域多樣性正日益弱化，這種多樣性卻在美食之中生生不息、充滿活力，形成閃亮絢爛的萬花筒。全國各地，鋼筋水泥的石頭森林中隱藏著不起眼的小餐館，店內瓷磚剝落、牆漆斑駁、裝潢陳舊，裝裱過的精美書法作品顯得格格不入。人們就安坐在這一隅，品嘗著地方特色鮮明的美味。往深處說，這就是中國表達自我的方式，從古至今、從現在到永遠。

在一九九〇年代，我撰寫自己的第一本川菜食譜時，大部分西方人對「中餐」的理解還很單一。近幾十年來，這種情況發生了巨大變化。如今，在倫敦或紐約，你能品嘗到的正宗特色美食不僅有來自廣東的粵菜，還有來自四川、湖南、上海和西安各地的特色菜餚。不同地方美食之間的對比，無疑能讓人一窺中國烹飪的豐富多彩，也糾正了中餐是單一菜系的一貫偏見。然而，如果不親身走遍中國各地，就無法充分領略中國美食令人驚嘆的多樣性。

我的朋友、餐飲從業者阿戴曾對我說過，外人對中餐的評價就像印度古老宗教寓言中的「盲人摸象」。故事有很多版本，但主要是說一群盲人透過用手觸摸大象的各個部位來推測大象的真面目。一個盲人摸到大象的鼻子，認為牠像蛇；另一個盲人摸遍大象的一側身子，認為牠像一堵牆；還有一個盲人抓住了象牙，認定牠像一根長矛，如此種種。當然，沒有一個盲人知道大象的整體面貌。

這個故事原本用來寓意印度宗教信徒對神之本質的笨拙摸索，但也同樣適用於中國美食。四川的辣子雞、上海的小籠包、西安的Biángbiáng麵……花樣繁多、各具特色，但仍然只是大象的軀幹、身側和象牙。就算在中國國內，要想看清大象的整體面貌也並非易事，除非你準備一輩子都奉獻給旅行和美食——即使如此（我本人可以證明），這也是一項艱巨的挑戰。那麼，如果真要冒險嘗試，又該如何對中餐進行分類呢？

我個人比較傾向於「四大菜系」。這個分類從大處著眼，能讓人感受到地理距離遙遠的地區之間的顯著差異：北方烹飪以小麥打底，南方菜系以稻米奠基；北方菜實誠豐盛，江南菜雅緻細膩；川菜辛辣芳烈，粵菜清淡可口。這種分類法沒有把人們帶入一個摸不著頭腦的風味迷宮，而是為進一步思考中國地方菜系這個棘手的問題開闢了道路。

至少，它讓人初步感受到了大象的四個不同部位。

無葷之食：乾煸「鱔魚」

四川新都寶光寺的一個院子裡，幾名遊客正點燃一把把粉色的香，虔誠敬拜並喃喃祈禱，再把香插進巨大的青銅香爐裡滿鋪的灰燼之中。巍峨的寺廟大殿前香煙裊裊，瓦屋頂挑著四面的簷梁飛角，木柱上刻有金色的吉祥佛語。不遠處，人們釘在鐵架上的紅燭火光閃爍、燭淚欲滴。幾棵盆景姿態優雅，兩旁擺著五顏六色的花朵。四川的天氣大抵如是，潮濕而陰沉，瀰漫的灰光模糊了建築物和樹木的輪廓（這裡的晴天少得可憐，所以有「蜀犬吠日」的說法）。過了一會兒，我們漫步到茶館，一個高樹掩映的大庭院，人們三五成群坐在竹椅上，打牌、喝茶、吃零食、抽菸，用四川方言有一搭沒一搭地彼此打趣。

很快，午餐時間到了。

我們在隔壁院子遠端的柱廊裡找了張桌子，我去其中一個小窗口點菜。頭頂上用釘子釘了幾塊木板，菜名以直排的形式刻在上面。下面有塊黑板，用粉筆寫著今日特色。我點了一份冷盤、魚香肉絲、乾煸鱔魚、豉汁排骨、豆瓣魚、丸子湯和炒青菜。不一會兒，我們桌上就擺滿了菜餚。一切看起來都像是一餐典型的成都飯，色澤鮮麗，還點綴著辣豆瓣特有的紅色油光，令人食欲大增。不過，表象雖如此，所有的食物其實都是素的。「鱔魚」是裹了麵糊油炸的香菇條，與青椒一起在炒鍋中翻炒而成；「排骨」是藕條穿入其中的炸麵筋；「魚」則是金色豆腐皮包裹的馬鈴薯泥。肉絲、丸子、涼拌雞和香腸都是用各種豆類和塊莖蔬菜烹調而成的。這些食物不僅外表能以素亂葷，大部分吃起來也相當令人信服。這些菜的目標不僅要「錯視」（trompe l'oeil），還要「錯味」。

• • •

近年來，在西方國家，愈來愈多的人信服少吃或完全不吃肉類、魚類和乳製品的說法，於是素食類食品的需求量突然激增。動物所產生的甲烷對氣候危機推波助瀾，為生產牛飼料而對熱帶雨林造成破壞，大型養殖場導致的污染和虐待動物行為，以及巨型拖網漁船對海洋的掠奪，所有這些都使食用動物愈加成為前所未有的道德雷區。曾經被視為怪癖的素食和純素食漸漸成為普遍現象。許多人儘管依舊雜食，但也努力嘗試至少在某些時候不吃肉。超市裡不含動物成分的即食食品愈來愈多，餐館也逐漸有了素食菜單的選擇。科技公司掀起了研發以假亂真的「仿葷肉」的浪潮，包括不可能食品公司（〔Impossible Foods〕他們製造的漢堡，中間的「肉餅」能像牛肉一樣「流出血色肉汁」）和OmniFoods（用豌豆、大豆、蘑菇和米製作豬肉替代品）等。

西方食品製造商正把新運動搞得如火如荼，卻似乎很少有西方人意識到，中國人利用素食模仿肉類的各種作法已經有一千多年的歷史了。我們在寶光寺的素食午餐就能略微體現這一至少從唐代就已發源的傳統。當時，崇奉佛教的官員崔安潛舉辦了一場宴會，端上了非常逼真的豬肩肉、羊腿肉等各種「以素托葷」的菜品。[1]

中國的食素歷史還可以追溯到更早。其實，中國歷史上的大部分時間裡，許多人基本上都算是素食者。在中國古代，能盡情品嘗養殖牲畜和狩獵野味的權貴階級被稱為「肉食者」，而普通老百姓主要以穀物和燉煮蔬菜為生，偶爾來點魚（尤其是南方）和極少量的肉類和家禽，後者只有逢年過節才能打打牙祭。完全、刻意地不吃肉只是偶爾為之的宗教信仰行為，在特定時間遵守特定的齋戒禁欲規定。《禮記》概述了服喪者齋戒的不同階段：頭三天不吃任何食物，之後逐漸吃一點稀粥，再來逐漸恢復粗糧、水果和蔬菜；服喪要滿整兩年才能吃肉。[2]古籍《莊子》中說，人們在參加祭祀之前，應避免飲酒、吃肉和蔥、蒜、韭菜等味道濃烈的蔬菜（「不茹葷」），以潔淨身心（形容這些重味蔬菜的「葷」字後來也用來描述動物性食物）。[3]

「素食者」一詞中的「素」字，古漢語中最初是指未加工的白綢布（「縞素」）；後來，任何樸實無華的事物都可以形容為「素」。[4]如果放在飲食的語境下，「素」先是指未經烹煮的食物或吃野菜的飲食習慣，後來指任何簡單、粗糙和未經加工的食物，與以肉食為主的奢華膳食形成鮮明對比。[5]最終，它的意思演變為只吃植物性食物。現代漢語中，無肉之食被稱為「素食」，素食者就是「吃素」的人。任何以蔬菜為主的菜餚都可以形容為「素」。好的廚師在制定一餐的菜單時，總會確保素菜和肉菜比例得當，也就是人們常說的「葷素搭配」。

在古代中國，吃素不僅是虔誠修行的表現，也是節儉的行為。過量食肉意謂著奢靡墮落，商朝末代君主紂王臭名昭著的「酒池肉林」就是例證。在某種程度上，現在的人們也秉持著如此的心態。有一次，我到中國旅遊，大吃特吃了一段時間後，打電話給一位身在歐洲的中國朋友，對他講述了最近的各種精采宴飲。他引經據典地譴責我：「朱門酒肉臭，路有凍死骨。」在中國，以蔬菜為主食一直被視為對驕奢淫逸的抵制。饑荒和困難時期，統治者要不吃肉，才能當得起人們眼中的明君；要是在這些非常時期過度放縱口腹之欲，會被視為道德腐化和統治無能的標誌。[6]

西元一世紀，佛教從印度傳入中國，從那以後，素食漸漸由偶然的儀式行為和某些人的實際需要，轉變為一種更符合如今定義上道德倫理的生活方式選擇。佛教徒認為，不沾葷腥，能培養慈悲心腸，也避免殺生帶來的因果報應。最早翻譯成中文的佛教典籍並沒有嚴格堅持素食，而是說施主往化緣缽裡放了什麼，佛教僧侶就應該吃什麼；只要沒有看到、聽到或懷疑動物是專門為了他們而被殺害的，就可以吃肉。佛教傳入中國後，一些地方的皈依者一開始也被這種比較靈活的飲食教義影響，並繼續這種方式，和有些地方的佛教徒一樣——比如，到今天，藏族的佛教僧侶仍然會吃肉，只是不親手殺生和屠宰動物。但六世紀以後，漢族佛教徒走上了一條不同的道路，將嚴格茹素做為僧侶生活的重要內容。[7]

隨著愈來愈多的印度佛教典籍被翻譯成中文，一些信徒反對食葷的立場更為強硬。一些經文認為，佛陀本人也主張完全吃素，因為肉類沾染了「殺氣」；另一些經文則聲稱，如果你吃了被宰殺的動物的肉，它可能就是你的親人轉世。[8]這些經文，再加上一些可怕的民間傳說渲染吃肉的風險，中國一些狂熱的俗家佛教弟子逐漸堅持信徒們要嚴格實行無肉飲食。[9]不過，真正確保肉類永遠禁入漢族佛教機構廚房的，是一位積極倡導素食的中國統治者——梁武帝。

梁武帝於西元五〇二到五四九年在位，都城在南京附近，即位之初就虔誠地皈依了佛教。他宣布自己不吃任何的肉類和魚類，禁止皇室寺廟中使用動物祭祀，並禁止都城附近的一些地區進行狩獵活動。他甚至撰寫了〈斷酒肉文〉，還安排法事集會，探討佛教和素食的奧義。在他的影響下，素食之風在江南地區的寺院中日益盛行，最終成為全國各地佛教群體的規範。[10]佛教機構之外的一些俗家弟子也完全放棄了葷腥，而其他許多人則選擇部分素食的生活方式，在入寺燒香拜佛時或某些特定的日子不吃肉類和魚類，直到今天仍有很多人這樣做。

與穆斯林忌食豬肉一樣，中國佛教徒忌食肉類一直是反主流文化的行為，因為對這個國家的大多數人來說，肉類代表著財富、鄰里友好和喜慶。「家」字本身就是「在屋內下層養豬」。從醫學角度來說，完全不吃肉也會導致體力不足。俗家佛教徒堅持素食會遇到社會阻力，因為日常工作交際就得赴宴吃喝。[11]美國漢學家柯嘉豪（John Kieschnick）寫道，雖然沒人介意僧侶不吃肉，「工作社交場合不吃肉的話，就會被認為古怪和不合時宜。」[12]

人們普遍認為，無論道德標準如何，想吃肉是人之常情。很多佛教僧侶偷偷吃肉的故事廣為流傳，就顯露了這種想法。據說揚州有名的「扒燒整豬頭」就是當地法海寺僧人的拿手菜，只為信賴的熟人而做——其他人若想品嘗，會發現寺廟大門緊閉，僧人們帶著諷刺語氣來一句「阿彌陀佛！」打發他們快走。無錫名菜「肉骨頭」（無錫排骨），相傳起源於南宋時期，當時一位雲遊僧人將他的祕方交給了當地的一個店主。這位僧人將排骨放在寺廟的香爐中慢火燉上一夜，引得寺裡年輕的和尚垂涎欲滴。當然，還有福建的宴席名菜「佛跳牆」，用海參、鮑魚、魚翅等奢侈珍饈烹製，無比豐腴濃郁，據說香味令人難以抗拒，能誘使本來虔誠的僧侶破戒食葷。

儘管許多故事說得活靈活現，但漢族的僧尼確實有強烈的吃素傾向。在寶光寺等寺廟中，修行的人們都是以穀物、豆腐和蔬菜為食，這種飲食習慣完全符合古代將素食與節儉聯繫在一起的傳統。他們也會避免食用味道刺激辛辣的「葷」菜（例如薑、蒜）。自古以來，在宗教齋戒期間，佛教徒通常都對這些東西避而遠之。最初，他們認為這些蔬菜氣味刺鼻，是不潔之物，會影響參禪打坐所需的寧靜。後來，有人聲稱，這類食物會刺激肉欲。（佛教倒是從來沒對辣椒和花椒產生過什麼意見，四川僧尼們還算幸運。）佛教徒普遍認為可以接受蛋清或是未受精的雞蛋，但這往往不會出現在許多寺廟的菜餚中。乳製品也是可以接受的，但它們本來就在中餐中甚少出現，所以在佛教素食中也很少使用。佛教素食並不一定都是現代西方意義上的純素，但也基本相近。

佛教僧尼自己倒是光吃簡單的素食就能滿足，但他們還得為前來寺廟的香客與施主提供飲食，這其中有很多人在日常生活中是吃肉的。佛教俗家弟子也可能奉行素食，但仍有義務參加與朋友、家人和職業相關的飯局。同樣地，在當代中國，人們和朋友家人一起去佛寺遊玩，可能目的是燒香拜佛、表達心願，但也很想就在寺裡吃一頓像樣的餐飯，也是對出行的紀念。那麼，在中國，要是沒有肉，又該如何表達歡聚宴飲之樂或熱情好客呢？宴會上的菜品，需要寓意喜慶、尊重，顯示參與者的地位，比如全魚、海鮮和豐盛的肉類。要是盤子裡只有豆腐和白菜，端到家裡的晚餐桌上，美味和營養可能都夠了，但難以擔綱宴會大菜。這麼說來，那些從道德上認為吃真正的肉和魚是在造「業」，因此堅決反對的人，如果能享用綠豆粉絲做成的「魚翅」、蒟蒻做的「鮑魚」和冬瓜做的「五花肉」，又何樂而不為呢？

在這樣的邏輯下，全中國大大小小的寺廟內外，逐漸發展起無比巧妙的仿葷菜，尤其是自佛教深入中國人生活的宋代以降。[13]吳自牧寫道，十三世紀，南宋都城杭州（臨安）的餐飲業兼容並包、廣納四海，其中一個特色就是有一類專賣素食、「不誤齋戒」的餐館，提供「油炸假河豚」、「鼎煮羊麩」和「白魚辣羹飯」，推測均由植物性原料製成；此外還有「假炙鴨」、「煎假烏魚」和「假煎白腸」。[14]杭城的其他地方，還有小吃店出售「假肉饅頭」。[15]後來，到了清朝，朱彝尊在食譜《食憲鴻祕》中列舉了一道創意十足的佛教素食菜「素鱉」[iii]，以麵筋拆碎代替鱉肉，珍珠般的栗子煮熟代替鱉蛋。[16]

當然，要做無肉食物，中國有好幾點「可食用」的優勢，比如發酵的醬、（各種形式的）豆腐和麥麩（麵筋）。這三種東西，加上香菇和竹筍，一直以來都是素食烹飪的「主力軍」。發酵的豆類和穀物，尤其是大豆，提供了鹹鮮濃郁的風味，讓植物性食品也能提供肉類的豐腴滿足之感。豆腐和麥麩都含有豐富的蛋白質，在技藝精湛的廚師手裡，隨時可以千變萬化，完成華麗轉身。未加工的新鮮豆腐呈絲滑或碎屑狀，而經過脫脂、壓榨或油炸的豆腐皮／腐竹則會具有嚼勁、延展性和鬆軟多孔的海綿質感，那種豐盛的分量和肉類一般無二。麵筋也有著類似的韌勁。生麵筋經過油炸後，會膨脹起來，有如金黃色的泡芙，過滾水後，會像小腸一樣勁道。現代工業創造出了模仿肉類質感的新型植物蛋白，但早在幾個世紀前，中國的廚藝匠人就已經在用豆類和小麥做同樣的事情了。

現代中國各地，宋朝杭州廚師的後繼者（其中一些是修行的僧人）都在以魔術一般的妙手烹製地方菜餚的素食版。四川人用香菇柄做「麻辣牛肉乾」；在南方的潮州，有仿葷「魚翅湯」和素炸雲吞配包裹著甜醬的鳳梨塊。江南曾是梁武帝統治的領地，也恰如其分地誕生了最精采的佛教素食。在這一地區，仿葷菜不僅寺廟的餐廳裡有，還會和真正的肉菜一起出現在餐廳菜單和家常廚房中。上海淮海路的熟食店裡，既能買到正宗的糖醋排骨和炸燻魚，還能買到腐皮卷成的素鴨和素雞。當地有很多餐館都會提供一些寺廟菜餚。我有位上海朋友的母親，常用筷子纏繞自製麵筋，做成可以以假亂真的「素腸」，烹製後和真正的紅燒肉、炒蝦仁一起上桌。

上海做仿葷菜最有名的餐廳是「功德林」。一九二二年，俗家佛教弟子趙雲韶開了這家餐廳，現在已經是老字號。該店的招牌菜之一是素火腿，製作方法是將滷過後顏色變深的豆皮壓入火腿形狀的模具中，定型切片後的「火腿」無論紋理嚼勁，都幾可亂真。另一種仿葷菜是著名秋季時鮮大閘蟹，名為「功德素蟹粉」，用馬鈴薯泥和胡蘿蔔泥做成，仿

iii 譯注：整個「素鱉」食譜：以麵筋拆碎，代鱉肉；以珠栗煮熟，代鱉蛋；以墨水調真粉，代鱉裙；以芫荽代蔥、蒜，燒炒用。

製得異常精確。「蟹肉」中點綴著縷縷蛋白和香菇，模仿蟹肉那層薄膜；胡蘿蔔泛著油光，讓人聯想起泛金的蟹黃；整道菜充滿了生薑和米醋的香，和真蟹粉沒什麼兩樣。

如今，除了餐館，中國的工業製造商也在生產大量的仿葷肉和海鮮，從用模具做出的粉色「大蝦」和滑溜溜的「魷魚」，到肥瘦分明的「五花肉」、「雞爪」和「肉丸子」，所有這些都是用蒟蒻、大豆、麵筋和其他植物原料製成的。你想吃的任何中國美食，幾乎都能找到素食（通常是純素）版本。有一次，龍井草堂的總廚董金木製作了一道素食版「佛跳牆」，也就是前文那用香氣誘使素食者破戒的福建宴席佳餚。素食版的這道菜更具有雙重的深意。董師傅用的還是傳統的瓦罐，但用料就不是各種乾海鮮了，而是香菇、猴頭菇、雞腿菇、竹笙、杏鮑菇和金針菇等乾鮮菌類混合在一起燉煮，模仿了傳統佛跳牆的顏色和口感。

這樣的菜完全由植物原料製成，從這個意義上來講當然是素食，但顯然跟樸素節儉不沾邊。在中國古代，出於宗教原因遠離葷腥也許是一種自我節制，但重點是，仿葷菜是那樣巧妙和美味，根本就很難和原版葷菜區別開來。

十六世紀小說《金瓶梅》中，一位堅持素食的女性堅信面前餐桌上的「燒骨朵」是真葷菜，不敢下筷，要求撤盤，引得眾人大笑。另一位女性名喚月娘的道：

「奶奶，這個是頭裡廟上送來的，托葷鹹食，您老人家只顧用，不妨事。」楊姑娘道：「既是素的，等老身吃。老身乾淨眼花了，只當作葷的來！」[17]

一九九二年，我第一次去北京，也有過類似的經歷。一天傍晚，我騎車經過天安門廣場，找到一家旅遊指南上說的素食餐館吃晚飯，結果發現菜單上全是用豬肉、雞肉和魚肉做的菜。我到底吃的什麼啊？當時我還一句中文都不會說，整個都是糊里糊塗的，把店員也弄得很煩悶。

中國的仿葷菜能做得如此精妙，部分原因是佛教徒需要融入社會，做出世俗意義上的「大餐」。但這也正表現了中餐烹飪文化崇尚機智與別出心裁的傳統。喜歡「調戲」食客感官，極盡創意進行調味的，不僅是佛教徒。英國大廚赫斯頓曾做過一款吃起來很像英式培根雞蛋早餐的冰淇淋，還用華爾道夫沙拉的配料做了一款棒棒糖，供食客們一笑。把成菜做得看起來和本來的配料相去甚遠，是中餐更為普遍的傳統，無論是川菜大廚喻波做的「毛筆酥」，還是川菜宴席中歷史悠久而豪華的「雞豆花」。後者看上去就像便宜的街頭素食小吃，但其實是用雞胸肉敲成泥，再凝固成「豆花」，浸潤在奢侈的高湯中。同類菜餚至少可以追溯到宋朝，那時不論北都南都，都流行「托葷菜」。[18]

大廚朱引鋒用豬蹄做的「賽熊掌」屬一個大類，都是「賽」字輩的巧妙仿製菜。還有「賽牛乳」——用蛋清和生薑製成的奶酪狀食物，不含乳製品；用薑和醋炒雞蛋製成「賽螃蟹」——雞蛋不經打散就放入鍋中，輕輕翻攪，白色和黃色如大理石般絲縷交織，模仿了炒蟹粉的顏色。「賽」字輩中有素菜，也有葷菜。這些菜餚的目標不僅是美味營養，還要讓食客帶著驚奇與愉悅大笑。對仿葷菜最熱中的食客通常不是全素食者，而是平時習慣雜食的人，偶爾去廟裡吃一頓，也是對中餐豐富多彩的一種體驗。

諷刺的是，正是因為中餐悠久的佛教素食傳統，如今，嚴格的素食主義者要在中國的普通餐館用餐，可能比在倫敦或紐約等西方大城市更困難。在中國，「素食」這個概念已經很普遍了，卻有很多人覺得不必恪守。有些人還會將中國的「素食」和西方的「素食主義」加以區分，認為前者比較靈活和講求實際；後者更具有意識形態色彩，是一種強硬的原則。很多俗家弟子只在特定的日子不吃肉，或是在有肉的菜中吃「鍋邊素」就夠了。我會遇到過一個年長的和尚，他通常是吃素的，卻告訴我感覺身體虛弱時就會吃肉。在中國的西方素食主義者常常苦惱於遇到所謂的「素」菜，卻加了肉湯、豬油、蝦乾，甚至還有豬肉糜。我有位中國好友信仰佛教，是嚴格的素食主義者。每次外出時他都要向服務生仔仔細細地解釋，說他要的素食，就是不含任何動物性產品的食物。他通常要把每一種忌口成分都說清楚，才能確保服務生明白他的意思。

現代生活中與飲食相關的健康問題層出不窮，受藥物和化學物質污染的肉類和海鮮引起的食品恐慌也屢見不鮮。素食做為一種西方意義上的健康生活方式，在中國的吸引力與日俱增。最近一次去寶光寺，我和一群男性朋友在餐廳邊吃午飯邊聊天，他們沒人是全素食者。其中一位生意人說：「改革開放之前，大家連飯都吃不飽，所以在肉好買了之後，我們當然想大魚大肉地吃啦。但是，大吃大喝的時代過了，中國的文化和發展達到了新水準。人們希望吃得更健康，希望更長壽，因此素食愈來愈受歡迎。」

在上海，我見了一位朋友的朋友，王海峰，四十多歲的藝術策展人，說話輕聲細語的。在一家時髦的西式素食餐酒館裡，她一邊吃著南瓜沙拉，一邊向我解釋自己愈來愈不想吃肉的原因。「我不是吃全素的，」她說，「在家，如果是我一個人吃飯，做的主要是蔬食，但可能會加一點雞湯，也用雞肉或豬肉熬滋補湯品。」她告訴我，開始吃更多素食主要是受了一位朋友的影響，當時她也開始練習瑜伽和冥想。王海峰說，她的動機跟信佛關係不大，而是嚮往一種以天然有機食品為重心的健康生活方式：「這樣就能減輕現代生活的紛擾繁複，讓人回歸某種簡單。」

在中國的一些大城市，迎合城市知識分子階層素食理念的餐廳正以浪潮之勢湧現。它們的目標顧客和王海峰一樣，逐漸傾向於素食的原因既關乎傳統，也是當代新潮。成都有家頗受歡迎的素食火鍋連鎖店，藏式裝潢，備有各種藥湯鍋底，給客人提供的菜品選擇多種多樣，比如素五花肉、素鮮蝦仁和素丸子。不過，也許是因為全社會對素食愈來愈接受和認可，有些餐館也在屏棄「以素托葷」的觀念。位於上海舊租界的「福和慧」時尚雅緻，外面車流熙攘，裡面就像一個寧靜的港灣。這是第一家入選「亞洲五十最佳餐廳」榜單並獲得米其林一星的素食餐廳。老闆方元是佛教徒，原本想對傳統的寺廟菜進行改良，但最終和行政總廚盧懌明一同商定，完全放棄複刻以素托葷的傳統宴席食譜。

「我們決定了，完全沒必要費心費力把所有食物都做得和肉一樣，」盧懌明說，「比如，不用把皮、肥肉、瘦肉每一層都完備的一塊豬肉仿製出來。我們想做點不一樣的。」盧懌明覺得中餐素食烹飪比較滯後，失望之餘設計了西式品嘗菜單，每道菜單獨擺盤，借鑑了中式、日式和法式烹飪的理念，偶爾使用乳製品，幾乎不涉及肉類和魚類。我第一次光顧那家餐廳時，吃了很多喜歡的菜，有「鱷梨脆卷」，脆筒用江南地區的海草增添風味，裡面裝了酪梨、芒果和番茄小丁；加了龍眼和木瓜的核桃仁湯，相當有趣；茄脆卷，就是茄子煎過後卷起，澆上亮閃閃的照燒醬，撒上芝麻；紫薯泥和山藥泥組合成陰陽太極的圖案；一塊方方正正的綠色豆腐搭配黑松露與牛蒡，佐以柔滑的奶油南瓜湯；還有一道極贊的薺菜燴飯，充滿了松露香氣和濃郁的奶香。

一切都很精緻美味，與傳統的寺廟素食截然不同。盧懌明告訴我，他們相信客人能尊重素食，用更嚴肅的態度對待這件事。「我們想告訴大家，吃素不一定只是因為宗教信仰，減少肉類攝入還有其他很多理由，」他說，「愈來愈多的人在實踐這種生活方式，比如每週過一個『綠色之日』。所以，我們的餐廳裡不擺佛像，因為不想讓那些不信佛的潛在客人望而卻步。」盧懌明和他的老闆希望能吸引比寺廟齋堂的客群更年輕、更多樣的人，還有那些通常都會吃肉的人（盧懌明沒有在乎佛教一貫以來對辛辣重味蔬菜的禁忌，也使用了乳製品，這是其中一個原因）。

另一家重塑中餐素食的連鎖餐廳叫「大蔬無界」，老闆宋淵博二十五年前從佛教素食業興盛的台灣移居上海。二〇一一年，他在上海過去的法租界開了第一家餐廳，而在外灘那家最漂亮的分店也獲得了米其林一星的殊榮。宋淵博本人是虔誠的佛教徒，也是全素食主義者。他告訴我，「二十年前，我母親患了癌症，從那時起我就不吃肉了，為她行善積德，做為佛教徒，我尊重一切有情眾生的生命。」

大蔬無界的菜品擺盤絕妙，風味十足。宋先生說，這樣做的目的是告訴大家，素食不一定非得清淡樸素，不吃肉可以是一種積極、時尚的生活選擇，而不是因為貧窮所迫。外灘分店的菜單上有幾道仿葷菜，比如經典名川菜「夫妻肺片」，紅油光亮潤澤，用杏鮑菇和榆耳完美再現了原菜中牛肚和牛肉的外觀和口感。另一道菜用鮮嫩多汁的猴頭菇，佐以黑胡椒醬，模仿一道主料為牛肉的粵菜，口感風味都很到位。不過，宋先生沒有遵循佛家仿葷菜的命名傳統，大蔬無界的菜單上沒有提到任何肉類：比如，前面那道菜名叫「巴蜀夫妻」，後者則叫「天之驕子」。（「如果菜真的好吃，根本不必假裝是肉。」他告訴我。）

大蔬無界一方面進行著藝術性的「以素托葷」實踐，頗具宋朝古韻；一方面又積極倡導當代植物性食物，承接了二十一世紀的風尚。

不管是寶光寺那種比較傳統的齋飯，還是福和慧與大蔬無界等當代餐館以植物食材為基礎的創造性全新烹飪方式，中餐素食都可以為西方（純）素食主義者提供一份參考，幫助他們重新思考自身的烹飪傳統，追求更可持續的未來。然而，迄今為止，無論西方廚師還是食客，都對中餐素食關注甚少。有跡象顯示，西方世界可能正逐漸意識到中餐對於那些希望少吃肉的人有什麼意義。在倫敦內城的伊斯靈頓（Islington），一家名叫「豆腐素食」（Tofu Vegan）的新餐館推出了一系列仿葷菜，有助於將這一古老的烹飪傳統推向主流市場。英語出版商也開始尋求出版有關植物性中餐食品的書籍。然而，具有諷刺意味的是，就在西方廚師和食品生產商紛紛加入仿葷「圍城」的同時，走在中國餐飲業前沿的人們也正在探索跳出圍城的可能。

詩意田園：炒番薯葉

阿戴站在土地上，連說帶比劃。他穿著用黑色棉布手工縫製的千層底布鞋、黑色棉布褲子和傳統的無領盤扣白衫。他身後是一塊油菜田，黃燦燦的油菜花正開得肆意爛漫。再往後，梯田裡的水稻綠意萌發，以和緩的坡度一直延伸到湖邊，樹木稀疏的山丘陡峭地聳立於村子之上。我們其餘的人，包括龍井莊園的幾個員工、阿戴的助理、一個年輕的廚師和一名當地政府官員，就站在一旁聽他說著。我們身處浙南的偏遠地區，這裡暫時倖免於高速城市化和工業發展最嚴重的副作用。空氣依舊清新，農田雖然有點荒蕪之意，卻沒有打任何農藥。而阿戴，有個計畫。

他站在田裡，說自己想建立一個有機農場和某種意義上的度假鄉村，為這個山谷小村注入新的活力。與中國各地的村莊一樣，這裡幾乎所有的適齡勞動力都進城務工了，變成一座只有幼小孩童和老人的「空村」。過去，在社會主義計畫經濟體制下，政府會透過村採購站向這裡的農民收購農產品，也選收草藥。但現在，隨著市場經濟的發展，採購站已被廢棄，單靠土地已經無法過上體面的生活。村裡的主要建築、成片的土坯房全都搖搖欲墜，村民也都慵懶低落。「但發展不僅僅是科技進步，」阿戴說，「還關係到環境保護。這裡的人們不了解他們擁有的東西有多高的價值。」

昨晚，我們從杭州驅車南下，前往最近的縣城遂昌，一路上花了三個多小時。今天上午，我們沿著河谷蜿蜒前行，兩邊的山坡上種滿了一排排低矮的茶樹和茶花樹，還有一片片油菜田，油菜花遍野鮮黃。山坡上，翠竹輕盈搖曳。布滿斷茬的荒野上點綴了一捆捆去歲留下的乾草，道路兩旁種滿了高大的樟樹。偶有幾座土坯房悄然隱入這一片天地之間。河對岸，一座古老的佛塔在樹影中若隱若現。這種景象讓人聯想到法國或義大利的鄉村，只是換了中國的動植物，美麗而淳樸。過了一會兒，我們沿著一條小路來到湖邊，那裡有一艘船在等著我們。很快，船行至湖對岸，彷彿進入了另一個世界。

我們離船上岸，步行進村，到一戶農民家裡吃午飯。正廳裡擺了兩張圓桌，桌那頭的神位上堆滿了保溫瓶，往上貼了民間神靈關公和壽星的俗麗海報，還有一張毛澤東年輕時的肖像。桌子上擺著熱氣騰騰的菜餚，有自製鹹肉、新鮮的綠葉菜、自製鹹菜配野筍、野水芹、馬蘭頭，還有一種鹼水米糕。這種年糕顏色泛黃，能吃出淡淡的鹼味。然後，主人家端來一個小陶爐，裡面裝滿了從火堆裡刨出的陰火，還在泛著紅光。陶爐被放在餐桌上，上面放著熱氣騰騰的燉雞。最後，還有一條蒸鱖魚，就是從下面的湖裡捕來的。我們吃的所有東西都是當地人為或自然的產出。環境田園悠哉，氣氛歡快輕鬆。

• • •

這一切都很容易讓人想起西元五世紀詩人陶淵明（又名陶潛）寫的那個著名的故事《桃花源記》。[1]生活在風雨飄搖的動蕩社會，「五柳先生」講述了這樣一個故事：一名漁夫沿著一條兩岸桃花芬芳盛開的小溪駕船而行，直到來到溪水的發源地，遇到一座小山，山前有個小洞口，像在招呼他進去。他穿過一個隧道般的陰暗洞穴，重見天日後發現來到了一個田園牧歌之鄉。那裡良田之中屋舍儼然，人們怡然自樂，並「設酒殺雞」招待這位漁夫，還告訴他，他們是動亂時期逃出來的，從此與外界隔絕，而那個王朝也早已消逝。在這些人中間盤桓幾日後，漁夫回家講述了這段經歷。但無論是他，還是別人，都沒能再找到那個地方。

這個故事與阿戴的鄉村田園之夢如此相似，這絕非巧合。陶淵明憧憬了一個遠離社會腐朽崩壞的烏托邦世界，一代又一代中國知識分子對此心嚮往之，這也是阿戴的追求之一。他生活在一個生活緊張、環境惡化的時代，也渴望「天人合一」的世界，回歸過去的美好，有清新的空氣、健康的食物，人們純真樸實、不沾世俗惡習。他的探索始於杭州一家園林餐廳，並在浙江各地與農民和手工匠人建立了聯繫，延續著這一追求。現在又因此深入了鄉村。在尋找土雞供應商的過程中，他偶然發現了這方寸化外之地，現在一心只想和農民們住在一處，親手種植水稻和蔬菜，恢復與大自然的交流。

阿戴的渴望呼應了中國飲食文化中一個反覆出現的古老主題。至少從宋代開始，著名的美食家們就開始向往返璞歸真的理想鄉村生活，並把「自然」飲食當作實現這一目標的途徑之一。即使在那之前，簡單樸素的飲食也早被視為自我修養和智慧的體現。孔子有句名言：「飯疏食，飲水，曲肱而枕之，樂亦在其中矣。」[2]他所處的時代，和古希臘的鼎盛時期一樣，各種智識、靈性與思想百花齊放，核心信仰是人可以達到完美的修養，而成為聖賢的必要條件之一，就是飲食得宜、懂得養生之道。美國漢學家夏德安寫道，到西元前三世紀，廚師伊尹對主君發表那番關於美食與政治的著名見解被提及時，「人們已經能清楚地區分貪婪放縱的饕餮和精美雅緻的食之道，區分無知者粗俗的飲食習慣和某些智者的高雅飲食。」[3]

即使在古代，許多典籍也會描述人們吃喝有節的理想過去，而對當代生活的腐朽進行尖銳的批判。西元前五世紀至前四世紀的賢哲墨子抨擊當時的統治階級[iv]：「今……厚作斂於百姓，以為美食芻豢、蒸炙魚鱉，大國累百器……目不能遍視，手不能遍操，口不能遍味。」[4]同時，中國文學作品中將用豬草燉煮的羹這種貧民飲食的縮影，與節儉的美德聯繫在一起。[5]據說賢君堯吃的是粗糧飯，喝的是野菜湯，食器是粗糙的土鍋，水器是土罐。[6]從中國古代直至今日，文人雅士的飲食方式都被視為其價值觀的體現。正如幾個世紀後法國美食家薩瓦蘭（Jean Anthelme Brillat-Savarin）的名言：「告訴我你吃什麼，我就能知道你是什麼樣的人。」

在宋代，人們漸漸產生了對天然食品和想像中健康農村生活的新執念，而且與現代思想有著驚人的相似之處。宋朝時期，中國的城市化和商業化不斷發展。從著名繪畫長卷《清明上河圖》可以看出，北宋都城開封是一座繁華的城市，居民安居樂業，有很多酒館、茶肆、小吃攤與小販、熱鬧熙攘的大街和裝飾華麗的餐館。[7]一一二六年，游牧民族入侵，宋朝皇室痛失開封和中國北方大片領土，殘餘勢力遷往杭州。到十三世紀末，這座南宋都城已經有超過一百萬人口，是世界上最大、最富裕的城市，有著「重商、享樂和腐敗」的文化。[8]

在許多方面，十三世紀杭州的社會和生活都與我們所處的當代世界如出一轍。這座城市人口稠密，主要街道都鋪設了路面，都有好幾層的樓房。稻米經濟和繁榮的貿易造就了很多富人，他們有錢購買美食和奢侈的娛樂。商船將外國的奢侈品從東南亞、印度和中東運到中國。這一時期的中國「有著十分驚人的現代風格」，法國漢學家謝和耐（Jacques

iv 譯注：白話文是：如今……對百姓徵收重稅，來提供珍饈美味、蒸烤魚鱉。大國烹製的菜餚成百上千，分布在廣袤的土地上……所以眼睛看不完，手摸不完，嘴嘗不完。

Gernet）寫道：「擁有絕無僅有的貨幣經濟、紙幣、流通票據，高度發達的茶葉和鹽業企業、對外貿易（絲綢和瓷器）的重要性以及地區產品的專業化……在社會生活、藝術、娛樂、制度和技術領域，中國無疑是當時最先進的國家。」[9]

烹飪文化蓬勃發展：「炒」這種新的烹飪方法成為廚中主宰，液體醬油逐漸代替醬；人們可以品嘗到來源廣博的各種食材，有的屬中國，有的來自國門之外；廚師們融合南北方技藝，創意融合菜品與小吃層出不窮；各類餐廳紛紛登場，迅速迭代。有愈來愈多的文人墨客在記錄著食譜，寫下對美食的思考。如果能穿越到歷史上的任何地方，我的首選無疑是十三世紀的杭州。

如今，倫敦和紐約那些養尊處優同時也過度勞累的都市人渴望有機蔬菜、鄉村小屋，一邊散步一邊信手摘得大自然的美味饋贈。同樣的道理，在宋朝，財富與享樂主義的背後，就是反對它們的行動。包括一些理學家在內、受過教育的人們受到某種影響，不屑於城市生活方式，讚頌鄉村生活的淳樸美德，儘管他們很少真正過這種生活。[10]一直以來，尋求滋養身心的均衡飲食被視為自我修養的關鍵。宋朝時，人們認為健康飲食的關鍵準則是節制和「自然」。美國食物歷史學家邁可．弗里曼（Michael Freeman）認為，宋朝的「自然」食物概念比較複雜，涵蓋了可使用的植物和地方食材，包括在山林中採集的菌菇。這個理念強調樸素的烹飪，「不矯揉造作……反對透過掩蓋食材的味道或外觀來否認其基本性質。」[11]

文人雅士不僅反對食用珍饈，還推崇樸素食材的美味，尤其是蔬菜。詩人蘇東坡就曾熱情洋溢地讚美白菜，詩句中常出現的是竹筍、韭菜、葵菜和日常的豬肉，而不是他那個時代城市餐館中精緻的仿葷菜和其他珍饈。一〇九八年，他記錄了一道蔬菜羹湯的食譜，是在貶謫困頓期間妙心偶得：「不用魚肉五味，有自然之甘。其法以菘若蔓菁、若蘆菔、若薺，揉洗數過，去辛苦汁。先以生油少許塗釜……下菜沸湯中。入生米為糝，及少生薑。」[12] v 這道樸素的羹湯，賦予他靈感，寫成了充滿詩意的《菜羹賦》，下筆瀟灑恣肆，說「露葉與瓊根」在湯中煮，而「湯濛濛如松風」。[13]他又寫道，雖然對那些傳奇廚師高超的烹飪技藝不以為意，他的羹湯完全和最豪華的大鼎中那些珍奢湯品一樣美味，能夠清心安神。（「助生肥於玉池，與吾鼎其齊珍。鄙易牙之效技，超傳說而策勛。沮彭尸之爽惑，調灶鬼之嫌嗔。」）還有一位不知名的作者留下了二十道譜，大部分都要用到香草蔬菜，名為《本心齋蔬食譜》。[14]

還有詩人林洪，他的食譜《山家清供》可能是這種體裁中的典範。現代人可能對他知之甚少，但他曾在十三世紀中葉的杭州西湖附近居住過數年，之後隱居浙江的山林之中，

v 譯注：白話文是：它既不用魚，也不用肉，更不用香料，卻有一種天然的甘甜美味。作法是將大白菜、蕪菁、野蘿蔔和薺菜搓洗幾遍，去掉辛辣或苦澀的汁液，然後在鍋裡抹上少許油……放入蔬菜煮沸。加入一些米和少許生薑。（這道菜被稱為「東坡羹」。）

自稱「山家」。他的食譜將普通蔬菜、稀奇的野菜、魚類、貝類和野味的食譜與詩詞歌賦、歷史典故及文字遊戲融為一體。[15]「山家三脆」是用嫩筍、香菇和枸杞嫩葉汆水調味做成。[16]他的很多菜名都詩意十足，比如「松黃餅」、「雪霞羹」、「山海兜」、「冰壺珍」。不過，雖然他的靈感來源是與自然的朝夕相處，這些食譜只能說追尋了概念上的「簡單」和「質樸」。正如薩班所寫，他的烹飪方法細緻精妙，雖然用的是隱居山林之人常用的野生食材，食譜中的油和調味料卻顯示他並沒有完全脫離世俗世界。[17]從很多方面來說，他並不像真正的農民，反而更像現代北歐烹飪中「野外覓食」的廚師。

後來的中國文人也和林洪一樣，表達了返璞歸真、親近自然的渴望。十七世紀，為當季螃蟹發狂的李漁也寫過在樹林邊烹飪和食用竹筍的故事。他認為吃蔬菜能讓人更接近自然的理想狀態：「吾謂飲食之道，膾不如肉，肉不如蔬，亦以其漸近自然也。」[18]弗里曼認為，某些知識分子提倡簡單、樸素的飲食習慣，可能是想充分過好從官位隱退後的生活，或是應對因為仕途挫折而不得不在窮鄉僻壤長期生活的命運，蘇東坡就在此列。[19]中國人把美食烹飪視作讓人嚮往的避風港，可以逃避世俗生活的苦難艱辛，讓人忘記殘酷的科舉制度、循規蹈矩的壓力以及當時可能突然讓人從高處跌落、一蹶不振的晉升制度。十八世紀的美食家袁枚才智過人、學識淵博，但很早就退出仕途，隱居在南京附近一處鄉宅中，在那裡寫作了大量詩歌，並收集食方，編寫了中國最著名的食譜。現代中國的一些故事也有類似的古韻迴響：上海復旦大學的一名化學家告訴作家潘翎（Lynn Pan），在事業受挫，無法開展工作的時候，他「透過烹飪來阻止自己消沉憂思——反正他也把下廚看作一種化學研究。為了進一步說明，他還詳細講解了料理蝦子要如何控制溫度！」[20]

文人雅士對「簡單」和「自然」菜餚的偏愛有助於解釋中國美食文獻中一種特別的傾向，尤其是宋代的文獻。弗里曼表示，儘管我們也從中得知了宴席或餐館中的數百種菜名，但真正流傳後世的食譜往往帶有一種刻意的鄉野質樸之意，比如東坡羹和林洪的豆粥（紅豆煮的粥）。[21]林洪追求別致到了極點，甚至在書中收錄了「石子羹」，說它是食譜都很勉強：「溪流清處取小石子，或帶蘚者一二十枚，汲泉煮之，味甘於螺，隱然有泉石之氣。」[22]可以推測，林洪的飲食之道之於他那個時代典型飲食習慣，就像諾瑪餐廳或「潘尼斯之家」的菜單之於我們常見的菜單。弗里曼寫道：「對食物和烹飪的認真研究，並不集中於餐館或大戶人家的廚房，而是在知識分子與哲學和醫學相聯繫的冥想式生活當中。而那些掌握複雜奢華烹飪技藝的廚師，大多沒有能力將自己的祕方祕法寫下傳世。我們應該想到，宋朝很多美食文人，可能在享受無名廚師的精湛廚藝時，卻作詩賦文讚美簡單粗糙的食物。」[23]

節制飲食可能是一種姿態和知識優越感的表現，類似於現代英國貴族，住在寒冷的鄉下，穿破舊的燈芯絨長褲，晚餐吃魚肉餡餅，然後對在倫敦上流街區吃壽司的新貴足球運動員的妻子嗤之以鼻。中國雅士經常對文化修養較低之人的粗俗逾矩行為表示反感。十七世紀的美食家高濂就曾輕蔑地寫道：「若彼烹炙生靈，椒馨珍味，自有大官之廚，為天人之供，非我山人所宜，悉屏不錄。」[24]（值得一提的是，儘管高濂以「山人」自居，卻住在杭州的豪華宅院裡，有豐富的藏書、文物和單獨的書房。）[25]

在一七九二年的《隨園食單》中，袁枚將自己眼中粗俗的飲食習慣稱為「耳餐」，進行了毫不留情的批評：

何謂耳餐？耳餐者，務名之謂也。貪貴物之名，誇敬客之意，是以耳餐，非口餐也。不知豆腐得味，遠勝燕窩；海菜不佳，不如蔬筍。余嘗謂雞、豬、魚、鴨豪傑之士也，各有本味，自成一家；海參、燕窩庸陋之人也，全無性情，寄人籬下。嘗見某太守宴客，大碗如缸，白煮燕窩四兩，絲毫無味，人爭誇之。余笑曰：「我輩來吃燕窩，非來販燕窩也。」可販不可吃，雖多奚為？若徒誇體面，不如碗中竟放明珠百粒，則價值萬金矣。其如吃不得何？[26]

同樣地，他也非常鄙視「目餐」，即那種「多盤疊碗」的宴席。接著還以一則軼事彰顯自己的（低調的）高品位：「余嘗過一商家，上菜三撤席，點心十六道，共算食品將至四十餘種。主人自覺欣欣得意，而我散席還家，仍煮粥充飢，可想見其席之豐而不潔矣。」[27]

奢華與簡樸、都市與鄉村、貪婪與克制之間的矛盾，從古至今，依然存在於中國的美食與智識生活中。庸俗的富豪們可能沉湎於魚翅海參，但有品位的雅士閨秀卻像李漁一樣，愛吃林中的新鮮竹筍、喝農家土雞湯。這種文化差異鮮明地反映在人們對阿戴龍井草堂的看法上。一些客人認為，草堂的烹飪植根於當地風土，沒有當代中國菜餚中常見的大油、成堆的辣椒和過於猛烈的味精提鮮，是一種至高的味覺享受。也有些人則覺得，區區一盤蔥炒土雞蛋和農家飯焐茄子，這家餐廳竟然開出這麼高的價格，真是不敢相信。

在我的中國朋友和熟人中，嚮往鄉村淳樸生活的不止阿戴一人。多年前，我在湖南度過了一個難忘的夜晚，好友劉偉之和三三帶我去拜訪他們認識的一位教授。他是一位隱遁的畫家，放棄了城市生活，嘗試過自給自足的鄉村生活。月夜，我們驅車離開城市，霓虹燈和高樓大廈逐漸變成塵土飛揚的鄉鎮街道，然後出現了隱約可見的山丘和零星的農舍。我們把車停在一片空地上，沿著雜草叢生的小路拾級而上，周圍黑漆漆的，卻是蛙噪蟬鳴一片。最後，我們來到山腳下一座低矮的泥磚農舍，兩旁是古老的樟樹和茂密的灌木叢。主人出來和我們一起坐在院子裡的木凳上，接著來了一位年輕的樂師，帶著布包的古琴。我們把從附近汲取的泉水燒開，三三負責沏茶，用一把小陶壺泡了烏龍茶，再熱氣氤氳地倒入小小的茶碗裡。琴師撥動琴弦，我們坐在一旁品茶。香茶、月光、有些悲傷又奇特的琴聲和著蟲鳴，構成了一個空靈可愛的夜晚。

阿戴說到做到，真的在浙南的那片土地上建起了自己的有機農場和度假村。荒蕪的田野中，躬耕書院拔地而起，形成傳統風格的建築群，周圍是一派中國風韻的田園風光圖景。在已經規整並精心耕種的稻穀梯田間，昆蟲嗡鳴、蝴蝶翩飛。溪水潺潺，水邊有茂林修竹；塘水沉碧，池上有群鴨嬉戲。阿戴的私人廚師朱引鋒打理了一塊自己的菜園，採集時令蔬菜作日常膳食之用。這片土地上不使用任何化學物質或人工肥料，採用西方人稱為「有機」的生活方式。但阿戴比較喜歡「原生態」這個說法，此一理念其實深深植根於中國農業傳統。

住在那裡的日子，我不僅覺得自己彷彿誤入了《桃花源記》中那失落的山谷，也進入了林洪和袁枚那真實又充滿理想的世界。白天，我和朱引鋒一起在山谷裡採集時蔬和野菜，或者在廚房裡向他學兩手，在筆記本上寫寫畫畫，同時沉醉於美景當中。晚上，我和阿戴以及其他客人一起吃飯。我從沒吃過比那更完美的食物，從田間到箸上，都與土地有著深刻而直接的聯繫。當然，我也感到前所未有的滋養與撫慰。

多年來，我有過很多「不知羞恥」的時候，利用各種「特權」沉迷於奢侈鋪張的美食，卻在當時被中國鄉村和簡樸的飲食所深深吸引。說實話，我吃過的海參，足以讓我到生命盡頭都不再吃這種東西了。現在，我萬分樂意以薺菜粥、清炒竹筍和野生的湖蝦飽腹。長久以來，傳統的中國美食家都是這麼過來的，我也步了他們的後塵，從過度到節制、從奢侈到低調、從奇珍肉類到樸實植蔬。

當然，這其中存在一個矛盾。這是個耕地相對較少的人口大國，在風景如畫的農場裡閑庭信步，吃著如上述生產出來的食物，比在西方國家更加奢侈。但阿戴不是奢靡的瑪麗王后，書院不是他一時興起的玩具，更不是什麼「玩偶小屋」。阿戴的使命不僅僅是為追尋享樂的食客們提供夢寐以求的食物——雖然他確實充分地滿足了這方面的要求——而是要保護傳統的農業知識和古老的作物品種。他的目標還包括為農民提供體面的工作，幫助他們的孩子接受教育，從而振興瀕臨消亡的農村社區。而他也的確做到了。除了書院附近的地區，他還希望激勵其他化外之地的守護者保護自然環境，並學著將他們自己的農業產出做為面向城市消費者的優質綠色產品進行銷售創收。他已經租下了農場所在的土地，並約定在三十年後將一個已經充分修復和完善、穩定且持續經營的企業交還給村民。

阿戴非常清楚，城市裡那些所謂的高雅人士對農家菜的渴望是多麼荒謬可笑。我們相識之初，就花了很多天時間去拜訪他在農村的供應商，並與他們共進晚餐。有一次，在採集了一上午的野生奇異果後，我們與農民鮑來春一家在他們家中吃飯。那是一座位於壯觀山谷邊緣的土坯房。我們圍坐在桌邊，溫暖的陽光透過敞開的房門浸潤而入。鮑來春的女兒從廚房端出一盤盤菜餚。蔬菜都是自家種植或野外採摘的：用柴火灶炒的茭白筍，配了少許豬肉片，再來點料酒；芹菜豆腐乾、野生芝麻菜、炒番薯葉和南瓜葉，各自配辣椒和大蒜炒製；絲瓜配豬肉和辣椒。最後配上一鍋有金黃酥脆鍋巴的米飯。

我興高采烈，大聲感謝、稱讚主人家，問這是不是他們平時吃的食物。他們言之鑿鑿地說是，阿戴卻聽得嗤笑一聲。

「胡說八道！」他對他們說。「我還不清楚嗎，你們怎麼可能主動吃炒番薯葉和南瓜葉？你們就是端上來哄我開心的。」

說完他又轉向我：「他們覺得這些都是餵牲口的東西！就是太客氣了，不好意思承認把豬草端給了尊貴的外國客人而已。」他朝鮑家夫婦問道：「我說得沒錯吧？」

夫婦倆不好意思地笑了，承認他說得對。大家都笑了起來。當天下午晚些時候，我們到了下一站，檢視當週準備宰殺的一頭豬。那家的女主人正好坐在廚房的地板上切番薯藤，為那命運已注定的動物準備晚餐。

洋為中用：羅宋湯

春光明媚，餐廳裡顧客盈門。大部分人好像都在享用知名招牌套餐：「傳統俄式羅宋湯」，混雜著切碎的胡蘿蔔與香腸以及豌豆的馬鈴薯沙拉，炸肉排和在烤架上烤得焦黃、配白醬的蟹肉。還有的客人正大快朵頤德國鹹肉和香腸配醃黃瓜，或者奶油葡國雞。在我眼中，這一系列的菜餚感覺都有點奇怪。但這就是老上海風格的「西餐」。它是當地傳統的一部分，至少可以追溯到一個世紀以前。這樣的西餐之於現代倫敦或巴黎人的餐食，恰如左宗棠雞配炒麵之於正宗的中餐餐食。

沒過多久，我也落座了，服務生端來了我的飯菜。羅宋湯（「俄式紅菜湯」的漢化版）裡沒有甜菜根，而是濃稠香甜的番茄湯，上面漂浮著切成方片的捲心菜、胡蘿蔔片、馬鈴薯片和幾小塊牛肉。我的那份馬鈴薯沙拉，是當地人對經典俄式奧利維爾沙拉（Russian Olivier salad）的詮釋，配了一片薄脆吐司。接下來是「炸豬排」，也是上海的「漢化版」，搭配番茄醬和辣醬油——當地版本的英國伍斯特醬油，有明顯的丁香氣味。我的最後一道美味是烤螃蟹，在這裡是用淡水蟹肉做成，表面有烤到融化的乳酪，裝在蟹殼裡上桌。餐廳的天花板用木頭鋪就，整體裝潢是紫色的復古歐式風，而我周圍則是喧鬧的上海方言談話。服務生穿著中國傳統的淡粉色綢緞上衣，餐廳裡卻看不到一根筷子。除了我也找不到別的外國人。

德大西菜社是上海的一家老字號。上海二十世紀早期，所謂的「西餐」蓬勃發展，如今，德大是最後的倖存者之一。沿著歷史追溯回去，德大創始之時，上海是個國際大都市——中國人與法國人、英國人、德國人、日本僑民、俄國白人和歐洲猶太人在外國管理下的租界中混居。餐廳由一位德國商人於一八九七年創辦，最初是一家批發牛羊肉、提供牛肉菜餚和歐式鹹肉的商店，樓上設有餐廳，供應豐盛的德國菜餚。[1]「德大」這個名字，是「德式」和「大菜」（當時的西餐）的縮寫。一九一〇年，創始人返回德國，店鋪由當地人陳安生接手，最終肉類批發生意逐漸寥落，餐廳卻蒸蒸日上，尤以厚實的牛排而聞名。一九四六年，陳安生在四川中路開了一家分店，樓下是咖啡廳和麵包坊，樓上是可容納兩百人的餐廳，不僅供應德式、法式、義式和美式菜餚，還一度供應日式壽喜燒。新德大是上海最大的西餐廳，常來的主顧包括外國商人、蔣介石的兒子、當時的上海首富維克多·沙遜（Elias Victor Sassoon）等名流。

共產中國成立之後，大部分外國顧客流失，餐廳也在一九五〇年代不可避免地陷入蕭條，但勉力存活了下來。更大的打擊來自文化大革命（一九六六－一九七六年）中對外國勢力的攻擊，當時德大不得不放棄西餐，轉而供應本地水煎包和麵條，菜單上能見到昔日西餐遺存的只有牛肉湯。樓上的餐廳曾一度被工人占用，成了當地醫院包裝藥片的地方。

一九七三年，餐廳終於得以恢復西餐供應。一九八〇年代，中國開始對外開放，當地人選擇在德大招待外國遊客。二〇〇八年，餐廳遷至南京西路的現址，保留了大部分設施和老式裝潢。主餐廳仍在樓上，樓下是咖啡廳和出售西式蛋糕的麵包坊。每天早上，上海方言中的「老克勒」（簡言之，即「懂得享受生活的老先生」）會紛紛來到餐廳樓下喝杯過濾式咖啡，聊聊天，其中有些已經是幾十年的常客／「長」客。

做為真正的西方人，我覺得在德大吃飯實在是很奇特的體驗。第一次造訪時，我以為這是一家陳舊的餐廳，供應的東西一點也不正宗，簡直是駭人聽聞的西式菜餚。但出乎意料的是，我被迷住了。餐廳裡往來著絡繹不絕的上海家庭，很多都是三代同桌，還有幾群年輕的朋友在共進午餐。食物也新鮮美味，從任何意義上來說，都未有辱於西餐，只是根據中國人的口味對西方烹飪傳統的一種致意，雖然不算正宗，卻也歡快爽朗。菜單上的所有元素都源於真正的外國菜餚，但整體而言，它只可能存在於上海。這是一種遺跡，凝固了早期的文化邂逅，以某種方式打動了當地人的心和胃，並在二十一世紀天翻地覆的世界裡頑強地存在著。

我後來又去德大品嘗葡國雞和德國鹹肉配酸菜及馬鈴薯泥，與高級廚師趙豪煒聊了起來。他告訴我，所有的同事都是受過專業「西餐」培訓的中國廚師。職業生涯早期，他做過中餐學徒，並在一些著名的上海餐館工作過，但後來發現自己比較喜歡「西餐」烹飪，於是轉而專攻。他已經在德大工作二十多年了。

德大並非「海派西餐」的唯一守護者。「紅房子」也是其中之一，它曾是一九四〇年代成名的上海作家張愛玲的最愛。紅房子位於原法租界淮海路上的一幢紅磚古建築內，在這裡可以品嘗到法式洋蔥湯，上面漂浮著小船一般微融的乾酪吐司，「法式」牛排配芥末醬，以及滿是蒜蓉奶油加本地蛤蜊的「蝸牛鍋」。二十世紀初，曾經的西方僑民可能會到德大或紅房子品嘗一些近似家鄉味道的菜餚。但如今，外國人已經有了更多合理的選擇，從義大利麵到美式漢堡，再到保羅・派瑞特（Paul Pairet）和讓・喬治・馮格里奇頓（Jean-Georges Vongerichren）等國際大廚的新潮創意。但無論德大還是紅房子，都不是為了吸引西方顧客。相反地，在上海租界歷史這個背景下，它們的目標顧客恰好是上海人，後者也將這些海派西餐的風味視為上海傳統的一部分，這一點也許令人吃驚。一位週日在這裡用午餐的年輕女士對我說：「人們來這裡是為了懷舊。」

從十九世紀末開始，除了二戰後幾十年與世界隔絕的時期，上海一直是座「混聚」之城，是現代中國文化融合及「洋為中用」的先驅。上海菜本身就是兼收並蓄的混合體，受到鄞省浙江和江蘇的影響，融合了寧波精緻的海鮮菜餚和蘇州的甜味，以及少量的四川香料和大量的西式菜餚。當地熟食店出售寧波的苔條餅和金華火腿，也賣俄羅斯風味的香腸、月餅和法式「palmiers」，後者在中國有個美麗的名字——「蝴蝶酥」。即使不在歐式復古風的德大和紅房子，日常的上海小吃店也經常會在小籠包和薺菜炒年糕旁邊放上辣醬油豬排。

美國美食作家法蘭西斯・林（Francis Lam）不久前在推特上開玩笑說，他要用「泛西方」這個詞來談論美食。這是對西方「泛亞洲美食」概念的尖刻反駁：西方人用這個詞大而化之地統稱來自亞洲大陸、經過輕率改動的菜餚，而來自「原產國」的人們常會被這些菜弄得大為驚駭。法蘭西斯・林可能沒有意識到，中國人其實早就有了相對的概念：「西餐」。在中國，幾乎任何人都能理直氣壯地對「西餐」做出可笑的概括：「你們只吃漢堡和三明治，是吧？」最近，一個計程車司機這樣問我。除了老派的德大，中國還有很多現代「泛西方」餐廳，菜單毫無障礙地將義大利麵與法國牛排（甚至還有一些東南亞風味）來了個「歡樂大融合」。但對於中國人，尤其是在上海長大的中國人來說，「西餐」是當地生活的一部分，正如售賣炸雲吞和幸運餅乾的「美式中餐」也是美國生活的一部分。西方人只要光臨其中一家餐館，都能在被逗笑的同時得到提醒：要有懷疑精神，慎重對待我們自己的「一概而論」，要明白「文化挪用」是雙向的。

人類愛在食物上做文章。我們會借鑑、會改動。沒有純粹的「中國菜」，就像沒有純粹的「英國菜」一樣。殖民者或被殖民者、富人或窮人，不同的人來做「挪用」的主體，可能會產生不同的政治語境，但只要是人類，「挪用」就是不可避免的活動。十七世紀茶葉傳入英國後，英國人形成了自己的飲茶傳統，並逐漸演變成愛喝濃烈的印度「建築工人茶」，還要加入少量的牛奶──愛喝純淨無雜質茶的中國人看了，怕是要驚駭非常。二十年前，沒人預料到咖啡會迅速地占領全國上下都喝茶的中國。幾年前，在川南一個做豆腐的小鎮上，我品嘗到了一杯用新鮮咖啡豆研磨而成的完美義式濃縮，震驚不已。配咖啡的不是甜餅乾，而是一小碟沾滿辣椒粉的蘿蔔乾──對歐洲人來說，這簡直是「舌尖上的天方夜譚」。現在，廣東人自己也喜歡上「粵菜降級版」的咕嚕肉，即用去骨肉做成的糖醋「排骨」，據說是十九世紀時廣州人為了迎合外國人而創製的。

成都大廚蘭桂均會在自己的傳統川菜烹飪中任意融入外來影響，並為自己不在乎「正宗」的作法提供了完美的說辭。「我是四川人，我做的任何菜都是川菜，」他說，「今天的『發明』，到明天都會變成『傳統』。我希望能充滿生機地去做菜，不要像機器一樣。」

再回到上海德大西菜社，我的套餐已經吃到最後一道巧克力布丁。我和一位老人聊了起來，他正與女兒和孫輩們共進午餐。他告訴我，從一九七〇年代起，他就總來德大用餐。「我在家當然是吃中國菜，但也喜歡來這裡吃西餐，吃牛排、喝羅宋湯。現在上海已經有很多西餐廳了，但這家很有名，有老上海特有的氛圍。當然我也是衝著美食來的，這裡的風味特別地道。」

食與心：慈母菜

在中國待了這麼長時間，我經歷了不少情感危機。也不記得具體是哪一次了，印象最深的是當時我親如姑姨的李樹蓉對我悉心照料，讓我窩進她成都公寓的扶手椅裡，給我端來綠茶，削皮切水果，一邊準備她拿手的美味川菜，一邊東扯西扯聊些有的沒的。像許多中國人，尤其是老一輩，她對我表達愛的方式不是擁抱或懇切熱烈的言語，而是食物和嘮叨。

我花了一段時間才習慣這種愛的表達方式。起初，我覺得有點粗暴專橫：「吃稀飯！喝湯！多穿點兒！」但日子慢慢過去，我逐漸理解了包含其中的深情。現在，我總能覺察到一個中國人是不是開始喜歡我、在意我了，只要對方開始喋喋不休於我的生理需求，催促我吃東西、喝水、保暖、休息。要是一個廚師板著臉叫我早餐多吃點包子，或者李樹蓉催促我再吃一口她做的紅燒肉，我知道，他們正在給我口腹上的擁抱。

中國人賦予了食物很多含義：可以是對神靈和祖先的莊嚴祭祀，是連接我們與神靈世界的供品；也可以是等級和政治權威的象徵，是治國之道的隱喻。食物是滋養身心、治療疾病的良藥。它體現了風土和時令、永不停歇的陰陽消長、我們與宇宙的聯繫。食物標誌著地區和文化之間、文明世界和蠻夷荒野之間的界限。提供食物是統治者和國家的主要職責。

食物是藝術、是工藝、是魔法；是廚師刀下霜雪般飄落的魚片，是升騰的鍋氣中舞動的肉絲，是在蒸籠中膨脹的小米／白米粒，是醬缸酒罐中訓練有素的微生物大軍，是小小廚房中百味的幻化，是原材料的七十二變。從鴨舌到柚子皮，萬事萬物都能變成食物，給人們帶來愉悅。這是人類智慧的一大結晶。

最重要的是，食物將我們聯繫在一起，是人之所以成為人的關鍵。

正如賢哲告子所說：「食色，性也。」又如源自《禮記》的俗語所說：「飲食男女，人之大欲。」我們都是動物，都有舌頭、胃臟和性欲，都需要安慰和關愛。賢哲孟子認為，內心善良的本性，而「口之於味也」，人才為人。[1]對中國人來說，飲食既是生理需要，也是生而為人最值得探尋的樂趣之一。如果生活泛若不繫之舟，食物可以成為錨，在遭遇幻滅時成為避難所，在承受壓迫時提供自由與創造的方寸之地，成為人生的慰藉。致力於向西方讀者解讀中國文化的偉大學者林語堂，在其一九三五年的著作《吾國與吾民》（*My Country and My People*）中寫道：「人世間倘有任何事情值得吾人的慎重行事者，那不是宗教，也不是學問，而是『吃』。吾們曾公開宣稱『吃』為人生少數樂事之一。」[2]

中國人把食物做為人生的核心，因此總會從美食、哲學、道德和技術等不同角度來對其進行認真的思考。中餐充滿深思熟慮和高雅品位，頗似法國菜，但地域範圍更廣，對飲食與身體健康之間關係的理解也更深刻。「法國人的吃是熱烈地吃，而英國人的吃是歉疚地吃，」林語堂這樣寫道[3]，「中國人就其自謀口福而論，是天稟地傾向於法國人的態度的。」（之後他又有些殘酷地寫道：「其實際是英國人不大理會肚皮。」）[vi]

在中國，並不是只有富人才會在食物中尋找樂趣。雖然富人願意重金購買珍饈異材，培養私廚，品嘗要花上好幾天慢工細活的菜餚，這的確促進了高級美食的發展，但中國的民間烹飪傳統同樣令人著迷。在紹興，很多菜餚的起源故事，主角都是想從吝嗇東家那裡偷生的困難奴僕、一窮二白的文人或叫花子、流浪漢之流，他們在飢餓與走投無路之下，達成了烹飪方法的新發現。成都的街頭貨郎與北京的御膳廚房，都發明了很多誘人的小吃。山西的平民廚師手中幻化出的麵食種類，與義大利不相上下。在中國各地，無論貧富貴賤，人們都以當地的醃菜和醬料、小吃和菜餚為榮。人人都會充滿熱情地談論美食與烹飪，陶醉於舌尖口腹之樂。

人類學家吉恩·家安德森（Gene Anderson）於一九六〇年代前往香港新界，初衷是為了研究那裡的宗族關係結構。但他說，去了之後很快就發現，無論談什麼話題，這些南粵人總要將話頭轉向食物，一說起來就滔滔不絕。[4]遵循這一啟示的指引，他改變了研究重點，後來成為英語世界研究中國飲食文化的頂尖專家之一。薩班是文革後第一批來華留學的外國人之一，後來成為中國飲食研究領域的先驅。她說，在大學附近的小餐館用餐時意識到，「要是我連一份菜單也解讀不了，」就無法理解中國文化。[5]我自己的美食研究，也將我帶入許許多多中國的生活與文化領域，至大至廣，我可是做夢都沒想到。

• • •

龍井草堂的紅燒肉，取名「慈母菜」。據說，從前有個婦人，她的兒子前往京城科考。焦急等待兒子歸來的她，準備了他愛吃的一道菜——文火慢燜的豬肉和雞蛋。然而路途遙遠，一路上狀況不斷，兒子沒有如期返家。於是她把燉鍋從爐子上撤下，睡覺去了。第二天，她把燉肉熱好，繼續等著他，但還是沒等到。第三天，兒子終於回家了，燉肉已經熱了三次，肉質軟爛油滑，醬汁深沉濃郁。

《禮記》中記載了透過食物對長輩盡孝的方式：兒媳應該侍奉自己父母與公婆的飲食，孝以「饘酏、酒醴、芼羹、菽麥、蕡稻、黍粱、秫唯所欲，棗、栗、飴、蜜以甘之」；

vi 譯注：幾處引文均出自林語堂《吾國與吾民》，參考黃嘉德譯文。

[6] vii 做兒子的，清晨要向父親請安，奉上佳餚表示孝敬之心。在紫禁城寒冰般的宮牆之內，皇帝、皇后和嬪妃們都會從自己的私廚房中送出菜餚至某處，以示寵愛或情誼。[7]

親朋好友做的菜也許有著一種獨特的味道：據說有杭州人士，流亡多年後歸來，嘗到一種有甜味和醋味的西湖魚菜，認出這是當年嫂嫂做的，才與失散的親人相認，這便是名菜「西湖醋魚」的傳說。據《後漢書》記載，官吏陸續獲罪入獄，一天吃到一道羹湯，便知道母親來探望自己了，因為只有她才會這樣做菜：「母嘗截肉，未嘗不方，斷蔥以寸為度，是以知之。」[8] viii 新冠疫情期間，我與中國的朋友們長期分離，就試著讓食物跨越這重洋之距。封控在倫敦家中的時候，我比以往任何時候都更用心地惦記著中國農曆的節氣和節日。春天，我自製春捲；端午節，我包了粽子，也吃紅莧菜和鹹鴨蛋；春節前，也要自己做臘肉預備著過年。每一道菜都滿載著回憶，吃一口就會想起我最初在某個地方嘗到它的美好心情，想起給我食譜或教我其中祕訣的某個人。我為這些親手製作的菜餚拍了照片，發給中國的朋友和老師，或者發在社交媒體上，想要傳遞這樣的訊息：「我還在，烹製著我們曾分享過的菜餚。我在想你們。」朋友們回訊息給我，邀請我再「回國」去吃飯。「下次你來，我們就去開化吃白臘肉！」「扶霞，我在廣州的餐廳可等著你的！」「來河南吧，很多新菜等著你嘗呢！」這些訊息之中的情感，和兩千多年前屈原寫下的精采〈招魂〉詩句如出一轍：

魂兮歸來！何遠為些？
室家遂宗，食多方些。
……
肥牛之腱，臑若芳些。
和酸若苦，陳吳羹些。
胹鱉炮羔，有柘漿些。
鵠酸臇鳧，煎鴻鶬些。
……[9]

也許，全世界的眾多民族中，要數中國人最了解熟悉的美食帶來的歸屬感，它們不斷撥動最深處的心弦，帶我們回家。四世紀時，是家鄉的蓴菜鱸膾讓張翰棄官不做，從北方回到江南。宋嫂魚羹讓一位皇帝回憶起失卻的北都，沉痛不已。幾十年後再回到杭州故鄉，去龍井草堂用餐的美籍華人們，喝到溫熱的石磨豆漿和藕粉，無不喜極而泣。那是他們難

vii 譯注：白話文是：厚粥、稀粥、酒、甜酒、菜肉羹、豆子、麥子、大麻籽、稻、黍、粱、秫，所有的這些食物隨便選擇。在烹煮的時候還應放上棗子、栗子、糖稀、蜂蜜使其甘甜。

viii 譯注：白話文是：我母親調製肉羹，切肉無不方正，切蔥以寸為度，所以我才知道。

忘的童年味道，穿越如許多年的時光，縈繞在舌尖。至於我，雖然中餐並非「祖傳」，卻是伴隨我青春與成長歲月的事物，塑造了我的舌尖記憶和廚藝，其中充滿了愛與情誼、回憶與憧憬。

有史以來，中國人一直很清楚，無節制地放縱口腹之欲，就和過度沉溺於人之另一大欲「色」一樣，可能招致災禍。一個人對飲食的態度，一直被視為其道德品質的反映，可以看出他是謹慎還是墮落、節儉還是驕奢、教養良好還是輕率粗魯。從孔子時代直到今天，人們總是對飲食界限的劃定爭論不休，彷彿亂麻一般的絲線纏繞在歷史的紋理當中。但無論多少人努力去否認吃喝的樂趣，最後都是徒勞無功。

蘇州作家陸文夫於一九八三年創作的中篇小說《美食家》，也許是最能反映上述永恆真理的當代寓言。故事辛酸又有趣，跨越了二十世紀好幾十年的時間，著力表現資本家老饕朱自冶和其管家兒子高小庭的關係。朱自冶身在以美食著稱的蘇州，以出租房屋為生，想盡辦法吃喝享受。他的每日生活，從早餐的頭湯麵到晚上的小吃，都要最好吃的：「……按照他的吩咐，我到陸稿薦去買醬肉，到馬咏齋去買野味，到五芳齋去買五香小排骨，到采芝齋去買蝦子鯗魚，到某某老頭家去買糟鵝，到玄妙觀裡去買油氽臭豆腐乾，到那些鬼才知道的地方去把鬼才知道的風味小吃尋覓……」[10]年輕的高小庭對朱自冶這種放縱奢侈的生活深為震驚，也痛恨社會不公，因為這位資本家大吃大喝的同時，餐館外面就有「兩排衣衫襤褸、滿臉污垢、由叫花子組成的『儀仗隊』。乞丐們雙手向前平舉，嘴中喊著老爺，枯樹枝似的手臂在他的左右顫抖。」[11]

一九四九年共產黨接管中國，高小庭有了政府公職，決心要將革命精神賦予蘇州美食，強迫他管理的名菜館不再做精緻奢侈的菜餚，轉而為人民大眾提供廉價食物。但他的努力以失敗告終，因為廚師們對他的干預深為不滿，就連蘇州的普通百姓也懷念過去的傳統美食。與此同時，老饕朱自治經歷了文化大革命的風暴，成了一名著名的專職「美食家」。最後，高小庭發現，自己竟要被迫聘請這個「像怪影似的在我的身邊晃蕩了四十年」的「好吃鬼」做專家顧問。

最終，自己也已經上了年紀的高小庭不得不承認，他這輩子注定和朱自治冤家路窄、難解難分，而人類的憧憬是與美食和胃口分不開的。他意識到，高雅權貴之士開創了蘇州菜中的另一個體系，「是高度的物質文明和文化素養的結晶。」不僅富人顯貴，家境一般的平民百姓也想偶爾品嘗一下蝦之類的高級食材。後來，高小庭反對以食為樂的態度有所緩和，因為動亂流離多年之後，他回到蘇州，遇到了很多老朋友。他說：「我雖然反對好吃，可在這種情況之下並不反對請客。我也是人，也是有感情的，如果（我的朋友）丁大頭還能來看我的話，得好好地請他吃三天！」[12]讓高小庭徹底放棄壓抑人性對美食渴望的，是他的小外孫——長得「又白又胖，會吃會笑」，自己把一條巧克力往嘴裡送，吃得津津有味。高小庭說：「我的頭腦突然發炸，得了吧，長大了又是一個美食家！」[13]

陸文夫筆下這個故事，恰似一個生動的論證，說明若是想用完全剔除惡習和弱點的新個體來打造所謂的「完美社會」，結果往往會失敗。同樣地，否認人的生理欲望也是徒勞的，因為我們不僅有思想，還有口腹。我們所有人都要吃、都要愛。歸根結柢，還是告子的那句話：「食色，性也。」

宴後記

EPILOGUE

過去與未來：雜碎

二〇一八年，我和川菜大廚喻波以及他的妻子兼合作者戴雙一起去了洛杉磯，參加在百老匯「百萬美元劇院」（Million Dollar Theatre）舉行的「川菜峰會」。這是一個美食節的一部分，其創始人和精神領袖是美食評論家高德（Jonathan Gold）。峰會上，喻波和戴雙展示了他們的招牌冷盤「十六方碟」——十六道小菜，每一道都代表了不同的四川風味，令人叫絕，其中有萵筍（A菜心）打的如意結、蓮藕切的薄片、韭菜編的玉簪……形態各異、色彩斑斕。我和高德一邊品嘗，一邊討論著眼前的美食和更寬泛的川菜議題。

峰會結束，該休閒一下了。喻波、戴雙和我來了一場城市漫遊。用餐選擇多種多樣，有奇怪的非主流墨西哥快餐店、低調的壽司吧和選址標新立異的時尚倉庫餐廳。有一天，我堅持要帶他們去執行一項「特殊任務」。洛杉磯市中心的「中央市場」（Grand Central Market）於一九一七年開業，素有「奇蹟市場」的美名，號稱「太平洋沿岸最大、最好的公共市場」。[1]近年來，無論是洛杉磯還是遠道而來的美食愛好者，都愛到這裡來逛一逛。

市場裡有很多攤位都是新的，但也有一些「老字號」在堅守陣地。

我帶喻波和戴雙穿過那些開業不久的「網紅攤位」，來到我一直想去的「China Café」。當地人告訴我，這家美食中餐館「從有記憶以來就一直開著」。從屋頂上垂掛下來一個霓虹燈招牌，從上而下寫著China Café、Chop suey（雜碎）、Chow mein（炒麵）。開放式廚房餐台的上方還有個巨大的招牌，用復古英文字體寫著「China Café」，店名下方是菜單，寫了很多經典老派美式中餐，包括各式各樣的芙蓉蛋、炒麵和雜碎。

我當機立斷，點了一份特色雜碎，有些洋洋得意地擺在兩位客人面前那張破舊的金屬桌子上。市場大廳裡熙來攘往，回聲震耳。喻波，同輩川菜廚師中最頂尖的佼佼者，此前還從未見過或吃過雜碎。黑色塑膠大碗中裝著白米飯，一大勺雜碎被舀在上面，裡面有大塊的去骨雞肉、叉燒、剝殼蝦仁、白菜、口蘑片，澆上了淺棕色的肉汁。喻波皺著眉頭認認真真地將碗中餐打量一番，才拿起一次性竹筷子，夾起一塊雞肉。

這是中餐，但不是他概念裡的中餐。大塊的蛋白質和淡味的萬用醬汁，與出自他手筆的那些傾注了複雜刀工與豐富風味的精緻菜餚相比，實在是天壤雲泥。二〇〇四年，我第一次和喻波一起到加州，他毫不客氣地直率評論了我們吃的每一樣東西。也許洛杉磯之行讓他變得溫柔了，因為這次他態度謹慎，說話婉轉。「還可以，」他說，「我覺得裡頭什麼都有，有肉、有米飯、有蔬菜，很均衡，而且分量足，價格實惠。」

「chop suey」是粵語「雜碎」的音譯，顧名思義，就是把切片或切碎的配料「雜七雜八地混合起來」。[2]首次出現這個詞的中國文學作品是《西遊記》：妖怪作亂，孫悟空揚言要把對方做成「雜碎」來吃。[3]過去，「雜碎」通常指動物下水做成的菜，類似大同等中國北方地區的人們早餐時喝的羊雜湯。[4]菜名聽起來通俗，但雜碎菜倒是在宴會上能「獨當一面」：十八世紀揚州著名的滿漢全席上，除了小豬子和鴿子肉，還有豬雜什、羊雜什等多道肉和內臟雜碎菜式。[5]

但是，我們在洛杉磯吃的那碗雜碎，承襲自十九世紀末美國華裔廚師創造的一種菜餚，或者說一類主題。當時，對中國移民無端的恐慌正值抬頭之勢，外界誇張渲染唐人街的種種不堪，加深人們的恐懼。西方人假定中餐很怪異，對此糾結不已。然而，在這亂象之中，就有這麼一種中國菜引起了西方食客的注意：一種先叫「chop soly」，再叫「chow-chop-sui」，後來叫「chop suey」的燉菜。美國第一份華文報紙《華洋新報》（*Chinese American*）的編輯王清福以反對反華種族主義而聞名。他為《布魯克林鷹報》（Brooklyn Eagle）撰寫專欄文章指出，「每個廚師都有自己的雜碎菜單」，但主要材料就是「豬肉、培根、雞肉、蘑菇、竹筍、洋蔥和甜椒」。他說：「這可以名正言順地被稱為『中國國菜』。」[6]

中餐烹飪中倒也並非沒有「雜碎」這個概念。除了上述歷史譜系，粵菜廚師當然也會用各種精細切割的紛雜食材烹製燉菜和炒菜。安德魯·柯伊（Andrew Coe）在《雜碎：美國中餐文化史》（*Chop Suey: A Cultural History of Chinese Food in the United States*）一書中闡述道，這道菜的美國版本，很可能起源於珠江三角洲台山附近的四邑地區，早期赴美的中國移民大多來自那裡。[7]美國早期的雜碎顯然更符合中國人的口味，會使用魚乾和內臟等配料，比如記者艾倫・福爾曼（Allan Forman）一八八六年在紐約唐人街品嘗到的那份：「挺美味的一道燉菜，有豆芽、雞胗和雞肝、牛肚、從中國進口的豆腐魚乾、豬肉、雞肉和其他我認不出來的多種配料。」[8]

一八九六年，實際執掌中國外交大權的李鴻章訪問紐約，掀起追捧一切中國事物的熱潮。[9]據說訪美期間，李鴻章很喜歡吃雜碎（這可能是訛傳），所以將這道菜引入美國的事蹟常被歸功於他。幾年不到，雜碎就風靡了全美。菜裡不再加內臟或魚乾，卻多了番茄醬、喼汁（伍斯特醬）和馬鈴薯等配料。[10]紐約唐人街之外，一種名為「雜碎」的新型休閒餐廳大量湧現，其同名菜變成了「將容易辨認的肉類或海鮮與豆芽、竹筍、洋蔥和荸薺等混合燉煮，所有配料都要煮到熟爛，調味清淡。」[11]不用說，美國人喜歡極了。雜碎本是一道質樸的台山菜在美國的「私生子」，在他們眼裡卻成了中餐的縮影。最終，La Choy公司應運而生，甚至造出了罐裝雜碎。

本是無心插柳，卻意外創造出如此受歡迎、商業上如此成功的菜餚，中餐廚師和餐館老闆們也就樂得順應美國人對雜碎的熱情。如果西方人就喜歡這個，何樂而不為？如果這樣能促使他們克服對中餐的偏見，難道不是好事一樁？雜碎成為全美中餐館的主角，後來英國的情況也是如此。雜碎就像披薩，基礎配方可以用不同方法和不同主料進行「定製」，本身也沒什麼技術含量：不用複雜精妙的刀工，不需要昂貴的原材料，備菜時間不長，對口感也沒有苛刻的要求。

從某些方面來說，雜碎其實非常中國。它是將切成小塊的肉和蔬菜混雜在一起，放在鍋中烹製，用筷子夾著吃，有時候配飯，有時候配麵。在某種程度上，這其實就是古時候的「羹」。但同時，雜碎也是一種過於粗糙和家常的烹飪方法，是廣東人會用家裡的零碎食材為家人烹製的一道普通菜，不用經過深思熟慮，更不是什麼大菜。中餐是世界上最精妙和最富哲學意義的美食，「雜碎」是最不可能成為其代表菜的。但在將近一百年的時間裡，英語文化圈的中餐代表，偏偏就是雜碎。

中國移民自己是不必吃雜碎的——他們當然也基本不吃，他們會欣賞和享用清蒸魚、乾海鮮、綠葉蔬菜和滋補草藥湯品。西方顧客則對著雜碎大快朵頤。「雜碎」現象在西方的中餐館中造成所謂的「中餐」和真正中國美食之間的嚴重分化，直到今日才在逐漸消失。

二十世紀後半葉，雜碎的地位漸漸被宮保雞丁和青花菜牛肉取代；到二十一世紀，又被川菜和其他中餐地方菜系強勢後來居上。現在，這道菜和它的名字，都給人一種老氣橫秋的古怪感，所以有些年輕的粵裔美籍廚師正重拾雜碎，說這是一道懷舊的傳統菜餚。雜碎無疑是美國華人敘事的重要組成部分。它代表了數代南粵移民在種族歧視和經濟排斥下艱難求生的抗爭，也代表了歷史上美國白人對中餐的矛盾態度——既心嚮往之又嗤之以鼻，愛得不行又恨得牙癢癢。當時，外國人認為中餐廉價而低賤，雜碎則成為他們喜聞樂見的平價菜餚。儘管如今「雜碎」幾乎已經是快要被時代淘汰的「假東西」，它所代表的對中餐的誤解卻從未完全消失。

很多像我一樣有幸品嘗過正宗中國菜的外國人都會為中餐傾倒，並得出沒有其他美食能與之媲美的結論。十九世紀末漫遊中國的英國旅行家伊莎貝拉・博兒（Isabella Bird）曾寫道，「中國飲食種類繁多，烹飪技藝更有百般的變化」，並指出「（他們的）食物有益健康、烹飪精細、注重衛生……那些經常在中國旅行的外國人會發現中餐很可口。」[12]愛沙尼亞哲學家赫爾曼・凱塞林伯爵（Count Hermann Keyserling）提到過美食餐廳「高雅的文化氛圍」和「純粹的烹飪理想主義」，這些特質「在巴黎很常見，在北京也同樣典型。」[13]還有其他深深被中國飲食文化折服的著名人士，包括一九三〇年代在北京生活過的英國作家哈羅德・艾克敦（Harold Acton）和奧斯伯特・西特威爾（Osbert Sitwell）、美國作家諾拉・沃恩（Nora Waln）和記者項美麗（Emily Hahn，她出版了五十本著作，其中包括一九六八年的時代生活《世界美食》叢書「中國菜」卷）。這些年，我在自己組織的美食之旅中，樂於見證參與者命中注定地對中國美食產生更深刻的理解和欣賞：每次中國之行結束時，借用袁枚的話，大多數人都「舌本應接不暇，自覺心花頓開」。

很久以前，西方人認定雜碎就是中國菜的典型代表。自那以後，世界已經發生了翻天覆地的變化。中國日益增長的財富和實力，以及中國移民群體在西方形象的不斷變化，逐漸改變了西方人對中國菜的看法，中餐的地位有所提高。備受爭議的「味覺仲裁者」《米其林指南》，也終於把目光投向了中國的餐廳，並逐漸將它們納入國際美食家的走訪版圖。在新冠疫情導致全球旅行大門關閉之前，有愈來愈多的中國公民旅行至西方國家，刺激了西方對更正宗中餐的需求，同時西方人也逐漸向多樣的中國風味敞開口腹、敞開心扉。

中國在進一步開放和更深地融入全球文化，勢頭看似不可阻擋。然而，經濟競爭和國際緊張局勢有可能會阻礙此一進程，中國和西方似乎正處在合作與對抗的邊緣。在這樣的時代，美食提供了建立不同關係的一種可能性，也是了解中國文化的另一扇窗口。中餐，不僅是中國這個現代國家的食物，也是散居幾乎全世界各地的華人的食物。它連接著過去與現在，既古老，也現代；既地方，也全球；既有著典型的中國韻致，也深刻地包容了多元的文化。中餐的工藝、理念、樂趣、智慧巧思和對養生的關注，都值得被奉為全球文化和文明的瑰寶。

也許，此刻正當時，讓我們感謝雜碎為中餐發展事業做出的貢獻，然後與之深情而決絕地吻別，讓它和糖醋肉丸子一起永久地屬於過去。在這些充滿矛盾的美食之外，還有無窮無盡的中國風味世界等著我們呢。

不完全（且個人偏好強烈的）中餐烹飪簡史

傳說中的遠古時期

- 燧人氏教會人們生火。人類開始烹飪並製作可食用的祭品，文明之路就此發端。穀神后稷教民種黍。
- 黃帝（約西元前三千年左右）教民做陶，又教會他們以蒸煮之法烹飪主食穀物。

新石器時代（西元前一〇〇〇〇－前三五〇〇年）

- 中國在全世界最早種植稻米和小米。烹飪用具中首次出現了蒸籠。
- 有證據顯示，這一時期的人們可能開始使用筷子。人們開始用穀物釀酒。

商（約西元前一六〇〇—前一〇四六年）

- 約西元前一六〇〇年：廚師伊尹被商朝開國之君湯封為宰相。

  筷子被用於烹飪，也很可能已做為餐具用於進食。

- 炊具「鼎」成為階級和權力的象徵。

  商朝末代君王「紂」（西元前一一〇五—前一〇四六年）荒淫無度，沉溺於「酒池肉林」。

周、春秋和戰國時期（西元前一〇四六—前二二一年）

- 編纂於西元前三世紀的《周禮》記載，周朝早期宮廷中有一半以上宮人（兩千多人）都歸膳夫（王的膳食主管）統一管理，為日常餐飯和祭祀典禮準備飲食。龜鱉、貝類、野味肉類、冰、鹽和醃漬菜……多個領域的營養師和專家濟濟一堂。

  人人食羹（燉煮的菜餚／湯）。

- 約西元前一〇〇〇年：可能出現了歷史上最早的人工栽培大豆。

  中國人開始製作發酵醬料，稱為「醢」，即後來的「醬」，醬油的祖先。

- 在哲學理論百花齊放的黃金時期，聖賢偏愛以飲食烹飪作喻，講述重要的道理：

  老子，《道德經》的作者，曾曰「治大國若烹小鮮」。

孔子（西元前五五一－前四七九年），如果食物切得不方正或是不合節氣時令，他就不吃。（「割不正，不食。」「不時，不食。」）

孟子（西元前四世紀）曰「君子遠庖廚」，並表示在魚和熊掌之間，自己會「舍魚而取熊掌者也」。

告子（約西元前四世紀）曰：「食色，性也。」

莊子（約西元前三六五－前二九〇年）描述了庖丁解牛時出神入化的精湛刀工。

屈原（約西元前三四〇－前二七八年）寫了兩首詩，旨在召喚亡魂歸來，其中對美食的描寫令人垂涎三尺。

- 西元前三世紀：呂不韋（西元前二九一－前二三五年）編纂《呂氏春秋》，其中「本味篇」描述了廚師鼻祖伊尹關於美食烹飪的精采言論。

秦（西元前二二一－前二〇六年）

- 中國歷史上第一位皇帝秦始皇（西元前二五九－前二一〇年），與他的「兵馬俑」大軍葬在一起。

漢（西元前二〇六－二二〇年）

- 借助源自中亞的石磨，能高效地將小麥磨成麵粉。中國人發現了麵食和包子、餃子（那時統稱為「餅」）的樂趣。

中國人牢牢養成了在烹飪和食用前將食物切成小塊的習慣。

- 人們普遍認為，飲食和醫學同源相生，不可分割。蘊含此一思想的《黃帝內經》約成書於西元前三百年。

  墓葬中的壁畫和浮雕展現了庖廚之中的各種生動場景。

- 富人的陪葬品中，有時會包括做成微縮工藝品的農畜家禽、轉磨和廚灶。

  西元前二世紀，在今長沙郊區的馬王堆，一個貴家望族的成員被埋葬在三座墓葬中。墓中有已知最早的中文食譜、醫學手稿、烹飪方法的紀錄和大量食物，包括如今也能在中餐廚房中找到的豆豉。

- 據說，淮南（今安徽省）王劉安（約西元前一七九－前一二二年）發明了豆腐。（但如果豆腐真的這麼早就被發明了，那確實等了很久才成為大眾喜聞樂見的食物。）

  太史公司馬遷（約西元前一四五－前八七年）記載，江南地區的人們會吃米飯和魚羹（「飯稻羹魚」）。

- 很多「胡蠻子」的食材從中亞傳入中國，如胡椒、胡瓜（黃瓜）、胡桃、胡麻（芝麻）等等，還有胡餅（饢）。這些食物的初始中文名中，「胡」字代表了「野蠻人」或「異邦人」（而胡椒到今天還叫胡椒，「蠻人之椒」）。

  南方人逐漸愛上了糖醋味（酸甜味）的食物。

- 宮廷開闢了專門的溫室，種植珍稀蔬菜。

西元一世紀：佛教始傳入華夏。

魏、晉、南北朝（二二〇－五八九年）

- 西晉時期（二六五－三一七年），名士張翰因為思念江南家鄉的鱸魚膾和蓴菜湯，就放棄了北方的官位，回到家鄉。

東晳（約二六三－三〇二年）寫下了堪稱「麵食狂想曲」的《餅賦》，這是一封給麵條和包子的情書。

- 西元四世紀，東晉歷史學家常璩（二九一－三六一年）提到四川地區的人們喜歡大膽辛辣的口味（「好辛香，尚滋味」）。

梁武帝（四六四－五四九年）成為虔誠的佛教徒，主張全面素食。

- 西元五三〇至五四〇年間，賈思勰撰寫了開創性的農業科學技術巨作《齊民要術》，其中收錄了各種食譜，如豆豉、米酒、醋、烤乳豬、乳製品和各種麵食。

隋（五八一－六一八年）

- 謝諷撰寫《食經》，但此書早已亡佚，僅有片段見載於後世著作中。

唐（六一八－九〇七年）

- 在中國西北部（今吐魯番附近）的阿斯塔那古墓群中，死者與餃子、餛飩等麵食一起入土為安。

  西元八世紀末：陸羽（約七三三－八〇四年）撰寫了《茶經》，這是世界上第一部關於茶的專著。

- 「點心」一詞首次出現在一部漢語小說之中（最初是作動詞使用）。

  「絲綢之路」蓬勃發展，繁榮鼎盛。唐都長安（今西安附近）盛行異域美食。

- 比丘尼梵正用精心切割的食物拼製可食用風景拼盤。

  西元九世紀：篤信佛教的官員崔安潛奉上了「以素托葷」的一桌宴席。

- 上流社會的達官顯貴愛吃乳製品。

  西元十世紀：陶穀（九〇三－九七〇年）的作品《清異錄》中提到豆腐，這是已知最早出現豆腐的漢語文學作品。

- 西元十世紀：北京最古老的穆斯林禮拜中心牛街禮拜寺始建，周圍的區域發展成清真美食中心。

  唐朝的滅亡被部分歸咎於楊貴妃的貪圖享樂，有個鮮明的例子就是唐玄宗曾令人騎上快馬，將南方新鮮的荔枝送到北方的都城。

宋（西元九六〇－一二七九年）

- 稻米成為百姓餐桌上常見的主食，江南也漸成富庶繁榮的「魚米之鄉」。

  詩人蘇東坡（一〇三七－一一〇一年）寫了幾句詩，發表關於烹飪豬肉的心得。宋朝時期，他和其他多位重要詩人都曾熱情洋溢地寫下關於食物的華美詩篇。

- 游牧民族入侵，開封陷落（一一二七年），宋朝宮廷遷都杭州，那裡逐漸形成融合南北特色的新菜系。

  北宋都城開封（時稱「汴梁」）和南宋都城杭州（時稱「臨安」）都見證了中餐食肆的黃金時代。

- 十二世紀末：宋嫂烹製的魚羹讓宋高宗讚不絕口。

  人們逐漸習慣坐在桌邊椅凳上，少坐地墊了。

- 最早的食譜書出現了，食材和主題都以鄉村自然素食為主。十三世紀，詩人林洪隱居山林，寫下了《山家清供》，裡面的食譜以蔬菜和在山間覓得的食物為主材。現存的文字資料中，這本書首次提到了現代概念裡的「醬油」和「炒」，還首次描述了「吃火鍋」的行為。

  豆腐大受歡迎。

- 在充滿活力與商業化的南方城市，食物與烹飪方法實現了根本上的多樣化與精細化。

  灌湯小籠包在點心舞台上粉墨登場。

- 杭州出現佛教素食餐館和仿葷菜。

元（一二七九—一三六八年）

- 一二七九年：忽必烈統治下的蒙古軍隊征服了全中國，建立元朝。

  十三世紀末：馬可．波羅遊歷中國，杭州的農貿市集和高生活水準令他讚嘆不已。

- 一三三〇年，太醫忽思慧向元仁宗進獻了自己編撰的《飲膳正要》。這是一本醫學和營養手冊，其中一章的食譜反映了來自中東、波斯和中亞的影響。

  蒙古士兵可能將乳酪製作技術引入了雲南。

明（一三六八—一六四四年）

- 十六世紀：偉大的小說《金瓶梅》中有千奇百怪、令人眼花繚亂的美食和性愛描寫。在一個著名的情愛場景中，梅子是不可或缺的道具。

  十六世紀末：李時珍編纂《本草綱目》，其中講解了將近兩千種食材的滋補功效。

- 十六世紀末：小說《西遊記》中提到了食物「雜碎」。

  十六世紀末：玉米、番薯和辣椒等來自美洲的新食材開始對中國人的飲食習慣進行徹底的重塑。

- 中國人逐漸愛上吃魚翅。

清（一六四四－一九一一年）

- 一六四四年：滿洲清軍入關，征服中國，也引入了一些新的飲食習慣，比如烤製和煮製大塊肉類、食用乳製品等。宮廷飲食融合了滿漢兩族特色。貴族滿人隨身攜帶小刀和筷子做為餐具，以便同時食用具有兩族特色的食物。

李漁（一六一一－一六八〇年）以極盡細緻微妙的文字，寫下自己對螃蟹和竹筍的熱愛之情。

- 乾隆皇帝（一七一一－一七九九年在世，一七三六－一七九六年在位）數次南巡，對江南地區情有獨鍾，將一些廚師從蘇州帶回皇宮。乾隆很愛吃烤鴨。

從十七世紀末開始：歐洲人和美國人在廣州的小型外國「商館」或倉庫飛地建立貿易站。

- 一七九二年：袁枚（一七一六－一七九八年）撰寫《隨園食單》，裡面收錄了大量食譜，也對食物和飲食理論做出了詳細評判和闡述，內容豐富。

一七九三年：史上第一個英國訪華使節團抵達北京，覲見年邁的乾隆皇帝。英國代表團的成員覺得中國的烤肉和饅頭吃起來很困難，對點心卻相當讚賞。

- 一七九五年：在名為《揚州畫舫錄》的書中，李斗（一七四九－一八一七年）記錄了一場揚州城舉辦的「滿漢席」，共九十多道菜品，其中包含「鯽魚舌燴熊掌」。

十九世紀中葉：中國人開始往美國移民。「雜碎」出現在美國餐館的菜單上。

- 一八七六－一八八六年：丁寶楨（「宮保雞丁」即以他命名）擔任四川總督。

十九世紀末：在成都開餐館的平民陳麻婆創製了「麻婆豆腐」。一九〇九年，一本介紹成都的書出版，其中提到了她的餐館。

- 一八九六年：實際執掌中國外交大權的李鴻章訪問美國，將雜碎引入美國的事蹟被（錯誤地）歸功於他。

一八九七年：德大西菜社在上海開業。

- 慈禧太后（一八三五－一九〇八年）在不經意間為回族穆斯林名菜賜名「它似蜜」。

民國時期（一九一二－一九四九年）

- 廢除帝制時代的國家祭祀活動。

上海的西餐廳繁榮發展。

- 一九三〇年代，英國漢學家蒲樂道在北京吃烤（牛）肉。

中華人民共和國（一九四九－）

- 一九五〇、六〇年代，據說時任商業部長的姚依林首次提到中國有四大「菜系」。

一九五〇年代末到一九六〇年代初，中國輕工業出版社出版了《中國名菜譜》套系圖書，分地區介紹中國菜，共十二冊。

- 文化大革命給中國帶來了混亂。精緻的高級餐飲被禁止。

一九八〇年，汪紹銓在《人民日報》發表文章《我國的八大菜系》。

- 一九八三年，蘇州作家陸文夫出版中篇小說《美食家》，一個以美食為中心展開的政治寓言故事。

二〇〇八年，《米其林指南——香港澳門二〇〇九》首發。

- 二〇一六年，第一本中國《米其林餐廳指南》出版，即《二〇一七上海米其林指南》。之後相繼出版了《廣州米其林指南》（二〇一八）、《北京米其林指南》（二〇二〇）和《成都米其林指南》（二〇二二）。

二〇一九年，新冠肺炎疫情在武漢爆發，引發人們對中國市場銷售野味的擔憂，同時在海外掀起了一波反華種族主義浪潮。

致謝

也許對本書影響最大的人是戴建軍（朋友們都親切地叫他「阿戴」）。在他位於杭州的龍井草堂餐廳和浙江南部的躬耕書院，以及我們遊歷江南的途中，透過無數令人難忘的美食，從盛大的宴席到農家的午餐，再到深夜杭州街頭的麵條，阿戴用中國飲食的精神「餵養」我。他讓這一切都鮮活起來，幫助我進行了深入理解。阿戴，沒有你就沒有這本書，我對你永遠感激不盡。

還有其他很多朋友，為我做過飯，成為我廚房裡的良師益友，和我談論中餐，並邀請我去參加他們的晚宴與美食漫遊。我要特別感謝以下這些人：浙江的大廚胡忠英、董金木、陳曉明、朱引鋒、茅天堯、郭馬、楊愛萍、胡飛霞，以及龍井草堂和躬耕書院的其他全體成員。江蘇的夏永國、沙佩智和張皓向我講解了揚州與蘇州的烹飪傳統。在北京，陳曉卿也以同樣的智識授業於我，讓我讚嘆；而小關、艾廣福、徐龍、金富成、金濤、崔勇、馮國明也充當了我的老師、嚮導和飯搭子；我也非常感激劉廣偉、劉延明、京吃和梅姍姍。在河南，我與周志永志趣相投，他和我分享了一些難忘的歷險故事，和我們一起的還有孫潤田。王宏武、杜文利和王志剛幫我稍稍掀起了山西麵食神祕面紗的一角。在山東，大廚王興蘭、王致遠和王萬新讓我首次真正品嘗了中餐傳奇菜系魯菜。楊艾軍、葉增權和畢偉與我分享了雲南美食的許多奇妙之處。傅師傅（即書中的「蟹先生」）堪稱我在上海的「烹飪教父」。同時也感謝盧懌明付出的時間和智識。在四川，與我結交多年的良師益友，王旭東、喻波、戴雙、蘭桂均、江玉祥教授、賴武、劉耀春、徐君、鄧紅、熊燕和袁龍軍總是不斷地給予我靈感、知識、鼓勵和樂趣。在湖南，劉偉和三三就像我的中國家人，這樣的情誼已經延續了二十年。感謝徐涇業和譚世傑帶我領略佛山和順德的美妙，也感謝汕頭的鄭宇輝。在香港，與我多年來分享餐桌之樂的飯搭子有冷黃冬蓓、蘇珊・榮（Susan Jung）、奈傑爾・吉（Nigel Kat）、劉健威和劉晉。張逸和李文基熱心地滿足了我關於文旦柚的好奇心；而鄒重珩則在有關食物口感的粵語用詞方面給了我寶貴的建議。我也一如既往地感激李建勛（Jason Li）、樂雨音、弄青和謝歌文（Gwen Chesnais），感謝他們跨越遠洋大陸給予的友誼和支持。

安達臣（Eugene N. Anderson）是我在中國烹飪學術領域早期的偶像之一，他欣然同意審閱本書的手稿，我非常感謝他寶貴（且引人入勝）的修改和評論。我還要感謝白馥蘭對米飯一章不吝嗇評論和建議，以及薩班、胡司德、康達維、達白安（Brian Dott）和羅維前

（Vivienne Lo），感謝他們允許我使用他們對古籍的譯文。羅維前和余文章（Isaac Yue）還幫助我解決了一些急需解決的問題。吳曉明繼續協助我進行翻譯，並提供了許多中國格言警句（以及關於貪吃的道德教育！）。保羅・法蘭奇（Paul French）給了我一些很好的閱讀書目建議。一如既往，我非常感謝雨果・馬丁（Hugo Martin）贈送的書籍，這些書籍屬他的母親、我的老朋友和導師蘇恩潔，它們構成了我藏書的基石。

我的書能翻譯成中文，實在是很大的驚喜：此書將是第一本英文本出版不久後就出中文版的作品。為此，我必須感謝出類拔萃的譯者何雨珈，她賦予了中國讀者心中的「扶霞之聲」；也感謝上海譯文出版社出色的同事們：張吉人、範煒煒和王琢。（同時也感謝何偉最開始為我們彼此引薦）。

這本書的大部分內容都是在疫情時漫長的非常時期成形的。那段日子之所以還能忍受，部分要感謝在封控和各種限制期間，很多朋友幫助我保持了對食物和中國的熱情，其中包括艾米・潘（Amy Poon）、利利安・陸（Lillian Luk）、張超、李亮、魏桂榮、西婭・朗福德（Thea Langford）、本・阿德勒（Ben Adler）、科林・斯蒂爾（Colin Steele）、阿加塔・特雷巴茨（Agata Trebacz）、薩姆・查特頓・迪克森（Sam Chatterton Dickson）、薩拉・菲納（Sarah Finer）、吉米・利文斯通（Jimmy Livingstone）、亞當・柯比（Adam Kirby）、梅拉妮・維爾姆斯（Melanie Willems）、安妮莎・赫盧（Anissa Helou）、簡・列維（Jane Levi）、塞瑪・莫森（Seema Merchant）、佩妮·貝爾（Penny Bell）和麗貝卡·凱斯比（Rebecca Kesby）。還要感謝默林·鄧洛普（Merlin Dunlop）、夏洛特·鄧洛普（Charlotte Dunlop）、索菲·鄧洛普（Sophie Dunlop）和雨果·鄧洛普（Hugo Dunlop）在首次封控期間讓我和他們住在一起；感謝卡羅琳·鄧洛普（Carolyn Dunlop）和貝德·鄧洛普（Bede Dunlop）、維基·弗蘭克斯（Vicky Franks）、喬·弗洛托（Jo Floto）、羅比·拉瓦（Robbie Lava）和阿加塔·庫茲尼卡（Agata Kuznicka）。我還要感謝《金融時報》（*Financial Times*）的亞歷山大·吉爾莫（Alexander Gilmour），感謝他委託我創作的一些文章，也為本書提供了素材。

多年來，代理人佐伊·沃爾迪（Zoë Waldie）一直是我的摯友和可靠的「軍師」。很高興能再次和我長期的編輯理查·阿特金森（Richard Atkinson）合作，這次不是一本食譜，而是札記；很高興能與美國W.W.諾頓公司（W.W. Norton）的梅蘭妮·托托羅利（Melanie Tortoroli）和艾琳·辛斯基·洛維特（Erin Sinesky Lovett）合作。此外，還要感謝企鵝出版社（Penguin Books）的山姆·富爾頓（Sam Fulton）、麗貝卡·李（Rebecca Lee）、克萊爾·賽爾（Clare Sayer）、彭·沃格勒（Pen Vogler）、伊莫金·斯科特（Imogen Scott）、弗朗西斯卡·蒙泰羅（Francisca Monteiro）和朱莉·伍恩（Julie Woon）。

眾所周知，中文是非常複雜的語言，學習起來往往令人望而生畏，尤其是在涉及歷史典籍時；為此，我要深深感謝那些研究、翻譯古代經典和其他中國文學作品，並寫下很多研究文章的學者，他們的傑出工作讓我這樣的「半吊子」更容易理解那些作品。你可以在注釋和參考文獻中找到其中許多人的名字，但我還是希望在這裡特別感謝黃興宗、薩班、安達臣、胡司德、康達維、張光直（KC Chang）、薛愛華、夏德安、白馥蘭、保羅・布爾、大衛・霍克斯（David Hawkes）、閔福德（John Minford）、大衛・辛頓（David Hinton）和芮效衛（David Tod Roy）。我手中他們的所有著作和文章都被翻得折角破舊，我將永遠敬畏他們全心的投入和出色的學術成就。

衷心希望這本書能鼓勵讀者們懷著更多的熱愛、理解和欣賞去體驗中國美食。當然，若有任何錯誤和遺漏，責任全在本人。

Denver Museum of Natural History, Series 3, No, 15, 1 November 1998
Zhao Zhijun (2011), 'New Archaeobotanic Data for the Study of the Origins of Agriculture in China', *Current Anthropology, Volume 52*, Supplement 4, October 2011
Zhenhua Deng et al. (2018), 'The Ancient Dispersal of Millets in Southern China: New Archaeological Evidence', *The Holocene, Volume 28*

中文文獻

艾廣富，《地道北京菜》，北京科學技術，二〇〇六。
陳達叟等，《藝文叢刊：蔬食譜山家清供食憲鴻祕》，浙江人民美術，二〇一六。
陳忠明編著，《江蘇風味菜點》(高級烹飪系列教材)，上海科學技術，一九九〇。
陳照炎編，《香港小菜大全》，香港長城，二〇〇二。
李漁，《閑情偶寄》，中國商業，一九八四。
李玉明等編著，《山西麵食大全》，北岳文藝，二〇一四。
林洪撰，章原編著，《山家清供》，中華書局，二〇一六。
孟元老、吳自牧，《東京夢華錄．夢粱錄》，中國商業，一九八二。
聶鳳喬編著，《中國烹飪原料大典（上下卷)》，青島，一九九八。
裘紀平，《茶經圖說》，浙江攝影，二〇一七。
丘龐同，《中國麵點史》，青島，一九九五。
任百尊主編，《中國食經》，上海文化，一九九九。
人民大會堂《國宴菜譜集錦》編輯組，《國宴菜譜集錦》，人民大會堂，一九八四。
馬素繁主編，《川菜烹調技術》，四川教育，一九八七。
四川高等烹飪專科學校《川菜烹飪技術》編寫組，《川菜烹飪技術》(上下冊)，四川教育，一九九二。
汪曾祺，《肉食者不鄙：汪曾祺談吃大全》，中信出版集團，二〇一八。
王子輝，《中國飲食文化研究》，陝西人民，一九九七。
吳餘，「『八大菜系』的歷史，比春晚早不了幾年」，https://www.sohu.com/a/224094667_157506，二〇一八。
熊四智主編，《中國飲食詩文大典》，青島，一九九五。
張德生編著，《中國豆腐菜大全》，福建科學技術，一九九三。
趙榮光主編，《中國飲食典籍史》，上海古籍，二〇一一。
周三金，《上海老菜館》，上海辭書，二〇〇八。
朱偉編著，《考吃》，中國書店，一九九七。

St Cavish, Christopher (2022), 'From China: The Future of the Wok', *Serious Eats*, https://www.seriouseats.com

Sterckx, Roel (ed.) (2005), *Of Tripod and Palate: Food, Politics and Religion in Traditional China*, Palgrave Macmillan, London

Sterckx, Roel (2006), 'Sages, Cooks and Flavours in Warring States and Han China', *Monumenta Serica*, 54, pp.1–46, http://www.jstor.org/ stable/40727531

Sterckx, Roel (2011), *Food, Sacrifice and Sagehood in Early China*, Cambridge University Press, Cambridge

Sterckx, Roel (2019), *Chinese Thought: Confucius to Cook Ding*, Pelican Books, London

Swisher, E (1954), *China in the Sixteenth Century: The Journals of Matthew Ricci: 1583–1610* (translated from the Latin by Louis J Gallagher), Random House, New York

Veith, Ilza (trans.) (1982), *The Yellow Emperor's Classic of Internal Medicine*, Southern Materials Center, Taipei

Visser, Margaret (1989), *Much Depends on Dinner*, Penguin Books, London

Waley, Arthur (1956), *Yuan Mei: Eighteenth Century Chinese Poet*, George Allen and Unwin, London

Waley, Arthur (trans.) (1996), *The Book of Songs: The Ancient Chinese Classic of Poetry*, Grove Press, New York

Waley-Cohen, Joanna (2007), 'The quest for perfect balance: Taste and gastronomy in Imperial China', in Freedman, Paul (ed.), *Food: The History of Taste*, Thames and Hudson, London

Wang, Edward Q (2015), *Chopsticks: A Cultural and Culinary History*, Cambridge University Press, Cambridge

West, Stephen H (1985), 'The Interpretation of a Dream. The Sources, Evaluation, and Influence of the "Dongjing Meng Hua Lu" ', *T'oung Pao, Volume 71*, no. 1/3, pp.63–108, http://www.jstor.org/stable/4528333

Wilkinson, Endymion (1998), *Chinese History: A Manual*, Harvard University Asia Center, Cambridge and London

Williams, CAS (2006), *Chinese Symbolism and Art Motifs*, Tuttle Publishing, North Clarendon

Wrangham, Richard (2010), *Catching Fire: How Cooking Made Us Human*, Profile Books, London

Yü Ying-shih (1977), 'Han', in Chang (1977)

Yue, Isaac (2018), 'The Comprehensive Manchu–Han Banquet: History, Myth, and Development', *Ming-Qing Yanjiu*, 22, pp.93–111

Zhang Min (1998), 'A Brief Discussion of the Banquets of the Qing Court', *Proceedings of the*

Roy, David Tod (2001), *The Plum in the Golden Vase or Chin P'ing Mei, Volume 2: The Rivals*, Princeton University Press, Princeton

Sabban, Françoise (1986), 'Court cuisine in fourteenth-century imperial China: some culinary aspects of Hu Sihui's *Yinshan Zhengyao*', *Food and Foodways*, pp.161–96

Sabban, Françoise (1994), 'L'industrie sucrière, le moulin á sucre et les relationssino-portugaisesauxXVIe–XVIIIesiècles', *AnnalesHistoire, Sciences Sociales*, pp.817–61, http://www.jstor.org/stable/27584739

Sabban, Françoise and Forster, Elborg (2000), 'China', in Kenneth Kiple and Kriemhild Ornelas (eds) *The Cambridge World History of Food*, Cambridge University Press, Cambridge

Sabban, Françoise (2012a), *Les séductions du palais: cuisiner et manger en Chine*, Actes Sud, Arles, 2012

Sabban, Françoise (2012b), 'A scientific controversy in China over the origins of noodles', *Carnets du Centre Chine*, 15 October 2012, http://cecmc.hypotheses. org/?p=7663 translated from 'Une controverse scientifique en Chine sur l'origine des pâtes alimentaires' http://cecmc.hypotheses.org/7469

Sabban, Françoise (2010), 'Transition nutritionnelle et histoire de la consommation laitière en Chine', Cholé-doc, 120 https://hal.archives- ouvertes.fr/hal-00555810

Sabban, Françoise (1997), 'La diète parfaite d'un lettré retiré sous les Song du Sud', *Études Chinoises*, Association française d'études chinoises, 16 (1), pp.7–57

Sabban, Françoise (1996), ' "Follow the seasons of the heavens": Household economy and the management of time in sixth-century China', *Food and Foodways*, 6:3–4, pp.329–49

Sabban, Françoise (2014), 'China: Pasta's Other Homeland', in Serventi and Sabban (2002)

Sandhaus, Derek (2019), *Drunk in China*, Potomac Books, Sterling

Schafer, Edward H (1977), 'T'ang', in Chang (1977)

Schafer, Edward H (1985), *The Golden Peaches of Samarkand: A Study of Tang Exotics*, University of California Press, Berkeley and Los Angeles

Serventi, Silvano and Sabban, Françoise (2002), *Pasta: The Story of a Universal Food*, Columbia University Press, New York

Simoons, Frederick J (1990), *Food in China: A Cultural and Historical Inquiry*, CRC Press, Boca Raton

So, Yan-kit (1992), *Classic Food of China*, Macmillan, London

Spang, Rebecca (2000), *The Invention of the Restaurant: Paris and Modern Gastronomic Culture*, Harvard University Press, Cambridge

Spence, Jonathan (1977), 'Ch'ing', in Chang (1977)

London
Lu Xun (2009), *The Real Story of Ah-Q and Other Tales of China: The Complete Fiction of Lu Xun* (translated by Julia Lovell), Penguin Classics, London
McGee, Harold (2004), *McGee on Food and Cooking*, Hodder and Stoughton, London
McGee, Harold (2012), 'Harold McGee on 酒餅', *Lucky Peach*, Issue 5, Fall 2012, pp.34–7
McGee, Harold (2020), *Nose Dive: A Field Guide to the World's Smells*, John Murray, London
McGovern, Patrick E, et al. (2004), 'Fermented Beverages of Pre- and Proto- Historic China', *Proceedings of the National Academy of Sciences of the United States of America, Volume 101*, no. 51, 2004, pp.17593–98 http:// www.jstor.org/stable/3374013
Mendelson, Anne (2016), *Chow Chop Suey: Food and the Chinese American Journey*, Columbia University Press, New York
Mintz, Sidney (2011), 'The Absent Third: The Place of Fermentation in a Thinkable World Food System', in *Cured, Fermented and Smoked Foods: Proceedings of the Oxford Symposium on Food and Cookery 2010*, Prospect Books, Totnes
Mintz, Sidney, and Sharda Nayak (1985), 'The Anthropology of Food: Core and Fringe in Diet', *India International Centre Quarterly, Volume 12*, no. 2, pp.193–204
Miscellaneous, *Including Papers on China, The Health Exhibition Literature, Vol. XIX* (1884), printed and published for the Executive Council of the International Health Exhibition and for the Council of the Society of Arts by William Clowes and Sons, London
Mo, Timothy (1999), *Sour Sweet*, Paddleless Press, London
Mo Zi (2010), *The Book of Master Mo* (translated by Ian Johnston), Penguin Books, London
Mote, Frederick W (1977), 'Yüan and Ming', in Chang (1977)
Palmer, Martin with Breuilly, Elizabeth (trans.) (1996), *The Book of Chuang Tzu*, Penguin Books, London
Polo, Marco (1958), *The Travels of Marco Polo* (translated by Ronald Latham), Penguin Classics, London
Puett, Michael (2005), 'The Offering of Food and the Creation of Order: The Practice of Sacrifice in Early China' in Sterckx (ed.) (2005)
Price, Barclay (2019), *The Chinese in Britain: A History of Visitors and Settlers*, Amberley Publishing, Stroud
Rath, Eric C (2021), *Oishii: The History of Sushi*, Reaktion Books, London
Roberts, JAG (2002), *China to Chinatown: Chinese Food in the West*, Reaktion Books, London
Robson, David (2013), 'There really are 50 Eskimo words for "snow" ', *The Washington Post*, 14 January 2013 https://www.washingtonpost.com

King, FH (2004), *Farmers of Forty Centuries: Organic Farming in China, Korea and Japan*, Dover Publications, New York

Klein, Jakob (2020), 'Eating Potatoes is Patriotic: State, Market and the Common Good in Contemporary China', *Journal of Current Chinese Affairs*, 48:3, pp.340–59, https://journals.sagepub.com/doi/ full/10.1177/1868102620907239

Knechtges, David R (1986), 'A Literary Feast: Food in Early Chinese Literature', *Journal of the American Oriental Society, Volume 106*, no. 1, 1986, pp.49–63 https://doi.org/10.2307/602363

Knechtges, David R (1997), 'Gradually Entering the Realm of Delight: Food and Drink in Early Medieval China', *Journal of the American Oriental Society, Volume 117*, no. 2, pp.229–39 https://doi.org/10.2307/605487 (accessed January 2023)

Knechtges, David R and 康達維 (2012), 'Tuckahoe and Sesame, Wolfberries and Chrysanthe-mems, Sweet-peel Orange and Pine Wines, Pork and Pasta: The "Fu" as a Source for Chinese Culinary History'/ 伏苓與芝麻、枸杞與菊花、黃柑與松醪、豬肉與麵食：辭賦作為中國烹飪史的資料來源, *Journal of Oriental Studies*, 45(1/2), pp.1–26, http://www.jstor.org/stable/43498202

Knechtges, David R (2014), 'Dietary Habits: Shu Xi's "Rhapsody on Pasta" ', in Wendy Swartz et al. *Early Medieval China: A Sourcebook*, Columbia University Press, New York

Knoblock, John and Riegel, Jeffrey (eds.) (2000), *The Annals of Lü Buwei*, Stanford University Press, Stanford

Lau, DC (trans.) (1970), *Mencius*, Penguin Classics, London

Lee, Jennifer (2008), *The Fortune Cookie Chronicles*, Twelve, New York

Legge, James (trans.) (1967), *Li Chi: Book of Rites (Volumes 1 and 2)*, University Books, New York

Lévi-Strauss, Claude (1970), *The Raw and the Cooked: Introduction to a Science of Mythology, Volume 1*, by John and Doreen Weightman (translated), Jonathan Cape, London

Lin, Hsiang Ju (2015), *Slippery Noodles: A Culinary History of China*, Prospect Books, London

Lin Yutang (1942), *My Country and My People*, William Heinemann Ltd, London

Linford, Jenny (2019), *The Missing Ingredient: The Curious Role of Time in Food and Flavour*, Penguin Books, London

Lo, Vivienne (2005), 'Pleasure, Prohibition, and Pain: Food and Medicine in Traditional China', in Sterckx (2005)

Lu Houyuan et al. (2005), 'Millet Noodles in Late Neolithic China', *Nature*, 437, pp. 967–8, https://www.nature.com/articles/437967a

Lu Wenfu (1987), *The Gourmet and Other Stories of Modern China*, Readers International,

Dunlop, Fuchsia (2008), *Shark's Fin and Sichuan Pepper: A Sweet-Sour Memoir of Eating in China,* Ebury Press, London

Dunlop, Fuchsia (2013), 'Barbarian heads and Turkish dumplings: The Chinese word mantou', in Mark McWilliams, (ed) *Wrapped & Stuffed Foods: Proceedings of the Oxford Symposium on Food and Cookery 2012* Prospect Books, Totnes

Eilperin, Juliet (2012), *Demon Fish: Travels Through the Hidden World of Sharks,* Gerald Duckworth & Co Ltd, London

Freeman, Michael (1977), 'Sung', in Chang (1977)

Gernet, Jacques (1962), *Daily Life in China on the Eve of the Mongol Invasion 1250–1276,* George Allen and Unwin, London

Gladney, Dru C, *Muslim Chinese: Ethnic Nationalism in the People's Republic,* Harvard University Press, Cambridge, 1996

Goossaert, Vincent (2005), 'The Beef Taboo and the Sacrificial Structure of Late Imperial Chinese Society', in Sterckx (2005)

Harper, Donald (1982), 'The Wu Shih Erh Ping Fang: Translation and Prolegomena', D Phil dissertation at University of California, Berkeley

Harper, Donald (1984),'Gastronomy in Ancient China', in *Parabola Volume 9,* No 4

Hawkes, David (trans.) (1985), *The Songs of the South: An Ancient Chinese Anthology of Poems by Qu Yuan and Other Poets,* Penguin Classics, London

Hinton, David (trans.) (1993), *Selected Poems of T'ao Ch'ien,* Copper Canyon Press, Port Townsend

Hinton, David (trans.) (2013), *The Four Chinese Classics,* Counterpoint, Berkeley

Ho Chuimei (1998), 'Food for an 18th-Century Emperor: Qianlong and His Entourage', *Proceedings of the Denver Museum of Natural History,* Series 3, No. 15, p.73, 1 November 1998

Holt, Vincent (1992), *Why Not Eat Insects?,* Pryor Publications, Whitstable (originally published by the British Museum in 1885)

Huang, HT (2000), 'Fermentations and Food Science', in Joseph Needham's *Science and Civilisation in China, Volume 6, Part V,* Cambridge University Press, Cambridge

Illustrated Catalogue of the Chinese Collection of Exhibits for the International Health Exhibition, London 1884, published by order of the Inspector General of Customs, William Clowes and Sons, London

Jullien, François (2008) *In Praise of Blandness: Proceeding from Chinese Thought and Aesthetics,* (translated by Paula M Varsano), Zone Books, NewYork

Kieschnick, John (2005), 'Buddhist Vegetarianism in China', in Sterckx (2005)

Festivals, Paragon Book Reprint Corp., New York
Brillat-Savarin, Jean-Anthelme (1970), *The Physiology of* Taste (translated by Anne Drayton), Penguin Classics, London
Brown, Miranda (2019), 'Mr Song's Cheeses: Southern China, 1368–1644', *Gastronomica*, 19(2), pp.29–42
Brown, Miranda (2021), 'Dumpling Therapy', Chinese Food & History, 15 February 2021. https://www.chinesefoodhistory.org
Brown, Miranda (2021), 'The hidden, magnificent history of chop suey', Atlas Obscura, 30 November 2021. https://www.atlasobscura.com
Buell, Paul D and Anderson, EN (2010), *A Soup for the Qan* (second revised and expanded edition), Brill, Leiden
Campany, Robert F (2005), 'Eating Better Than Gods and Ancestors', in Sterckx (2005)
Chang, KC (ed.) (1977), *Food in Chinese Culture: Anthropological and Historical Perspectives*, Yale University Press, New Haven
Chen, Sean JS (2019), *Recipes from the Garden of Contentment: Yuan Mei's Manual of Gastronomy*, Berkshire Publishing Group, Great Barrington
Chen, Teresa M (2009), *A Tradition of Soup: Flavors from China's Pearl River Delta*, North Atlantic Books, Berkeley
Chao, Yang Buwei (1945), *How to Cook and Eat in Chinese*, John Day
Chiang, Cecilia Sun Yun (1974), *The Mandarin Way*, Little, Brown and Company, Boston
Chinese Cooking (1983), Zhaohua Publishing House, Beijing
Coe, Andrew (2009), *Chop Suey: A Cultural History of Chinese Food in the United States*, Oxford University Press, Oxford
Confucius (1993), *The Analects* (translated by Raymond Dawson), Oxford University Press, Oxford
Cook, Constance A (2005), 'Moonshine and Millet: Feasting and Purification Rituals in Ancient China', in Sterckx (2005)
Davis, Francis (1836), *The Chinese: A General Description of the Empire of China and its Inhabitants, Volume 2*, Charles Knight & Co, London
Davis, Francis (1857), *China: A General Description of That Empire and its Inhabitants, Volume 1*, John Murray, London
Diamond, Jared (2006), *Collapse: How Societies Choose to Fail or Succeed*, Penguin Books, London
Dott, Brian R (2020), *The Chile Pepper in China: A Cultural Biography*, Columbia University Press, New York

參考書目

英文文獻

Anderson, Aeneas (1795), *A narrative of the British Embassy to China in the years 1792, 1793 and 1794*; printed for J. Debrett, London

Anderson, EN, and Anderson, Marja L (1977), 'Modern China: South', in Chang (1977)

Anderson, EN (1988), *The Food of China*, Yale University Press, New Haven and London

Auden, WH and Isherwood, Christopher (1973), *Journey to a War*, Faber & Faber, London

Baker, Hugh (1986), 'Nor good red herring: The Chinese in Britain', in Shaw, Yu-ming (ed.), *China and Europe in the Twentieth Century*, Institute of International Relations, National Chengchi University, Taipei

Barrow, John (1804), *Travels in China*, T. Cadell and W. Davies, London

Benton, Gregor and Gomez, Edmund Terence (2008), *The Chinese in Britain, 1800–Present: Economy, Transnationalism, Identity*, Palgrave Macmillan, Basingstoke

Bird, Isabella (1985), *The Yangtze Valley and Beyond*, Virago, London (originally published in 1899)

Blofeld, John (1989), *City of Lingering Splendour: A frank account of old Peking's exotic pleasures*, Shambala, Boston and Shaftesbury

Bowden, Gregory Houston (1975), *British Gastronomy: The Rise of Great Restaurants*, Chatto and Windus, London

Bray, Francesca (2018), 'Where Did the Animals Go: Presence and Absence of Livestock in Chinese Agricultural Treatises', in Sterckx, Roel, Siebert, Martina and Schäfer, Dagmar (eds.), *Animals Through Chinese History: Earliest Times to 1911*, Cambridge University Press, Cambridge

Bray et al. (co-authors) (2023), *Moving Crops and the Scales of History*, Yale University Press, New Haven

Bray, Francesca (1984), *Science and Civilisation in China, Volume 6: Biology and Biological Technology, Part 2: Agriculture*, Cambridge University Press, Cambridge

Bredon, Juliet and Mitrophanow, Igor (1966), *The Moon Year: A Record of Chinese Customs and*

食與心

1. Mencius in Hinton (2013), p.522
2. Lin (1942), pp.318–19
3. Ibid
4. EN Anderson, personal communication
5. Françoise Sabban, comment at Chinese Foodways conference, April 2021
6. Legge (1967), pp.451–2
7. Ho (1998), p.74; Spence (1977), p.287
8. Yü (1977), p.74
9. Hawkes (1985), pp.227–8
10. Lu Wenfu (1987), p.105
11. Ibid, p.104
12. Ibid, p.153
13. Ibid, p.180

過去與未來

1. https://grandcentralmarket.com
2. On the history of chop suey and American Chinese food, see particularly Coe (2009), Mendelson (2016) and Brown (2021)
3. Brown (2021)
4. Ibid
5. Yue (2018), p.105
6. Wong Ching Foo, quoted in Coe (2009), pp.154–5
7. Coe (2009), p.161
8. Quoted in Coe (2009), p.158
9. Coe (2009), pp.161–4
10. Ibid, p.165
11. Ibid, p.167
12. Bird (1985), p.296
13. Roberts (2002), p.88

詩意田園

1. Hinton (1993), pp.70–71
2. Hinton (2013), p.274
3. Harper (1984), p.XXX
4. Mo Zi (2010), pp.23–4
5. Sterckx (2011), pp.15, p.20
6. Sterckx (2006), p.39
7. See Freeman (1977) and Gernet (1962)
8. Gernet (1962), p.14
9. Ibid, pp.17–18
10. Freeman (1977), pp.170–1
11. Ibid, pp.172–3
12. Xiong Sizhi (1995), p.617 (my translation)
13. Knechtges (2012), pp.11–12
14. Huang (2000), p.128
15. Sabban (1997), p.11
16. Chen Dasou et al. (2016), p.33
17. Sabban (1997), pp.21–7, 19
18. Li Yu (1984), pp.2–3 (my translation)
19. Freeman (1977), p.172; see also Knechtges (2012), p.6
20. Lynn Pan, personal communication
21. Freeman (1977), p.174
22. Chen Dasou (2016), p.33
23. Freeman (1977), p.174
24. From Gao Lian's preface to his fifth treatise, *yin zhuan fu shi jian*（飲饌服食箋）, translated by Dott (2020), p.22
25. Dott (2020), p.22
26. Yuan Mei in Chen (2019), p.50 (my translation)
27. Ibid, p.54 (my translation)

洋為中用

1. Account of Deda's history based on Zhou Sanjin (2008), pp.227–30

行千里，致廣大

1. Legge (1967), p.228
2. Veith (1982), p.147, and original text of relevant section「異法方宜論」at https://ctext.org
3. Sterckx (2011), p.17
4. Wang (2015), p.58; see also Knechtges (1986), pp.236–7
5. Schafer (1977), p.131
6. Meng Yuanlao (1982), pp.21, 29
7 Wu Zimu (1982), p.135
8 Wu Yu (2018)
9. Ibid
10. Ibid
11. Anderson and Anderson (1977), pp.340–41

無葷之食

1. Kieschnick (2005), p.205
2. Sterckx (2011), p.32
3. Sterckx (2006), p.14n
4. Wang Zihui (1997), p.149
5. Campany (2005), p.107
6. Sterckx (2011), pp.77–81
7. Kieschnick (2005), pp.187–8
8. Ibid, p.189
9. Ibid, pp.195–6
10. Ibid, pp.198–202
11. Ibid, p.203
12. Ibid, p.204
13. Freeman (1977), p.164
14. Wu Zimu (1982), p.136
15. Ibid, p.137
16. Chen Dasou (2016), p.187
17. Roy (2001), Volume 2, p.432, quoted in Kieschnick (2005)
18. See, for example, the imitation puffer fish and imitation soft- shelled turtle mentioned as dishes served in the northern capital in Meng Yuanlao (1982), p.17

點燃我心

1. Dunlop (2013), p.128
2. Knechtges (2014), p.450
3. Brown (2021a)
4. Dunlop (2013), pp.134–6
5. Translated by David Knechtges in Knechtges (2014), p.454
6. Ibid, pp.454–5
7. Sabban in Serventi and Sabban (2002), p.282
8. Huang (2000), p.478
9. Wang (2015), p.9
10. Wang Zihui (1997), p.199
11. Ibid
12. Sabban (2002) p.305
13. Meng Yuanlao (1982), pp.14, 20, 22, 29, 30
14. Wu Zimu (1982), p.135
15. Ibid, p.130
16. Ibid, pp.131–6
17. Ibid, pp.135–6
18. Ibid, pp.136–7
19. Ibid, p.137
20. Ibid, p.131
21. Anderson (1795), p.153
22. Barrow (1804), p.109
23. Quoted in Zhang Yiming (1990) p.5, my translation
24. Qiu Pangtong (1995), p.79

甜而非「品」

1. Hawkes (1985), p.228
2. Huang (2000), p.92
3. See Huang (2000), pp.457–9 on malt sugar
4. Schafer (1963), pp.152–4
5. See Sabban (1994)
6. Huang (2000), pp.424–6

7. See Linford (2019)
8. *Chinese Cooking* (1983), p.11
9. Yuan Mei in Chen (2019), p.22 (my translation)
10. Knoblock and Riegel (2000), p.308 (my translation)
11. Harper (1982), pp.44–6
12. St Cavish (2022)

千詞萬法

1. https://www.tinychineseeyes.com/

麵團「變形記」

1. On the history of flour and pasta foods in China, see particularly Sabban in Serventi and Sabban (2002), Huang (2000), p.462ff and Knechtges (2014)
2. Huang (2000), p.463
3. Sabban in Serventi and Sabban (2002), pp.274–9; Knechtges (2014), p.449
4. Lu Houyuan et al. (2005)
5. Sabban (2012b)
6. Li Yuming et al. (2014), p.3
7. Knechtges (2014), p.453
8. Translation by David Knechtges in Knechtges (2014), p.453
9. Translation by Françoise Sabban in Serventi and Sabban (2002), p. 288; original poem in Xiong Sizhi (1995), p.103
10. Sabban in Serventi and Sabban (2002), pp.300, 304
11. Ibid, pp.304–6
12. Ibid, p.311
13. Ibid, p.275
14. Sabban (2000), p.167
15. Li Yuming et al. (2014), p.3
16. Sabban in Serventi and Sabban (2002), p.324
17. Ibid, p.302
18. Interview with Nick Lander for the *Financial Times*
19. Klein (2020) https://journals. sagepub.com

6. Sterckx (2011), p.58
7. Quoted in ibid, p.52
8. Sterckx (2011), p.54
9. Ibid, pp.49–54
10. Palmer (1996), p.23
11. Wang (1997), p.211; Huang (2000), pp.69–70, p.74–6
12. Huang (2000), pp.69–70 and p.69n
13. Legge (1967), p.79
14. Ibid, pp.459–60
15. Huang (2000), p.69n
16. Wang (1997), p.213
17. Ibid
18. Poem by Pan Ni quoted in Wang (1997), p.213 (my translation)
19. Schafer (1977), p.104
20. Duan Chengshi, poem quoted in Wang (1997), p.213 (my translation)
21. Schafer (1977), p.104
22. Yue (2018), pp.103–5
23. Schafer (1977), p.126

「蒸蒸」日上

1. Huang (2000), p.76
2. Huang (2000), p.76. N.B.: The anthropologist EN Anderson has reminded me that the couscoussier is similar; I'm not sure of its origins or any connection with the Chinese steamer
3. Huang (2000), p.88, p.88n, p.90 fig 29a
4. Anderson (1795), p.62
5. Su Dongpo, quoted in Zhu Wei (1997) p.127, my translation.
6. Yue (2018), p.104

火也候也

1. Sterckx (2011), p.68
2. Ren Baizun (1999), p.133
3. Ibid; Wang (2015), pp.60–1
4. Ren Baizun (1999), p.133, Wang (2015), pp.60–61
6. *Shan jia qing gong* by Lin Hong, in Chen Dasou (2019)

大味無形

1. Knoblock and Riegel (2000), p.309
2. Yuan Mei in Chen (2019), pp.26, 28 (my translation)
3. Ibid, p.28 (my translation)
4. http://politics.people.com.
5. See Chen (2009), introduction
6. Personal communication in Kaifeng, 2015

濃淡相宜

1. Knoblock and Riegel (2000), p.309
2. Sterckx (2019), p.420
3. Hawkes (1985), p.227
4. Ibid, p.234
5. Sterckx (2011), p.17
6. Ibid, p.25
7. https://royalsocietypublishing.org
8. Ren Baizun (1999), p.468
9. Chen (2002), p.114
10. Swisher (1954), p.67
11. Davis (1857), Volume 2, pp.362–3
12. See Jullien (2008)
13. Dao De Jing, section 12
14. Dao De Jing, section 63
15. Sterckx (2006), p.29 and Sterckx (2011), p.202
16. Lo (2005), p.166
17. Sterckx (2006), p.15

毫末刀工

1. Yü (1977), p.58
2. Ibid, p.68
3. Huang (2000), p.69
4. Legge (1967), Volume 1, p.469; Huang (2000), p.69
5. Hinton (2013), p.294

11. Legge (1967), pp.468–9
12. Zhu Wei (1997), p.52
13. Knechtges (1986), p.58
14. Ibid
15. Zhu Wei (1997), pp.52–3; see also Knechtges (1986), p.58
16. Zhu Wei (1997), p.53
17. Yue (2018), pp.103–5
18. Zhu Wei (1997), p.53
19. Davis (1857), p.374
20. Williams (2006), pp.390–92
21. Ho (1998), p.78
22. Wang Zengqi (2018), p.25
23. Odoric of Pordenone, quoted in Roberts (2002), p.29
24. Renmin dahuitang (1984), photo inserts at start of book and recipe p.160
25. https://www.uscc.gov/research
26. https://www.globaltimes.cn
27. Ibid
28. http://www.china.org.cn
29. https://chinadialogue.net
30. Nie Fengqiao (1998), 下卷 p.81
31. My interview with Sarah Goddards of WWF in 2011
32. Mo Zi (2010), p.110
33. Wang (2015), p.22
34. https://www.wsj.com
35. Translation from *Imperial Food List*（玉食批）in Huang (2000), p.128
36. Gao Lian, translated by H T Huang in Huang (2000) p. 130
37. https://www.mercurynews.com
38. Eilperin (2012), pp. 84–5
39. Mintz comment at Dumplings and Dynasties conference in New York in 2008, from my personal notes
40. Freeman (1977), p.143
41. Ren Baizun (1999), p.149

「麴」盡其妙

1. Huang (2000), p.153
2. Ibid, p.8
3. Ibid, p.155
4. See Huang (2000), p.169ff and Lin (2015), p.15ff
5. McGee (2012)
6. Huang (2000), p.191

萬物可入菜

1. With thanks to Rose Leng, Magdalena Cheung and James Lee, general manager of 富嘉閣 in Hong Kong for the cooking lesson!
2. Auden and Isherwood (1973), pp.220–21
3. Knoblock and Riegel (2000), p.309
4. Wu Zimu (1982), pp.133, 136
5. Sabban (2012), p.52 (my translation)
6. Waley (1956), p.52
7. Diamond (2006), Chapters 7 and 8

舌齒之樂

1. Yuan Mei in Chen (2019), p.22 (my translation)

珍稀的誘惑

1. Original text: https://ctext.org; see also Hinton (2013), p.524
2. See Sterckx (2005), p.39 and Yü (1977), p.67
3. Zhu Wei (1997), p.95
4. Li Shizen's *bencao gangmu*《本草綱目》, see section「獸之二（獸類三十八種），熊」 https://ctext. org/wiki.pl?if=gb&chapter=372&r emap=gb#p476
5. Buell and Anderson (2010), p.510
6. Liu Xiang 劉向 Xin Xu《新序》, cited in Nie Fengqiao (1998), 上卷 p.75
7. Hawkes (1985), pp.234–5
8. Wang Liqi et al. (1983) 8–9, my translation
9. Sterckx (2011), p.205
10. Zhu Wei (1997), p.49

17. Friar Domingo Fernández- Navarrete, quoted in Huang (2000), p.319

付「豬」一笑

1. Huang (2000), pp.58–9 8.
2. Ibid, pp.57–8
3. Gossaert (2005), pp.238–41 9.
4. Chang (1977), p.29
5. For a detailed discussion on the role of animals in Chinese 10. farming, see Bray (2018)
6. Gossaert (2005), p.245 12.
7. Detail on the pig in Chinese culture mostly from an exhibition outside the Red Building of Peking University in Beijing in February 2019
8. McGee (2004), p.138; McGee (2020) pp.504–5
9. On the pros and cons of pig castration, see https://www.ncbi. nlm.nih.gov
10. https://www.taipeitimes.com
11. https://www.ft.com
12. https://www.economist.com
13. Chiang (1974), p.178
14. Xiong Sizhi (1995), p.617, my translation

美食無界

1. Chen Dasou et al. (2016), p.27
2. See Gladney (1996), Chapter 1, on the history of the Hui Muslims in China
3. Gladney (1996), p.11
4. Ibid, pp.19–20
5. http://hrlibrary.umn.edu
6. Cited in Wang (2015), p.52
7. Schafer (1985), pp.10–11
8. Ibid, p.20
9. Ibid, p.29
10. Ibid
11. See introduction to Buell and Anderson (2010)
12. Brown (2021)
13. Blofeld (1989), pp.105–7

喜蔬樂菜

1. Xiong Sizhi (1995), p.400 (my translation)
2. Huang (2000), p.36
3. Sabban (2012), p.52
4. Spence (1977), p267
5. Mote (1977), p.201
6. Yü (1977), p.76
7. https://www.latimes.com

躬耕碧波

1. Zhao (2011), p.S297
2. Nie Fengqiao (1998), (上卷), pp.359, 445
3. Huang (2000), p.61
4. Ibid, pp.63–4
5. Polo (1958), pp.213–15

點豆成金

1. https://ideas.ted.com
2. https://ourworldindata.org
3. Mintz (2011), p.24
4. McGee (2004), pp.493–4
5. Ibid, pp.497–9
6. Zhu Wei (1997), p.28
7. Huang (2000), p.336; see also Yü (1977), p.81
8. Ibid, p.359
9. Ibid, p.358
10. Wu Zimu in Meng Yuanlao (1982), p.131
11. The Japanese scholar Shinoda Osamu, cited in Zhang Desheng (1993), p.8
12. Sabban (2010)
13. Schafer (1977), pp.105–7; Huang (2000), pp.248–57
14. See Sabban (2010); Brown (2019)
15. Anderson (1977), p.341, citing personal communication from Paul Buell
16. Sabban (2010), p.2

3. Huang (2000), p.14
4. Anderson (1988), pp.59–60
5. Anderson (1988) discusses the influence of ancient western medicine on China, pp.231–2, 234–5
6. In Beiji qianjin yaofang by Sun Simiao, translation by Vivienne Lo in Lo (2005), p.172
7. Lo (2005), pp.175–8
8. Li Shizhen,《本草綱目》, see「菜之三（菜類一十一種），苦瓜」
9. *Miscellaneous, including papers on China* (1884), pp.257–8
10. Spang (2000), p.34
11. Harper (1982), p.39
12. Lo (2005), pp.175–6

在田間，在箸間

1. Wang Liqi et al. (1983) p9–10, my translation
2. Wang Liqi et al. (1983) 11, my translation
3. Schafer (1977), p.140
4. Yü (1977), p.76
5. Knechtges (1986), p.55
6. Zhang (1998), pp.67–8
7. Mote (1977), pp.214–15
8. See Lau (1970), p.82
9. Legge (1967), Volume 2, pp. 249–310
10. Hinton (2013), p.398
11. Ren Baizun (1999), p.129
12. Lin Hong (2016), p.47
13. Li Yu, quoted in So (1992), pp.1–2
14. Li Yu (1984), p.5 (my translation)
15. Gao Lian, quoted in Wang Zihui (1997), p.213
16. Cao Tingdong, quoted in Wang Zihui (1997), p.246
17. Qiu Jiping (2017), p.109 and translation p.229
18. Yuan Mei in Chen (2019), pp.10–11 (a mixture of Chen's translation and mine)
19. Ibid, p.34 (my translation) 20. Ibid, p.12
21. Ibid, p.10 (my translation) 22. Sterckx (2011), pp.74–5
23. Chen Peiqiu, who died a year later, in 2020

羹調魚順

1. Legge (1967), Volume 1, p.464
2. Yü (1977), p.69
3. Ibid, p.79
4. Legge (1967), Volume 1, p.460
5. Huang (2000), pp.83–4
6. Hawkes (1985), p.227
7. Sterckx (2011), p.15
8. Ibid, p.17
9. Ibid, p.41
10. Wu Zimu (1982), pp.132–5
11. Yue (2018), pp.103–5
12. Davis (1857), Volume 1, p.361
13. Ibid, p.362
14. Sterckx (2011), pp.84–9
15. Wang (2015), pp.10, 35
16. Lin (1942), p.322
17. Cited in Roberts (2002), p.135
18. Anderson (1795), p.118
19. Davis (1857), Volume 1, p.364
20. https://pressgazette.co.uk
21. Visser (1989), p.18
22. Davis (1857), Volume 2, p.371
23. Lau (1970), p.55
24. See Hinton (2013), p.100
25. Translation by Roel Sterckx, in Sterckx (2019), p.420
26. https://chinamediaproject.org
27. Sterckx (2011), p.63
28. https://www.artmarketmonitor. com

生命在於滋養

1. Harper (1982), p.2
2. Veith (1982), p.109

4. Zhao (2011), pp.S299, S304
5. https://www.statista.com
6. Nie Fengqiao (1998), 上卷 p.342
7. Xiong Sizhi (1995), p.518
8. Huang (2000), p.384; Rath (2021), pp.30–3
9. Zhao (2011), pp.S300–2, S304
10. Wang (2015), pp.31–4
11. Bray et al. (2023), p.55; Cook (2005), p.17
12. As translated in Waley (1996), pp.246–7
13. Campany (2005), pp.101–2
14. Knoblock and Riegel (2000), p.310
15. Sterckx (2011), p.12, citing the Hanfeizi
16. Bray (1984), p.58
17. McGovern et al. (2004)
18. Huang (2000), pp.160–62
19. Ibid, p.18
20. Seventy per cent, according to JL Buck's survey of the 1930s, cited in Bray (1984)
21. Bray (1984), p.1
22. Mo Zi (2010), p.20
23. Chang (1977), p.35
24. Legge (1967), Volume 1, p.229
25. Bray (1984), pp.5–6
26. Campany (2005), pp.104, 115
27. Huang (2000), p.262
28. Freeman (1977), pp.146–7 and Bray (1984)
29. Wang (2015), p.38 30. Ibid, p.100
31. Bray (1984), p.7
32. Wang (2015), p.97 and Anderson (1977), p.345
33. Bray (2018) for a discussion of the role of animals in Chinese farming
34. Anderson (1977) and King (2004)
35. Bray et al. (2023), pp.54–5
36. Ibid, p.53, pp.243–4
37. Klein (2020)
38. Bray et al. (2023), p.55, p.242

火與食之歌

1. Huang (2000), p.108
2. Ibid, pp.85–6
3. Legge (1967), Volume 1, pp.468–9
4. Sichuan pengren zhuanke xuexiao (1992), p.1
5. Wrangham (2010)
6. Sterckx (2005), p.53
7. Ibid
8. Ibid
9. Sterckx (2006), p.4
10. Sterckx (2011), p.126
11. Sterckx (2005), p.37
12. Sabban (2012a), p.20
13. Chang (1977), p.11
14. Sabban (2012a), p.20
15. Cook (2005), p.20
16. Sterckx (2005), p.42
17. Wang (2015), p.19, citing Wang Renxiang
18. Yue (2018), pp.100–1; see also Ho (1998), pp.76–7
19. Yuan Mei in Chen (2019), p.44 (my translation)
20. Ho (1998), pp.76–8
21. Yue (2018), pp.103–7
22. Ho (1998), pp.76–9
23. According to palace records cited in Ai Guangfu (2006)
24. As transcribed from an exhibition in the Forbidden City in Beijing, in Dunlop (2008), p.216
25. Ho (1998), pp.77–8 26. Anderson (1795), p.63
27. Ho (1998), p.77
28. Quoted in Wang (2015), p.168

穀糧天賜

1. Mintz and Nayak (1985), pp.194–9
2. Yuan Mei in Chen (2019), p.370 (my translation)
3. Hinton (2013), p.294

注釋

似是而非的中國菜

1. Benton and Gomez (2008), pp.114–15
2. Baker (1986), p.308
3. Price (2019), p.176
4. Price (2019), p.172; see also Benton and Gomez (2008), pp.115–26
5. Benton and Gomez (2008), pp.121–3; Price (2019), p.175; Baker (1986), p.309
6. http://kenhom.com
7. Roberts (2002), p.203
8. Lee (2008), p.14
9. *Illustrated Catalogue* (1884), pp.134–6
10. Roberts (2002), p.141 and Price (2019), p.97
11. Holt (1992), p.24
12. Price (2019), p.97
13. Bowden (1975), pp.148–9; see also Price (2019), p.168ff
14. Baker (1986), pp.307–8
15. Ibid, p.308
16. Polo (1958), pp.214–15
17. Roberts (2002), pp.35–6
18. Ibid, pp.41–5.
19. https://pressgazette.co.uk
20. https://foreignpolicy.com
21. https://www.nytimes.com
22. https://news.colgate.edu
23. https://www.theguardian.com; https://www.theguardian.com
24. https://www.nytimes.com
25. Gernet (1962), p.133; Freeman (1977); pp.158–62, Lin (2015), pp.136–9

君幸食

最懂中國吃的英國美食作家，一場貫穿古今的中餐盛宴

君幸食／扶霞・鄧洛普（Fuchsia Dunlop）著；
何雨珈譯.
－初版.－臺北市：麥田出版：
英屬蓋曼群島商家庭傳媒股份有限公司
城邦分公司發行，2024.08
面； 公分.
譯自：Invitation to a banquet :
the story of Chinese food.
ISBN 978-626-310-711-3（平裝）
1.CST: 飲食風俗 2.CST: 文化
3.CST: 烹飪 4.CST: 中國
538.782 113008288

印　　刷　漾格科技股份有限公司
封面設計　莊謹銘
內頁排版　黃暐鵬

初版一刷　2024年8月

定　　價　NT$580
I S B N　978-626-310-711-3
E I S B N　9786263107076（EPUB）

作　　者　扶霞・鄧洛普（Fuchsia Dunlop）
譯　　者　何雨珈
責任編輯　林如峰　何維民
版　　權　吳玲緯　楊　靜
行　　銷　闕志勳　吳宇軒　余一霞
業　　務　李再星　李振東　陳美燕
副總編輯　何維民
編輯總監　劉麗真
事業群總經理　謝至平
發 行 人　何飛鵬

出　　版

麥田出版
115台北市南港區昆陽街16號4樓
電話：(02)2500-0888　傳真：(02)2500-1951

發　　行

英屬蓋曼群島商家庭傳媒股份有限公司城邦分公司
台北市南港區昆陽街16號8樓
客服專線：02-25007718；02-25007719
24小時傳真服務：02-25001990；02-25001991
服務時間：週一至週五09:30-12:00，13:30-17:00
郵撥帳號：19863813　戶名：書虫股份有限公司
讀者服務信箱E-mail：service@readingclub.com.tw
城邦網址：http://www.cite.com.tw
麥田出版臉書：http://www.facebook.com/RyeField.Cite/

香港發行所

城邦（香港）出版集團有限公司
香港九龍土瓜灣土瓜灣道86號順聯工業大廈6樓A室
電話：+852-2508-6231　傳真：+852-2578-9337
電郵：hkcite@biznetvigator.com

馬新發行所

城邦（馬新）出版集團【Cite(M) Sdn. Bhd.】
41-3, Jalan Radin Anum, Bandar Baru
Sri Petaling, 57000 Kuala Lumpur, Malaysia.
電話：+6(03) 90563833　傳真：+6(03) 90563833
電郵：services@cite.my